Suplemento Literário

QUE
FALTA
ELE
FAZ !

1956 - 1974

Do artístico ao jornalístico
vida e morte de um Caderno Cultural

**GOVERNO DO ESTADO
DE SÃO PAULO**

Governador   José Serra

imprensaoficial   IMPRENSA OFICIAL DO ESTADO DE SÃO PAULO

Diretor-presidente   Hubert Alquéres

ELIZABETH LORENZOTTI

Suplemento Literário

QUE
FALTA
ELE
FAZ!

1956 - 1974
DO ARTÍSTICO AO JORNALÍSTICO
VIDA E MORTE DE UM CADERNO CULTURAL

imprensaoficial

São Paulo, 2007

Dados Internacionais de Catologação na Publicação
Biblioteca da Imprensa Oficial do Estado de São Paulo

Lorenzotti, Elizabeth
    Suplemento literário, que falta ele faz! : 1956 - 1974 do artístico ao
jornalístico : vida e morte de um caderno cultural / Elizabeth Lorenzotti -
São Paulo : Imprensa Oficial do Estado de São Paulo, 2007.
    208p. : il.

    Bibliografia.
    ISBN 978-85-7060-537-5

    1. Jornalismo 2. O Estado de São Paulo - Suplemento literário
3. Literatura brasileira - Periódicos I. Título II. Título: 1956 - 1974 do artístico
ao jornalístico.

                                                              CDD 070

Índices para catálogo sistemático:
Jornalismo : Suplemento literário 070
Literatura brasileira : Periódicos 869.905

Foi feito o depósito legal na Biblioteca Nacional (Lei nº 1.825, de 20/12/1907)
Direitos reservados e protegidos pela Lei 6910/98

Imprensa Oficial do Estado de São Paulo

Rua da Mooca, 1921
03103 902 Mooca São Paulo SP
SAC Grande São Paulo 11 5013 5108 | 5013 5109
SAC Demais localidades 0800 0123 401
livros@imprensaoficial.com.br
www.imprensaoficial.com.br

Para minha mãe, Leonildes de Souza Lorenzotti, e meu pai, Oswaldo Lorenzotti.
Para o professor e amigo, jornalista Jair Borin.
Para Nilo Scalzo, personagem fundamental da história contada neste livro.
In memorian

ÍNDICE

Prefácio	8
Introdução	10
Cronologia	12
Um espaço para os assuntos culturais	
O surgimento dos suplementos	13
Os rapazes da revista *Clima*	15
"Cada um com suas armas"	22
"Seres de exceção"	25
O Suplemento Literário	
A formação de novos quadros	29
Um grande liberal	32
"Sem ninguém olhando por cima do ombro"	35
Os anos dourados	37
Reformas no Jornalismo	38
Nasce o Suplemento	40
Remuneração	44
A prática do projeto	46
O projeto gráfico	49
Autonomia	52
O fim do Suplemento Literário	
A arte nunca mais seria a mesma	55
A modernização técnica	57
Jornalistas versus críticos	59
"É preciso mudar"	66
Um mundo veloz	68

O melhor já passou?
Longa é a arte	72
Transformações na área de produção	76

Entrevistas
Antonio Candido	79
Italo Bianchi	83
Nilo Scalzo	88

Projeto
Projeto de Antonio Candido	94
Suplemento Literário, nº1	121

Destaques de uma época
O prazer de ler	127
Carlitos, o desenho	131
Brilha o moderno teatro brasileiro	133
Jovens críticos de cinema	137
Sartre e Simone no Brasil	138
Quarenta anos depois	139
Testemunho reconfirmado	142
Balanço da Bossa Nova	142
Ulisses – o primeiro conto de Francisco Buarque de Holanda	144

Espaço nobre para a ilustração
Uma valentia cultural	147
Época de grandes descobertas	151
Bibliografia	198
Créditos da iconografia	201

PREFÁCIO

Este estudo bem feito, honesto e oportuno conta a história do *Suplemento Literário* de *O Estado de S. Paulo* nos decênios de 1950 a 1970, registrando a mudança profunda que ocorreu nesse lapso de tempo no jornalismo, cada vez mais voltado para o imediato e o registro rápido. Partindo da boa fundamentação teórica e histórica, a autora analisa com precisão o material disponível, fazendo reflexões pertinentes sobre a função cultural da publicação estudada. Isso lhe permite mostrar qual foi o seu papel no momento e refletir sobre problemas da relação entre jornalismo e cultura. As conclusões são importantes e expostas com visão certeira sobre a natureza da imprensa cultural em nosso tempo.

Creio que Elizabeth Lorenzotti sentiu bem o significado do *Suplemento* no complexo cultural paulistano, do qual ele foi um episódio relevante entre a Semana de Arte Moderna de 1922 e a transformação vertiginosa que nos anos de 1960 e 70 faz da cidade uma metrópole, liquidando suas últimas tinturas provincianas.

Nesse processo *O Estado de S. Paulo* teve papel de alto relevo, como representante da burguesia ilustrada. A sua redação era um fermentário trepidante do qual saíram, direta ou indiretamente, grandes realizações, como a Universidade e a sua renovadora Faculdade de Filosofia, frutos das idéias e da ação de Julio de Mesquita Filho e Fernando de Azevedo, colaborador do jornal. Outro colaborador, Paulo Duarte, levou as idéias do grupo a um prefeito esclarecido, Fábio Prado, resultando o Departamento Municipal de Cultura, marcado pela atuação profundamente modificadora e criativa de Mário de Andrade.

O *Suplemento Literário* pertence a essa constelação, e até a nossa revista *Clima* não lhe é estranha, pois a idéia de fundá-la veio de Alfredo Mesquita. Foi, portanto, um momento feliz da mentalidade liberal, fato que a autora estuda bem, inclusive mostrando a atuação de Julio de Mesquita Filho, sem esquecer a compreensão com que deu ampla liberdade ao *Suplemento*.

De fato, embora avesso às esquerdas, não discriminava colaboradores por motivo ideológico, aceitando o livre jogo das idéias. A análise da autora a respeito é correta, como é correta a maneira pela qual destaca como fator decisivo as concepções e a atuação de Décio de Almeida Prado, grande intelectual e grande homem de bem, que dirigiu o *Suplemento* de 1956 a 1966, imprimindo-lhe a marca da sua personalidade íntegra e harmoniosa.

Interessante é a análise da passagem do *Suplemento Literário* ao *Cultural*, em consonância com a mudança de mentalidade no jornalismo. Aí se destaca o seu cuidado na análise das repercussões que ele sofreu das características técnicas e sociais de um momento de mudanças aceleradas. Nesse sentido, assinala a atuação de Nilo Scalzo, sucessor de Décio de Almeida Prado, marcado pela mesma dignidade pessoal e a mesma segurança de critérios.

Em suma, o livro de Elizabeth Lorenzotti é uma contribuição que vai além do mero valor monográfico, pois constitui uma análise pertinente das relações entre jornalismo e cultura, à luz de um caso que soube estudar com rigor e competência.

Antonio Candido

INTRODUÇÃO

A oportunidade da publicação deste livro deveu-se à comemoração, em 2006, do cinqüentenário do primeiro número do *Suplemento Literário* de *O Estado de S. Paulo*.

Projetado por Antonio Candido de Mello e Souza e dirigido durante dez anos por Décio de Almeida Prado (1956-1966), o *Suplemento* viria a ser considerado o modelo de todos os cadernos culturais que o sucederam.

Uma publicação destinada ao intelectual de formação humanística, não tomava partido em polêmicas, não constituía "panelas", primava pelo rigor conceitual da crítica.

Meu interesse pela pesquisa veio, principalmente, dos indícios a respeito da independência e da autonomia de que gozava a publicação. Como um suplemento literário pode ter existência independente da direção de redação de um jornal diário?

Causou perplexidade o fato dessa direção de perfil conservador ter convidado um intelectual socialista para criar um suplemento literário que tinha colaboradores de esquerda em sua redação.

Ao mesmo tempo, a publicação não-jornalística, como foi definida desde o projeto inicial, mas artística e literária inserida num jornal é outro desafio ao entendimento do processo histórico do jornalismo brasileiro.

Os anos 1950 e 1960 foram extremamente férteis na produção cultural no País, que desfrutava de um período democrático e desenvolvimentista. Seus frutos revelaram-se em todos os setores da vida brasileira. Naquela época, surgiram suplementos literários em quase todos os grandes jornais diários: *O Estado de S. Paulo* e o *Jornal do Brasil* lançaram os seus no mesmo ano, 1956. É a época da introdução de novas técnicas de produção e de administração na imprensa, além da nova linguagem que privilegiava a notícia em detrimento da opinião.

O suplemento paulista nascia com a natureza artística, conforme determinava o projeto, cumprido à risca durante sua existência. Para as questões de natureza jornalística relativas às artes e à cultura, o jornal já tinha uma página especial. O *Suplemento Literário* se dedicaria à crítica, à análise, à reflexão.

De 1956 a 1966, a publicação foi dirigida pelo crítico teatral e professor Décio de Almeida Prado, que se retirou em razão de maior dedicação à vida acadêmica. A partir de então, e até o fim da publicação com este nome, em 1974, foi dirigida de maneira intermitente por Nilo Scalzo, jornalista com vasta experiência em todos os setores da profissão, que trabalhou durante 40 anos em *O Estado de S. Paulo*. Scalzo, não viveu para ler esta obra, na elaboração da qual teve fundamental importância, morreu no dia 15 de julho de 2007. *Suplemento Literário: que falta ele faz!* é também uma homenagem a este exemplo de correção profissional. Nilo também editou o *Suplemento Cultural* e fez parte do grupo que dirigiu o *Cultura*, sucessores do *Suplemento Literário*.

Essas fases são representativas das transformações sofridas pelo jornalismo cultural a partir dos anos 1950, quando a cultura de massas se impõe e, aos poucos, o espaço de veiculação da crítica é ocupado pela divulgação de produtos da indústria cultural.

O objetivo deste trabalho é repassar a história do *Suplemento Literário* desde a sua fundação, em 1956, até o encerramento do projeto com esse nome, em 1974. Em função de sua importância para o jornalismo e para a cultura do Brasil, acredito ser relevante recordar essa história, ressaltando alguns detalhes, especialmente dois deles: seu projeto e as razões do seu fim.

O projeto original me foi cedido pelo professor Antonio Candido de Mello e Souza, que havia recuperado o documento, perdido há décadas. Uma parte desse documento tornou-se uma espécie de "manual de redação" para os colaboradores da publicação.

Os jornalistas e pesquisadores conhecem a importância de uma fonte como esta, já que não é regra a existência de projetos originais de publicações jornalísticas e/ou ligadas a jornais em bibliotecas e arquivos.

Quem manuseia os exemplares do *Suplemento Literário* durante os dez anos da gestão de Almeida Prado pode comprovar, cotejando com o projeto, que a linha editorial foi cumprida milimetricamente.

E por que morreu o *Suplemento Literário* de *O Estado de S. Paulo*? Para responder a esta questão recorri, inicialmente, à pesquisa nos arquivos do jornal *O Estado de S. Paulo* delimitando as várias fases, tanto do *Suplemento* quanto de seus sucessores. Pesquisei, também, artigos em jornais e revistas, livros e a única tese sobre o *Suplemento*, de Marilene Weinhardt.

Capa da edição n° 1 do *Suplemento Literário*: modelo dos cadernos culturais.

Foram realizadas três entrevistas: com o idealizador do projeto, professor Antonio Candido de Mello e Souza; com o jornalista Nilo Scalzo, sucessor do primeiro editor, Décio de Almeida Prado, já falecido, e com o primeiro editor gráfico da publicação, Italo Bianchi.

Jogar um pouco de luz sobre essa experiência ímpar dentro de um jornal brasileiro pode contribuir para o melhor entendimento das questões do jornalismo cultural neste início do século XXI.

Este trabalho também resgata algumas histórias e pincela perfis de personagens envolvidos naquela fase de ouro do jornalismo cultural brasileiro. É uma homenagem sincera e cheia de admiração a Antonio Candido e a Décio de Almeida Prado, perfeitas traduções dos homens de bem, sólidos, de espírito claro, portadores do discernimento e da sabedoria provenientes não só da leitura, mas do exercício pleno da vida e do conhecimento dos homens.

CRONOLOGIA

Suplemento Literário

De 6 de outubro de 1956 a 17 de dezembro de 1966 (nº 508)

Editor: Décio de Almeida Prado

Até 22 de dezembro de 1974 (nº 908)

Editor: Nilo Scalzo

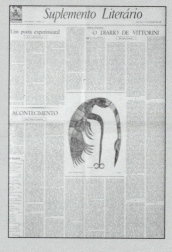

Especiais centenário de O Estado de S. Paulo

De 4 de janeiro de 1975 a 10 de abril de 1976

Editor: Nilo Scalzo

Suplemento Cultural

De 17 de outubro de 1976 a 1º de junho de 1980

Editor: Nilo Scalzo

Suplemento Cultura

De 15 de junho de 1980 a 31 de agosto de 1991

Editor: Fernão Lara Mesquita

Editor executivo: Nilo Scalzo

Caderno 2

Primeira edição em 6 de abril de 1986

Primeiro Editor: Luiz Fernando Emediato

Um espaço para os assuntos culturais

No Brasil, os folhetins surgiram no início do Segundo Reinado e misturavam crítica literária, divulgação de eventos e publicação de romances em capítulos. Entretanto, os assuntos culturais também tomavam espaço em outras seções, dedicadas em geral às letras e às artes.

O SURGIMENTO DOS SUPLEMENTOS

Até a Segunda Guerra Mundial, a imprensa francesa exerceu forte influência sobre a brasileira. Uma das maiores contribuições da França ao jornalismo cultural brasileiro foi a introdução do folhetim.

O romance-folhetim, criado pelo jornalista Emile Girardin, surgiu no século XIX. Em 1836, ele criou um jornal mais barato, com a inserção da novidade inglesa dos reclames e, principalmente, a utilização de um tradicional espaço do jornal reservado ao entretenimento, desde o século XVIII: o rodapé. Uma espécie de "almanaque integrado ao jornal, dedicado às variedades, miscelânea, ou às resenhas literárias, dramáticas ou artísticas, genericamente denominado folhetim". (Meyer, 1984).

Girardin aproveitou o gosto dos franceses pela prosa de ficção e publicou, em capítulos, naquele espaço já consagrado do jornal, o que se chamou inicialmente folhetim-romance, depois romance-folhetim, e finalmente, folhetim. Balzac escreveu o primeiro romance encomendado, o primeiro *feuilleton*: *La Vieille Fille*.

Balzac, com sua fina ironia e afiadíssima pena, escrevia em 1843:

> *O folhetim é uma criação que só pertence a Paris, e só pode existir em Paris. Em nenhum país poder-se-ia encontrar essa exuberância dos espíritos, esta zombaria em todos os tons, estes tesouros de razão gastos loucamente, estas existências que se dedicam ao estado de confusão, a uma parada semanal incessantemente esquecida, e que deve ter a infalibilidade do almanaque, a leveza da renda, e decorar com um cortinado o vestido do jornal todas as segundas-feiras. (...) O ofício do folhetinista é tão difícil que só há dois em vinte que conseguem ser lidos com prazer, e cuja verve é esperada na segunda-feira.* (Jornalistas, 1999: 99).

No Brasil, os folhetins surgiram no início do Segundo Reinado e misturavam crítica literária, divulgação de eventos e publicação de romances em capítulos. Entretanto, os assuntos culturais também tomavam espaço em outras seções, dedicadas em geral às letras e às artes. Sobre os primórdios dos

"CLIMA É UMA REVISTA FEITA POR GENTE MOÇA, MAS QUE DEVE E PRETENDE SER LIDA PELOS MAIS VELHOS. (...) NÃO DISCUTIREMOS A SUA ORIGINALIDADE. ESTAMOS, PORÉM, CERTOS DA SUA UTILIDADE E, MESMO, DA SUA NECESSIDADE ENTRE NÓS."

Alfredo Mesquita

temas culturais na imprensa, alguns consideram que já constavam do *Correio Braziliense*, ou *Armazém Literário*, nosso primeiro periódico, embora editado na Inglaterra.

Werneck Sodré (1998:30) aponta dois periódicos – *Variedades* ou *Ensaios de Literatura* (1812, dois números) e *O Patriota* (janeiro de 1813/dezembro de 1814) como "ensaios frustrados de periodismo de cultura", que "o governo joanino forjou ou amparou" pela necessidade de enfrentar e neutralizar a ação do *Correio Braziliense*.

O *Jornal do Commercio* (RJ), de 1838, tinha o seu *Folhetim*. *Correio Mercantil* (1843-1868), *Atualidade* (1859-1863), *Diário do Rio de Janeiro* (1821-1878), por exemplo, eram jornais informativos com seções de crítica literária. Os periódicos literários, na época, tinham origem acadêmica, especialmente nos cursos de Direito. Havia, então, em São Paulo, uma pletora – entre outras, *Revista da Sociedade Filomática* (1833), *Revista Mensal do Ensaio Filosófico Paulistano* (1851-1864), *Ensaios Literários do Ateneu Paulistano* (1852-1860), *Revista da Academia de São Paulo* (1859), *Revista da Associação Recreio Instrutivo* (1861-1862), *Revista Mensal do Instituto Científico* (1862-1863) — e várias publicações em Recife e em Porto Alegre. (Antello, 1997).

Antello caracteriza como detentoras de um "perfil mundano-artístico, em que a literatura funciona como ilustração da vida burguesa ou simples variedade letrada das infinitas possibilidades urbanas", no Rio de Janeiro a *Revista Sulamericana* (1889), a *Kosmos* (1904-1909) e a *Renascença* (1904-1906), que conciliavam em suas páginas "poetas parnasianos e simbolistas, ilustrações das reformas urbanísticas, a crônica da vida social ou charges políticas".

A *Revista do Brasil* foi lançada em 1916 por um grupo liderado por Julio Mesquita, depois passou para as mãos de Monteiro Lobato, até 1925, quando o escritor faliu. Nessa primeira fase, da qual também participou Paulo Prado, fundia-se, segundo Antello, o filão pedagógico com o lado irreverente da vanguarda. A revista teve várias fases, a última em 1990.

Outra tentativa de revista cultural foi a *Panoplia* (junho de 1917/março de 1918), dirigida por Guilherme de Almeida, Cassiano Ricardo e Di Cavalcanti, e a *Novela Semanal* (1921), coletânea de contos e novelas de grandes autores nacionais. Todas, segundo Paulo Duarte (1972:33), malogradas, "seguindo o destino das coisas culturais no Brasil".

Os modernos da Semana de 22 criaram a revista *Klaxon*, que durou oito números, a partir de maio de 1922. A *Revista Nova*, de Paulo Prado e Antônio de Alcântara Machado (1931), teve quatro números. Houve, ainda,

A revista *Clima*, ficou na história da produção intelectual do País.

Da esquerda para a direita Décio de Almeida Prado, Paulo Afonso Mesquita Sampaio, X. Coaracy e Paulo Emilio Salles Gomes, em fins da década de 1930.

a *Arcádia*, dos estudantes de Letras da Faculdade de Direito de São Paulo (1936) e a *Revista do Arquivo Municipal* (1935), do Departamento de Cultura de São Paulo.

A revista *Clima* (maio de 1941 a novembro de 1943), lançada por um grupo de universitários, no início, segundo Paulo Duarte, fazia lembrar a velha *Revista do Brasil*. Vamos nos deter um pouco nessa publicação, que ficou na história da produção intelectual do País e levou seus jovens articulistas a, imediatamente, obterem grande reconhecimento profissional. Praticamente os mesmos colaboradores, nas mesmas áreas de atuação, participaram do futuro *Suplemento Literário* de O Estado de S. Paulo.

OS RAPAZES DA REVISTA *CLIMA*

Fundada em maio de 1941 por um grupo de jovens intelectuais, egressos das primeiras turmas da Faculdade de Filosofia da Universidade de São Paulo, em pleno Estado Novo (1937-1945) e durante a Segunda Guerra Mundial (1939-1945), *Clima* foi ideada pelo crítico e diretor de teatro Alfredo

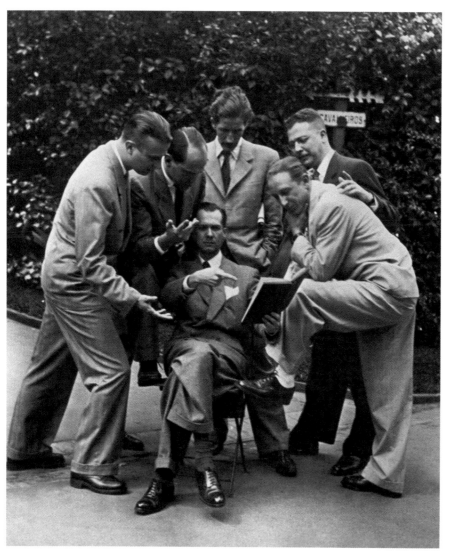

Brincadeira na Praça da República, 1945: da esquerda para a direita Décio de Almeida Prado, Paulo Emilio Salles Gomes, Gustavo Nonnenberg, Lourival Gomes Machado e José Portinari. Ao centro, Antonio Candido.

Mesquita, irmão de Julio de Mesquita Filho, diretor de *O Estado de S. Paulo* e um dos criadores da USP.

Os amigos Lourival Gomes Machado (assistente do professor Arbousse-Bastide, na Filosofia) e Antonio Candido de Mello e Souza (estudante do segundo ano de Ciências Sociais) entusiasmaram-se, em fins de 1940, com a idéia da revista, que tinha o objetivo de refletir sobre pontos de vista do grupo de jovens intelectuais. Conta Antonio Candido, aliás, que Lourival havia comentado com ele sobre um talvez futuro boletim mimeografado, mas Alfredo Mesquita propôs uma revista de verdade, e com anúncios.

Em férias de fim de ano, Antonio Candido (1918), Décio de Almeida Prado (1919-2000), Gilda Moraes Rocha, mais tarde Mello e Souza (1919-2005), Ruy Coelho (1920-1990) e Paulo Emilio Salles Gomes (1916-1977), todos em viagem, foram avisados por carta, por Lourival (1917-1967), da idéia de Alfredo Mesquita. O diretor-responsável seria o próprio Lourival, e os editores encarregados das seções permanentes: Antonio Candido, literatura; Lourival, artes plásticas; Paulo Emilio, cinema; Décio de Almeida Prado, teatro; Antonio Branco Lefèvre, música; Roberto Pinto de Souza, economia e direito; Marcelo Damy de Souza, ciência e os colaboradores (como Gilda de Mello e Souza, Ruy Coelho, Cícero Cristiano de Souza).

Foi Lourival quem deu o nome à nova revista, encontrado ao acaso, depois de muitas tentativas do grupo, ao se deparar com a propaganda de um comércio no centro de São Paulo. Lourival também foi responsável pelo "boneco" da publicação, isto é, sua feição gráfica.

Em seus 16 números, de cerca de mil exemplares por edição, em formato de livro, a revista *Clima* voltou-se para a cobertura cultural da cidade de São Paulo e da produção intelectual em geral.

A partir do terceiro número, a revista foi feita na casa de Ruth e Décio de Almeida Prado, na rua Itambé, em Higienópolis.

Em depoimento em 1998, durante homenagem promovida pela USP, aos 80 anos do professor Antonio Candido, Décio de A. Prado relembrava:

> *Fazíamos toda a parte braçal, arranjar anúncios, pegar originais, levá-los à gráfica, corrigir provas, enviar os exemplares ao correio, distribuí-los em livrarias e bancas de jornal, graças à boa vontade de meia dúzia de abnegados, não mais, que eram ao mesmo tempo patrões e empregados de si mesmos.* (Aguiar, 1999:28).

O patrono intelectual de *Clima* foi Mário de Andrade, o que explicita a filiação do grupo e suas bandeiras. Os jovens, aliás, tinham idéias socialistas mas, na primeira fase da revista, resolveram não politizar o conteúdo, o que ocorreu até o número 10 (julho/agosto de 1942), quando publicaram artigos repudiando as manifestações assumidas pelo fascismo, entre elas o integralismo. No décimo segundo número, em abril de 1943, foi publicado novo manifesto com um balanço dos dois anos da revista e a reafirmação de sua posição antifascista, perfilando-se ao socialismo democrático.

Nesse mesmo número, Antonio Candido procedeu a uma pequena mudança editorial, conforme lhe aconselhara Jean Maugüé, um dos professores franceses da USP. A revista era muito pesada, lhe disse, e Candido incluiu uma seção de notas e de variedades.

Clima não tinha vínculo oficial com qualquer instituição. No texto de apresentação, Alfredo Mesquita escreveu:

> *Clima é uma revista feita por gente moça, mas que deve e pretende ser lida pelos mais velhos. (...) Não discutiremos a sua originalidade. Estamos, porém, certos da sua utilidade e, mesmo, da sua necessidade entre nós. Toda a gente já ouviu falar nas dificuldades encontradas pelos jovens cientistas, escritores, artistas, nos primeiros passos das suas carreiras. Esta revista foi fundada não só com o fim de facilitar esses primeiros passos, como também para mostrar aos mais velhos e aos de fora, sobretudo àqueles que têm o mau hábito de duvidar e de negar a priori valor às novas gerações, que há em São Paulo uma mocidade que estuda, trabalha e se esforça, sem o fim exclusivo de ganhar dinheiro ou galgar posições.* (*Clima*, 1:4)

No manifesto de abril de 1943, o grupo acentua:

> *Resta-nos o consolo de ter dado aos moços de nossa geração um exemplo de absoluta honestidade e da mais intransigente independência, princípios que não podemos desprezar nos tempos que correm.* (*Clima*,12:3)

"NÓS NOS TORNAMOS CONHECIDOS COM *CLIMA*. DE UMA CERTA MANEIRA, NÃO FOMOS NÓS QUE FIZEMOS *CLIMA*, FOI *CLIMA* QUE NOS FEZ."

Ruy Coelho

Grupo da revista Clima em 1944: Alfredo Mesquita, Antonio Candido e Lourival Gomes Machado (sentados). Em pé Antonio Branco Lefèvre, Décio de Almeida Prado, Paulo Emilio Salles Gomes e Roberto Pinto de Souza.

Honestidade e independência são marcas desse grupo, valores que permaneceram em suas trajetórias nas diferentes atuações, particularmente nesta que é nosso objeto, o *Suplemento Literário* de *O Estado de S. Paulo*.

A repercussão do trabalho dos jovens intelectuais foi tal que, um ano depois do lançamento de *Clima*, — (que Décio considerou "o fato capital de nossos percursos literários") — começaram a receber convites para trabalhar na chamada grande imprensa. E também se tornaram professores da USP, atuaram na área de arte dramática, artes plásticas, em cineclubes. Paulo Emilio Salles Gomes, considerado o criador da crítica de cinema no Brasil, fundou em 1940 o Clube de Cinema de São Paulo, hoje Cinemateca Brasileira, com Candido, Décio e Francisco Luiz de Almeida Salles.

Segundo Ruy Coelho: "Nós nos tornamos conhecidos com *Clima*. De uma certa maneira, não fomos nós que fizemos *Clima*, foi *Clima* que nos fez". (Pontes, 1996:162)

Lourival Gomes Machado, já professor da Faculdade de Filosofia, passou a colaborar com a *Folha da Manhã* (1942) e em 1943 tornou-se redator especializado de política internacional em *O Estado de S. Paulo*.

"Da nossa turma, ele foi o primeiro em tudo", lembra Décio. (Aguiar,

1999:31). "A dar aulas, a casar, a engordar, a trabalhar em jornal, a defender tese, a publicar livro, a ser professor titular e a dirigir uma das faculdades da USP. Infelizmente, foi também o primeiro a nos deixar, com somente 50 anos de idade. Morreu na Itália, em viagem a serviço da Unesco, onde trabalhava, numa estação de estrada de ferro, cercado de gente, mas talvez sozinho, fechado no fundo de si mesmo, como de certo modo sempre esteve, apesar dos amigos e do seu ar freqüentemente brincalhão. Creio que a parte mais importante do seu trabalho sobre as artes plásticas foi executada depois e fora de *Clima*, no qual se exercitou e ganhou prestígio, impondo-se como crítico, aperfeiçoando-se nessa árdua empresa que é traduzir em palavras, com ordem lógica e alcance universal, o que de início são sensações corporais, não conceitos". Em 1951, como diretor do Museu de Arte Moderna (MAM-SP), inaugurou a primeira Bienal.

De gênio amigável, falava e escrevia com grande facilidade. Continua Décio: "Lourival comentou comigo, certa vez, que dispunha de dois registros de pensamento bem distintos: o abstrato, forma pura da inteligência, transcendente aos fatos sobre os quais foi elaborado, e o concreto, particular às artes plásticas, atendo-se na pintura, por exemplo, à espessura da camada de tinta sobreposta à tela, ao trajeto da pincelada, e, na escultura, ao contorno, à pura forma da matéria, à rudeza ou maciez da pedra, que ele gostava de tocar com as mãos, pondo em funcionamento a sua sensibilidade tátil. Não possuo, todavia, concluiu ele, o meio-termo entre o abstrato e o concreto que caracterizaria outros integrantes do *Clima*".

Em 1942, Lourival levou Ruy Coelho para a *Folha da Noite*, onde ficou até 1943 e transferiu-se para o *Diário de S. Paulo* como crítico de cinema. No *Diário*, Décio de Almeida Prado havia colaborado durante um mês, em 44, substituindo as férias de Ruy Coelho como crítico de cinema. Em 1946, entrou para o *Estado* para comentar teatro. Em janeiro de 1943, Antonio Candido tornou-se crítico titular de literatura da *Folha da Manhã*.

Décio de Almeida Prado não pretendia ser crítico de teatro, mas escritor e professor de Filosofia, profissão que acabou exercendo. Em depoimento a Heloisa Pontes afirmou:

> *Nesse período é que comecei a perceber que Lourival tinha uma vocação para as artes plásticas, através de conversas e também pelo fato dele ir mais às exposições, comentar mais, falar mais sobre arte. Mas ele não escreveu nada antes do Clima, como eu também não escrevi nada sobre o teatro antes do Clima, como Antonio Candido não escreveu nada sobre literatura e nem o Paulo Emilio sobre cinema.*

> "NÃO HAVIA ESSA IDÉIA
> DE TRABALHAR MENOS,
> TIRAR FÉRIAS, DE DESCANSAR
> NO FINAL DE SEMANA.
> NINGUÉM ACHAVA A VIDA CANSA-
> TIVA. A VIDA ERA TRABALHOSA,
> MAS TRANQÜILA."
>
> *Décio de Almeida Prado,*
> *sobre sua juventude.*

Décio experimentou outras carreiras antes de se dedicar ao teatro. Segundo relata em depoimento ao jornalista Paulo Moreira Leite, na *Gazeta Mercantil* (2000) passou por três fases. Fez duas vezes vestibular para Medicina e "graças a Deus fui reprovado, senão teria me encaminhado para um lado que não era a minha vocação. Não gostava de química, fui mau aluno de matemática em todo o ginásio. Só fui bom aluno de português". Houve a fase da Filosofia, "em que ensinei filosofia nas escolas secundárias, colégios estaduais e a fase do teatro, que foi mais adiante. Essa passagem foi meio indefinida. Não foi assim: vou seguir o teatro e fui. Eu me interessava por teatro e o Paulo Emilio Salles Gomes (seu colega desde o ginásio) também. Mas o teatro estava numa fase bem ruim, apagada. Quando entrei na Faculdade de Filosofia, pensei em fazer teatro como aluno, mas não deu em nada". Cursou Direito, Filosofia e Ciências Sociais, na faculdade da USP onde seu pai era diretor. Décio levava o sobrenome Junqueira, de sua mãe, de origem mineira, morta quando ele tinha dois anos, mas vivendo em São Paulo havia pelo menos duas gerações. E dos Almeida Prado, paulistas, muito influentes em Itu.

Foi criado pelos avós paternos, em uma fazenda de café no interior de São Paulo, segundo ele, num ambiente muito simples. "A gente não comemorava festa de aniversário nem Natal. De manhã, eu, minha irmã e meu irmão saíamos da cama e íamos para o terreiro, brincar com dois cachorros. Raramente recebíamos visita. Meus avós não tinham carro. De vez em quando, usávamos um carro de aluguel, que vinha da cidade". Após a crise de 1929, seu avô vendeu a fazenda e foram morar com o pai, professor na Faculdade de Medicina. "Em casa havia um quarto para nós, um para os avós e dois para os hóspedes. Naquela época, quando os irmãos vinham do interior, ficavam em casa. Ninguém tinha hábito de ir para o hotel, também não se ia a restaurante. Era luxo. Todos os dias se comia em casa, inclusive sábado e domingo. Também não havia essa idéia de trabalhar menos, de tirar férias, de descansar no fim de semana. Ninguém achava que a vida era cansativa. A vida era trabalhosa, mas mais tranqüila."

Em 1943, com Lourival Gomes Machado, Décio fundou o Grupo Universitário de Teatro (GUT). Em 1946, foi convidado por Julio de Mesquita Filho para ser crítico de teatro do *Estado*, função que exerceu até 1968.

Nessa época (1945) era professor de Filosofia em colégios: "Era o que me mantinha, porque se ganhava muito pouco em jornal", relatou a Maria Nascimento Garcia, que pesquisou a obra teatral de Décio. Sobre seu ingresso no *Estado*, observou:

Décio de Almeida Prado à esquerda no segundo degrau. Faculdade de Filosofia Ciências e Letras, cerca de 1936-1938.

Quando entrei para sua redação, a convite do dr. Julio de Mesquita Filho, o jornal e o teatro estavam ambos em fase de recuperação. O Estado acabava de voltar às mãos da família que lhe dera renome nacional, após ter permanecido de posse do governo estadual durante os últimos cinco anos de período getulista. E o teatro principiava a sair de sua letargia, por obra e graça de alguns poucos amadores e alguns poucos profissionais. (Garcia, 1998:29)

Sua coluna era denominada *Palcos e Circos*. Havia apenas três salas de teatro e o maior medo de Décio, inicialmente "era não ter o que criticar". Entretanto, a reação do teatro viria no ano seguinte, com a chegada a São Paulo do grupo carioca Os comediantes, levando a peça de Nelson Rodrigues *Vestido de Noiva*. Nascimento assinala que o "moderno teatro brasileiro começava a nascer, juntamente com a moderna crítica teatral".

Décio sempre considerou suas críticas como opinião pessoal.

"Se você sentar numa mesa e pensar 'agora eu vou dizer uma coisa para a eternidade', é porque você já tem um certo peso para escrever, não é? Você tem uma certa inibição e escreve só para fora. Escrever o que sente é como o ator, que de uma maneira se revela. O crítico também. Para vencer essa inibição, nada como ter um ponto de vista mais modesto".

(*Gazeta Mercantil*: 2000)

Almoço oferecido a Antonio Candido, São Paulo, 10 de dezembro de 1957. Na cabeceira Antonio Candido, em seguida, no sentido horário: Luís Martins, Luís V. C. Mesquita, Décio de Almeida Prado, Paulo Emilio Salles Gomes, pessoa não identificada, José V. C. Mesquita, Lourival Gomes Machado, Ruy Mesquita, Lívio Xavier e Julio de Mesquita Filho.

"Cada um com suas armas"

Depois do manifesto de abril de 1943, no número 12, *Clima* ficou 17 meses fora de circulação, não só em virtude de problemas financeiros mas, também, porque a maioria de seus colaboradores havia assumido outros compromissos profissionais. O último número, 16, foi publicado em novembro de 1944. Reflete Décio: "Como conseguimos sobreviver por tanto tempo, com tão pouco dinheiro, nunca entendi direito. (...) A meu ver, nada compreenderemos sobre *Clima* sem levar em consideração que o Brasil era ainda muito amadorístico, se comparado ao país atual, profissionalizado ou em via de profissionalização". (Aguiar, 1999:27)

Quem queria escrever, escreveu, contou Décio. "Os outros, preferiram permanecer na condição de leitores, certamente a mais agradável. O perfil do *Clima* não estaria completo sem dizer que três pessoas, não ligadas às seções fixas, desempenharam na revista funções de primeiro plano, seja nas discussões teóricas, seja nas tarefas práticas. Refiro-me a Cícero Christiano de Sousa, e, sobretudo, a Gilda de Morais Rocha (depois Gilda de Mello e Souza) e a Ruy Coelho. Os três, de resto, participaram do primeiro número,

Gilda e Ruy, por coincidência os dois caçulas, apresentando os textos mais extensos e elaborados". (*Gazeta Mercantil:* 2000)

O grupo voltaria a se reunir em 1956, quando Antonio Candido realizou o projeto do *Suplemento Literário.*

Antonio Candido de Mello e Souza fazia parte dessa turma de colegas desde 1939, quando entrou para a Faculdade de Filosofia Ciências e Letras da USP, na qual bacharelou-se em Ciências Sociais em 1942, tendo abandonado o curso de Direito no quinto ano. Foi contratado como primeiro assistente de sociologia (professor Fernando Azevedo) logo após a formatura, e ficou no cargo até 1958. Aprovado em 1945 em um concurso de literatura brasileira, obteve o título de livre-docente e, em 1954, doutorou-se em Ciências Sociais com a tese *Os Parceiros do Rio Bonito.*

Foi crítico dos jornais *Folha da Manhã* (1943-45) e *Diário de S. Paulo* (1945-47), nos quais manteve um rodapé semanal com o título *Notas de Crítica Literária.* Da *Folha da Manhã*, aliás, Antonio Candido demitiu-se ao lado de cerca de 50 jornalistas, quando o jornal, que pertencia a um grupo rural, foi vendido "de porteiras fechadas", isto é, com todos os jornalistas dentro, para o conde Francisco Matarazzo e para o ex-interventor Fernando Costa, mas seus nomes não apareciam. O secretário-geral do jornal, Hermínio Sachetta, não admitia que o jornal fosse vendido com os jornalistas como parte do mobiliário, mas os protestos foram em vão. (Jornalistas, 1937:58)

Antonio Candido participou da luta contra a ditadura do Estado Novo e, em 1945, foi um dos fundadores da União Democrática Socialista, que no mesmo ano se integrou à Esquerda Democrática, transformada em 1947 no Partido Socialista Brasileiro. Foi um dos diretores da *Folha Socialista*, órgão do partido, e membro da Comissão Executiva da Seção de São Paulo de 1946 a 1948.

Na série de matérias com intelectuais paulistas, na faixa de 23 aos 30 anos, organizada por Mário Neme, entre 1943 e 1944, em *O Estado de S. Paulo*, com o objetivo de dissecar a plataforma da nova geração, Candido assinala:

> *Mas se me perguntar qual poderia ser, no meu modo de sentir, um rumo a seguir pela mocidade intelectual no terreno das idéias, eu lhe responderei, sem hesitar, que a nossa tarefa deveria ser o combate a todas as formas de pensamento reacionário.*
>
> (Mota, 1977:126)

Esta era a função do intelectual: (..) "Cada um com suas armas: A nossa é essa: esclarecer o pensamento e pôr ordem nas idéias." (Mota,1977:129)

A influência que exerceu sobre as universidades paulistas foi imensa, fazendo-se sentir sobretudo em São Paulo e Campinas, sublinhou Décio de Almeida Prado

(Aguiar, 1999:41). E contou: "O professor da cadeira de Sociologia, Fernando de Azevedo, aconselhou-lhe mesmo, em tom de brincadeira, que mantivesse a Sociologia como esposa, tomando a Literatura para amante. Se ele procedesse dessa forma, como outros fizeram em casos similares, ninguém o acusaria de adultério ideológico. Mas a sua consciência moral e social, que tolerara até então essa duplicidade, porque, na realidade, ele amava as duas, exigia agora uma definição clara em um ou outro sentido. E ele optou pela amante, a Literatura. Não desejando, segundo me disse, sair por uma porta e entrar por outra no mesmo edifício, obrigou-se a um estágio numa faculdade iniciante, a de Assis, onde – acrescentou – teria tempo e tranqüilidade para repensar seriamente as bases teóricas de sua formação literária, como se esta já não fosse das melhores", afirmou.

O amigo revelou mais uma face de Candido: "Sofre com as imperfeições do mundo e sente agudamente não poder mudar a si mesmo quanto gostaria. Disse-me certa ocasião: 'Fico às vezes satisfeito quando me comparo, mas nunca quando me considero'. Haverá reminiscências de Nietszche nessa moral impaciente com os limites da vontade humana, desejosa de obter vitórias antes sobre ela própria do que sobre os outros?"

Redação de
O Estado de S. Paulo
nos anos 1950:
o SL funcionava
em uma sala à parte.

Seu primeiro artigo na revista *Clima*, segundo Décio de Almeida Prado, não continha declarações de princípios, a não ser quanto à crítica. Ele fez uma declaração copiada do mosqueteiro D'Artagnan, um de seus heróis de infância: "Dizer a verdade é uma coisa boa, tanto por causa do prazer que nos dá ao desafogar o coração, como por causa da raridade do fato".

"SERES DE EXCEÇÃO"

Os jovens do grupo *Clima*, aqueles das primeiras turmas da Universidade de São Paulo, não eram tão ardorosos e sangüíneos quanto os modernistas de 1922. Formações e comportamentos tão diferentes foram traduzidos no espírito irreverente de Oswald de Andrade, num bilhete aos editores a respeito do tema do quinto número da revista, o filme *Fantasia,* de Walt Disney, em outubro de 1941. Depois de dar sua opinião sobre o assunto, comentava sobre o grupo: "A sua geração lê desde os 3 anos. Aos 20 tem Spingler no intestino. E perde cada coisa!".

Ao que Antonio Candido retrucou:

Garanto-lhe que não, meu caro. O negócio não é assim tão simples. É preciso compreender que o surto dessa tendência para o estudo corresponde em nós a uma imposição da necessidade social e crítica. É a necessidade de pensar as coisas e as obras, inclusive as que você e seus companheiros fizeram, sem compreender bem o que estavam fazendo, como é de praxe.

Era uma novidade no Brasil, afirmava o jornalista e crítico Luís Martins.

Não havia entre aqueles jovens um contista, um romancista, nem um poeta. Eu logo os conheci e achei-os extremamente simpáticos, além de finos, cordiais e muito bem educados. Mas a um remanescente da boemia 'geração Lapa', como eu, não podia deixar de surpreender – quase escandalizar – a precoce severidade, o severo bom comportamento daqueles estranhos rapazes. Aparentemente nenhum deles bebia um chope, uma cerveja, um uísque, nada! Eram todos rigorosamente abstêmios. Mais tarde, tendo maior convivência com quase todos eles, teria ocasião de verificar que isto não era verdade: o único verdadeiramente abstêmio do grupo era Décio de Almeida Prado. (H. Pontes,1996:118)

Conta Heloisa Pontes que, nos idos dos anos 1940, Luís Martins e o cronista Rubem Braga estavam numa confeitaria da Rua Barão de Itapetininga, em São Paulo, — a Seleta e a Vienense eram muito freqüentadas pelo grupo *Clima* — quando chegaram os rapazes. Sentaram-se e pediram chá, refrescos e um deles, para escândalo dos dois escritores, pediu uma Coca-Cola. Martins então, teria observado ao amigo algo como: "É a geração Coca-Cola."

Desta classificação eles se livraram, mas a de "chato-boys", atribuída a Oswald de Andrade, ficou para a história bem-humorada das relações do grupo com os modernistas. Com o tempo, as diferenças iniciais transformaram-se e os então jovens intelectuais tornaram-se, como afirma Heloisa Pontes, os intérpretes mais autorizados do modernismo brasileiro.

Décio de Almeida Prado sublinhava a amizade que unia o grupo a Mário de Andrade e Oswald de Andrade. Mantinham, porém, em relação aos mais velhos, certas diferenças de estilo e pensamento.

> *A nossa maneira de escrever era menos aventurosa, porque estávamos numa década em que os "ismos" estéticos tinham sido suplantados pelos "ismos" políticos de direita e esquerda, muito mais sóbrios e compenetrados.* (Aguiar, 1999:29)

Era uma geração de críticos. Em seu ensaio "Exercício de Leitura", de 1980, sobre Paulo Emilio Salles Gomes, a professora de estética da faculdade de Filosofia da USP, Gilda de Mello e Souza analisa: "E se a nossa geração não produziu nenhum filósofo, nenhuma cabeça teórica, foi sem dúvida uma geração de críticos que inaugurou entre nós a crítica moderna de teatro e de cinema, retomando em bom nível os estudo anteriores de música, literatura e artes plásticas". Ela reflete que o quadro comum da geração da revista *Clima* era animado pela "paixão do concreto", na definição de Antonio Candido.

Mais tarde, em 1997, em artigo na Internet, o filósofo Bento Prado Jr., (1937-2007) ex-aluno da professora Gilda, pergunta, após ler tardiamente seu ensaio: "Mas quem é, e o que é um filósofo? Será que, de fato, filosofia e crítica opõem-se dessa maneira? De que valeria uma filosofia que não iluminasse nossa experiência atual da cultura e da sociedade, isto é, que não se completasse justamente em crítica?"

O filósofo afirma que logo após a Primeira Guerra, a melhor parte da filosofia francesa descobria o "concreto". E acentua. "Era bem, portanto, esse novo estilo de filosofia, engendrado nas décadas de 20 e 30 na França, que criava raízes na geração dos jovens críticos da revista *Clima,* permitindo-lhes inaugurar entre nós "a crítica moderna de teatro e de cinema", como acentuou a professora Gilda. O filósofo refere-se, ainda, ao programa de uma revista criada logo depois da guerra, na França, depois da *Clima,* a T*emps Modernes*, apresentada por Jean-Paul Sarte: "Não queremos nada perder de nosso tempo: talvez haja mais belos, mas não seriam o nosso; temos apenas esta vida para viver, ao meio desta guerra, talvez desta revolução". Termina o artigo afirmando que "o notável acerto crítico atingido por essa geração era mais o efeito da presença de uma filosofia viva do que de uma distância em relação à teoria. De um 'clima' que, infelizmente, não mais respiramos neste fim de século".

Uma geração de críticos, e não criadores. Conta Décio de Almeida Prado que o grupo havia herdado da Faculdade de Filosofia uma técnica de pensar e produzir com base na pesquisa, e não em comentários e interpretações pessoais. Acentuava que o traço mais distintivo do grupo estava na idéia da especialização, a divisão do conhecimento em várias áreas, para poder aprofundá-lo tanto quanto possível. Talvez por isso, os encarregados das seções fixas da revista teriam se agarrado a elas "como se constituíssem o nosso dever perante o mundo e perante nós mesmos."

Segundo Décio, essas características, no fim do século XX, eram comuns a centenas de professores e ensaístas, mas isso não ocorria na época de *Clima,* há mais de 60 anos, e por isso ganharam a fama de jovens sérios demais, os "chato-boys". "Logo nós que, na intimidade, nas relações de amizade, mostrávamo-nos tão propensos ao riso, às conversas descompromissadas noite adentro".

Em conversa com a autora, o professor Antonio Candido relembrou a tranqüila e segura São Paulo dos anos 1940 e 1950, quando se caminhava a pé, tranqüilamente, nas noites e madrugadas. Décio sempre passava, após as aulas no colégio da Liberdade, na casa de Candido, que ficava no bairro da Aclimação. Certa noite, já alta, foram caminhando e conversando, até a casa de Décio, em Higienópolis. Lá chegando, voltaram, madrugada adentro, sempre a pé, para a casa de Candido. No fim, Décio resolveu tomar um táxi para voltar, afinal, era tarde...

Tinham ao seu dispor, como lembrou Décio de Almeida Prado em seu depoimento sobre o amigo Antonio Candido:

> *Como prêmio à nossa juventude, uma rua inteira, é verdade que pequena, a Barão de Itapetininga. De tarde, especialmente em dias de aulas de filosofia, dadas por Jean Maugüé, nosso mentor intelectual, passávamos pela faculdade, situada na Praça da República. De noite, aparecíamos com freqüência no Teatro Municipal, que recebia, além de espetáculos de música e de ópera, inúmeras companhias européias, de teatro e de balé, desviadas pela Segunda Grande Guerra para longas temporadas na América do Sul. Abusando um pouco da imaginação poética, sem a qual não saberíamos viver, eu diria que numa extremidade da nossa rua aspirávamos saber e na outra extremidade respirávamos arte. Entre as duas, na própria Barão de Itapetininga, desfrutávamos as nossas horas de lazer na Confeitaria Vienense, com muito chá, muito chocolate, muita conversa e muita risada.* (Aguiar, 1999:26)

"E SE A NOSSA GERAÇÃO NÃO PRODUZIU NENHUM FILÓSOFO, NENHUMA CABEÇA TEÓRICA, FOI SEM DÚVIDA UMA GERAÇÃO DE CRÍTICOS QUE INAUGUROU ENTRE NÓS A CRÍTICA MODERNA DE TEATRO E DE CINEMA, RETOMANDO EM BOM NÍVEL OS ESTUDOS ANTERIORES DE MÚSICA, LITERATURA E ARTES PLÁSTICAS."

Gilda de Mello e Souza

No grupo havia uma novidade: as moças sempre pagavam suas despesas, e afirma Décio: "Talvez fosse a nossa maneira de acolher a onda feminista que já se aproximava, com a ocupação em massa, pelas mulheres, das escolas superiores".

Sobre Décio de Almeida Prado, Antonio Candido disse tratar-se de "um ser de exceção". Inúmeras vezes repete em entrevistas e em depoimentos que o grande crítico de teatro, professor e jornalista, encarnava a alma do *Suplemento Literário*.

Essa parceria ideal – dois amigos, de formação, idéias e utopias semelhantes, a mesma honestidade intelectual, correção, integridade, independência e, sobretudo, o humanismo – e o espaço de autonomia conquistado dentro da redação do *Estado*, foram responsáveis pela implantação e realização de um projeto que marcou a história da crítica e das publicações culturais no País.

Décio e Antonio permaneceram unidos e atuantes ao longo de seis décadas. Décio morreu em fevereiro de 2000, e *O Estado de S. Paulo* publicou seu testamento intelectual "Em torno de Julio de Mesquita Filho", em 27 de fevereiro. Ele havia escrito uma retrospectiva de sua vida para publicar no jornal, com o qual fez contatos em dezembro de 1999, depois de afastado desde 1968. Sua "modéstia congênita" – como acentua o texto não assinado de apresentação do documento – o fez pensar que o material não despertaria interesse e teve dúvidas para entregá-lo.

Quem poderia imaginar, hoje, um editor de caderno de cultura dotado de tal modéstia?

Mas eram outros tempos, era outra fase histórica do país, do mundo e do jornalismo. Eram "seres de exceção" esses dois. Dois humanistas que podem ser descritos pela própria pena de Antonio Candido, em seu belíssimo texto sobre "direito à literatura":

> *Entendo aqui por humanização (já que tenho falado tanto nela) o processo que confirma no homem aqueles traços que reputamos essenciais, como o exercício da reflexão, a aquisição do saber, a boa disposição para com o próximo, o afinamento das emoções, a capacidade de penetrar nos problemas da vida, o senso da beleza, a percepção da complexidade do mundo e dos seres, o cultivo do humor. A literatura desenvolve em nós a quota de humanidade na medida em que nos torna mais compreensivos e abertos para natureza, a sociedade, o semelhante.*
>
> (Candido, 1995:249)

O Suplemento Literário de *O Estado de S. Paulo*

De acordo com o professor Antonio Candido, o legado da FFCL é o pensamento radical de classe média que, pela primeira vez teria propiciado uma visão não aristocrática do Brasil.

A FORMAÇÃO DE NOVOS QUADROS

As relações entre o diretor de *O Estado de S. Paulo,* Julio de Mesquita Filho e o grupo central da revista *Clima* nunca foram íntimas, mas estiveram freqüentemente próximas, afirma Décio de Almeida Prado, em suas memórias. (Em torno de Julio de Mesquita Filho, 2000:D8)

> *Quando ele, em companhia dos filhos, pensou em criar um Suplemento Literário dentro de O Estado de S. Paulo, pediu o projeto a Antonio Candido, que me indicou para diretor. Como coube, na distribuição da matéria, a Lourival Gomes Machado a seção de artes plásticas e a Paulo Emílio Sales Gomes a de cinema. Podemos dizer sem exagero que a essência do Clima, no que diz respeito a pessoas, passara de uma revista de jovens para as páginas de um grande jornal, que tinha outra penetração e responsabilidade perante o público.*

Esta colaboração marcaria indelével e historicamente um aspecto peculiar de relações de trabalho em uma redação, e da produção cultural no país, possibilitados pelas condições então existentes naquele momento histórico no jornal da família Mesquita.

A história do jornal começa em 1875, então com o nome *A Província de S. Paulo*

A história do jornal começa em 1875, então com o nome *A Província de S. Paulo*, que cresceu como um defensor da idéias republicanas. Julio de Mesquita entrou em 1885 – com a República, o jornal passou a chamar-se *O Estado de S. Paulo* — e assumiu a direção política do diário em 1891, quando Rangel Pestana foi eleito para o Senado. Mesquita colaborou para a formação do Partido Democrático, em São Paulo, em 1926, mas não permitiu a transformação do jornal em órgão oficial do partido.

O *Estado* foi censurado rigidamente a partir de 1937 pelo Estado Novo, e interditado de 1940 a 1945. O jornal repudiou os anos de ocupação:

> *Assim, tendo sido assaltado, e ser distribuído o seu número 21.649, ano LXVI, dia 25 de março de 1940, ao sair de novo, já devolvido aos donos, no dia 7 de dezembro de 1945, via-se no cabeçalho desse mesmo dia, o número seguinte, isto é, 21.650, e a designação do mesmo LXVI, em lugar de LXXI, como devia ser. O Estado de S. Paulo, o verdadeiro, borrara de sua história o período de adesismo, oportunismo e miséria moral que lhe haviam imposto.* (Duarte, 1972:34).

Inauguração da Universidade de São Paulo em 25 de janeiro de 1934: criadores faziam parte da elite social e intelectual.
Ao centro, Armando de Sales Oliveira.

A redação de *O Estado de S. Paulo*, já nos anos 1920, era um centro literário e intelectual da cidade. Lá se reuniram cientistas e intelectuais e se configurou a idéia, já antiga em São Paulo, da criação de uma universidade. No centro dessas conversas o diretor do jornal, Julio de Mesquita Filho e Fernando de Azevedo, crítico e articulista.

O jornal apoiou a Revolução de 1932 e, após a derrota, Julio de Mesquita Filho foi preso e exilado, mas voltou ao país no ano seguinte. Numa tentativa de aproximação dos políticos paulistas, Getúlio Vargas colocou como interventor federal em São Paulo, Armando de Sales Oliveira, cunhado de Mesquita.

Dessa forma, pode concretizar-se a idéia da universidade, criada em 25 de janeiro de 1934. A Universidade de São Paulo reunia a Faculdade de Filosofia Ciências e Letras e as outras escolas de nível superior já existentes. Lembra Décio de Almeida Prado:

> *Custa a crer, mas é fato que não se estudava em São Paulo, a não ser em ginásios e liceus, nem sequer o português e a história do Brasil. Vivíamos, no que diz respeito à cultura geral, de Literatura, sobretudo na sua parte criativa, e do Direito, que fazia o papel normativo desempenhado de preferência, nos dias de hoje, pela Economia.* (Em torno de..., 2000:D11)

Assinala Carlos Guilherme Mota que a Revolução de 1932 foi o sinal de alerta para a falta de quadros. "E para formar tais quadros é que se criou a Escola Livre de Sociologia, com inspiração teórico-metodológica norte-americana."

Ao lado da Faculdade de Filosofia Ciências e Letras que adotava o modelo europeu, com o jornal *O Estado de S. Paulo*, essas escolas "formavam um tripé de sólido enraizamento cultural e político: uma com preocupação acentuadamente técnica, direcionada para os EUA: outra, com vocação vinculadamente teórico-metodológica, mas vinculada à França. Mas ambas no bojo de um processo de renovação e formação de quadros culturais e políticos." (Mota,1977:99)

Mesquita e Azevedo decidiram, sob protestos e resistências, lembra o professor Antonio Candido (1995:309), que seria preciso buscar na Europa os professores. Os criadores da USP - Universidade de São Paulo - eram homens ligados à elite social e intelectual, mas infensos ao totalitarismo, acentua o professor. Estabeleceram então, um critério importante para a seleção: para Ciências Humanas e Filosofia, que envolvem questões de ideologia, deveriam ser indicados professores franceses, pois a França era uma democracia enquanto Itália e Alemanha estavam sob regimes totalitários. Da Itália, professores de Matemática, Física, Mineralogia, Geologia, Grego e Literatura Italiana. Já da Alemanha, ao contrário dos outros dois países, onde houve acordos oficiais com os governos, foram feitos contactos individuais e contratados professores de Química e Ciências Naturais.

> *A Faculdade de Filosofia foi concebida por seus criadores dentro de um espírito aberto, visando à formação de quadros auxiliares da elite dominante, mas evitando a infiltração das ideologias conservadoras mais agressivas, que naquele momento se encarnavam no fascismo*, afirma Antonio Candido.

"Parecia uma coisa exótica", — disse Décio em depoimento a Paulo Moreira Leite (*Gazeta Mercantil:* 2000) –"pagar tantos professores estrangeiros para tão poucos alunos. Também se dizia que havia bons professores no Brasil e não havia necessidade de buscar gente lá fora. Era uma crítica de quem não entende a diferença entre ensino secundário e ensino superior. O ensino universitário tem importância na área de pesquisa, coisa que o secundário não tem. Na Filosofia não gostavam que a gente lesse manuais ou livros introdutórios, mas os clássicos no original, se possível. Em história, devíamos ler os jornais da época estudada e fazer uma análise a partir dessa documentação. Mas não eram tantos professores assim. Havia um na Filosofia, dois na Ciências Sociais".

"CUSTA A CRER, MAS É FATO QUE NÃO SE ESTUDAVA EM SÃO PAULO, A NÃO SER EM GINÁSIOS E LICEUS, NEM SEQUER O PORTUGUÊS E A HISTÓRIA DO BRASIL."

Décio de Almeida Prado

Antonio Candido resume:

Nossa Faculdade instaurou em São Paulo uma nova era, ao deslocar o objeto dos estudos sobre a sociedade brasileira da interpretação das camadas dominantes para as camadas oprimidas, pois independentemente de desígnio político este fato representou em si uma decisão progressista e o começo de uma atenção crítica às condições iníquas em que viviam essas últimas camadas.

De acordo com o professor Antonio Candido, o legado da FFCL é o pensamento radical de classe média que, pela primeira vez teria propiciado uma visão não aristocrática do Brasil. Por pensamento radical ele traduz a oposição ao conservadorismo, com idéias de transformação social. Embora não fosse esse, exatamente, o objetivo de seus fundadores.

Décio de Almeida Prado lembra:

A perspectiva política que inspirava Julio de Mesquita Filho foi sintetizada por Antonio Candido, não a seu propósito, em apenas três tópicos: "(1) o saber trará a felicidade dos povos, (2) este saber é aquele que veio da Europa, trazido pelo colonizador, (3) os detentores deste saber formam uma elite que deve orientar o destino das jovens nações. (Em torno de..., 2000:D10)

Almeida Prado discordava dos ideais políticos de Julio de Mesquita Filho, mas confiava em seus princípios éticos. Ele respeitava a opinião diferente, assim como Décio, e esse foi um dos motivos pelos quais o *Suplemento Literário* existiu, de acordo com o projeto original, durante dez anos.

Em seu testamento intelectual, analisando o processo de fundação da Universidade de São Paulo, o crítico de teatro afirma:

Não é comum que a ação de um homem tenha tantas repercussões na coletividade. São Paulo, depois de 1934, nunca mais foi o mesmo. A elite, nesse caso, cumpriu o mandato que se impusera.

UM GRANDE LIBERAL

Representante do pensamento liberal clássico do século XVIII, Julio de Mesquita Filho imprimiu ao jornal os conceitos fundamentais dessa corrente. Segundo Maria Helena Capelato e Maria Ligia Prado (1980:91) o direito de propriedade é o conceito maior na ideologia do jornal.

Seus representantes (no período estudado pelas autoras, de 1927 a 1937) defendiam os direitos naturais do homem, acreditando, como os Iluministas, que a lei na natureza, ou da razão, poderia indicar o caminho certo para a conduta humana.

Admitindo o conceito de opinião pública como fundamento das instituições democráticas, o jornal arvorou-se em intérprete da opinião pública. Quanto à liberdade de imprensa, retomava as idéias de Voltaire, consideradas por seus representantes "a suprema conquista do espírito humano".

Citam as autoras, sobre uma lei de 1927 contra o anarquismo,

o jornal combateu-a em seus editoriais pelo fato de um dos artigos da referida lei conter restrições à liberdade de imprensa. Concordava plenamente com que se dessem "ao governo todas as armas para lutar contra o anarquismo, que é a maior de toda as calamidades sociais", mas frisava que em nome disso, não se "amordaçasse a imprensa". (13.08.1927).

A mesma posição viera firmada em editorial de 27 de julho do mesmo ano, onde se podia ler:

A maioria estará ao lado do governo contra o comunismo, mas não estará contra o liberalismo da Constituição. Contra os anarquistas, está bem. Contra a imprensa, a liberdade de pensamento, não, mil vezes não!

Em *Política e Cultura*, Julio de Mesquita Filho (1969:73) reafirma:

Essa magnífica doutrina (o liberalismo) opõe-se terminantemente às afirmações categóricas e definitivas. Ao contrário do marxismo, não consente em qualquer espécie de apriorismo. Ele jamais estabeleceu, entretanto, um limite ao progresso, seja este no terreno material, seja no campo das conquistas morais. Aceita o capitalismo, de acordo, aliás, com as mais recentes conquistas da ciên-

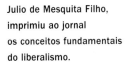

Julio de Mesquita Filho, imprimiu ao jornal os conceitos fundamentais do liberalismo.

Redação de *O Estado de S. Paulo*, década de 1950, na Rua Major Quedinho, onde o *Estado* ficou até 1976. Em pé, Ruy Mesquita.

cia, como uma condição inerente á natureza da civilização ocidental, e classifica a sua erradicação entre aquelas mutilações que o espírito científico repele categoricamente. Não quer isto dizer, porém, que admita os abusos atuais, nem, sobretudo, que as atividades econômicas se mantenham isentas da regulamentação a que estão sujeitas todas as demais.

Entre a geração dos rapazes do grupo da USP e a de Julio de Mesquita Filho havia, além das diferenças de idade, posição social e nível econômico, como acentua Décio de Almeida Prado, duas rupturas profundas:

Ocorrera, entre uma e outra, a chegada ao Brasil, em ritmo crescente, do modernismo, em arte, e do comunismo, em política. Uma causava escândalo, o outro apreensão e medo. (Em torno de..., 2000:D8)

Quanto ao desafio do modernismo, diz o crítico, enquanto jornalista, Mesquita saiu-se muitíssimo bem:

Quaisquer que tenham sido as suas convicções íntimas, creio que inclinada mais para o lado do conservadorismo, soube acolher no Estado, no próprio corpo do jornal, não em seu Suplemento Literário, entre tantos e tantos outros, desde o irrequieto Oswald de Andrade, seu amigo pessoal, talvez dos tempos da Faculdade de Direito, freqüentada por ambos, até Mário de Andrade, que admirava pela cultura e para quem abriu um perigoso antecedente: permitiu-lhe, em caráter de absoluta exceção, escrever como quisesse, usando inclusive, se não me falha a memória, o si e o pra em lugar dos tradicionais se e para.

"Sem ninguém olhando por cima do ombro"

Logo após o fim da intervenção no *Estado*, em 1945, Décio e Lourival Gomes Machado foram convidados para trabalhar no jornal. Lourival como autor de editoriais sobre política internacional e Décio como crítico de teatro, "cujos artigos seriam publicados sem assinatura, por representar, supostamente, não uma opinião pessoal, mas o ponto de vista da casa, como então se dizia. Tratava-se, portanto, de uma deferência, não de uma diminuição". (Em torno de..., 2000:D6).

Segundo o crítico, naquela época não havia uma direção de redação impositiva e restritiva, como hoje. Cada um cumpria sua função e os artigos políticos eram elaborados por um grupo de redatores identificado com a linha do jornal. "Quanto aos restantes, sobretudo os ligados às artes, entre os quais eu me incluía, gozávamos de completa liberdade, cabendo-nos definir desde a extensão das matérias até o teor das conclusões."

Acentua Décio que, no *Estadão*, preparou-se para ser crítico e professor de teatro "sem ninguém olhando por cima de meu ombro".

À autora, o professor Antonio Candido refere-se a esse aspecto:

Eu ressalto uma coisa a favor dos Mesquita. Que sempre foram muito contra a esquerda, e no entanto, respeitaram toda colaboração de esquerda do Suplemento. O Julio de Mesquita Filho era um grande homem. O doutor Julio era um grande liberal. Muito avesso à esquerda, no entanto convivia com pessoal de esquerda, e sempre respeitou. Houve um momento — e o Décio deixa claro na entrevista (a Marilene Weinhardt) sem citar os nomes — que o doutor Julio conversou com o Décio sobre um colaborador comunista que talvez valesse a pena não colaborar.

Ele enfatiza a coerência de Mesquita entre a ideologia liberal e sua prática:

Décio disse, 'não sei se é comunista, mas o fato é que não transparece nos artigos, é um grande crítico. Mas se o senhor achar necessário que ele não colabore mais, eu aceito e nesse caso apresento minha demissão'. Então, respondeu o dr. Julio: "Não, Décio, está encerrado o assunto". Para mostrar a atmosfera de grandeza que havia por parte do dr. Julio. Houve um momento com Wilson Martins, que fazia a crítica literária. Morava no Paraná, veio a São Paulo certa vez. Foi visitar o dr. Julio. Conversaram e tiveram um desentendimento grande de idéias. O dr. Julio se exaltou. Depois, pediu desculpas a ele, pediu que esquecesse aquilo e continuasse no Suplemento. Isso coincide com a observação da senhora, de que já não se fazem mais liberais desse tipo...

> 'Não sei se é comunista, mas o fato é que não transparece nos artigos, é um grande crítico. Mas se o senhor achar necessário que ele não colabore mais, eu aceito e nesse caso apresento minha demissão'. Então, respondeu o dr. Julio: "Não, Décio, está encerrado o assunto."
>
> *Antonio Candido*

Em entrevista à autora, o artista Italo Bianchi, responsável pelo projeto gráfico do *SL*, também lembra um episódio curioso da época:

> *Décio e eu resolvemos editar um número especial dedicado à poesia concreta dos nossos amigos, os irmãos Campos, Décio Pignatari e companhia. Na segunda-feira seguinte à publicação, apareceu na nossa sala o dr. Julio Mesquita. O Décio, gripado, não estava (por sorte dele) e o dr. Julio – sempre tão polido como um lorde inglês – perdeu as estribeiras e desancou comigo (era quem estava à mão). Onde se viu chamar aquilo de poesia? Moleques irresponsáveis, tínhamos posto na berlinda a dignidade do jornal.*

Outro episódio citado por Bianchi delineia uma face do diretor do jornal:

> *Outra vez, o cineasta Roberto Rosselini, de passagem por São Paulo, tinha sido convidado para um almoço no jornal e eu fui escalado como intérprete. Acontece que o meu patrício só falava palavrão, coisa que o dr. Julio não suportava. Nunca na minha vida tive que fazer tanta ginástica verbal como naquele dia. Além disso, tive que suportar a gozação malvada de Cláudio Abramo, que sabia italiano e se divertia com o meu sufoco.*

Julio de Mesquita Neto e Cláudio Abramo na redação de *O Estado*: a reforma na década de 1960 transformou completamente o jornal.

Julio de Mesquita Filho era um homem peculiar, classifica Cláudio Abramo. *Fiquei muito ligado a ele, sentimentalmente; eu o queria muito bem e o admirava muito.(..) Era um trato de muito respeito humano. Havia na redação um redator graduado, que havia colaborado com os ocupantes do jornal, na época da intervenção do Estado Novo. E o dr. Julinho, quando reassumiu, limitou-se a não cumprimentá-lo. O sujeito jamais foi ameaçado, jamais foi passado para trás nos aumentos. Era um tratamento muito correto. Nunca mais encontrei algo parecido. Comigo, pessoalmente, encontrei, mas não com a redação.* (Abramo,1988:36)

OS ANOS DOURADOS

A partir dos anos 1950, a grande meta a ser atingida no País era o desenvolvimento econômico. As palavras de ordem eram industrialização, urbanização e tecnologia. Entre o fim da década de 1940 e o ano de 1964 deram-se os momentos decisivos do processo de industrialização, com a instalação de setores tecnologicamente mais avançados, que exigiam investimentos de grande porte, com a conseqüente entrada da grande empresa multinacional e da grande empresa estatal.

O ano de 1956 foi marcado pela posse de Juscelino Kubitscheck, um dos mais populares presidentes de qualquer época. Num País ávido de progresso e hipnotizado pela idéia de atravessar 50 anos em 5, em 1956 JK anunciou a implementação do Plano de Metas, lançou as bases da indústria automobilística e iniciou a construção de Brasília. O PIB dos anos seguintes daria grandes saltos, ainda que 1956 tivesse sido um ano de cintos apertados. A economia cresceu 2,9%, o pior índice da época. A inflação de 1956 bateu em 27%, uma das mais altas da década. Mas o crescimento veio em seguida, confirmando o País como uma das economias mais prósperas do século XX, num processo de industrialização acelerada. Esses elementos contribuem para que o período seja lembrado como uma época de otimismo – visão que não era partilhada por todos os contemporâneos.

Numa democracia frágil, golpes e ensaios golpistas se sucederam antes e depois da vitória eleitoral de JK. Um mês depois da posse, ocorreu uma ação militar em Jacareacanga. Outras insurreições fardadas iriam acontecer e, no final de seu mandato, JK acabou vencido por um adversário que fez campanha em tom moralista, Jânio Quadros.

JK foi um presidente eleito com apoio de grandes Estados brasileiros, menos de São Paulo, onde o vencedor foi Juarez Távora, da UDN – apoiado

> "AS ATIVIDADES CULTURAIS ERAM VISTAS COMO UM DEVER POLÍTICO DE PARTICIPAÇÃO, E NÃO, A EXEMPLO DO QUE OCORRERÁ SUBSEQÜENTEMENTE, COMO ALGO VOLTADO COM EXCLUSIVIDADE PARA A PROFISSIONALIZAÇÃO INDIVIDUAL."
>
> *Walnice Nogueira Galvão*

pelo *O Estado de S. Paulo*, que lançou o *Suplemento Literário* no ano da posse do adversário. Entre os anos 1950 e o fim da década de 1970, o Brasil já havia construído uma economia moderna, mas iníqua. A nova classe média, entretanto, desfrutava das novas benesses do consumo. O golpe de 1964 produzira uma sociedade regida pelos detentores da riqueza.

Porém, nos anos 1950, o interregno de democracia política foi caldo de cultura para efervescência em todas as áreas do conhecimento. O Cinema Novo debatia os problemas sociais e políticos do País, o teatro renovava sua temática, a Bossa Nova trazia novas formas de interpretação e composição, firmava-se o talento brasileiro também na arquitetura.

Embora nem todo mundo tenha percebido na época, em 1956 ocorreu um fato cultural de primeira grandeza: o lançamento de *Grande Sertão: Veredas*, o grande romance de Guimarães Rosa. Evento de grandeza inegável, a conquista da primeira Copa Jules Rimet, em 1958, transformou o futebol num agradável, ainda que aflitivo, exercício de afirmação nacional, que permanece até hoje.

No período João Goulart, início da década de 1960, intelectuais e artistas jovens de esquerda interessavam-se pela tarefa de levar cultura ao povo. Houve uma imensa campanha de alfabetização de adultos utilizando o método Paulo Freire.

"As atividades culturais eram vistas como um dever político de participação, e não, a exemplo do que ocorrerá subseqüentemente, como algo voltado com exclusividade para a profissionalização individual". (Galvão, 1994)

REFORMAS NO JORNALISMO

No jornalismo, a década de 1950 seria marcada por transformações profundas. Desde equipamentos mais complexos, para atender à exigência das comunicações instantâneas, até a introdução de novas técnicas, trazidas dos Estados Unidos, como o *lead* e os cinco W (*what, who, when, where, how e why*- que, quem, quando, onde, como e por quê).

Capa do *Suplemento Literário*, ano 1, nº 1, lançado em 6 de outubro de 1956.

As transformações na imprensa acompanham as mudanças no País. Em 1949 é fundada a *Tribuna da Imprensa* e, em 1951, a *Última Hora*, com a introdução de novas técnicas de cobertura, novos padrões gráficos e novas práticas de produção.

Danton Jobim e Pompeu de Souza introduzem o uso do *lead* e dos chamados copidesques, redatores que dão a forma final ao texto. A influência da imprensa norte-americana vai substituindo a francesa, mais opinativa. Agora, começa-se a privilegiar a notícia.

Um exemplo de reforma foi a de *O Estado de S. Paulo*, conduzida pelo secretário de redação, Cláudio Abramo, entre os anos de 1952 e 1961, juntamente com Luiz Vieira de Carvalho Mesquita, Juca Mesquita, Ruy Mesquita e Julio de Mesquita Neto. Desde a mudança de sede até o controle da produção, do horário de fechamento, da publicidade, até a contratação de universitários para a redação, a reforma, que se completou no início da década de 1960, transformou completamente o jornal.

> *Introduzimos no Estado um tipo de cobertura (protegida pela eficácia operacional e pela precisão das previsões) absolutamente neutra e totalmente distante dos editoriais do jornal. De 1956 a 1961, o Estado se tornou, talvez, um dos jornais mais bem feitos do mundo, embora os editoriais fossem medievais e defendessem os interesses da classe dominante paulista em primeiro lugar e os interesses brasileiros em segundo. O Estado era (como é) antiestatal, antigetulista, antitrabalhista, anticomunista e anticlerical. O jornal era e sempre foi mais anti do que a favor de alguma coisa, devido a uma série de razões, entre as quais a menor não era a permanente indisposição hepática do dr. Julinho, que na esperança de melhorar tomava doses absurdas de bicarbonato de sódio.* (Abramo, 1988:35)

Abramo qualificou essa reforma de a maior já feita no jornal brasileiro, "porque mudou tudo e conseguiu manter, durante anos, um noticiário o mais possível "objetivo" ao lado de editoriais absolutamente antediluvianos".

Antonio Candido e
Décio de Almeida Prado,
criador e editor do
Suplemento Literário.

No fim da década de 1950 também começou a reforma do *Jornal do Brasil*, com Odylo Costa Filho e Janio de Freitas. Em 1956 surge, criado pelo poeta Reinaldo Jardim, o *Suplemento Dominical*, que em setembro de 1960 se transformou no *Caderno B*. A publicação surge, então, no mesmo ano do lançamento do *Suplemento Literário* de *O Estado de S. Paulo*.

NASCE O SUPLEMENTO

Publicado pela primeira vez em 6 de outubro de 1956, o *Suplemento Literário* viria a ser considerado, décadas depois, o modelo de todos os cadernos culturais que o sucederam. Situado numa posição de equilíbrio entre a tradição e a inovação, como assinala Antonio Candido, seu primeiro número foi marcante, com a proposta visual ao mesmo tempo austera e inovadora. O desenho de capa de Karl Plattner, uma mulher nua, já causou um certo reboliço na São Paulo de 1956.

Candido assinala que, sem ser vanguarda, por exemplo, acolheu os poetas do Concretismo, mas sempre esteve ligado ao que se pode chamar de linha média das concepções literárias. E talvez esta fórmula tenha sido um dos motivos que fizeram dele o melhor suplemento do jornalismo brasileiro do seu tempo, além da boa remuneração, que atraía colaboradores de qualidade.

Editado por Décio de Almeida Prado até o nº 508, em 17 de dezembro de 1966 – data delimitada pelo jornalista Nilo Scalzo, sucessor de Décio – tornou-se um espaço de reflexão intelectual e de divulgação de autores novos e consagrados.

Durante as comemorações do IV Centenário de São Paulo, em 1954, a direção do jornal pediu a Antonio Candido que indicasse um grupo de colaboradores para uma edição comemorativa sobre a cidade. Assim sucedeu e, depois de pronta, o professor fez uma crítica. Disse a José Mesquita, o Juca, um dos diretores, que havia excesso de publicidade, páginas inteiras de anúncios, com uma parte menor reservada à colaboração. Que estranhava, porque o *Estadão* não era como os outros, mas sim uma empresa cultural, e sugeriu a idéia de um suplemento literário. Cerca de um ano depois, Candido foi procurado na Faculdade por Julio de Mesquita Neto, a pedido do pai conforme me contou:

> *Eu os critiquei duramente. Os Mesquitas não ficaram ofendidos. Segundo, tomaram minha crítica pelo lado construtivo. Terceiro, pegaram a pessoa que criticou e falaram: faça. Depois, quando terminei o projeto, perguntaram quanto era e eu disse: nada. Passado algum tempo, o dr. Julio me deu uma grande soma e eu fiquei com a cara no chão.*

O plano inicial de um "Suplemento de Letras e Artes" para *O Estado* foi feito em 25 de abril de 1956, dirigido aos "prezados amigos Julio de Mesquita Neto e Ruy Mesquita" (ver pág. 95). Nas considerações preliminares, frisava:

> *O suplemento deve evitar dois extremos: o tom excessivamente jornalístico e o tom excessivamente erudito. O primeiro caso (mais ou menos o da Folha da Manhã, pode representar um êxito jornalístico pela variedade e facilidade da*

"EU OS CRITIQUEI DURAMENTE. OS MESQUITAS NÃO FICARAM OFENDIDOS. SEGUNDO, TOMARAM MINHA CRÍTICA NO LADO CONSTRUTIVO. TERCEIRO, PEGARAM A PESSOA QUE CRITICOU E FALARAM: FAÇA."

Antonio Candido

leitura; mas não pesa na opinião, não contribui para criar hábitos intelectuais, não põe o leitor em contato com o pensamento literário. O segundo caso (mais ou menos o do Jornal do Commércio) abafa o leitor com artigos longos, indiscriminadamente justapostos, de leitura penosa e lenta.

O suplemento deve ficar ao meio caminho, sendo bastante flexível para chegar ao leitor médio e ao leitor de nível elevado.

Considerava o professor que o suplemento deveria ser uma espécie de revista flexível "apensa ao jornal", não muito volumoso, por ser semanal e por depender "de um meio cultural relativamente acanhado como é o nosso".

A proposta é a de um suplemento formado em partes iguais por seções fixas e colaboração livre. "Esta permite a variação de nomes e temas: aquela garante a base previsível e o planejamento, assegurando material suficiente e a possibilidade de criar uma linha intelectual própria."

Seria, então, uma publicação semanal, iniciada com quatro páginas (duas folhas) no formato comum do jornal, com três de Letras e uma de Artes. Mais ou menos 50% de seções fixas obedecendo a um plano e 50% à vontade dos colaboradores escolhidos.

A estrutura sugerida como plano preliminar tornou-se definitiva, completada pela indicação de mais colaboradores. A única sugestão suspensa no plano definitivo foi a do concurso literário, um quebra-cabeças intelectual com respostas no número seguinte.

Carlos Lacerda (terceiro da esquerda para a direita) e Clóvis Graciano (o quinto) com o grupo da revista Clima em 1944: Décio de Almeida Prado, Paulo Emilio Salles Gomes, Lourival Gomes Machado, e Antonio Candido.

Quanto à parte móvel, assinalava Antonio Candido, "depende do tato com que forem escolhidos os colaboradores e a capacidade de selecionar valores novos". Quanto à parte fixa, seria composta das seguintes secções:

1) Rodapé crítico, Wilson Martins.

2) Resenhas, destinadas a ampliar a informação sobre livros publicados, seriam curtas, entre 1 e 2 páginas, "mas feitas por pessoas de responsabilidade, que lerão o livro como o crítico de rodapé o faz". No plano definitivo, Candido dispõe que "os resenhadores devem tratar o livro como críticos, pelo cuidado da leitura". Sugere que o diretor do *Suplemento* inclua, ao distribuir os livros aos resenhadores, uma "instrução", uma padronização referente a forma e conteúdo.

3) Letras estrangeiras. Constando de um artigo crítico de 3 a 4 laudas em média e uma série de pequenas notas informativas, de 1 a 2 laudas, realizando-se um rodízio entre literatura francesa, anglo-americana, italiana, hispano-americana e portuguesa.

4) Letras dos Estados. Como pouco se sabia do movimento literário nos Estados, "seria uma tentativa simpática procurar informar neste sentido os leitores". Seria também uma seção rotativa.

Paulo Emilio Salles Gomes, crítico de cinema desde os tempos da revista Clima.

5) Literatura brasileira. "Dou grande importância a esta, a que eu saiba sem precedentes nos nossos suplementos. Trata-se de um artigo acessível semanal ou quinzenal, sobre pontos de literatura brasileira do passado (ou melhor, anterior ao Modernismo), com a finalidade de despertar em relação aos nossos autores a curiosidade e o interesse. Análise de um livro, detalhe de interpretação de um texto, informação sobre a biografia de um autor, problema de influência, descobertas de erudição, etc.– em forma clara e corrente."

6. Revista das revistas.

7. Atualidade literária. "Não como o que vem sendo feito no *Estado* e deve continuar. No *Suplemento*, constará de uma série de breves notícias sobre livros a sair, livros lançados, livros em preparação, sem análise crítica."

8. Concurso literário. "Só deve ser começado quando aparecer alguém com bastante jeito para isso."

Quanto à parte de Artes, no plano preliminar o idealizador frisava que não substituiria a então página de Letras e Artes do jornal, de cunho sobretudo informativo. "No *Suplemento*, será acentuada a parte crítica."

Já no projeto definitivo, emendava que "os encarregados deverão igualmente providenciar uma parte informativa no que toca o estrangeiro, principalmente, bem como indicar colaboradores eventuais para a página. Ela será de tendência estética, mas procurará fornecer informação comentada e ilustrações".

Para a parte fixa, então, anexava uma lista invejável de colaboradores, já convidados, a maioria tendo aceito. Para a parte variável, faltava convidar quase todos. Do setor literário, no Rio de Janeiro, a lista ia de Drummond a Bandeira, passando por Ledo Ivo e Gustavo Corção. Em São Paulo, de Sérgio Buarque de Holanda a Florestan Fernandes, passando por Luís Martins e Sérgio Milliet. No setor artístico, Mario Pedrosa. Os contistas: Lygia Fagundes Telles, Dalton Trevisan, Marques Rebelo. Os poetas, Bandeira, Drummond, Murilo Mendes, Cecília Meireles, Vinicius de Moraes, Guilherme de Almeida, João Cabral de Melo Neto entre tantos outros. Os artistas plásticos Aldemir Martins, Clóvis Graciano, Marcelo Grassmann, Arnaldo Pedroso D'Horta. Os fotógrafos de arte Eduardo Ayrosa, Benedito Duarte, José Mauro Pontes.

O crítico carioca, Luís Martins, tornou-se um cronista de São Paulo.

Na parte fixa, entre outros, para Letras francesas, Brito Broca; alemãs e israelitas, Anatol Rosenfeld, espanholas e anglo-americanas, João Cabral, então em Barcelona. Em Literatura brasileira, José Aderaldo Castelo, Antonio Soares Amora, Edgard Cavalheiro, Jamil Almansur Haddad, Antonio Candido, Décio de Almeida Prado etc.

Nas resenhas de Filosofia, Rui Fausto e José Arthur Giannotti; de Antropologia, Florestan Fernandes, Egon Schaden, Rui Coelho; Psicologia, História, Direito, Ciências físicas e biológicas e Medicina.

O crítico de Artes Plásticas seria Lourival Gomes Machado; o de Música, Alberto Soares de Almeida; o de Cinema, Paulo Emilio Salles Gomes e o de Teatro, Sábato Magaldi.

Antonio Candido elaborou o plano dos quatro primeiros números, que poderiam ser, naturalmente modificados pelo diretor, com a intenção de ter sempre um mês de reserva, o que se chama em jornalismo "matérias de gaveta". Com pequenas modificações, os primeiros números seguiram essa previsão.

Quanto às imagens, "no setor literário, sempre que possível os artigos serão ilustrados, com fotografias e desenhos – sendo estes necessários nos contos. Poderiam ainda aparecer desligados de qualquer texto, como enriquecimento da página. No setor artístico, deveriam ocorrer regularmente, podendo ocupar proporções maiores do espaço disponível, a critério dos encarregados das seções".

O plano discriminava três funções: a do diretor e, subordinadas a ele, o secretário e o paginador. Destacava que:

> *O Suplemento constitue uma unidade autônoma de iniciativa e organização, cabendo à Redação do Jornal garantir a execução das iniciativas emanadas da Direção do Suplemento, dentro das normas aqui estabelecidas de comum acôrdo. As mudanças propostas pela Redação em qualquer setor deverão ser examinadas com o Diretor do Suplemento.*

REMUNERAÇÃO

Antonio Candido fez uma extensa pesquisa, especialmente quanto à remuneração dos colaboradores, contou em entrevista à autora:

> *Eu fiz uma pesquisa muito conscienciosa. Ali por 1950 e poucos o Diário Carioca fez um suplemento muito importante, quem organizou e dirigiu foi o Prudente de Moraes, neto. Eu escrevi dois ou três artigos lá. Aliás, não escrevi. Eu estava escrevendo um livro grande, sobre literatura brasileira, destaquei um pedaço e publiquei. Eles me pagaram 800 cruzeiros. Eu fiquei deslumbrado. O que se pagava era 100, 150 por um artigo. O Suplemento Literário pagava dez vezes mais.*

Pela primeira vez no País, a colaboração intelectual na imprensa era remunerada dignamente. No projeto preliminar, Antonio Candido afirma que a remuneração deve ser graduada de acordo com a avaliação da tarefa. Registra que uma investigação sobre as condições de pagamento no Rio e em São Paulo havia conduzido aos seguintes resultados:

1- nos jornais há dois níveis médios de pagamento por artigo: um primeiro e mais freqüente à volta de 300 cruzeiros (*Folhas, Diário de S. Paulo, Correio da Manhã, Diário de Notícias*) e outro, pouco freqüente, à volta de 800 cruzeiros (*Jornal do Brasil, Diário Carioca*).

2- nas revistas o pagamento atinge os níveis máximos, variando segundo critérios pessoais. O teto é representado por Raquel de Queiróz no *O Cruzeiro*, que recebe 5 mil cruzeiros por crônica.

3- pelos jornais, as condições atuais do *Estado* são as melhores.

Assim, o professor propôs um pagamento-eixo de 1.500 cruzeiros por artigo, com teto de 2 mil cruzeiros e mínimo de 1.000 cruzeiros. O desenho ou gravura, a poesia, o conto, a fotografia artística, cada um valia o mesmo, 2 mil cruzeiros. Por entrevista feita, pagava-se 2 mil cruzeiros ao entrevistador e 1.500 cruzeiros ao entrevistado – algo hoje absolutamente incomum —, pois se tratava de material para a publicação, e portanto merecia remuneração, explicava-se no projeto.

Os pagamentos seriam feitos contra a entrega, e não na data da publicação. O único item rejeitado pela direção do jornal em relação a esta parte do projeto foi a sugestão de se contratar uma agência especializada, que seria uma espécie de "agente literário" do *Suplemento* responsabilizando-se pelas relações com os colaboradores - convite, compromisso, pagamento, dispensa.

Acentuava Antonio Candido que esses níveis de remuneração não se aplicavam a colaboradores estrangeiros e a números comemorativos e especiais, em que se encomenda geralmente um artigo maior e de assunto prefixado.

O responsável pelo projeto gráfico do *SL*, Italo Bianchi, não se lembra do seu salário, mas afirma que era registrado em carteira de trabalho e "recebia um bom dinheirinho, comparando com os ordenados dos jornalistas".

Décio de Almeida Prado apontava uma certa ciumeira dos jornalistas em relação à remuneração privilegiada dos colaboradores do *SL*. Bianchi diz não ter percebido nada e Nilo Scalzo afirma que não teria existido essa questão, já que os jornalistas eram contratados e os colaboradores do *Suplemento* não.

> "O SUPLEMENTO QUASE NÃO SERÁ JORNALÍSTICO, NEM NO ALTO, NEM NO BAIXO SENTIDO DO TERMO. NÃO VISA SUBSTITUIR OU ESTABELECER CONCORRÊNCIA COM AS SECÇÕES MANTIDAS PELO JORNAL, DEIXANDO A ESTAS O ENCARGO COTIDIANO DE NOTICIAR E CRITICAR AS PEÇAS, FITAS, CONCERTOS, EXPOSIÇÕES DA SEMANA; E, SOBRETUDO, NÃO TENTARÁ, SOB NENHUMA FORMA, O SENSACIONALISMO."
>
> *Projeto do Suplemento Literário*

O crítico Wilson Martins, Alfredo Mesquita, Anita Martins e Décio de Almeida Prado em Curitiba, na década de 1960.

A PRÁTICA DO PROJETO

Em 6 de outubro de 1956, o *Suplemento Literário* era lançado, com a seguinte apresentação, escrita por Décio de Almeida Prado:

Não é necessário dizer o que é este Suplemento: cada leitor saberá verificar por si e nada que acrescentássemos seria capaz de negar a validade desta primeira impressão. Bastam algumas informações complementares sobre o modo como ele se apresenta. Todas as seções que aqui aparecem pela primeira vez —letras estrangeiras, rodapé, resenha bibliográfica, conto, poesia, artigo sobre a literatura brasileira do passado, notas sobre o movimento editorial da semana, crônicas dos Estados, secções de teatro, cinema, música e artes plásticas, revistas das revistas, além de desenhos ou gravuras – são partes fixas e regulares do Suplemento, encarregadas de dar-lhe espinha dorsal, enquanto a colaboração livre se destina a fornecer-lhe o contrapeso indispensável da variedade. Para sermos completos é preciso informar ainda que pretendemos passar em breve de 6 para 8 páginas, servindo estes números iniciais um pouco como experiência.

Mas uma publicação como a nossa define-se menos, talvez, pelo que é do que pelo que deseja ser. Importa, assim, antes de mais nada, conhecer as idéias que estão atrás da realização. O primeiro problema que tivemos de enfrentar, naturalmente, foi o das relações entre as edições diárias do jornal e o Suplemento,

Julio de Mesquita Filho (sentado) e os três filhos.
A partir da esquerda
Ruy Mesquita, Luiz Carlos Mesquita e Julio de Mesquita Neto.

determinando o campo de ação de cada um, de maneira a não haver duplicidade de funções ou duplicidade de pontos de vista. O jornal, por definição, por decorrência, poder-se-ia dizer, da própria etimologia da palavra, vive dos assuntos do dia: a crise política mais importante é a do momento; o livro, o último a aparecer; a personalidade, aquela que acaba de chegar; a peça de teatro ou a fita cinematográfica, as que estrearam na véspera ou na antevéspera. A perspectiva do Suplemento tinha, pois, de ser outra, mais despegada da atualidade, mais próxima da revista, que, visando sobretudo a permanência, pode dar-se ao luxo de considerar mais vital a crônica dos amores de um rapaz de dezoito e uma menina de quinze anos, na Verona pré-renascentista, do que qualquer fato de última hora, pelo motivo de que as crises, as guerras, até os impérios, passam com bem maior rapidez do que os mitos literários, muitos dos quais vêm acompanhando e nutrindo a civilização ocidental há pelo menos trinta séculos.

Quer isto dizer que o Suplemento quase não será jornalístico, nem no alto, nem no baixo sentido do termo. Não visa substituir ou estabelecer concorrência com as secções mantidas pelo jornal, deixando a estas o encargo cotidiano de noticiar e criticar as peças, fitas, concertos, exposições da semana; e, sobretudo, não tentará, sob nenhuma forma, o sensacionalismo. Não atrairá o leitor por intermédio de títulos-chamarizes, não fará entrevistas, a não ser em caráter excepcional, não entrará na vida particular dos escritores, não cederá ao gosto cada dia maior da bisbilhotice social, não tentará influir no jogo da política literária e, para que não paire a menor suspeita de favoritismo, nem mesmo publicará artigos sobre a obra de redatores, quer do jornal, quer do Suplemento. O nosso objetivo é a literatura, não a vida literária.

Semelhante ponto de vista coloca inevitavelmente a questão do nível, da maior ou menor acessibilidade ao leitor comum. Quanto à linguagem, duas observações são necessárias. A primeira é que pretendemos de todos os nossos colaboradores, inclusive os de filosofia e ciências humanas, que fujam ao jargão dos especialistas, atendo-se ao vocabulário de uso corrente, ao alcance de qualquer pessoa bem informada. A segunda é que lhes daremos maior liberdade de linguagem do que gozam habitualmente os redatores desta folha — e isso por várias razões. A língua, ninguém o ignora, é um fenômeno social, uma criação coletiva e anônima, em perpétuo fluxo. Só as línguas mortas são imutáveis — notava Vitor Hugo, há bem mais de cem anos. Mas dentro dessa constante evolução, é preciso fixar normas, leis, embora passageiras, para que os homens possam entender-se. Cada escritor, lidando com palavras, fazendo

"UMA PUBLICAÇÃO QUE SE INTITULA LITERÁRIA NUNCA PODERIA TRANSIGIR COM A PREGUIÇA MENTAL, COM A INCAPACIDADE DE PENSAR, DEVENDO PARTIR, AO CONTRÁRIO, DO PRINCÍPIO DE QUE NÃO HÁ VIDA INTELECTUAL SEM UM MÍNIMO DE ESFORÇO E DISCIPLINA."

Projeto do Suplemento Literário

da língua o seu instrumento, é chamado, dia a dia, mais do que isso, minuto a minuto, a se pronunciar sobre mil pequeninos casos controvertidos, abandonando vocábulos ou modos gramaticais que já se tornaram obsoletos, criando ou aceitando outros que acabam de nascer, rejeitando por espúria esta palavra de origem estrangeira, dando acolhida a uma terceira, por julgá-la preciosa, insubstituível, ou por lhe parecer já suficientemente incorporada, pelo uso, ao patrimônio comum. Esta folha também teve de fazer semelhante opção, firmando princípios e normas a que todos os seus redatores, indistintamente, se submetem de bom grado, para que haja unidade de estilo e de linguagem e o jornal seja algo mais que um amontoado de secções heterogêneas. O caso do Suplemento, entretanto, não é o mesmo. Por um lado, praticamente, todos os seus artigos são assinados, nenhuma responsabilidade cabendo à redação; por outro, a sua natureza é literária e, portanto, artística. Ora, não se compreende arte sem plena liberdade de expressão e criação pessoal.

Quanto ao conteúdo, todavia, voltando agora ao problema do nível, anteriormente esboçado, não exigiremos que ninguém desça até se pôr à altura do chamado leitor comum, eufemismo que esconde geralmente a pessoa sem interesse real pela arte ou pelo pensamento, e a quem, portanto, um Suplemento como este não poderia de forma alguma dirigir-se. Uma publicação que se intitula literária nunca poderia transigir com a preguiça mental, com a incapacidade de pensar, devendo partir, ao contrário, do princípio de que não há vida intelectual sem um mínimo de esforço e disciplina. Se não desejamos, em absoluto, afugentar o leitor desprevenido mas de boa vontade, que encontrará como satisfazer a curiosidade nas secções meramente noticiosas, jamais devemos perder de vista o nosso alvo e ambição mais alta: a de servir como instrumento de trabalho e pesquisa aos profissionais da inteligência, exercendo uma constante ação de presença e estímulo dentro da literatura e do pensamento brasileiros.

Essa é a nossa maneira de conceber a função de um Suplemento Literário; essa é, acima de tudo, a nossa maneira de exprimir, no setor que nos coube, o espírito e a tradição do jornal que representamos".

Segundo definiu Antonio Candido em seu projeto apresentado a Julio de Mesquita Neto e Ruy Mesquita em 16 de julho de 1956 (ver pág. 99):

O Suplemento, que aparecerá aos sábados, pretende conciliar as exigências de informação jornalística e as de bom nível cultural, visando ser, como ideal, uma pequena revista de cultura. Na sua estrutura prevê-se uma porcentagem de matéria leve, curta e informativa, que permite incluir, em compensação, matéria de mais peso.

Assim, serão atendidos os interesses tanto do leitor comum quanto do leitor culto, devendo-se evitar que o Suplemento se dirija exclusivamente a um ou outro.

É independente, como organização e matéria, do jornal quotidiano, pautando-se por normas próprias, salvaguardados, naturalmente, os princípios gerais da empresa. Empenhado em manter uma atmosfera de objetividade e largueza intelectual, rejeitará os preconceitos literários e artísticos bem como a formação de "cliques". Neste sentido, para evitar equívocos, não publicará resenhas e artigos sobre livros de diretores e redatores, tanto seus quanto do jornal. Este suplemento está chamado a desempenhar papel importante em nossa cultura, inaugurando uma fase de remuneração condigna do trabalho intelectual e obedecendo a um planejamento racional, que exprime um programa. Para que isto se dê, é indispensável uma direção dedicada e criadora, o apoio constante da redação, a franqueza das relações recíprocas e o respeito às normas estabelecidas.

Composto por seis páginas, (o projeto definitivo continha uma ressalva de Antonio Candido, escrita à mão, quanto ao tamanho: "principia com seis páginas" e com intenções de passar a oito, o que não ocorreu, apenas em números especiais) o *Suplemento* cumpriu fielmente as disposições do projeto. No plano definitivo, ele indicava Décio de Almeida Prado para diretor, "que, pelo alto nível de caráter, inteligência e cultura, reúne qualidades dificilmente encontradas em conjunto, de modo a torná-lo a pessoa ideal para um empreendimento de tanta importância, qual é este".

Sugere o salário mensal de 25 mil cruzeiros e encarece a necessidade de um secretário para ajudá-lo.

Os colaboradores escolhidos, de diversas filiações literárias e artísticas, davam idéia de como foi cumprido à risca o projeto, que previa "uma atmosfera de objetividade e largueza intelectual" rejeitando os preconceitos literários.

> "A DIAGRAMAÇÃO ERA INOVADORA E AUSTERA AO MESMO TEMPO. A AUSTERIDADE ERA PRÓPRIA DO JORNAL E PRÓPRIA DO NOSSO GRUPO TAMBÉM, PORQUE NÓS ÉRAMOS MUITO DISCRETOS, MAS, DE CERTA MANEIRA, INOVADORES."
>
> Antonio Candido.

O PROJETO GRÁFICO

O artista italiano Italo Bianchi foi contratado como secretário do *Suplemento Literário* por sugestão de Gilda de Mello e Souza —, que se tornaria uma das principais pesquisadoras na área de estética e filosofia da arte do país, esposa de Antonio Candido. Essa função hoje corresponderia a editor de arte – e Bianchi exerceu-a optando por uma linha discreta e sóbria. Conforme depoimento de Antonio Candido a Marilena Weinhardt (1987:451):

A diagramação era inovadora e austera ao mesmo tempo. A austeridade era própria do jornal e própria do nosso grupo também, porque nós éramos muito discretos, mas, de certa maneira, inovadores.

> "Era evidente que as idéias
> de maio de 68 não eram
> do agrado de um jornal con-
> servador, embora democráti-
> co, como era o Estadão. Mas
> nunca fui censurada, isso
> não fui..."
>
> *Leyla Perrone-Moisés*

No centro ou no pé da primeira página havia espaço para reprodução de desenhos ou gravuras sem ligação com os textos. Na terceira página, um conto ou poesia também teria ilustrações e vários pintores, desenhistas e gravadores foram convidados para esse trabalho. Lourival Gomes Machado era o árbitro dessas colaborações, mas Décio e Bianchi também influenciavam. Artistas de diferentes gerações e tendências como Portinari, Goeldi, Di Cavalcanti, Lívio Abramo, Aldemir Martins, Fernando Lemos, Marcelo Grassmann, Fayga Ostrower, Renina Katz, Wesley Duke Lee, Franz Krajcberg, Aldo Bonadei colaboraram com o *Suplemento*, entre muitos outros.

Italo Bianchi trabalhou no *Suplemento* de 1956 a 1961. Nascido em Milão em 1924, formou-se em História da Arte e trabalhou com artes gráficas. Em 1949 emigrou para São Paulo, onde trabalhou no Teatro Brasileiro de Comédia (TBC) e na Companhia Cinematográfica Vera Cruz, sob o comando de Franco Zampari. Fazia cartazes, programas de espetáculos, direção de arte de filmes etc. Com Gilda de Mello e Souza, criou um programa para a exibição de *Dama das Camélias,* no Teatro Municipal de São Paulo.

Depois de passar o ano de 1955 em Buenos Aires, criando cenários abstratos para o Balé Ana Itelman e desenhando muitas capas de livros e de discos, voltou a São Paulo em 1956. Então, foi convidado por Décio de Almeida Prado para atuar como secretário do *Suplemento Literário*, em fase de implantação:

> *Décio me conhecia do TBC, onde ensinava na Escola de Arte Dramática, instalada no mesmo prédio, e a Gilda tinha me recomendado para o cargo. Décio era uma criatura de temperamento doce e minha relação de trabalho foi excelente. Ele era uma pessoa tão macia que o pessoal de teatro o chamava de "La mano blanda", devido à condescendência com que tratava atores, diretores, autores, etc.*

Bianchi teve carta branca para criar o projeto gráfico:

> *Inclusive porque o pessoal da cúpula do jornal não tinha a menor idéia de como se podia moldar um estilo de paginação harmonioso, e diferenciado do que se fazia então, manipulando pedacinhos de chumbo.*

Por não estar equipado naquele momento, Bianchi desenhou o cabeçalho do jornal a nanquim, na mesa de cozinha de sua casa, usando o verso de um papel fotográfico vencido.

O artista, um pioneiro da diagramação, adotou um estilo singular numa época em que os jornais eram visualmente mais parecidos com tijolos pesados:

> *Eu me inspirei no meu gosto clean, adotando um grafismo eloqüente mas não grandiloqüente, disciplinado mas não retórico. Fui influenciado pelo arejamen-*

to e a giustezza das obras impressas pelas tipografias-editoras venezianas do século XVII. Admiráveis! Na titulagem do Suplemento Literário alternava o uso da fonte Garamond, francesa, de desenho um tanto fluido, com o da fonte Bodoni, veneziana, um tanto seco. Heresia, segundo os experts da época.

O horário de trabalho do *Suplemento*, lembra Bianchi, era bastante elástico, "acontecendo basicamente à tarde, e respeitando o sagrado chá das 5 do Décio. Na sexta à noite, eu ficava na oficina, fechando a edição e metendo a mão no chumbo até a calandragem".

Calandra era um enorme cilindro de metal no qual se instalava a chapa impressora para rodar o jornal. A calandragem era a preparação desse cilindro para a impressão. Enfiar a mão no cilindro significava trabalhar com as máquinas de linotipo, ou montar as páginas com as barrinhas de chumbo em alto relevo. A máquina fundia o chumbo e ia moldando os tipos, que eram "datilografados" pelo linotipista, formando palavras que saíam na outra ponta em forma de sólidas barrinhas com os tipos impressos em posição invertida. Era então composta a página de acordo com o desenho do diagramador.

Ir até a gráfica buscar a calandra era uma "tarefa" que os velhos jornalistas passavam aos novatos, os "focas", até o fim do linotipo e a chegada do *offset*. E foram muitíssimos os jornalistas que jamais se esqueceram desse trote.

O estilo de Bianchi marcou época, com o emprego de muito espaço branco e, em alguns casos, ilustrações ocupando quase toda uma página, a exemplo do desenho de Aldemir Martins para "A um hotel em demolição", de Carlos Drummond de Andrade, publicada na edição de 20.09.1958.

Em novembro de 1972, Julio de Mesquita Neto doou ao Museu de Arte Moderna de São Paulo, em nome do jornal, 600 obras que ilustraram o *Suplemento*. Uma exposição com 134 delas, de 42 artistas, foi realizada em setembro de 1993. (Ver pág. 147.)

Italo Bianchi: "Eu me inspirei no meu gosto clean, adotando um grafismo eloqüente mas não grandiloqüente, disciplinado mas não retórico". As ilustrações ganham destaque numa época que os jornais pareciam tijolos, pesados.

Autonomia

A publicidade do *Suplemento* deveria restringir-se a livros, objetos de arte, exposições etc., e ser discreta, segundo o projeto, "de modo a ocupar senão uma pequena parte da página, e feita com gosto. É preciso evitar que o êxito eventual do *Suplemento* venha a sobrecarregá-lo de anúncios, devendo-se encarar sempre, neste caso, a possibilidade de ampliar a colaboração, a fim de manter a proporção respectiva – a ser cuidadosamente fixada pelo paginador – ou abrir página especial".

Difícil acreditar hoje na existência de um projeto que se referiu dessa forma à publicidade, em geral considerada o item essencial de qualquer lançamento jornalístico, e não diferente nas coisas culturais, estas apresentando piores condições de retorno publicitário, em um país que nunca considerou a cultura como prioridade.

Era impensável, portanto, a possibilidade de a publicidade poder limitar de qualquer forma a parte editorial do *Suplemento*. Havia um ou dois anúncios em cada número da gestão Almeida Prado, sempre da página 4 em diante, de dimensões reduzidas e de produtos destinados a intelectuais. Essa publicidade não cresceu com o tempo, conforme esperava a direção do jornal. Desde o primeiro número e até a edição de 1º de abril de 1967, quando Décio se retirava, o espaço da margem superior da página 6 advertia:

> *Todos os artigos publicados neste Suplemento são originais e de responsabilidade exclusiva de seus signatários. Achando-se completo o quadro de colaboradores permanentes, a direção não garante a devolução das matérias que lhe forem por acaso remetidas, ainda que não aproveitadas. A publicidade inserta neste Suplemento obedece a normas especiais, que podem ser encontradas na administração do jornal.*

Independência em relação à publicidade, autonomia em relação à direção do jornal foram aspectos cumpridos fielmente durante a maior parte do tempo de gestão de Décio de Almeida Prado e, certamente dois entre os motivos do encerramento desta fase, que durou 10 anos. O projeto acentua:

> *O Suplemento constitui uma unidade autônoma de iniciativa e organização, cabendo à Redação do Jornal garantir a execução das iniciativas emanadas da direção do Suplemento, dentro das normas aqui estabelecidas de comum acordo. As mudanças propostas pela Redação em qualquer setor deverão ser examinadas com o diretor do Suplemento.*

Em entrevista a Marilene Weinhardt, Décio de Almeida Prado afirmou:

> *As relações foram boas, no sentido de que sempre me respeitaram muito, nunca*

impuseram nada. Mas senti que, com a evolução da política brasileira, à medida que se travava uma luta entre a direita e a esquerda, como no Suplemento havia muita gente de esquerda, foi se criando uma certa tensão, nunca declarada. O Suplemento não seguia exatamente a linha do jornal. Também não havia nenhuma preocupação em seguir linha oposta. Publicava-se o que as pessoas enviavam, qualquer que fosse a tendência. Mas quase toda a intelectualidade, naquele momento, se inclinou para a esquerda, e isso naturalmente se refletia no Suplemento, a menos que houvesse uma censura da minha parte. Eu não exerci normalmente essa censura. Também a direção do jornal não a exerceu, a não ser em casos esporádicos.

Não se sabe quais casos esporádicos teriam sido esses. Não constam do depoimento de Décio de Almeida Prado e de qualquer outro, nem do material pesquisado. Talvez ele se referisse às restrições já citadas de Mesquita ao colaborador comunista, ou conforme contou Bianchi, à "bronca" em relação aos concretistas. Não se tem conhecimento de colaboradores que tivessem sofrido censura no *Suplemento*.

Leyla Perrone-Moisés, hoje professora titular aposentada da Faculdade de Filosofia Letras e Ciências Humanas da Universidade de São Paulo, e coordenadora do Núcleo de Pesquisa Brasil-França no Instituto de Estudos Avançados da USP, fez sua primeira resenha para o *Suplemento* em 1958. Em 1961, quando morreu o crítico Brito Broca, foi convidada por Décio para substituí-lo e colaborou até 1967, na seção Letras Francesas.

Em depoimento à Academia Brasileira de Letras, em 24 de maio de 2005, durante a série de conferências *O Caminho do Crítico*, a professora afirmou:

O Suplemento Literário, graças à direção de Décio de Almeida Prado, que era firme na manutenção da qualidade mas deixava grande liberdade aos colaboradores, mesmo aos jovens principiantes como eu, foi uma obra excepcional, tanto em termos de Brasil como em termos internacionais. Entre nós, nunca mais a imprensa cultural atingiu aquele nível. Com Décio, escritor e diretor, aprendi um estilo de jornalismo cultural. Habituei-me a escrever para um público amplo, que busca uma informação de qualidade e não uma especulação intelectual autotélica. Aprendi que ser claro e sintético não é necessariamente ser superficial. Que escrever para jornal deve implicar uma atitude democrática e sedutora.

Quando comecei a escrever e a publicar, não tinha nenhuma teoria a respeito da literatura e da crítica literária (nos cursos de letras não havia disciplina alguma que o ensinasse); mas tinha modelos, os grandes intelectuais que escreviam no Suplemento. E Décio me ensinava, sem nenhuma lição explícita, uma postura que era a de sua geração: uma certa elegância discreta, uma seriedade não desprovida de humor. Bem ou malsucedida nessa aprendizagem, sou, quanto ao estilo, cria do Suplemento Literário".

Em maio de 1968, ela escreveu um artigo sobre intelectuais e a revolução cultural, e sugeriu que fosse ilustrado com uma foto de Mao Tsé-Tung.

Da parte do jornal, recebi a resposta de que publicariam o artigo, ainda que demasiadamente entusiasmado com a revolução, mas que o retrato de Mao Tsé-Tung já era demais. Era evidente que as idéias de maio de 68 não eram do agrado de um jornal conservador, embora democrático, como era o Estadão. Mas nunca fui censurada, isso não fui..." (Barbosa, 2001:235)

Madrugada na redação de O *Estado de S. Paulo*: no tempo das máquinas mecânicas.

O fim do Suplemento Literário

Como, então, frente ao desejo frenético pela rapidez e a ânsia pela novidade, poderia continuar subsistindo, em um jornal moderno, esse corpo estranho que teimava em refletir, em um outro tempo, diverso daquele do jornal, sobre coisas das artes? E não sobre vida literária, mas sobre Literatura.

A ARTE NUNCA MAIS SERIA A MESMA

No breve século XX, as fronteiras entre o que pode ou não ser classificado como "arte", "criação" ou artifício tornaram-se cada vez mais difusas, ou desapareceram completamente, como afirma Eric Hobsbawm (1995: 483). A tecnologia revolucionou as artes, tornou-as onipresentes e transformou a maneira como eram percebidas.

Entre 1947 e 1989, a Europa perdeu o posto de grande casa das grandes artes. No século XX, o fato decisivo da cultura foi o surgimento da indústria de diversão popular dirigida para o mercado de massa.

> *Da década de 60 em diante, as imagens que acompanhavam do nascimento até a morte os seres humanos no mundo ocidental – e cada vez mais no urbanizado Terceiro Mundo – eram as que anunciavam ou encarnavam o consumo ou as dedicadas ao entretenimento comercial de massa.*

A sociedade de massas não precisa de cultura, mas de diversão, acentua Hannah Arendt (1997: 257).

> *O problema relativamente novo na sociedade de massas talvez seja ainda mais grave, não devido às massas mesmas, mas porque tal sociedade é essencialmente uma sociedade de consumo em que as horas de lazer não são mais empregadas para o próprio aprimoramento ou para a aquisição de maior status social, porém para consumir cada vez mais e para entreter cada vez mais.*

O historiador Hobsbawm insere, ainda, no novo panorama do que sucedeu às artes no século XX, a morte do modernismo, "que desde fins do século XIX legitimava a prática da criação artística não utilitária, e que sem dúvida proporcionara a justificação para a reivindicação do artista à liberdade de toda limitação". A partir de fins da década de 1960, entretanto, começou a se manifestar uma reação ao modernismo, que virou moda na década de 1980 sob o rótulo de "pós-modernismo". "Não era tanto um 'movimento', quanto uma negação de qualquer critério preestabelecido de julgamento e

Acima, *Oswald de Andrade* por Tarsila do Amaral, abaixo, *O Homem Amarelo* por Anita Malfati.

Palestra de Jean-Paul Sartre, em Araraquara, 1960: na primeira fila, da esquerda para a direita, Nilo Scalzo, Gilda de Mello e Souza, Antonio Candido, e o professor francês Gilles Granger. Na fileira de trás João Cruz Costa, Livio Teixeira e Michel Lebrun.

valor nas artes, ou na verdade da possibilidade de tais julgamentos". Esse termo se espalhou por todos os campos que nada têm a ver com as artes: ciências sociais, antropologia, história etc.

No século XX, a novidade é que a tecnologia encharcou de arte a vida diária, privada e pública, na era de "reprodutibilidade técnica", — diz Hobsbawm citando Walter Benjamin—, que transformou não apenas a maneira como se dava a criação, mas também a forma como os seres humanos percebiam a realidade e sentiam as obras de criação. "A 'obra de arte' se perdera na enxurrada das palavras, sons, imagens no ambiente universal do que um dia se teria chamado arte. Ainda podia chamar-se?"

Em seu testamento intelectual, Décio de Almeida Prado inquieta-se com a mesma questão e confessa: "No que diz respeito à arte, não entendo direito o que significa pós-modernismo. Um sistema artístico novo, parece-me, desliga-se do passado, assume identidade e nomes próprios, não dependendo em nada do que ficou para trás. Assim interpretei, por exemplo, o romantismo, o naturalismo, o simbolismo, o surrealismo. Estaremos, agora diante de um impasse? Desaparecerão a literatura, a pintura, a música, tais como as concebemos nos últimos séculos? Penetraremos numa fase de infinitas virtualidades, de alterações tecnológicas, cujo alcance não conseguimos sequer imaginar?" (Em torno de...:2000)

A MODERNIZAÇÃO TÉCNICA

A indústria cultural desenvolve-se lentamente no capitalismo e consolida-se junto com sua fase monopolista, conforme Goldenstein (1987). Suas mensagens estão submetidas à mesma lógica de produção e distribuição das demais mercadorias nessa etapa. São, portanto, como quaisquer outros e visam o lucro.

Segundo Goldenstein, o advento da indústria cultural pode ser pensado como a revolução industrial no plano da ideologia. O veículo mais eloqüente da indústria cultural seria, talvez, a televisão, mas os jornais, que já existiam antes dela, seriam seus "enteados".

Para se adaptar ao sistema tiveram de transformar suas estruturas profundamente. A revolução começou em fins do século XIX nos Estados Unidos, com Hearst e Pulitzer. Eram jornais com pouco texto, muitas fotos, manchetes escandalosas. A política perdia importância, especialmente para as camadas populares, e a tendência era a de temas ligados ao lazer, à vida pessoal das celebridades, à violência, com uma linguagem mais acessível, distanciada da literatura.

Após a Segunda Guerra, nos Estados Unidos prevaleceu a tendência da especialização, da análise fragmentada que expressaria, segundo Goldenstein "a própria fragmentação da consciência burguesa, para a qual Luckáks já chamou a atenção e que torna difícil para o leitor recompor a visão de conjunto da sociedade".

Na década de 1950, no Brasil, foram introduzidas novas técnicas de produção e de administração e a notícia foi priorizada em relação à opinião, nos moldes do jornalismo norte-americano. O perfil profissional também começava a transformar-se, com o recrutamento de jornalistas vindos das universidades, formados em ciências humanas, basicamente.

Essa foi a época dourada do surgimento dos suplementos literários em praticamente todos os jornais da chamada grande imprensa, especialmente aqueles que passavam por reformas, como *O Estado* e o *Jornal do Brasil*, que lançaram seus suplementos no mesmo ano, 1956.

O professor de jornalismo Nilson Lage (1999), que foi repórter e copidesque do *Diário Carioca*, não credita apenas ao jornalismo norte-americano as transformações da imprensa brasileira:

> *Na década de 50, as técnicas de redação já estavam internacionalizadas e há muitos anos chegavam ao Brasil no texto das agências internacionais – não apenas as americanas.*
>
> *(....) No caso específico do Diário Carioca, a reforma editorial, conduzida*

> "NOSSOS JORNAIS, BANHANDO-SE NA EXPERIÊNCIA DA OBJETIVIDADE E DEPENDENDO DIRETAMENTE DO NOTICIÁRIO TELEGRÁFICO, APRENDERAM UM NOVO ESTILO, SECO E FORTE, QUE JÁ NÃO TINHA QUALQUER PONTO DE CONTATO COM O BELETRISMO."
>
> *Alberto Dines*

por Danton Jobim e Pompeu de Souza, na década de 50, consistiu não apenas da introdução da técnica do lide, mas também de uma série de inovações que correspondiam à modernização do idioma escrito. O Diário incorporou formas de escrever – escolhas léxicas e gramaticais – difundidas a partir da Semana de Arte Moderna de 1922 por autores que objetivavam aproximar o texto literário da fala brasileira. Por exemplo, dizer que alguém mora "na rua X" e não " à rua X", limitar o tratamento cerimonioso, eliminar do texto palavras em desusos (como o "edil", ou "alcaide") e formas gramaticais em extinção no idioma, como as mesóclises, os realizar-se-á, os far-se-ia ou os da-me-lo-iam.

De acordo com Lage, "imitação do modelo americano encontra-se, na década de 50, no noticiário da *Tribuna da Imprensa*, de Carlos Lacerda – embora esse jornal tenha se notabilizado mais pelos artigos do proprietário do que propriamente pela informação jornalística." Ele acentua, inclusive, que a modernização do texto do *Diário Carioca* antecedeu à publicação das primeiras traduções de manuais técnicos norte-americanos no Brasil, o de Frazer Bond e o de John Hohenberg.

Ao analisar as transformações da imprensa brasileira no pós-guerra, Alberto Dines (1986:26) afirma :

Sábato Magaldi, Clóvis Garcia e Décio de Almeida Prado:
três grandes críticos de teatro no ano de lançamento do *Suplemento Literário*, 1956.

Nossos jornais, banhando-se na experiência da objetividade e dependendo di-retamente do noticiário telegráfico, aprenderam um novo estilo, seco e forte, que já não tinha qualquer ponto de contato com o beletrismo.

Definitivamente, o espaço reservado à literatura na grande imprensa diminuiu, e deslocou-se para os suplementos literários.

No início da década de 1960, conta Cláudio Abramo (1988:37):

começamos a fazer experiências jornalísticas, um período ruim, em que causei muito mal ao jornalismo brasileiro. Passamos a fazer coisas muito sofisticadas, um exercício do qual me penitencio um pouco. Também sou culpado do erro de ter inventado as redações muito grandes. (...) "Nós inventamos a especialização, as redações gigantescas, um hábito americano que introduzimos no Brasil.

Abramo refere-se, com o pronome nós, também a Mino Carta – que dirigiu as grandes redações criadoras do *Jornal da Tarde* e das revistas *Quatro Rodas*, *Veja*, *Istoé* e mais recentemente *Carta Capital*, que, entretanto, tem uma pequena redação — e a Alberto Dines, que participou das reformas do *Jornal do Brasil*.

À parte as reformas técnicas, algo começava a mudar no relacionamento da direção do *Estado* com os jornalistas. Conta Abramo:

Na renúncia de Jânio Quadros, em 1961, a direção começou a conspirar com os militares da direita e a manipular o noticiário, como é aliás natural (mas para mim, na época, não parecia tão natural assim, ou parecia mas demorei a entender). O início da virada na redação se deu exatamente em 1961, nos dias em que os militares queriam impedir a posse de Jango. Todo o noticiário passou a ser controlado e revisto, refeito e arranjado, embora conservasse basicamente os padrões gerais da relativa equanimidade.

(..) A partir desse ponto a equipe do jornal se dividiu entre esquerdistas e direitistas: a crise que o país atravessava se instalou na redação, terminando com a saída gradativa de todo um grupo, do qual eu era mais ou menos a cabeça visível. Minhas relações com os Mesquita também sofreram um certo abalo a partir de 1961, porque meu irmão Fúlvio, que dirigia o jornal da rádio Eldorado (da família), liderou a greve dos jornalistas daquele ano.

Cláudio Abramo pediu demissão em 26 de julho de 1963.

JORNALISTAS VERSUS CRÍTICOS

Segundo Flora Süssekind (1993:14), os anos 1940 e 1950 estão marcados no Brasil pelo triunfo da "crítica de rodapé", exercida no jornal e feita pelos bacharéis não especializados, e sem rigor conceitual. Herdados do século XIX, situavam-se sempre na parte inferior da página.

O jornalista e professor Nilo Scalzo sucedeu Décio de Almeida Prado.

Na época, travou-se uma polêmica entre os antigos "homens de letras", defensores do impressionismo, do autodidatismo, e a geração de críticos formados pelas faculdades do Rio e de São Paulo, interessados na especialização, na pesquisa acadêmica. O rodapé, segundo a nova geração de críticos, era uma espécie de guia de leituras, e tinha o objetivo de influir sobre a literatura brasileira, desde os escritores até os leitores.

De acordo com a autora, os anos 1960 e 1970 são, para os estudos literários, anos universitários. Reduz-se o espaço jornalístico para os críticos e há um confinamento ao *campus*.

Diz ela que, se "um primeiro duelo entre críticos-cronistas e críticos-professores apontara a vitória parcial dos últimos nas décadas de 1940-1950, em meados dos anos 1960 assiste-se a um fenômeno que bem se poderia considerar uma vingança do rodapé". Agora são os jornalistas que atribuem à produção acadêmica características de um oponente, qualificando-a como um jargão incompreensível para o chamado leitor médio.

A crítica jornalística ao chamado jargão acadêmico, aliás, era uma constante nos bastidores da redação do *Estado* em relação ao *Suplemento Literário*. Uma dessas vozes era a de Cláudio Abramo que, embora amigo do pessoal do *Suplemento*, tecia críticas ao academicismo e à universidade. Havia um certo ressentimento, na época, entre as pessoas que não tinham cursado universidade. O mesmo clima instalou-se mais tarde, nos anos 1970, quando as primeiras gerações de profissionais formados por faculdades de jornalismo, entre as quais muitas mulheres, chegaram às redações.

Quanto ao *Suplemento Literário*, esse caldo de cultura, entretanto, não afetou, durante muitos anos, a realização do projeto.

O jornalista e professor Nilo Scalzo sucedeu Décio de Almeida Prado – que havia sido convidado para lecionar em período integral na USP – na direção do *Suplemento*. Desde 1951 era professor do Colégio Mackenzie, e antes lecionara no Colégio Independência, no bairro da Liberdade.

Profissional versátil, experiente em várias seções do jornal, professor da área de Letras, Nilo trabalhava no *Estado* desde 1953, onde começou na seção de Exterior, dirigida por Gianino Carta, pai de Mino Carta.

Na seção de Exterior trabalhava Ruy Mesquita – os Mesquitas eram iniciados no jornalismo na editoria de internacional, a mais importante do jornal, que sempre ocupava a primeira página, até por volta de 1964, quando o noticiário nacional passou a ter maior destaque.

Também faziam parte da editoria os jornalistas Oliveiros Ferreira, Flávio

Galvão, Mário Leônidas Casanova e Frederico Branco. Conta Nilo Scalzo:

Naquela época, entrava-se no jornal por volta das 7 horas da noite e parte dos telegramas das agências tinham sido separados por assunto, por Gianino Carta. Para adquirir experiência, trabalhei durante algum tempo na agência Ansa, dirigida por ele, a qual funcionava no mesmo prédio do Estadão, na Rua Major Quedinho. Nosso trabalho se estendia pela noite adentro. O Estado se distinguia, entre outras coisas, por um excelente serviço no que respeita ao noticiário internacional. Era nossa obrigação cobrir praticamente tudo o que estava acontecendo no mundo. Não havia a mesma preocupação de hoje quanto ao horário de fechamento. Os telegramas iam pingando durante toda a noite até as primeiras horas da madrugada. Era comum brincadeiras com os "focas" a quem eram endereçadas, no papel acetinado em que vinham os telegramas das agências, verdadeiras bombas como se fossem parte do noticiário normal. Juntava-se ao grupo do Exterior, Livio Xavier (o mestre, como o chamávamos) nessa época encarregado do arquivo do jornal.

Sem horários rígidos de fechamento, o trabalho não era tenso. Trocavam idéias, riam, discutiam, faziam brincadeiras entre telegramas, traduções, manchetes. O convívio era ameno, e se estendia pela noite de São Paulo:

Terminado o serviço, costumávamos sair num pequeno grupo que cumpria uma andança rotineira: o Gigetto então na Rua Nestor Pestana e o Clubinho dos Artistas. Quando resolvia inverter, deixando o restaurante para o fim, o destino era o Simpatia, na Avenida Ipiranga.

Dar aulas de manhã e trabalhar à noite, reservando a madrugada para a conversa numa rodada de cerveja era bom, mas não se podia agüentar por muito tempo. Tive de pedir uma licença no Estado, por algum tempo (deve ter sido provavelmente em 1956) e quando retornei consegui fixar-me no horário da tarde. Depois de um breve período na seção do Interior, fiquei na editoria local, encarregado da leitura do noticiário e da reportagem.

Por uma questão de gosto pessoal, Nilo começou a colaborar em outras seções do jornal, nos últimos anos da década de 1950, sobretudo na de Arte e na de Esportes.

Passei a fazer, além do serviço normal no noticiário local, artigos sobre televisão (comentários críticos) e críticas de espetáculos teatrais (shows, espetáculos de balé, revistas, etc.). Nessa época fazia-se esse tipo de crítica entrar em segundo clichê; reservava-se um

Suplemento Literário especial nº 508, de 17 de dezembro de 1966, escrito pelo maestro Julio Medaglia sobre o Balanço da Bossa Nova: último número editado por Décio de Almeida Prado

espaço determinado na página de Arte, onde deveria entrar meu comentário crítico feito em cima da hora. Tirava-se a notícia substituível e o comentário crítico entrava em segundo clichê. As críticas nessa época não eram assinadas. A página de Arte reunia grandes nomes (Décio de Almeida Prado era o crítico teatral) mas os comentários não tinham assinatura. Passei a fazer também comentários sobre futebol. Não ligava com o noticiário, mas fazia apenas comentários sobre os jogos. Ou, então, o que chamávamos de side-story, que se prendia a impressões pessoais à margem do jogo.

Suas colaborações para o *Suplemento Literário* começaram em 1959: jazz, música popular brasileira e literatura eram seus temas preferidos. Na ocasião do convite, Nilo era secretário de redação, função que exercia desde 1963, em substituição a Cláudio Abramo.

> **"Terminado o serviço, costumávamos sair num pequeno grupo que cumpria uma andança rotineira: o Gigetto, então na Rua Nestor Pestana, o Clubinho dos Artistas. Quando resolvia inverter, deixando o restaurante para o fim, o destino era o Simpatia, na Avenida Ipiranga."**
>
> *Nilo Scalzo*

Comecei o ano de 1963 com a árdua incumbência de substituir Cláudio Abramo na direção da redação do Estado. Jamais aspirara ao cargo, até mesmo pela minha natural vocação de articulista centrado, sobretudo, em assuntos relacionados com cultura. Foi um período duro, que se estendeu por quase cinco anos. O trabalho era difícil, porque não havia as mesmas facilidades que há hoje no campo das comunicações. Além do mais, foi um período muito conturbado da vida nacional; fechava-se o jornal a duras penas, os acontecimentos mais importantes ocorriam no Rio ou em Brasília, e pareciam sobrevir quando se tinha a impressão de que tudo estava calmo. O Estado passou por grandes modificações nessa época. Com o advento da revolução de 1964 o noticiário nacional entrou na primeira página, até então reservada exclusivamente para o internacional. A parte gráfica do Estado mudou também — a escolha de corpos maiores para os títulos, especialmente os de uma coluna, punha os redatores em grandes dificuldades. Entre as modificações, houve a liberação do uso de palavras até então vetadas por uma caixinha que vigorava na redação, proibindo galicismos e construções supostamente contrárias à índole da língua. Para citar um exemplo, lembro que conseguimos liberar o uso da palavra "gol". Até então, ninguém marcava um gol no noticiário do Estado, apenas um ponto ou um tento.

Nilo deixou a secretaria de redação para assumir o *Suplemento*. Em depoimento à autora ele afirmou:

> *No tempo do Décio, ninguém se aproximava do Suplemento. Mas havia aquelas restrições, respeitavam, ma non troppo. Falavam... E o Décio deixa claro que havia essa má vontade. Entretanto, as críticas não chegavam ao dr. Julio de Mesquita porque, afinal, foi ele quem deu carta branca para fazer a publicação.*

Quando assumiu, continuou a editar nos mesmos moldes de Décio. Em 17 de dezembro de 1966, Nilo Scalzo editou o *Suplemento Literário* especial nº 508, escrito pelo maestro Julio Medaglia sobre o Balanço da Bossa Nova.

Nilo afirma que esse praticamente foi o último número sob a regência de Décio, e não como consta na tese de Marilene Weinhardt, que prolonga o período até o número 521, em 1º de abril de 1967. Certamente Weinhardt escolheu a data pois foi nesse dia em que se procederam as mudanças gráficas na edição, sendo a mais visível a do logotipo.

Segundo Nilo, as seções continuaram como antes, mas os colaboradores mudaram com o tempo, e foram tentadas novas fórmulas, como a das traduções. Também a direção do jornal, que antes não tomava conhecimento do *Suplemento*, passou a intervir, embora não de forma ostensiva, e mostrou interesse em fazer uma publicação mais jornalística.

O editor permaneceu de 1966 a 1971. Em 1972 foi designado o jornalista Ruy Plácido Barbosa para editar a página de Artes do *Estadão* e o *Suplemento Literário*. Nessa época, intensificaram-se os problemas de remuneração do *Suplemento*, o que dificultava a contratação da parte fixa e dos colaboradores.

Em 1973, Nilo foi chamado a voltar a editar o *SL* e a página de Artes do jornal, até 1974, quando chegou ao fim o *Suplemento Literário*.

Quando Décio se retirou, o *Suplemento* já enfrentava problemas, como a inflação corroendo as remunerações, sem reajuste. Além da ciumeira na redação e do retorno da publicação, que significava prestígio, mas pouquíssimos anúncios:

> *Fizemos alguns reajustes, mas esses reajustes foram baixando de nível. Isto se deve, creio eu, à reação de alguns jornalistas que achavam que o Suplemento estava pagando demais, em relação aos padrões do jornal. Houve uma ciumeira muito grande na redação, por parte de alguns elementos e isso também atingia de certa forma a direção. E como o Suplemento não dava nada em matéria de anúncios, só dava prestígio intelectual... Todos esses fatores contribuíram para que, aos poucos, o padrão baixasse. E nesse sentido acho que o Suplemento sofreu bastante. Comecei então a receber gente mais jovem, muitos até que eram publicados pela primeira vez. Alguns artigos eu tinha praticamente que reescrever, porque eram de principiantes que escreviam muito mal.*" (Weinhardt, 1987:456)

Nilo Scalzo lembra que as matérias do jornal, naqueles anos, não eram assinadas, "e as restrições da redação também se davam porque no *Suplemento Literário*, tudo era assinado". Mas o jornalista não concorda quanto à questão dos ciúmes da remuneração dos colaboradores do *Suplemento*:

"A LITERATURA QUER SER ETERNA, SONHA COM OBRAS DE LONGA DURAÇÃO, TANTO QUE ASSISTIMOS A AUTORES COMO SHAKESPEARE, OU LEMOS POETAS DE MILÊNIOS, COMO HOMERO. O JORNALISMO SE OCUPA DO MOMENTO, TANTO QUE NÃO SE LÊ JORNAL DE ONTEM."

Décio de Almeida Prado

Não foi exatamente assim. Uma coisa era certa: quando o Suplemento começou, pagava muito bem pela colaboração. Mas não se pode fazer essa relação, porque quem trabalhava no jornal, tinha outra situação. Até por uma questão de filosofia, o jornal preferia que as pessoas da redação não colaborassem, que viesse gente de fora. Mas o problema era outro. Não exatamente ciúme, mas um pouco de restrição de algumas pessoas da redação que, criticando, queriam uma coisa mais jornalística.

Se no primeiro número, o texto de apresentação frisava que "o *Suplemento* quase não será jornalístico, nem no alto nem no baixo sentido do termo", as incompreensões por parte da redação foram muitas. Conta Nilo Scalzo:

Eu achava que o Suplemento não tinha que se engajar na parte jornalística, na medida em que ele não era informativo. Ele tinha que ser uma parte reflexiva, era o lugar para que as pessoas que estudassem literatura etc. pudessem fazer um tipo de reflexão que passava muito longe dos limites do jornalismo, que era uma coisa do dia-a-dia. Se um livro era lançado, o jornal podia publicar, a página de Arte era para isso mesmo.

Tratava-se, como diz Nilo, "de um campo de trabalho que, apesar de estar no jornal, não é necessariamente do jornal".

Continuava, ainda, o texto do primeiro número do novo *Suplemento*:

O jornal, por definição, por decorrência, poder-se-ia dizer, da própria etimologia da palavra, vive dos assuntos do dia (...) A perspectiva do Suplemento tinha, pois, de ser outra, mais desapegada da atualidade, mais próxima da revista que, visando sobretudo a permanência, pode dar-se ao luxo de considerar mais vital a crônica dos amores de um rapaz de dezoito anos e uma menina de quinze anos na Verona pré-renascentista, do que qualquer fato de última hora, pelo motivo de que as crises, as guerras, até os impérios, passam com bem maior rapidez do que os mitos literários, muitos dos quais vêm acompanhando e nutrindo a civilização ocidental há pelo menos trinta séculos.

À revista *Veja* (11.06.1997), Décio de Almeida Prado afirmou:

Quando eu cuidei do Suplemento, entre 1956 e 1966, já havia muitas reclamações. Diziam que não era jornalístico, que falava de coisas que não interessavam ao leitor comum. Desde então me convenci que existe uma incompatibilidade entre literatura e jornalismo. A literatura quer ser eterna, sonha com obras de longa duração, tanto que assistimos a autores como Shakespeare, ou lemos poetas de milênios, como Homero. O jornalismo se ocupa do momento, tanto que não se lê jornal de ontem. Essa incompatibilidade sempre existiu, mas agora aumentou muito. O próprio espaço de debate nos jornais ficou menor.

Quase não há lugar para a crítica de espetáculos, dando-se preferência a um relato informativo, falando da estréia que vai ocorrer. A crítica, como consciência de uma obra está perdendo espaço.

A importância da rapidez. Esse é um dos ideais que Werner Sombart (1966:311) apontava, já nos anos 1950, encontrar-se no fundo de todas as noções de valor do homem moderno.

A rapidez de um acontecimento, a velocidade com que se concebe e se executa um projeto interessa ao homem moderno quase tanto como o caráter maciço e quantitativo das manifestações de sua atividade. (..) Que um jornal haja publicado uma notícia (provavelmente falsa), proveniente do próprio campo de batalha às 5 da tarde, quando os demais jornais não a lançam senão uma hora mais tarde, são os tópicos que interessam ao singular homem de nossos dias, a cujos olhos adquire uma importância extraordinária.

Outro ideal que cativa o homem moderno, segundo Sombart, é a novidade. A este respeito, nada é mais demonstrativo que o jornal contemporâneo.

Como, então, frente ao desejo frenético pela rapidez e a ânsia pela novidade, poderia continuar subsistindo, em um jornal moderno, esse corpo estranho que teimava em refletir, em um outro tempo, diverso daquele do jornal, sobre coisas das artes? E não sobre vida literária, mas sobre Literatura.

O professor Antonio Candido, em entrevista à autora, repetiu as causas pelas quais, entende, encerrou-se o ciclo do *Suplemento*:

O Suplemento Literário pertence a um movimento muito configurado da cultura paulista, ao Estado de São Paulo e à Universidade de São Paulo. A USP nasceu na redação do jornal. Eu costumo dizer que a Cidade Universitária não deveria se chamar Armando Salles de Oliveira, mas Julio de Mesquita Filho. Salles era apenas um interventor inteligente, era cunhado do dr. Julio, casado com uma irmã dele. Então, a USP saiu da cabeça do dr. Julio e do Fernando Azevedo. A universidade é uma obra do dr. Julio.

Então, é um clima paulista. A Semana de Arte Moderna já tinha dado o recado dela, mas deixou um fermento muito grande de renovação

Suplemento Cultural, ano 1, número 1, 17 de outubro de 1976.

cultural. Nos anos 30, Mário de Andrade, por indicação do Paulo Duarte, ligado ao grupo Estado, fez o Departamento de Cultura. Seria o que é hoje uma Secretaria Municipal de Cultura. Só que o Mário realizou realmente uma obra notável. Aproximou a cultura do povo, criou instrumentos culturais que não havia em São Paulo. Então, nós crescemos nesse clima. Nos anos 40, em São Paulo eclodiram várias coisas importantes. O Teatro Brasileiro de Comedia (TBC), a Vera Cruz, aqueles filmes importantes e a nossa revista Clima. Cada um cumpriu sua tarefa, mas hoje são muito críticos em relação ao TBC. De maneira que, talvez, o Suplemento tenha cumprido sua tarefa. Durou, afinal, dez anos, né? Depois ele foi substituído por uma coisa diferente, aquele tablóide, que o Nilo Scalzo dirigiu durante muito tempo. Lamentei quando acabou o tablóide do Nilo, eu colaborava lá. E aquela fase do tablóide ele também fez muito bem. Acabaram também com aquilo.

Sim, a tarefa do *Suplemento* foi bem cumprida. E o professor sempre teve a convicção de que sua fórmula era correta:

O Rio de Janeiro é agitado e agradável, São Paulo é pesadão. Mário de Andrade chamava de "a sublime burrice paulista". Embora não seja paulista, sou um intelectual paulista. Nasci no Rio e tinha oito meses quando minha família foi para Cássia, em Minas Gerais. Procurei fazer uma fórmula paulista, levando em conta a USP, o Estadão, a revista Clima, o TBC, a Semana de Arte Moderna. O que São Paulo pode contribuir? São Paulo pode contribuir com um suplemento que seja um pouco revista, que receba aquele tom universitário que até o momento era a sua grande contribuição. Acho que minha fórmula era correta porque deu certo. O pessoal da redação criticava muito, que era pesadão, mas eu acho uma fórmula correta. Havia seções leves.

"É PRECISO MUDAR"

Em 22 de dezembro de 1976, a edição nº 908 do *Suplemento Literário* informava, no pé da primeira página, sob o título *Suplemento Centenário*:

Este número marca o encerramento da atual fase do Suplemento Literário. A partir do dia 4 de janeiro próximo, começaremos a publicar, semanalmente, aos sábados, por todo o ano de 1975, o Suplemento do Centenário, que reunirá os trabalhos especialmente elaborados para o programa de comemorações do centenário de O Estado de S. Paulo. Referem-se esses trabalhos não só às figuras relacionadas com a vida deste Jornal, mas também aos vários aspectos da história e da cultura dos últimos 100 anos.

Para a última semana deste ano, foi preparado um suplemento especial com os principais acontecimentos de 1974, que deverá circular na terça-feira, dia 31.

Nilo Scalzo foi editor do *Suplemento Literário*, do *Suplemento Centenário*, do *Suplemento Cultural* e do *Cultura*.

Quando chegou a um ponto em que o Décio viu que deveria parar, por vários motivos, até por um trabalho mais intenso na Universidade, ele disse: 'Nilo, você vai ficar no meu lugar'. Eu fiquei, porque gostava. Com o correr do tempo, algumas pessoas que eram antigos colaboradores deixaram o Suplemento, ou porque morreram, ou porque já não tinham esse élan de continuar. O Candido fez uma coisa interessante, que foi levar críticos novos da USP, ao lado de grandes nomes que não eram ligados à universidade. Eram críticos de jornal, como Brito Broca, Carpeaux e outros. Muitos novos surgiram, como Roberto Schwarz, Davi Arrigucci Jr. Candido deu projeção à crítica literária da USP, que até então não existia. Depois, em 1976 houve aquela tentativa de, criando-se o Suplemento Cultural, aproveitar coisas da universidade de um ângulo diferente. Eu fiquei com essa incumbência, mas as dificuldades eram grandes, porque publicar literatura, ao lado de informações de ciência, etc., era tarefa difícil.

Em 1973, Nilo Scalzo foi chamado para voltar a editar o *Suplemento* e a página de Artes do jornal.

E foi até se encerrar, em 1974. Depois, em 1976 ocorreu uma idéia de, em se criando o Suplemento Cultural, aproveitar assuntos da USP sob um ângulo diferente. Eu fiquei com essa incumbência, mas não acreditava na fórmula. Além da literatura, informações de ciência, coisas até de aspectos às vezes didáticos de ciência. Eu não considerava o caminho ideal.

O editorial do nº 1 do *Suplemento Cultural*, de 17.10.1976 afirmava:

O Suplemento Cultural não só reata a tradição do Suplemento Literário, mas amplia o campo de atuação deste, atendendo ao fato de exigirem as características do mundo atual uma publicação mais abrangente, que não se contenha nos limites da crítica e da criação literária, mas forneça ao leitor informações e comentários sobre artes, ciências humanas, ciências naturais, ciências exatas e tecnologia.

Antonio Candido continuava escrevendo neste *Suplemento* que, na sua totalidade, trabalhava com colaboradores da USP.

Cultura

O ESTADO DE S. PAULO

O Estado de S. Paulo - ano I - nº 1 - domingo, 15 de junho de 1980

Num país onde o hábito de ler ainda é restrito a uma pequena elite, qualquer nova contribuição para disseminá-lo será útil, contanto que tenha um compromisso maior com as perguntas — que, como disse Malraux, são a única coisa que realmente tem significado na história do pensamento humano — do que com as respostas, sempre instrumentos das tragédias.

Cultura — que a partir deste domingo substituirá o *Suplemento Cultural* de O Estado — não pretende mais que isso: despertar curiosidades; ser uma ponte entre o nosso leitor e as últimas perguntas que o homem tem feito sobre si mesmo e sobre o mundo que construiu e tem de enfrentar; estabelecer um elo de ligação entre o que se pensa no Brasil e lá fora e o leitor de jornal, "esta praça pública do pensamento".

Não iremos mais longe nesta apresentação. É o leitor quem deverá julgar. Neste número, o sociólogo Mário Innocentini mostra como Marx e Engels explicaram o imperialismo da Rússia dos czares e por que seus textos sobre este assunto ainda são proibidos na URSS; Gilberto de Mello Kujawski explica por que ler Ortega y Gasset hoje; Raymond Aron fala-nos de suas esperanças quanto ao futuro das sociedades industriais, do mundo sem petróleo, da decadência da cultura na França; Gilles Lapouge apresenta-nos a nova história do capitalismo de Fernand Braudel, que está revolucionando a historiografia francesa; J. Z. Young reavalia as teses de Darwin, e Frank MacShane analisa as novas tendências da literatura na Itália.

Fernão Lara Mesquita, editor

Suplemento Cultura. 15.06.1980 a 31.08.1991. Hoje é publicado aos domingos, sob outro projeto, encartado no *Caderno 2*.

No nº 187, de 1º de junho de1980, segundo Nilo em razão de mudanças internas, chegou ao fim o *Suplemento Cultural*. Em 15 de junho do mesmo ano foi lançado o *Suplemento Cultura*, um tablóide editado por Fernão Lara Mesquita —, jovem filho do então diretor do *Jornal da Tarde*, Ruy Mesquita —, que se iniciava na redação. Política, filosofia, ciência, literatura, entrevistas compunham o menu da publicação, que continuava a contar com a colaboração de Nilo Scalzo e de um grupo de jornalistas na edição. E foi assim até o fim da década de 1980, quando ele se aposentou e o jornal já não tinha mais o *Cultura*, que encerrou sua carreira no dia 31.08.1991, nº 577. O *Caderno 2* já existia desde o dia 6 de abril de 1986. Hoje, o *Cultura* é encartado aos domingos no jornal. Nilo conta:

> *Havia os meninos que foram surgindo, há o problema das gerações que se coloca. Eu sempre fui muito respeitado, mas as mudanças se impõem, é a própria exigência do momento. Com o tempo, os novos aparecendo, tomando conta da redação, não admitiam que o Suplemento pudesse ser independente. Começaram a querer mudar e eu não iria dizer que eles não entendiam nada... É você aceitar um campo de trabalho que, apesar de estar no jornal, não é necessariamente o jornal. Ficou um imbróglio conduzir naquela confusão...*

Já nos anos 1980, última década de Nilo Scalzo no jornal, depois de 40 anos, ele se lembra das mudanças no processo de produção, mas inclinadas ao puro aspecto do tecnicismo. Ainda um pouco antes da informatização, havia, por exemplo, pesquisas sobre quanto tempo se gasta numa tradução. "Eu dizia: depende, a pessoa pode trabalhar 30 horas e a coisa ser tão difícil que exige isso, ou não".

Estariam todos ficando loucos? Perguntavam-se os jornalistas experientes.

UM MUNDO VELOZ

Os anos 1960 marcaram as transformações vertiginosas na política e nos costumes no mundo ocidental e, na América Latina, o início dos períodos ditatoriais que se prolongariam por, no mínimo, 20 anos.

O advento da cultura de massas, a entronização do consumismo, a derrocada de projetos nacionais e populares, a crise educacional, a falta de liberdade de expressão já compõem o cenário no qual termina a gestão de Décio de Almeida Prado à frente do *Suplemento Literário*.

O mundo fragmentado e veloz do jornalismo torna-se mais e mais veloz, e mais especializado. Neste mundo, haveria cada vez menos espaço para um projeto de reflexão intelectual como aquele, e de intervenção direta na cultura.

O *Suplemento* ainda duraria sete anos, editado por Nilo Scalzo, e se encerraria no dia 22 de dezembro de 1974. Assim, sua história deu-se basicamente entre o caderno comemorativo do IV Centenário de fundação de São Paulo, em 1954 — quando Antonio Candido sugeriu aos Mesquita a idéia de um suplemento cultural, para o qual foi convidado a fazer um projeto cerca de um ano depois —, e a série semanal de edições comemorativas do centenário de *O Estado de S. Paulo,* entre o dia 4 de janeiro de 1975 e 10 de abril de 1976.

O fim do *Suplemento Literário* foi marcado por uma pequena nota no pé da primeira página, sob o título *Suplemento do Centenário*, iniciando assim: "Este número marca o encerramento da atual fase do *Suplemento Literário*", e informando sobre a nova publicação comemorativa.

Foi substituído pelo *Suplemento Cultural*, que teve seu primeiro número editado num domingo, dia 17 de outubro de 1976. Com novo logotipo e novo projeto gráfico, a matéria da manchete era a literatura de Lima Barreto com duas chamadas: uma sobre prevenção de terremotos e outra sobre problemas de energia. Ciências Naturais e Ciências Exatas e Tecnologia eram as novas seções do novo suplemento. No editorial, Nilo Scalzo acentuava:

> *O Suplemento Cultural não só reata a tradição do Suplemento Literário, mas amplia o campo de atuação deste, atendendo ao fato de exigirem as características do mundo atual uma publicação mais abrangente, que não se contenha nos limites da crítica e da criação literária, mas forneça ao leitor informações e comentários sobre artes, ciências humanas, ciências naturais, ciências exatas e tecnologia.*

Informar o leitor, pelas palavras dos especialistas, sobre o que se faz nos diferentes setores da atividade cultural. Esse foi o propósito do novo suplemento, cujo expediente era formado por especialistas de diversas faculdades da Universidade de São Paulo — de Filosofia a Biociências e Matemática —, o primeiro deles Antonio Candido, que neste primeiro número escreveu sobre a visão de Lima Barreto a respeito do homem e da sociedade, com base nos depoimentos do escritor.

Num projeto que se encerrou no quarto ano, em 1º de junho de 1980, o editorial afirmava:

> *Observou, assim, o Suplemento Cultura um princípio básico: cumprir sua função informativa sem descurar, contudo, sua outra função, a formativa, completando dessa forma a missão que cabe aos modernos órgãos de comunicação, como orientadores da opinião pública. Um papel pedagógico, por excelência, no sentido amplo que encerra o termo.*

Quinze dias depois, em 15 de junho de 1980, era lançado o *Suplemento Cultura*, editado por Fernão Lara Mesquita, que informava seus objetivos no editorial:

> *(...) despertar curiosidades; ser uma ponte entre o nosso leitor e as últimas per-guntas que o homem tem feito sobre si mesmo e sobre o mundo que construiu e tem de enfrentar: estabelecer um elo de ligação entre o que se pensa no Brasil e lá fora e o leitor de jornal, 'esta praça pública do pensamento'.*

Artigos sobre a visão de Marx e Engels explicando o imperialismo dos czares; sobre Ortega y Gasset; sobre o futuro das sociedades industriais com-punham o menu do primeiro número da nova publicação, que teria vida longa, encerrando-se em 1991 sob esta forma. Continuou encartado aos do-mingos, dentro do *Caderno 2*.

Desde 1986, o *Estado* já contava com esse novo caderno cultural diário, o *Caderno 2*, publicação dedicada aos produtos da indústria cultural – cinema, *shows*, teatro, literatura, música, horóscopo, bares e restaurantes, humor e colu-nas diversas. A matéria de capa do primeiro número, de 16 páginas, era uma entrevista com Chico Buarque e Caetano Veloso, que estreariam um programa inédito na TV Globo.

Enquanto isso, o concorrente direto do *Estado*, a *Folha de S. Paulo,* já tra-tava da cultura como um mercado. A *Folha Ilustrada* foi criada em 1958 por José Nabantino Ramos. Em 23 de janeiro de 1977 circulou a primeira edi-ção do suplemento semanal *Folhetim*, criado por Tarso de Castro, que trans-portava para a grande imprensa características de humor e irreverência dos órgãos alternativos, como *O Pasquim,* do qual Castro também participara. Em fins da década de 1970, acadêmicos passam a discutir temas sociais e políticos na publicação.

Nos anos 1980, a *Ilustrada* e o *Folhetim* passam a tratar da cultura como um mercado: a primeira dedicando-se à divulgação dos lançamentos de pro-dutos, o segundo, mais reflexivo e analítico.

O *Folhetim* deixou de circular em 1989, e em seu lugar foi criado o ca-derno *Letras*, acompanhando a produção do mercado editorial. Em 1992 foi lançado o caderno *Mais!*, com o objetivo de promover uma fusão entre o jornalismo do *Folhetim* e da *Ilustrada*. Em 1995 surgiu o *Jornal de Rese-nhas*, feito em parceria com universidades e já extinto.

A partir dos anos 1970, novas concepções de produção industrial come-çam a ser impostas aos jornais, com novos prazos de fechamento, aspectos quantitativos sobrepostos aos qualitativos, do setor industrial à redação. A informatização marca definitivamente o início de uma nova era no jornalismo: a era tecnológica.

A informatização nas redações data da década de 1980. O ritmo é cada vez mais veloz, as relações de trabalho são profundamente modificadas, a produção sofre intervenções marcantes. Agora, os prazos industriais prevalecem de modo implacável sobre a redação.

A diagramação é eletrônica, o texto é virtual, e pode ser manipulado por várias instâncias hierárquicas na redação, ao mesmo tempo. Os sons também são outros. Os silenciosos teclados dos computadores substituem a ruidosa batucada das Olivettis, Remingtons etc. Não vem mais da sala dos linotipos "a doce música mecânica", traduzida por Drummond em seu *Poema do Jornal*.

Segundo Ciro Marcondes Filho (2001:36):

> *Jornalismo tornou-se um disciplinamento técnico, antes, que uma habilidade investigativa ou lingüística. Bom jornalista passou a ser mais aquele que consegue, em tempo hábil, dar conta das exigências de produção de notícias do que aquele que mais sabe ou que melhor escreve.*

De acordo com Marcondes Filho, não há responsáveis por toda essa virada na forma de se fazer jornalismo, pois é a civilização humana como um todo que se transforma a partir de uma variável independente, a informatização.

Novos tempos, nova fórmula de jornalismo cultural: o *Caderno 2* foi lançado em 1986.

O melhor já passou?

O Suplemento Literário existiu na época histórica certa, no local certo e sob as diretrizes de criadores certos. As velozes transformações do mundo e do jornalismo, entretanto, não comportariam mais a existência de uma publicação dessa natureza, com a tradição da reflexão e da lentidão, dentro do turbilhão permanente de desintegração dos tempos pós-modernos.

LONGA É A ARTE

Repórter - O que provocou tantas mudanças na imprensa, no teatro, no cinema?
Décio de Almeida Prado - Foi a vida. Um físico americano diz que nossa época não é diferente das anteriores, porque agora ocorrem mudanças. Também havia mudanças, e muito profundas, nas outras épocas. A diferença é que as mudanças ocorrem num ritmo muito mais veloz. Antes, cantavam-se canções napolitanas que os pais ensinavam aos filhos, e esses, aos netos. Assim, passava-se cinquenta anos ouvindo a mesma música. No teatro, havia peças que ficavam trinta anos no repertório de um ator ou uma atriz. Hoje, quando uma música toca por seis meses no rádio, já é considerada um estouro — antes, você ouvia a mesma música por vários anos. Isso é que mudou. Às vezes, quando você consegue entender o que aconteceu, uma peça, uma música, um livro, isso já não tem importância". ("O melhor já passou", Veja, 11.06.1997)

Décio de Almeida Prado e as transformações na vida cultural: "(Hoje), às vezes, quando você consegue entender o que aconteceu, uma peça, uma música, um livro, isso já não tem importância".

A afirmação de Décio de Almeida Prado ao jornalista Paulo Moreira Leite encerra uma clara verdade: tudo sempre se transformou, mas hoje as mudanças são muito mais velozes. A vida corre mais rápida. A arte, porém, sempre almejou a longevidade, contrapondo-se à brevidade da vida.

Hoje, ter consciência de uma obra de arte, desfrutá-la, entendê-la com a ajuda da crítica não faz parte do cotidiano da maioria da humanidade, empenhada na luta pelo primeiro direito humano, a vida. A arte exige tempo para compreensão, absorção, reflexão. Não temos tempo para tanto. Por outro lado, na sociedade de massas, obras de arte são produtos regidos não mais pela estética, mas pelo valor mercantil.

O cantor e compositor Caetano Veloso lançou, em 2001, seu disco *Noites do Norte* pela Internet. Resolveu subverter o esquema tradicional de lançamento de discos, via imprensa escrita. Afirmava que nesses eventos, todos os segundos cadernos publicam matérias parecidas, no mesmo dia: "Uma entrevista matada, uma crítica pequenininha, escrita sem tempo, em conseqüência de uma combinação entre os jornais e as assessorias de imprensa".

Dessa forma, perdem o jornal, o produto e o leitor. Se um lançamento é divulgado antes por um veículo, o outro não publicará nada sobre o assunto, como se tratasse de um furo. Entretanto, não é cabível que, na apreciação de uma obra cultural, um jornal possa furar o outro. Criticando jornais e jornalistas, Veloso afirmou que a performance de artistas tidos como representantes da "música comercial" brasileira, como duplas sertanejas, por exemplo, é superior à qualidade da imprensa comercial brasileira, pois ao menos aqueles cantores são afinados. Já o texto dos jornais é ruim, fraco e na maioria das vezes contém erros de português.

O artista tinha razão. Entretanto, nos anos seguintes, ele voltou ao esquema tradicional de lançamento.

Nesse cenário, os suplementos culturais tornaram-se guias de consumo dos chamados produtos da indústria cultural, modelo adotado na década de 1980, baseado nos serviços, nos lançamentos, nas resenhas. Não mais críticas como consciência de uma obra. Não mais a colaboração persistente de intelectuais com vasta bagagem humanística. Esse jornalismo não raras vezes é exercido por profissionais de imprensa com pouco preparo, porque o que se exige para determinar um bom jornalista hoje é o domínio do equipamento e o cumprimento das tarefas em tempo hábil.

Os grandes jornais mantêm, nos fins de semana, publicações culturais de certa forma herdeiras do projeto de Antonio Candido, mas não especificamente literárias e muito menos artísticas, guardadas as abissais diferenças: o projeto do *Suplemento Literário* propunha a intervenção na cultura e a análise e reflexão de temas artísticos e literários. Os atuais suplementos, embora mantenham a tradição da publicação no fim de semana, elegem temas variados sobre diversas áreas do conhecimento, desde filosofia e literatura a ciência e esportes.

Há uma dicotomia, no jornalismo cultural, entre a cobertura diária, (o guia de consumo), e a dos fins de semana, com temas destinados a reflexão e debate. Cultura de massas versus erudição? A verdade é que o jornalismo cultural sofre uma crise de identidade.

O *Suplemento Literário* existiu na época histórica certa, no local certo e sob as diretrizes de criadores certos. Trata-se de um modelo do jornalismo cultural não superado até hoje, uma experiência única em razão de suas peculiaridades e de sua fidelidade ao projeto original.

Como costuma enfatizar o professor Antonio Candido, o *Suplemento Literário* foi Décio de Almeida Prado.

Sob todos os pontos de vista: dignidade, coragem moral, eminência intelectual, senso de justiça. O Décio publicava no jornal artigos de inimigos dele.

O poder não seduziu aquele discreto intelectual, cujo nome não aparecia nos créditos como diretor do *Suplemento*. Os jornalistas do século XXI mal podem imaginar a realização de uma publicação artística semanal, com total autonomia ideológica e estética, apensa a um grande jornal.

Um leque tão positivo de influências que convergiram para o nascimento da publicação não poderia ter longa duração no século XX.

Os leitores do *Suplemento Literário* dos anos 1960 eram estudantes, professores secundários e universitários e a chamada elite culta da velha aristocracia paulista. Mas a publicação seria lida e colecionada por leitores dos mais fundos rincões do País, como a autora pôde constatar em suas pesquisas. Desde professores de outros Estados, a alunos e futuros escritores, até simplesmente amantes da literatura e das artes. As matérias serviam como apoio para aulas, pesquisas e teses. Não é raro encontrar-se leitores daquela época que ainda mantêm suas coleções completas do *Suplemento Literário*.

Depois de dez anos, de 1956 a 1966 (gestão Décio de Almeida Prado), e daí até 1974 (gestão Nilo Scalzo) o mundo e o jornalismo já se haviam transformado o suficiente para não permitir o prosseguimento de tal experiência de sofisticada reflexão intelectual.

Décio e Paulo Emilio, representantes legítimos da crítica moderna de cinema e teatro: amizade de uma vida inteira.

O *Suplemento Literário* foi um dos mais completos retratos culturais do momento precioso de um País que se descobria e se afirmava. Alimentou-se de um pacto político eficaz e silencioso, a partir de causas opostas que asseguravam um objetivo comum. Quando esse pacto perdeu a razão de ser, o *Suplemento* deixou de fazer sentido, iniciando uma lenta agonia que levaria a seu fechamento.

O projeto do *Suplemento* reunia empresários de visão liberal e privatizante a intelectuais de idéias socialistas, aproximados em função de dois fatores. Um deles era a oposição a Vargas e sua herança nacionalista. O outro fator era o apego à noção de democracia e respeito às liberdades individuais.

Embora o fim cronológico do *Suplemento* deva ser marcado em 1974, um momento decisivo ocorreu em 1967, quando Décio de Almeida Prado deixou o jornal. Isso aconteceu apenas três anos depois do golpe de 31 de março de 1964, evento político que colocaria socialistas e liberais em campos opostos.

Convencido de que Jango abria as portas para aquilo que se chamava de república sindicalista, o mesmo Julio de Mesquita Filho que patrocinava o *Suplemento* engajou-se nos preparativos do golpe. Após a queda de Goulart, colaboradores do *Suplemento* foram cassados. Outros foram para o exílio. Mas alguns preservaram seus direitos graças à intervenção providencial do mesmo Julio de Mesquita Filho – como Florestan Fernandes, que atribuía a preservação de seus direitos políticos nos primeiros anos de regime militar à ação do proprietário de *O Estado de S. Paulo*.

Mas os tempos eram outros – apesar de tudo. A violência do regime, que propiciou o surgimento de organizações da esquerda armada com influência crescente entre parte da juventude e dos intelectuais, criou um terreno onde o convívio tornava-se áspero, inconciliável.

Décio não era um diretor de jornal dedicado à cultura, mas um homem de cultura que enxergava num jornal um instrumento para explicar o mundo e tentar ampliar o conhecimento dos brasileiros.

Pressionado por uns e por outros numa época de opções extremas, optou pela teatro e pela universidade. Décio havia criado o Prêmio Saci, em 1953, com o objetivo de incentivar o teatro profissional no País. O prêmio, uma fonte de prestígio, oferecia apoio institucional, divulgação, garantida pelo *Estadão*. A premiação anual era aguardada com ansiedade.

Em 11 de junho de 1968, entretanto, o jornal publicou editorial comentando o discurso de um deputado estadual a respeito de palavrões em peças teatrais e defendendo limites para cenas consideradas de baixo calão. Artistas interpretaram o editorial como uma defesa da censura e, em assembléia, a categoria decidiu que todos os artistas premiados com o Saci devolveriam a estátua, em protesto. Outro editorial do jornal colocava que sua posição era contra a censura, mas os ânimos não se acalmaram. Em 20 de junho, um grupo de artistas e estudantes entregou na redação do jornal uma estatueta simbólica.

Décio, então, resolveu retirar-se da crítica teatral.

Deixou o *Suplemento* com apenas 51 anos, com seu jeito pacífico e simpático, de quem não batia portas nem criava inimigos inúteis. Mas, um tempo histórico encerrou-se quando ele deixou o prédio da Rua Major Quedinho. O golpe final viria em 13 de dezembro de 1968, com a decretação do Ato Institucional nº 5, instaurando a censura e perseguições.

> "O *Suplemento* foi Décio de Almeida Prado. Sob todos os pontos de vista: dignidade, coragem moral, eminência intelectual, senso de justiça. O Décio publicava no jornal artigos de inimigos dele."
>
> *Antonio Candido.*

TRANSFORMAÇÕES NA ÁREA DE PRODUÇÃO

As vertiginosas transformações nas áreas técnicas e de produção da imprensa não davam mais lugar a um tipo de experiência que se pretendia mais artística que jornalística.

O *Suplemento Literário* foi um intermediário cultural, um veículo transmissor de idéias. Não havia, praticamente, relações com o mercado, o que se pode medir pela quase ausente publicidade e pelo propósito explícito no projeto inicial, de que seriam aceitos anúncios desde que não prejudicassem a parte editorial. Mais: a própria idéia de um *Suplemento Literário* surgiu, como já foi dito, a partir de uma crítica do professor Antonio Candido ao caderno do IV Centenário de fundação da cidade de São Paulo, editado pelo *Estado*, no qual detectou um excesso de publicidade.

Assim, a falta de retorno financeiro da publicação — embora durante muito tempo compensada pelo prestígio intelectual – naturalmente tem seu peso nas dificuldades de sobrevivência do *Suplemento*. Atrela-se o campo cultural ao mercado, assim como se atrelam todos os outros setores. As criações do espírito, que ao menos devem ser regidas pelas leis da estética, agora são regidas pelas leis do mercado. Cria-se a chamada indústria cultural, que em geral não deixa espaço para a reflexão intelectual por si: tudo tem um preço e uma medida.

No jornalismo cultural, traduz-se pela avassaladora presença dos *press-releases* das assessorias de imprensa da indústria cultural, que pautam os suplementos e cadernos. Nos tempos modernos, o "furo" – jargão jornalístico que definia originalmente a obtenção, em primeira mão, de uma notícia, fruto de esforço intenso de reportagem — significa publicar a notícia não dada pelo concorrente, mesmo que obtida via *press-release* ou entrevista coletiva.

Assim, hoje não há crítica literária, mas resenhas, como ocorre no jornalismo norte-americano, lembra Wilson Martins, crítico que colaborou desde o primeiro número com o *Suplemento Literário*. Além das questões pertinentes às mudanças na crítica literária tradicional – o estruturalismo, a partir dos anos 1960, decretando o privilégio da forma — Martins (Castello, 2002) afirma:

> *Nos jornais, propagou-se com rapidez a idéia de que a crítica literária não tem mais importância e o importante, agora, é a resenha. Ora, a resenha não tem pretensão crítica, ela é apenas um instrumento de apresentação e de divulgação do livro. De fato, a resenha serve muito mais à publicidade dos livros do que à crítica. Essa nova realidade agradou aos editores, que passaram a ter publicidade farta, e mais que isso, gratuita.*

Além de todos esses entraves – e de outros, que vão desde os embates

---

NOS ANOS 1980, A INFORMATIZAÇÃO E A DITADURA DOS PRAZOS INDUSTRIAIS DE FECHAMENTO ACELERARAM E AS METAS NÃO SE CUMPRIRAM SEM SACRIFÍCIOS.

com a corporação dos jornalistas até as mudanças no panorama político, com a ditadura militar e a censura à imprensa – este trabalho sustenta que uma publicação artística, autônoma, independente, não sobreviveria nas últimas décadas do século XX, principalmente em virtude das transformações pelas quais passou a imprensa, reflexo da sociedade.

Dizia Décio de Almeida Prado que sempre existiu a incompatibilidade entre jornalismo e literatura, e seu *Suplemento* foi criticado por não ser jornalístico. Claro, o jornalismo ocupa-se do momento, enquanto a literatura, a arte, querem ser eternas. Esse fosso tem aumentado muito, ele acentuava.

Mesmo depois da saída de Décio, o jornalista Nilo Scalzo esforçou-se por manter o projeto original, que segundo ele foi cumprido durante vários anos, até que os colaboradores começaram a mudar, alguns seguiram outros caminhos, outros faleceram. Então, a questão da falta de recursos já se tornava pesada, embora aos colaboradores continuassem a interessar publicação de artigos num órgão de tanto prestígio. Mas o cenário então era outro.

Nos anos 1980, a informatização e a ditadura dos prazos industriais de fechamento aceleraram o ritmo do trabalho, e as metas não eram cumpridas sem sacrifícios: de um lado, os jornalistas sobrecarregados de tensões, de outro, o produto que chega aos leitores, com qualidade inferior desde a apuração à qualidade do texto. Por irônico que possa parecer, a agilidade e a rapidez proporcionadas pela informatização, em vez de facilitar os processos de fechamento, transformaram-nos em momentos infernais de tensão diária.

Entretanto, a informatização não é a "culpada". Conquistas tecnológicas existem, em princípio, para facilitar a vida humana. A maneira como são postas em prática, e os interesses econômicos a que servem, podem fazer delas ferramentas de libertação ou não.

O novo processo sepultou funções imprescindíveis à excelência de um texto, como a dos revisores, por exemplo. A diretoria industrial determina os horários de fechamento e os números de páginas, quando antes essas questões eram de alçada da redação. A carga horária de trabalho aumentou sensivelmente, enquanto diminuíram as vagas, o que significa que a maioria dos jornalistas cumpre uma jornada que não raramente ultrapassa dez horas.

Nestas condições, é improvável que se possa reescrever um texto, apurar melhor, pensar. Não há tempo para reflexão. Não há espaço para discussões, para troca de idéias e para atualização do conhecimento profissional.

Na primeira metade do século XX, o ministro de propaganda de Hitler, Joseph Goebbels sacava seu talão de cheques ao ouvir falar em cultura. No fim do século XX, certos diretores de redação e editores-chefes encaravam a seção de cultura como perfumaria, para sempre fadada à futilidade e à leveza. Um mal necessário, já que a indústria cultural é muito lucrativa.

Contingências da sociedade de massas, que não precisa de cultura, mas de entretenimento, e consome bens culturais como quaisquer outros. Portanto, esse material deve ser devidamente alterado para ser passível de consumo. O entretenimento não é condenável. O que se pode condenar é o apetite de apenas e tão-somente consumir, e não o ato dialético de absorver, assimilar e interagir, tornando-se maior com a aquisição feita.

A obra de arte existe quando transcende o meramente utilitário e funcional. A grande arte é duradoura e almeja a eternidade, em contraponto à brevidade da vida humana. O derradeiro indivíduo que restou na sociedade de massas, nos diz Hannah Arendt, foi o artista, o produtor dos objetos que a civilização deixa atrás de si como a quintessência e o testemunho duradouro do espírito que o animou. Para preservar, admirar e cuidar da obra de arte é preciso humanizar-se. Para humanizar-se, a arte é necessária.

O humanismo e a cultura têm origem romana, acentua Arendt. Os romanos entendiam que uma pessoa culta é alguém que sabe escolher sua companhia entre homens, coisas e pensamentos.

O projeto do *Suplemento Literário* não transigia com a preguiça mental, com a incapacidade de pensar, partindo do princípio que não há vida intelectual sem esforço e disciplina. Defendia valores universais que correm riscos, nesta era de quebra de paradigmas, quando ainda não se estabeleceram novos padrões e novos modelos.

O *Suplemento Literário* cumpriu um ciclo de existência. Foi um fruto do espírito que animou uma época e parte de uma geração, feito com humanismo, literatura e arte. Deitou raízes em um segmento da atuação do homem, a imprensa. Principalmente, mesmo que sua natureza não tenha sido jornalística, mas artística e literária, deixou influências nos cadernos culturais que o sucederam e uma história que, como agora, é lembrada para ser contada aos que já haviam nascido naqueles anos, e aos que vão nascer.

Nesses tempos velozes e cruéis, nos quais aparentemente perde espaço tudo o que é lento e reflexivo, em detrimento do "novo", fugaz e superficial, a lição desse projeto posto em prática é a de que podem existir boas novas. Elas surgem a partir da consciência e da determinação de grupos de pessoas que, em todas as épocas, sempre trabalharão para que se possa escolher as melhores companhias entre homens, entre coisas e entre pensamentos.

Antonio Candido

"Procurei fazer uma fórmula paulista"

A questão dos ciúmes da redação do *Estadão* em relação à remuneração dos colaboradores do *Suplemento Literário* teria sido uma das causas do fechamento da publicação?

Antonio Candido - É uma hipótese, mas vejo aqui o Nilo Scalzo, em entrevista à senhora, dizendo que não. Mas a verdade é que os colaboradores eram muito bem pagos. E a partir de certo momento, não houve mais reajustes. Isso me leva a crer numa certa sabotagem. Eu devo dizer que vivi muito afastado, não conhecia a redação de *O Estado de S. Paulo*. Nunca tive a menor relação com a redação. Agora, quanto ao *Suplemento*, eu mandava os artigos para o Décio, raras vezes apareci por lá. Então, aquela mecânica interna eu não conhecia. Na entrevista à Marilene Weinhardt, que eu reitero, é uma hipótese minha que mantenho, mas não posso garantir que seja isso. Mas que houve ciumeira da redação, houve.

E o Nilo fala que, por outro lado, havia restrições, algumas coisas descabidas dos jornalistas. Talvez porque as matérias eram assinadas,

> **" O CRIADOR DO *SUPLEMENTO LITERÁRIO* AFIRMA QUE A PUBLICAÇÃO PERTENCE A UM MOVIMENTO MUITO CONFIGURADO DA CULTURA PAULISTA E FEZ PARTE DE UM CICLO. "**

no *Suplemento*. No jornal, até os anos 1970, começo dos 1980, só matérias especiais eram assinadas. E, também, o *Suplemento Literário* fazia sucesso...

Antonio Candido - Tenho a impressão, apenas impressão, que dentro da redação houve gente que ficou enciumadíssima com o *Suplemento Literário*. Fizeram um trabalho constante de sabotagem. Eram as mesmas críticas que faziam à USP. Naquela geração, as pessoas que não tinham cursado a universidade tinham um certo ressentimento. Professores franceses, aquela coisa toda... Deve ter tido um caldo de cultura na redação. Então, havia uma questão estamental: o estamento jornalístico e o estamento universitário. Corporativismo. Mas, como já disse, é palpite. Eu não saberia dizer mais.

A redação do *SL* funcionava num escritório à parte da redação?
Antonio Candido - Ficava numa sala grande, o Décio trabalhava muito. Isso eu digo sempre. O *Suplemento* foi o Décio de Almeida Prado. Sob todos os pontos de vista: dignidade, coragem moral, eminência intelectual, senso de justiça. O Décio publicava no *Suplemento* artigos de inimigos dele. Ele era um ser de exceção.

Isso é uma coisa fantástica, algo que não existe mais...
Antonio Candido - Eu ressalto uma coisa a favor dos Mesquita. Que sempre foram muito contra a esquerda, e no entanto, respeitaram toda colaboração de esquerda do *Suplemento*. O Julio de Mesquita Filho era um grande homem. O doutor Julio era um grande liberal. Muito avesso à esquerda, no entanto convivia com pessoal de esquerda, e sempre respeitou. Houve um momento — e o Décio deixa claro na entrevista à Marilene, sem citar os nomes — que o doutor Julio conversou com o Décio sobre um colaborador comunista que talvez valesse a pena não colaborar. O Décio disse, "não sei se é comunista, mas o fato é que não transparece nos artigos, é um grande crítico. Mas se o senhor achar necessário que ele não colabore mais, eu aceito e nesse caso apresento minha demissão". O dr. Julio disse: "Não, Décio, está encerrado o assunto".

Para mostrar a atmosfera de grandeza que havia por parte do dr. Julio... Houve um momento com Wilson Martins, que fazia crítica literária. Morava no Paraná, veio a São Paulo certa vez. Foi visitar o dr. Julio. Conversaram e tiveram um desentendimento grande, de idéias. O dr. Julio se exaltou. Depois pediu desculpas a ele, pediu que esquecesse aquilo e continuasse no *Suplemento*. Isso coincide com sua observação, de que já não se fazem mais liberais desse tipo...

Bem, e quanto ao fim do *Suplemento*? O senhor falou no fim de um ciclo...

Antonio Candido - Quando eu dei a entrevista à Marilene, já são quase 20 anos. Não tenho nada a acrescentar. Repito que o *Suplemento Literário* pertence a um movimento muito configurado da cultura paulista, ao Estado de São Paulo e à Universidade de São Paulo. A USP nasceu na redação do jornal. Eu costumo dizer que a Cidade Universitária não deveria se chamar Armando Salles de Oliveira, mas Julio de Mesquita Filho. Salles era apenas um interventor inteligente, era cunhado do dr. Julio, casado com uma irmã dele. Então, a USP saiu da cabeça do dr. Julio e do Fernando Azevedo. A universidade é uma obra do dr. Julio.

Então, é um clima paulista. A Semana de Arte Moderna já tinha dado o recado dela, mas deixou um fermento muito grande de renovação cultural. Nos anos 30, Mário de Andrade, por indicação do Paulo Duarte, ligado ao grupo *Estado*, fez o Departamento de Cultura. Seria o que é hoje uma Secretaria Municipal de Cultura. Só que o Mário realizou realmente uma obra notável. Aproximou a cultura do povo, criou instrumentos culturais que não havia em São Paulo. Então, nós crescemos nesse clima. Nos anos 40, em São Paulo eclodiram várias coisas importantes. O TBC, a Vera Cruz, aqueles filmes importantes, a nossa revista *Clima*. Cada um cumpriu sua tarefa, hoje são muito críticos em relação ao TBC. De maneira que, talvez o *Suplemento* tenha cumprido sua tarefa. Durou, afinal, dez anos, não é? Depois ele foi substituído por uma coisa diferente, aquele tablóide, que o Nilo Scalzo dirigiu durante muito tempo. Lamentei quando acabou o tablóide do Nilo, eu colaborava lá. E aquela fase do tablóide ele também fez muito bem. Acabaram também com aquilo, e veio o *Caderno 2*.

De *Suplemento Literário* passou a *Suplemento Cultural, Cultura* e *Caderno 2*, com o *Cultura* encartado até hoje.

Antonio Candido - Eu leio pouco jornal. Fui crítico literário da *Folha,* depois do *Diário de S.Paulo*, mas minha grande ligação com o *Estado* foi a criação do *Suplemento*, o projeto que tive a sorte de encontrar, estava perdido...

Havia remunerações de 1.500 e 2 mil cruzeiros. Resenha era mil cruzeiros. Eu fiz uma pesquisa muito conscienciosa. Ali por 1950 e poucos o

Diário Carioca fez um suplemento muito importante. Quem organizou e dirigiu foi o Prudente de Moraes, neto. Eu escrevi dois ou três artigos lá. Aliás, não escrevi. Eu estava escrevendo um livro grande, sobre literatura brasileira, destaquei um pedaço e publiquei. Eles me pagaram 800 cruzeiros. Eu fiquei deslumbrado. O que se pagava era 100, 150 cruzeiros por um artigo. O *Suplemento Literário* pagava dez vezes mais. Como eu assinalo na entrevista à Marilene Weinhardt, eu os critiquei duramente. Os Mesquitas não ficaram ofendidos. Segundo, tomaram minha crítica no lado construtivo. Terceiro, pegaram a pessoa que criticou e falaram: faça.

Depois, quando terminei o projeto, perguntaram quanto era e eu disse: nada. Passado algum tempo, o dr. Julio me deu uma grande soma e fiquei com a cara no chão. Transformei metade dessa soma na bolsa de um estudante pobre de arquitetura, que era do interior, durante um ano. Não deu certo, porque ele não estudou nada e foi reprovado... A outra parte utilizei fazendo uma viagem pelo Nordeste com o Livio Xavier.

E o senhor tinha idéia que o *Suplemento Literário* se tornaria tão importante para a cultura brasileira?
Antonio Candido - Tinha palpite. Mas tinha a convicção de uma coisa, a fórmula que eu dei era correta. O Rio de Janeiro é agitado e agradável, São Paulo é pesadão. Mário de Andrade chamava de "a sublime burrice paulista". Embora não seja paulista, sou um intelectual paulista. Nasci no Rio e tinha 8 meses quando minha família foi para Cássia, em Minas Gerais.

E eu procurei fazer uma fórmula paulista: levando em conta a USP, o *Estadão,* a revista *Clima*, o Teatro Brasileiro de Comédia (TBC), a Semana de Arte Moderna. O que São Paulo pode contribuir? São Paulo pode contribuir com um suplemento que seja um pouco revista, que receba aquele tom universitário que até o momento era a sua grande contribuição. Acho que minha fórmula era correta porque deu certo. O pessoal da redação criticava muito, que era pesadão, mas eu acho uma fórmula correta. Havia seções leves.

Mas o tratamento gráfico dado às poesias, por exemplo, era muito bonito, não era um tijolão. Tijolões parecem, muitas vezes, os de hoje.
Antonio Candido - A diagramação era do Italo Bianchi, foi minha mulher quem indicou, depois ele fundou uma escola de desenho industrial. Hoje mora em Recife.

Italo Bianchi

"Eu tive carta branca para criar"

O artista Italo Bianchi foi o responsável pelo projeto gráfico do *Suplemento Literário* e seu secretário. Aos 85 anos, mora em Recife, onde fundou uma agência de publicidade com o seu nome e exerce a atividade de consultor de criação publicitária, escreve crônicas para jornais, é membro do Conselho Editorial da Fundação Joaquim Nabuco, consultor dos Cursos de Comunicação Social da Faculdade Maurício de Nassau, além de colaborar mensalmente com a revista *About*.

Em artigo publicado no *Jornal do Commercio* em 28 de julho de 2005, o incansável Italo Bianchi comentava seu amor ao jornalismo:

A primeira vez que entrei na sede de um jornal foi em 1936, levado pela mão de meu pai. Foi no Corriere della Sera, em Milão. Eu tinha 12 anos (a partir desta informação não é preciso que o leitor calcule a minha idade, pois eu entrego logo, hoje estou na flor dos meus 81) e o motivo da visita foi a solicitação de um trabalho escolar. Me apaixonei de imediato por tudo o que pude ver e entender sobre aquele trabalho frenético de homens e máquinas. O jornal acabara de ser reequipado. Estava tudo cintilante e barulhento: as máquinas de escrever sob os dedos dos redatores, os telefones pretos ao lado deles, as complica-

> "No fim da manhã estava levando o dito cujo para a escola quando vi, pendurado na banca em frente à minha casa, um exemplar do jornal que tinha visto nascer na tardinha do dia anterior. Tive, assim, a impressão de ter assistido à consumação de um milagre, já sabendo que ele se renovava todos os dias."

das máquinas de linotipia cuspindo barrinhas de chumbo cheias de letrinhas, a monumental rotativa tipográfica engolindo bobinas de papel. Empolgado, levantei-me de madrugada e redigi o meu texto de um fôlego só. No fim da manhã estava levando o dito cujo para a escola quando vi, pendurado na banca em frente à minha casa, um exemplar do jornal que tinha visto nascer na tardinha do dia anterior. Tive, assim, a impressão de ter assistido à consumação de um milagre, já sabendo que ele se renovava todos os dias. Claro que naquele momento só pensei em me tornar jornalista, a vida afora.

Mas não foi isso o que aconteceu, conta Italo. "O que aconteceu foi que mergulhei no estudo das letras e das artes plásticas, ao mesmo tempo e com igual interesse. E foi desenvolvendo essas duas habilidades que atravessei a vida, exercendo diversas profissões, obviamente que todas vinculadas ao escancarado livro aberto da comunicação".

Ele conta que, autorizado por Décio de Almeida Prado, propôs uma diagramação "que chocava com o estilo do jornal. Foi aceita, fez sucesso e passou a influenciar uma nova concepção gráfica do próprio jornal, tido como o mais conservador do País".

Nesta entrevista, concedida à autora em 25 de março de 2002, Bianchi conta a história de sua participação no *Suplemento Literário*.

Conte como foi sua participação no *Suplemento* e sua relação com Décio de Almeida Prado.
Italo Bianchi - Trabalhei no *Suplemento Literário* de 1956 a 1961. Nasci em Milão, em 1924, filho de um escultor e de uma cantora lírica. No imediato pós-guerra formei-me em História da Arte. A seguir, trabalhei em artes gráficas, fazendo algumas estripulias com os limitados recursos da composição tipográfica.

5 de setembro de 1959: uma das inúmeras páginas criadas pela elegância de Italo Bianchi.

Em 1949, emigrei para São Paulo, indo trabalhar no Teatro Brasileiro de Comédia (TBC) e na Companhia Cinematográfica Vera Cruz, que eram praticamente uma coisa só, sob o comando de Franco Zampari. *Designer avant la lettre*, fazia cartazes, programas de espetáculos, letreiros de abertura e direção de arte de filmes, desenhava cardápios, convites para festas etc.

Passei a cenógrafo ganhando o Prêmio Saci do *Estadão*, com meu primeiro trabalho: *Uma Pulga na Balança*. Fiz dobradinha com Gilda de Mello e Souza, mulher de Antonio Candido, para criar o programa de uma *mise en scène* de *Dama das Camélias*, no Teatro Municipal de São Paulo. Conseguimos parir uma peça (com a colaboração de Aldo Calvo), de uma exuberância gráfica fora do comum para a época.

Passei o ano de 1955 em Buenos Aires, onde criei cenários abstratos para o Balé Ana Itelman e desenhei muitas capas de livros e de discos para uma gravadora de música erudita (Angel).

De volta a São Paulo, em 1956, fui convidado por Décio de Almeida Prado, que estava implantando o projeto do *Suplemento Literário*, de autoria de Antonio Candido, para atuar como "secretário" (em termos contemporâneos, seria diagramador ou editor gráfico, embora minhas atribuições excedessem essa função). Décio me conhecia do Teatro Brasileiro de Comédia, onde ele ensinava na Escola de Arte Dramática, instalada no mesmo prédio, e a Gilda tinha me recomendado para o cargo.

Décio: era uma criatura de temperamento doce e minha relação de trabalho foi excelente. Uma pessoa tão macia que o pessoal de teatro o chamava de "*la mano blanda*", devido à condescendência com que tratava atores, diretores, autores etc.

O projeto de Antonio Candido previa a reprodução de um desenho exclusivo de autor na primeira

19 de dezembro de 1959:
o espaço nobre da primeira
página aberto também
para a fotografia artística.

página, e a ilustração de um poema em uma página interna. Décio e eu, de comum acordo, escolhíamos quem convidar para alegria dos eleitos, que ganhavam visibilidade e mais 50 pratas pagas na hora.

Quanto ao projeto gráfico, eu tive carta branca para criar. Inclusive porque o pessoal da cúpula do jornal não tinha a menor idéia de como se podia moldar um estilo de paginação harmonioso (e diferenciado do que se fazia por aí) manipulando pedacinhos de chumbo.

Em que ou em quem o senhor se inspirou?
Italo Bianchi - No meu gosto *clean,* adotando um grafismo eloqüente, mas não grandiloqüente, disciplinado, mas não retórico. Influências? O arejamento e a *giustezza* das obras impressas pelas tipografias-editoras venezianas do século XVII. Admiráveis!

Na titulagem do *Suplemento,* alternava o uso da fonte Garamond, francesa, de desenho um tanto fluido, com o da fonte Bodoni, veneziana, um tanto seco. Heresia, segundo os *experts* da época.

Qual era o horário de trabalho?
Italo Bianchi - Era bastante elástico, acontecendo basicamente à tarde, e respeitando o sagrado chá das 5 do Décio. Na sexta à noite, eu ficava na oficina, fechando a edição e metendo a mão no chumbo até a calandragem.

Remuneração? Não me lembro quanto ganhava, mas era registrado em carteira e recebia um bom dinheirinho, comparando com os ordenados dos jornalistas.

Diz-se que os jornalistas tinham ciúmes do *Suplemento* por causa da independência e da remuneração privilegiada dos colaboradores.
Italo Bianchi - Eu confesso que não percebia nada disso. Talvez tenha aflorado depois da minha saída. Já, quanto à sua hipótese sobre o declínio do *Suplemento,* relacionando-o às profundas transformações no jornalismo, parece-me rigorosamente correta. Endosso.

Página 3, 21 de março de 1959. Conto de Ledo Ivo, poema de João Cabral, crítica de Adopho de Casais Monteiro e ilustração de Fernando Lemos.

A história do *Suplemento* deve ter sido recheada de episódios curiosos. Lembra-se de algum?

Italo Bianchi - Sim. O cabeçalho do *Suplemento*, por exemplo. Como eu não estava equipado naquele momento, tive que desenhá-lo, a nanquim, na mesa da cozinha da minha casa, usando o verso de um papel fotográfico vencido.

E a bronca do Sérgio Buarque de Holanda, pai do Chico? Eu tinha redigido uma notinha convencional dizendo que o *SL* não aceitava colaborações não solicitadas etc. Décio revisou a nota e aprovou. Saiu com um erro de português. Eu tinha usado a palavra "mesmo" no sentido de "ainda que", o que não existe. Eu, que me gabava de dominar o idioma, estudando furiosamente nos meus primeiros meses de Brasil, fiquei mordido. Único consolo: o quatrocentão Décio também não sabia.

Outra bronca (essa foi pesada): Décio e eu resolvemos editar um número especial dedicado à poesia concreta dos nossos amigos irmãos Campos, Décio Pignatari e companhia. Na segunda-feira seguinte à publicação, apareceu na nossa sala o dr. Julio Mesquita. O Décio, gripado, não estava (por sorte dele) e o dr. Julio — sempre tão polido como um lorde inglês — perdeu as estribeiras e desancou comigo (era quem estava à mão). Onde se viu chamar aquilo de poesia? Moleques irresponsáveis, tínhamos posto na berlinda a dignidade do jornal.

Outra vez, o cineasta Roberto Rossellini, de passagem por São Paulo, tinha sido convidado para um almoço no jornal e eu fui escalado como intérprete. Acontece que o meu patrício só falava palavrão, coisa que o dr. Julio não suportava. Nunca na minha vida tive que fazer tanta ginástica verbal como naquele dia. Além disso, tive que suportar a gozação malvada de Cláudio Abramo, que sabia italiano e se divertia com o meu sufoco.

Página 5, 14 de fevereiro de 1959. Bianchi: influências das obras impressas pelas tipografias-editoras venezianas do século XVII.

Nilo Scalzo

De 1967 a 1974, do artístico ao jornalístico

Quando o senhor assumiu o *Suplemento Literário*?

Nilo Scalzo - Minha experiência no jornal era muito grande, a ponto de me convidarem para assumir a chefia da redação quando o Cláudio saiu.

Fui secretário de redação durante alguns anos e, em 1966, a direção sabia que eu gostava de literatura e me chamou para editar o *Suplemento* porque o Décio ia sair. Eu continuei nos mesmos moldes do que o Décio fazia.

Com o correr do tempo, as coisas se transformaram. De um lado, apareceram vários problemas, um deles a defasagem do pagamento aos colaboradores.

Décio disse, em depoimento a Marilene Weinhardt, que a remuneração, quando fundaram o *Suplemento*, era alta, maior do que a dos jornalistas, e havia ciúme da redação...

Nilo Scalzo - Eu emendo um pouco, não foi exatamente assim. Uma coisa era certa: quando o *Suplemento Literário* começou, pagava bem pela colaboração. Mas não se pode fazer essa relação, porque quem trabalhava no jornal tinha uma outra situação. Até por uma questão de filosofia, o jornal preferia que as pessoas da redação não colaborassem; que viesse gente de fora.

Eu, por exemplo, colaborei no *Suplemento*. De vez em quando tinha vontade, e o Décio publicava. O problema não era esse. O problema é, não ciúme, mas um pouco de restrição e algumas pessoas na redação, criticando, queriam uma coisa mais jornalística.

E eu achava que o *Suplemento* não tinha que se engajar na parte jornalística, na medida em que ele não era informativo. Ele tinha que ser uma parte reflexiva, era o lugar para que as pessoas que estudassem literatura pudessem fazer um tipo de reflexão, que passava muito de longe dos limites do jornalismo, uma coisa do dia-a-dia.

Se saía um livro, o jornal podia publicar, a página de arte era para isso mesmo. Então, não havia necessidade. Isso de um lado.

De outro lado – aliás, Candido se refere a isso — uma certa incompreensão, críticas descabidas, porque o espírito do *Suplemento* era outro.

Com o correr do tempo, alguns antigos colaboradores deixaram seus postos por várias contingências, alguns morreram, outros já não tinham esse *élan* de continuar. Mas o *Suplemento* foi se renovando, a geração mais jovem começou a participar ativamente. De outro lado, essa atividade intelectual quase lúdica de muitas pessoas – é uma coisa mais ou menos tradicional a atividade não jornalística, mas literária, de pessoas escreverem para o jornal, e isso não tinha a ver com a Universidade.

A partir de dado momento aumentou sensivelmente o número de colaboradores vindos da Universidade, que deram sua preciosa contribuição.

Mas o *Suplemento* foi criado por pessoas ligadas à USP.
Nilo Scalzo - Pois é, o Candido era o ponto de junção entre a literatura dos "velhos tempos", lúdica. Então havia o Otto Maria Carpeaux, Brito Brocca e outros, que não tinham a ver com a universidade, mas exercitavam no jornalismo uma forma de colaboração que transcendia o aspecto jornalístico, era uma coisa mais ensaística.

Isso com o tempo foi mudando. A Universidade foi tomando conta, apareceram valores jovens e professores. Na época deles havia uma mescla. Com o tempo, a presença da Universidade foi aumentando, tanto que chegou um momento em que, praticamente, o *Suplemento* tinha apenas a colaboração de pessoas da Universidade exercendo esse campo da crítica literária.

Porque essa crítica, durante um bom tempo no Brasil, foi mais ligada ao jornal. Já a do *Suplemento Literário*, a partir de determinado momento, passou a ser crítica de universitários.

Quando o senhor assumiu houve mudança nas seções?

Não, elas continuaram. Mas as pessoas mudaram e depois tentamos novas fórmulas, aproveitando material de fora. Também a direção do jornal, que antes não tomava conhecimento do *Suplemento*, passou a intervir, não diretamente, de maneira ostensiva, mas mostrou interesse em fazer um *Suplemento* mais jornalístico.

Isso foi mudando e eu me afastei durante um tempo, mas, depois a direção pediu para eu conduzir novamente. E foi assim até chegar àquela tentativa, em 1976, de tornar o *Suplemento* mais cultural, com a intenção de aproveitar material da Universidade de um ângulo diferente.

Eu fiquei com essa incumbência. As pessoas da Universidade eram minhas amigas, e eu mantive o esquema, mas não acreditava nessa fórmula. Porque publicar literatura, informações de ciência, etc., eu achava que não era o caminho ideal.

Mas isso foi mantido e a publicação passou a chamar-se *Suplemento Cultural*. Depois de um certo tempo, por mudanças internas, tornou-se o *Cultura*. Isso foi nos anos 1980. Fernão Mesquita passou a trabalhar conosco. Eu ainda continuei conduzindo e, anos depois, fui embora, após quase 40 anos de jornal.

Ficou uma coisa, vamos dizer, difícil de conduzir, à medida em que o *Suplemento Literário* tinha uma verba, mas isso nunca ficou claro no jornal. Uma vez, no período do Ruy Plácido Barbosa, para uma comemoração a propósito do modernismo, pedi um artigo ao Gilberto Freyre. Ele quis um preço x, que o *SL* não pagava nem 10%.

Mas eu decidi aceitar, pois era o Gilberto Freyre. Vaidosíssimo, ele ia dizer uma série de coisas que podiam até ser contestadas do ponto de vista histórico do modernismo. Mas era o Freyre, alguém de projeção inegável na cultura do País. Na hora de pagar deu uma confusão, mas pagaram.

Grande parte deles eram meus amigos. Eles não ligavam para o pagamento, porque tinham projeção publicando seus artigos no jornal. É uma forma de você atuar no campo cultural do País. A pessoa faz o trabalho, quer mostrar e pôr em discussão, é natural.

Naquele tempo, não se assinava matérias em jornal.

Nilo Scalzo – Sim, as matérias não eram assinadas, e as restrições da redação entre outras coisas se davam porque, no *Suplemento*, eram assinadas.

Os colaboradores escreviam no tamanho?

Nilo Scalzo - Em princípio sim, os das seções por exemplo, Letras Germâ-nicas, Letras Inglesas, Francesas. Havia aquele tipo de artigo mais ou menos padronizado. Ocupavam a primeira página, não em geral a página inteira. O *Suplemento* tinha ilustrações que apareciam não vinculadas necessariamen-te ao texto. No tempo do Décio havia um diagramador, Italo Bianchi, que trouxe uma nova contribuição à diagramação, e que se manteve durante anos. Depois foi mudando, e aí tinha aquela coisa frenética, de jornal, é pre-ciso mudar.

Mudavam, às vezes, para pior. Aí o jornal passou a ter diagramador, foi crescendo. Se você pegar vai ver as mudanças gráficas que quebraram aque-la linha discreta, mas muito bem posta. Mudanças feitas de maneira um tanto atabalhoada, do que propriamente o resultado de um estudo, um aperfeiçoamento do gosto artístico etc.

Desde o início, o *Suplemento Literário* publicava trabalhos inseridos pela qualidade do artista, quase soltos. Os artistas tinham interesse em publicar, para mostrar o trabalho.

Como era seu relacionamento com Antonio Candido e com Décio?

Nilo Scalzo - Eu fui muito amigo do Décio e sou amigo do Candido, que aprendi a admirar desde os tempos de colégio, quando comecei a recortar e guardar seus ensaios publicados nos jornais. O Candido tinha um prestígio muito grande, tanto que o dr. Julio o convidou para fazer o projeto. E ele sempre teve esse prestígio, apesar das possíveis diferenças em relação à posi-ção política. O Candido teve absoluta liberdade.

O Décio, amicíssimo do Candido, cumpriu à risca o projeto, porque para eles era uma coisa só. Confiança mútua. O Décio era fino, inteligente, bem formado do ponto de vista intelectual. Fez o trabalho e realmente se conser-vou naqueles padrões estabelecidos. Quando chegou a um ponto que ele achou que devia parar, por vários motivos, até por um trabalho mais inten-so na Universidade, se desligou. "Ah Nilo, você vai ficar no meu lugar", ele disse. E eu, como gostava, fiquei. Conservei durante certo tempo, mas hou-ve um momento que não pude segurar. Sempre fui muito respeitado, mas as mudanças se impõem, é a própria exigência do momento.

Ao longo desses anos, foi mudando o mundo, o País, a cultura e tudo se refletiu no caderno, que hoje é encartado aos domingos no *Caderno 2*.

> *EU CONSERVEI DURANTE CERTO TEMPO, MAS HOUVE UM MOMENTO EM QUE NÃO PUDE SEGURAR. SEMPRE FUI MUITO RESPEITADO, MAS AS MUDANÇAS SE IMPÕEM, É A PRÓPRIA EXIGÊNCIA DO MOMENTO.*

Nilo Scalzo – Mas o interessante é que as mudanças são feitas, mas há um pessoal ainda antigo aparecendo, como o Gilberto de Melo Kujawski, Erwin Teodor Rosental, Massaud Moises. Aparecem porque ainda estão dentro de um contexto que permite, pessoas a quem eventualmente o jornal recorre.

As mudanças na crítica literária teriam afetado a penetração do *Suplemento Literário*?

Nilo Scalzo - Acredito que essa questão teve um certo peso, sim. A crítica tornou-se muito hermética. Então perdeu o caráter jornalístico. A crítica anterior, do início do *Suplemento*, era feita para o leitor. Era exercida por uma elite intelectual que não era necessariamente da universidade.

Depois houve a entrada da universidade, vamos dizer assim, que foi com o tempo assumindo um tipo de crítica mais ligada, por exemplo, ao estruturalismo e outras coisas mais. E conseqüentemente quer queira ou não, restringiu os leitores. Houve essa mudança. A ponto de chegarem artigos que você precisava pensar duas vezes antes de publicar. O Drummond tem uma passagem num dos livros falando sobre a crítica – "e meu pobre poeminha", complicaram tanto que ele não sabia mais o que era. Acho que o livro é *Observador do Escritório*. Uma vez fui à Espanha e me referi a esse poema num congresso. Para dizer isso, a crítica foi por um caminho que se desligou do leitor; ele precisava ser um sujeito enfronhado com a terminologia, com aquela forma de pensamento.

O crítico que durou bastante tempo no *Suplemento* foi o Wilson Martins, que era titular de uma seção fixa, semanalmente. Ele vinha de um momento anterior da crítica literária do Brasil, muito rica. Por exemplo, o Álvaro Lins, o Wilson eram críticos, cada um com suas características, dentro da tradição brasileira que remonta ao século XIX. O *Estado* teve o Sérgio Milliet, um crítico mais leve, fazia coisas mais breves, às vezes quase um tipo de crônica. Era muito mais agradável para a leitura de jornal.

E hoje?

Essa crítica continua mais fechada. Vez ou outra há um artigo um pouco mais interessante. Ou cai no lado oposto, que peca pela pobreza, pela incapacidade mesmo do desenvolvimento do juízo crítico. É jornalístico demais até, o que envolve uma certa ausência de formação. Você sente que é muito superficial, às vezes incorrendo num tipo de interpretação que beira uma certa infantilidade...

> *No Suplemento, nos anos 1970 eu nunca precisei prestar esclarecimentos a ninguém. Eu fazia porque a idéia que eu tinha era aquela.*

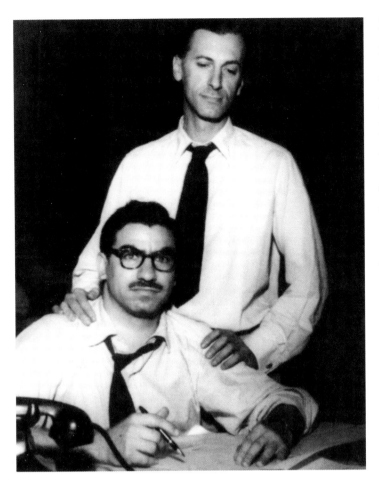

Nilo Scalzo substituiu Cláudio Abramo na chefia de redação do *Estado* na década de 1960.

E o *Caderno 2* surgiu no fim dos anos 1980.

Nilo Scalzo - Vou tentar esquematizar. No tempo do Décio, ninguém se aproximava do *Suplemento*. Mas havia aquelas restrições, respeitavam, *ma non troppo*. Falavam... E o Décio deixa claro que havia essa má vontade. Entretanto, as críticas não chegavam ao dr. Julio de Mesquita Filho porque, afinal, foi ele quem deu carta branca para fazer a publicação.

Mas foi chegando até perto dos mais jovens. No *Suplemento*, nos anos 1970 eu nunca precisei prestar esclarecimentos a ninguém. Fazia porque a idéia que eu tinha era aquela.

Com o tempo, foram surgindo as mudanças e não se admitia que o *Suplemento* pudesse ser independente. Na verdade, o *SL* nada tinha a ver com a redação. A função dele não era essa. É você aceitar um campo de trabalho que, apesar de estar no jornal, não é necessariamente do jornal. Ficou um *imbroglio* conduzir naquela confusão.

Depois começaram a aparecer os técnicos, com suas idéias brilhantes. Foi uma das coisas mais engraçadas que eu vi. Isso foi um pouco anterior à informatização. Perguntavam quanto tempo se gasta numa tradução. Eu dizia: "depende da tradução".

Na verdade, essa linha foi adotada em todos os grandes jornais. Outra coisa é que no seu tempo as redações eram celeiros de idéias e discussões. Isso não existe mais.

Nilo Scalzo - E havia um lado um pouco lúdico, de pessoas que se aproximavam da redação, e acabavam exercendo influência na criação. Batíamos papo com velhos jornalistas, como o Sérgio Milliet, Luís Martins, que apareciam e trocavam idéias. Desde reminiscências históricas, algo que praticamente desapareceu no jornal. Hoje não se tem memória.

Projeto do Suplemento Literário e Artístico d'O Estado de S. Paulo

São Paulo, 16 de julho de 1956.

Prezados amigos Júlio de Mesquita Neto e Ruy Mesquita

Tendo sido aprovados os planos preliminares e as modificações a êles trazidas, venho agora apresentar-lhes o definitivo, que, uma vês aceito e assinado, proponho passe a constituir o Estatuto que regerá o Suplemento e cuja alteração só poderá sêr feita de comum acôrdo entre o seu Diretor e a Redação do Jornal.

Devo acentuar que, em seguida às aprovações anteriores, já iniciei, com a sua autorização, o convite aos encarregados de secções e resenhas, pretendendo completar esta fase a 31 de julho. Conforme os nossos entendimentos, encarreguei-me da etapa de planejamento e organização, que se poderá considerar encerrada, creio, na data referida, permanecendo eu então como simples consultor da Redação e da Direção do Suplemento até o aparecimento dos primeiros números. À vista disso, proponho-lhes para Diretor Décio de Almeida Prado, que, pelo alto nível do carater, inteligência e cultura, reune qualidades dificilmente encontradas em conjunto, de modo a torná-lo a pessôa ideal para um empreendimento de tanta importância, qual é êste.

Sugiro-lhes que o referido escritor seja considerado em função a partir de 1ª de Agôsto, para facilitar a passagem de uma etapa a outra, percebendo desde então o salário de Cr.$ 25.000,00 (Vinte e cinco mil cruzeiros) mensais. Encareço finalmente a necessidade de designar desde logo um secretário para auxiliá-lo. Resta-me ainda dizer que os nomes das Secções continuam provisórios, aparecendo aquí em sentido meramente descritivo.

Antonio Cândido de Mello e Souza

Ressalva quanto ao tamanho : principia com ~~ótima~~, segundo o acréscimo importa.

Aprovamos o conteúdo da carta anterior e concordamos que o Suplemento Literário e Artístico d'O Estado de São Paulo seja organizado e funcione segundo as normas estabelecidas no Plano que segue.

São Paulo, *6 de agosto* ~~de julho~~ de 1956.

Julio de Mesquita Neto

Ruy Mesquita

Cientes:

Antonio Cândido de Mello e Souza
(Organizador)

Decio de Almeida Prado
(Diretor)

PLANO DO SUPLEMENTO LITERÁRIO E ARTÍSTICO

D'O ESTADO DE SÃO PAULO

SUMÁRIO

I) - Considerações iniciais

II) - Definição

    1. Natureza

    2. Dimensões

III) - Estrutura

    1. Considerações prévias

    2. Setor literário

    3. Setor artístico

    4. Elementos complementares

IV) - Funcionamento

    1. Pessoal

    2. Relações com a redação

    3. Recrutamento e pagamento

    4. Aquisições bibliográficas

    5. Reajustes eventuais

V) - Níveis de remuneração

I. CONSIDERAÇÕES INICIAIS

Êste plano é apresentado como consequência dos provisórios, já aprovados, e servirá como uma espécie de Estatuto do Suplemento, a ser observado tanto pelos encarregados respectivos quanto pela Redação e Administração do jornal.

Não pretende ser definitivo, nem deve ser rígido: a experiência vai certamente aconselhar alterações, que deverão ser efetuadas de comum acôrdo entre a Direção do Suplemento e a Redação. É importante todavia frisar que uma vês aceitas, e enquanto não forem modificadas por êste modo, as normas estabelecidas devem ser observadas, para ser possível um funcionamento satisfatório.

II. DEFINIÇÃO

1. Natureza

O Suplemento, que aparecerá aos sábados, pretende conciliar as exigências de informação jornalística e as de bom nível cultural, visando ser, como ideal, uma pequena revista de cultura. Na sua estrutura prevê-se uma porcentagem de matéria leve, curta e informativa, que permite incluir, em compensação, matéria de mais pêso. Assim, serão atendidos os interesses tanto do leitor comum quanto do leitor culto, devendo-se evitar que o Suplemento se dirija exclusivamente a um ou outro.

É independente, como organização e matéria, do jornal quotidiano, pautando-se por normas próprias, salvaguardados, naturalmente, os princípios gerais da Empresa.

Empenhado em manter uma atmosfera de objetividade e larguesa intelectual, rejeitará os preconceitos literários e artísticos bem como a formação de "cliques". Neste sentido, para evitar equívocos, não publicará resenhas e artigos sôbre livros de diretores e redatores, tanto seus quanto do jornal.

Êste suplemento está chamado a desempenhar papel importante em nossa cultura, inaugurando uma fase de remuneração condigna do trabalho intelectual e obedecendo a um planejamento racional, que exprime um programa. Para que isto se dê, é indispensável uma direção dedicada e criadora, o apôio constante da Redação, a franquesa das relações recíprocas e o respeito às normas estabelecidas.

2. Dimensões

Afim de manter bom nível, dentro dos nossos limites culturais, o Suplemento começará com um mínimo de matéria: duas folhas, ou quatro páginas, formato comum do jornal.

Qualquer aumento - desejável até um limite compatível com o ritmo hebdomadário e as funções do jornalismo - deverá ser cuidadosamente ponderado, à vista dos elementos disponíveis.

O primeiro acréscimo a considerar é o de mais uma folha, ou duas páginas, para permitir a publicação de contos e ampliar a colaboração poética.

Será possível, a qualquer momento, tirarem-se números comemorativos especiais, em que se acrescente às secções - fixas a matéria julgada conveniente.

III. ESTRUTURA

1. Considerações prévias

Tomado no conjunto, o Suplemento é constituído por secções, (incluindo a de resenhas) artigos livres, contos, poemas, ilustrações, entrevistas (os dois primeiros tipos, necessàriamente; os demais, como recomendar a ocasião), distribuí - dos em dois setores: literário e artístico.

As secções constituem uma "parte fixa", que permite não só prever e planejar, como imprimir uma certa orientação . Representam, nos dois setores, mais de 60% da matéria. Conforme as necessidades de desenvolvimento, poderá haver modificações nesta parte, com acréscimo, supressão ou desdobramento de secções.

A "parte livre" se compõe de artigos cujo assunto é deixado à iniciativa do colaborador, (a orientação consistindo aqui na seleção, manutenção ou dispensa dêste), além dos con - tos, poemas, entrevistas (estas, excepcionalmente.)

No setor artístico haverá secções fixas e artigos , — com maior flexibilidade, todavia.

2. Setor literário

A. Parte fixa

Nela, estão previstas inicialmente as seguintes secções:

a. Rodapé crítico.

b. Resenha bibliográfica.

Artigos curtos, de duas laudas, no máximo três, sôbre livros que escapam ao rodapé, visando fornecer ao leitor um conjutno de notas críticas e informativas sôbre publicações nacionais e estrangeiras. Começando com cinco ou seis, seria bom procurar, com o tempo, chegar a dez por número.

c. Letras estrangeiras.

Artigo de três a quatro páginas sôbre livros novos, tendência, movimento, autor ou acontecimento, seguido de um pequeno noticiário informativo, a respeito das literaturas estrangeiras. Rotativamente, seriam: 1ª semana, francesa; 2ª, inglesa ou americana; 3ª, italiana; 4ª, variável: argentina, mexicana, alemã, portuguesa, espanhola, etc.

d. Letras dos Estados.

Artigo de três ou quatro páginas, seguido de notas, no sentido acima. Seriam: 1ª semana, Recife; 2ª, Bahia; 3ª, Belo Horizonte; 4ª, Porto Alegre. Nos meses de 5 semanas, uma outra capital, prèviamente determinada.

e. Literatura Brasileira.

Artigo de quatro laudas em média sôbre a nossa literatura anterior ao Modernismo, visando despertar por ela o intêresse do leitor. Análise de livro, pormenor de interpretação de texto, informação biográfica, problema de influência, descoberta de erudição, etc.

f. Atualidade literária.

Breves notas, constituindo três ou quatro laudas, sôbre o movimento de publicações e a vida literária em São Paulo e Rio.

g. Revista das revistas.

Resenha das revistas nacionais e estrangeiras, em cinco laudas.

h. "Figuras e Problemas do nosso tempo" — Já existente.

i. "Concurso literário" — Suspenso no momento. Consta de pequenos "quebra-cabeças" literários, com resposta no número seguinte.

Esta parte garante cêrca de 30 laudas semanais, ou seja, metade, mais ou menos, da parte literária.

B. Parte variável

Nada de especial a observar. O assunto dos artigos é de livre escolha do colaborador. Evitar séries de artigos e proscrever as que ultrapassarem quatro números. O tamanho ideal é 4 laudas, mas poderá chegar a 6. No caso de certos escritores de valor, que se exprimem por um tipo especial de artigo curto, ou artigo-crônica, de 3 laudas, deve-se abrir excepção e aceitá-lo.

3. Setor Artístico

A. Parte fixa

Quatro artigos semanais de Artes Plásticas, música, Teatro e Cinema, de três a cinco laudas.

B. Parte variável

Artigos, notas, informações, providenciados pelos encarregados de cada uma das especialidades acima para completar a página.

4. Elementos complementares

O espaço do Suplemento pode ser ocupado por mais dois elementos, importantes na sua configuração: ilustrações e anúncios.

a. Ilustrações

No setor literário, sempre que possível os artigos serão ilustrados, com fotografias e desenhos — sendo estes necessários nos contos. Poderão ainda aparecer desaligados de qualquer texto, como enriquecimento da página.

No setor artístico, deverão ocorrer regularmente, podendo ocupar proporções maiores do espaço disponível, a critério dos encarregados das secções.

b. Publicidade

Deverá restringir-se a livros, objetos de arte, exposições, vendas de livros e objetos de arte, etc. Deverá ser discreta, de modo a não ocupar senão uma pequena parte da página, e feita com gôsto. É preciso evitar que o êxito eventual do Suplemento venha a sobrecarregá-lo de anúncios, devendo-se encarar sempre, neste caso, a possibilidade de ampliar a colaboração, afim de manter a proporção respectiva — a ser cuidadosamente fixada pelo paginador — ou abrir página especial.

IV. FUNCIONAMENTO

1. Pessoal

Haverá três funções próprias do Suplemento: a do Diretor e, subordinadas a êle, a do Secretário e do Paginador.

O Diretor é responsável pelo funcionamento, devendo comparecer diàriamente à Redação em horário flexível. Cabe-lhe notadamente:

a. convidar e dispensar encarregados de secção e colaboradores;

b. entrar em contacto com os encarregados para manter as secções dentro de um certo nível e orientação;

c. manter o bom nível da colaboração variável, renovando os colaboradores, quando fôr o caso, e não descuidando do recrutamento de novos valôres;

d. conciliar a cada passo a função do rodapé e da resenha, evitando redundâncias e choques de opinião, mas eventualmente completando e apresentando outros pontos de vista.

e. escolher os livros a serem resenhados, indicando-os para aquisição e escolhendo o resenhador competente.

f. decidir qual a literatura estrangeira a ser considerada pela secção respectiva na quarta e(qdo. ocorrer) quinta semana, escolhendo e orientando o colaborador.

g. idem, quanto à quinta semana apenas, no caso das Letras dos Estados.

h. escolher cada mês os colaboradores da secção de Literatura Brasileira, de modo a variar temas , gêneros e épocas.

i. orientar o secretário e o paginador.

j. fazer observar as normas aqui estabelecidas e assumir a iniciativa da sua modificação, quando se impuzer, ouvida a Redação.

O Secretário e o Paginador terão as funções normalmente atribuídas a tais cargos, sendo que o primeiro é um agente executivo do Diretor para tudo que se refere à atividade dêste.As duas funções poderão, á claro, ser desempenhadas pela mesma pessôa.

2. Relações com a Redação do Jornal

O Suplemento constitue uma unidade autônoma de iniciativa e organização, cabendo à Redação do Jornal garantir a execução das iniciativas emanadas da Direção do Suplemento, dentro das normas aqui estabelecidas de comum acôrdo. As mudanças propostas pela Redação em qualquer setor deverão ser examinadas com o Diretor do Suplemento.

3. Recrutamento e pagamento

a. O recrutamento dos colaboradores será feito pelo Diretor, variando conforme o tipo de colaboração.

As secções permanentes terão encarregados com obrigação de apresentar artigo conforme uma periodicidade pre-estabelecida, salvo no caso das literaturas contempladas na 4ª e 5ª semana, letras estaduais na 5ª e Literatura Brasileira. Nestas o Diretor solicitará quando necessário um artigo, sem envolver necessàriamente repetição do convite.

No tocante à "Resenha Bibliográfica", deve haver uma lista de pessôas capazes de se ocuparem dos vários assuntos considerados. O Diretor os convocará segundo as necessidades, sendo desejável todavia que se dê pelo menos uma oportunidade por mês para manter o vínculo com o Suplemento, salvo no caso de assuntos muito especializados.

Quanto à parte variável do Setor Literário, sendo necessários cêrca de oito artigos semanais de 4 laudas, ou seis de 5, é preciso estabelecer-se uma espécie de "corpo de colaboradores". Estes devem ser convidados de preferência por carta em que se especifique a periodicidade e a remuneração. Havendo necessidade de dispensar-lhes os serviços, isto deverá ser feito com antecedência de pelo menos um mês. Em princípio a colaboração deve ser especial para o Suplemento, podendo o autor publicá-la, depois do seu aparecimento, onde quizer. Em certos casos excepcionais, todavia, convém abrir mão desta norma.

Há escritores que podem e devem aparecer semanalmente: a maioria, porém, deveria, em princípio, colaborar duas vezes por mês, para garantir uma certa variedade ao leitor.

Quanto ao Setor Artístico, haverá quatro encarregados cuja situação é algo peculiar, pois devem não apenas contribuir semanalmente como providenciar ilustrações e, ouvido o Diretor do Suplemento, colaboradores para os artigos e notas da parte

variável do seu Setor, podendo mesmo deixar de escrever ocasio
nalmente, contanto que arrangem substituto. Serão pagos, toda
via, conforme o que escreverem.

b. O pagamento será feito na base da entrega do artigo, não da sua publicação. Mediante informação do Diretor do
Suplemento, a Redação providenciará junto à Administração o pa
gamento às pessôas constantes da lista apresentada, sem necessidade de vales, podendo os colaboradores receber por peça ou
mensalmente. Os resenhadores que adquirirem livros para resenha, deverão entregá-los junto com esta e receber, além da remuneração, o respectivo preço de custo.

No que se refere aos colaboradores residentes nou -
tras cidades ou países, o pagamento será enviado logo após a -
chegada do artigo, a menos que escolham outra modalidade (re -
mossa mensal, trimestral; depósito em conta corrente local,etc.)

Caso um colaborador tenha outro encargo ou função no
jornal, o pagamento pelo seu trabalho ou colaboração no Suple -
mento é feito sem prejuizo da respectiva remuneração, de modo -
totalmente independente, salvo os casos especiais dependentes -
de entendimentos diretos entre êle e a Redação.

Sempre que houver aumento no preço de venda do jor -
nal, ou na tabela de anúncios, deve-se encarar a possibilidade
de elevar o pagamento dos colaboradores do Suplemento.

4. Aquisições bibliográficas

O Diretor deverá indicar à Redação os livros a serem
adquiridos para distribuir aos resenhadores, quando os mesmos não
forem enviados pelos editores ao jornal. Os resenhadores deverão
devolvê-los junto com os artigos, passando êles à Biblioteca do
jornal, ou ao fim que lhes der a Redação.

Indicará também, consultados os encarregados das secções competentes, as revistas nacionais e estrangeiras a serem -
assinadas para a "Revista das Revistas", e o Setor Artístico, e
que deverão, como os livros, voltar à disposição do jornal.

5. Reajustes eventuais

A experiência mostrará em que medida as presentes diretrizes deverão ser modificadas, no todo ou em parte. É necessário, a êste respeito, estabelecer duas normas, sem as quais -
não haverá funcionamento racional e eficiente do Suplemento:

a) Qualquer proposta de alteração, parta do Diretor do Suplemento, parta da Redação, deve ser estudada e resolvida de comum acôrdo, num espírito de franquêsa e cooperação.

b) O Suplemento não deve funcionar sem normas claramente formuladas e respeitadas pelos encarregados do Suplemento e do Jornal, sejam as presentes, sejam as que as substituirem, no todo ou em parte.

V. NÍVEIS DE REMUNERAÇÃO

(As remunerações constantes dos parágrafos de 1 a 9 se referem a cada artigo, não ao total mensal.)

1. Parte fixa (setor literário):

a. Rodapé	combinação especial
b. Resenha	Cr.$ 1.000,00
c. Letras estrangeiras	Cr.$ 2.000,00
d. Letras dos estados	Cr.$ 1.500,00
e. Literatura Brasileira	Cr.$ 1.500,00
f. Atualidade literária	Cr.$ 1.500,00
g. Revista das revistas	Cr.$ ~~1.500,00~~ 2.000
h. "Figuras e Problemas do nosso tempo"—combinação prévia	
i. Concurso literário	Cr.$ 1.500,00

2. Cada artigo da parte variável em ambos os setores: Cr.$ 1.500,00

3. Parte fixa do Setor Artístico: Cr.$ 2.000,00

4. Conto Cr.$ 2.000,00

5. Colaboração poética Cr.$ 2.000,00

6. Desenho Cr.$ 2.000,00

7. Fotografia artística Cr.$ 2.000,00

8. Entrevista: a) ao entrevistado Cr.$ 2.000,00
   b) ao entrevistador Cr.$ 1.500,00

9. Pessoal (mensalmente)

a. Diretor	Cr.$25.000,00
b. Secretário	
c. Paginador	

Observação: Estes níveis não se aplicam:

1. A colaboradores estrangeiros, cuja remuneração depende de combinação em cada caso.
2. A números comemorativos e especiais, em que se encomenda o artigo geralmente maior e de assunto prefixado.

ANEXOS DO PLANO

I. Diretrizes para as secções

II. Sugestões para literatura estrangeira

III. Sugestões para a colaboração poética

IV. Projeto de instrução aos resenhadores

V. Nomes de colaboradores

VI. Plano dos 4 primeiros números

VII. Perspectivas de desenvolvimento

I. Diretrizes para as secções

A finalidade destas diretrizes é esboçar um guia para o Diretor e instruções a serem expostas ou apresentadas aos colaboradores, na ocasião de convidá-los.

1. Rodapé - Nada de especial a mencionar. Apenas seria conveniente estabelecer com o Wilson Martins uma certa divisão do trabalho: com a existência e expansão das resenhas (mais tarde, até novas secções especializadas) êle poderia ir deixando livros de filosofia, arte e ciência, para concentrar-se na literatura — ressalvados sempre os casos em que deseje particularmente ocupar-se naqueles ramos.

2. Resenha - Os resenhadores devem tratar o livro como-críticos, pelo cuidado da leitura. Esperam-se deles artigos - curtos em que haja uma certa informação sôbre o conteúdo e uma análise crítica brevemente traçada, de maneira a dar um juízo elucidativo em pouco espaço. As resenhas não terão título; ca da uma trará a indicação bibliográfica completa do livro resenhado como cabeçalho. O Diretor do Suplemento procurará man - ter uma lista de bons resenhadores, dando-lhes pelo menos uma tarefa por mês, salvo os casos de assunto muito especializado. A êle cabe também estar ao par das publicações nacionais e estrangeiras de interesse, para selecionar, adquirir e distribuir as que convier.

3. Letras estrangeiras - Consta de duas partes: um artigo crítico de 3 a 4 laudas em média; uma série de pequenas notas informativas de 1 a 2. O encarregado deverá agir como crítico na primeira, como noticiarista na segunda, atento ao que houver de significativo no movimento literário do país que lhe compete estudar. No caso das letras Anglo-Americanas, o encarregado escreverá sôbre literatura inglesa ou americana, como-lhe parecer melhor, convindo porém alterná-las. O Diretor deve ficar atento para que o tom crítico seja bem proporcionado-ao informativo.

4. Letras dos Estados - Mesmas observações; mas os artigos devem ser menores: 3 laudas em média para a 1ª e 1 para a 2ª parte; o tom informativo pode preponderar sôbre o crítico.

5. Literatura Brasileira - O Diretor deverá combinar com os escritores constantes da lista os temas dos seus artigos, no

dendo inclusive sugerí-los. Os artigos podem ir do tipo crí-
tico-apreciativo ao tipo erudito-informativo, contanto que se
jam de natureza a despertar interesse pela nossa literatura -
passada.

6. Revista das Revistas - Não há particularidades. É o
tipo comum.

7. Atualidade Literária - Não como o que vem sendo feito n'O Estado e deve continuar. No Suplemento, constará de
uma série de breves notícias sôbre livros a sair, livros lançados, livros em preparação; idem revistas e suplementos; a-
contecimentos da vida dos escritores; congressos; comemorações; visitantes, etc. Menos desenvolvidas do que o tipo a-
tual, e sem análise crítica; inclusive com um mínimo de adje
tivos. Visa manter o leitor ao par do movimento literário -
por breves notícias. (Um nome possível: Atualidades)

8. Concurso Literário - Tipo "Literary Quizz" das revistas americanas e inglesas (v. Saturday Review of Literature ou
New Statesman and Nation).Quebra cabeça literário, de prefe -
rência baseado em nossa literatura. Só deve ser começada quan
do aparecer alguém com bastante geito para isto.

Quanto ao setor de arte:

É de certo modo intermediário entre o tipo fixo e o
variável, dependendo para a sua caracterização definitiva de
um entendimento conjunto do Diretor com os encarregados.

Consistirá em princípio de artigos críticos de cada
encarregado sôbre o que lhe parecer conveniente no seu setor :
obra e autor, passados ou presentes; acontecimentos; correntes; tendências; orientações. Mas os encarregados deverão i
gualmente providenciar uma parte informativa no que toca o estrangeiro, principalmente, bem como indicar colaboradores even
tuais para a página. Ela será de tendência estética, mas procurará fornecer informação comentada e ilustrações.

Quanto à parte variável dos dois setores não há es-
pecificações. Note-se que ao lado do artigo de tamanho médio
pode também comportar, em proporções reduzidas, crônica literá
ria de alto nível e ensaios, estes de 10 páginas mais ou menos.

II. Sugestões para as Literaturas Estrangeiras

Há 52 ou 53 sábados no ano.

36 são ocupados pelas literaturas francesa, italiana, anglo-americana (12 sábados cada uma)

O preenchimento dos restantes deve levar em conta:

a) importância da literatura considerada em nossa cultura;

b) presença de naturais do país respectivo e sua influência em São Paulo;

c) estado atual da referida literatura (valôr dos seus escritores, qualidade e quantidade das obras publicadas);

d) conveniência de informação, à vista de intercâmbio político, solidariedade continental, etc.

Com o desenvolvimento futuro do Suplemento, dever-se-ão encarar seis literaturas mensais: francesa, italiana, inglesa, norte-americana, (separada) alemã, portuguesa. Até lá, parece-me viável a seguinte escôlha:

Os 16 ou 17 sábados disponíveis serão preenchidos do seguinte modo:

4	com	literatura	alemã
3	"	"	portuguesa
2			
2	"	"	argentina
1	"	"	mexicana
1	"	"	espanhola
1	"	"	sírio-libanesa
1	"	"	israelita
1	"	"	russa
1	"	"	suíça
	"	"	japonesa (ou de qualquer país escandinavo; ou uruguaia)

A ordem poderia ser a seguinte, obedecendo a um certo intercalamento:

alemã	– sírio-libanesa	– portuguesa	– argentina	
alemã	– israelita	– portuguesa	– mexicana	– suíça
alemã	– argentina	– portuguesa–espanhola		– russa
alemã	– mexicana	– japonesa (ou as indicadas)		

Neste escalonamento, fui dando preferência inicialmente às literaturas em que é mais fácil encontrar encarregado. Não esquecer que ele se refere a um período de doze meses. Neste espaço de tempo haverá prazo para procurar os que faltam, ou substituir a literatura.

III. Sugestões para a colaboração poética

Nesta primeira fase, não publicar mais de um poeta cada vês.
É preciso ter em reserva pelo menos 4 colaborações poéticas.
Seria de bom aviso alternar um poeta de 1ª categoria e um de 2ª.
Não temer a publicação de jovens, ainda que desconhecidos.
Publicar os consagrados, mesmo se enviarem máus poemas.
Uma colaboração poética é sempre um recurso: serve para aten
der a eventuais buracos na página, podendo as suas dimensões
ser ampliadas pela ilustreção e a composição, de maneira bas-
tante elástica. Daí a conveniência de os ter à mão.

IV. Projeto de instrução aos resenhadores

Para simplificar a padronização das resenhas, proponho que, ao
distribuir os livros aos resenhadores, o Diretor inclua uma -
"instrução", de que deverão ser quanto antes impressos nas Ofi
cinas do Jornal 500 exemplares sob a forma de um volante, com
os seguintes dizeres:

INSTRUÇÕES

A resenha deverá ser informativa e crítica, indican
do de maneira sintética o conteúdo da obra o procedendo a uma
breve análise do mesmo. Espera-se pois do resenhador uma leitura cuidadosa.

O tamanho deve ser de duas laudas formato ofício,da
tilografadas em dois espaços, podendo atingir excepcionalmente
três.

A resenha não deve ter título. O seu cabeçalho é for
mado pelas indicações bibliográficasda obra, indicando,na ordem:
autor, título, sub-título se houver, menção de ilustrações se
houver, edição, se não for a 1ª, coleção e respectivo número de
ordem se for o caso, editor, local, data, número de páginas.

Exemplo:

Josué de Castro, A Cidade do Recife, Ensaio de Geografia
Urbana, 24 ilustrações fóra do texto, Livraria Editora
da Casa do Estudante do Brasil, Rio de Janeiro, 1954, 166
páginas.

O livro resenhado deve ser entregue ao jornal juntamente com a re
senha. Se, por entendimento com o Diretor do Suplemento o resenha
dor o adquirir para êste fim, junte a nota de venda ou indicação
do preço, para que lhe seja êste acrescentado ao pagamento.

Para a parte fixa, quase todos os convidados aceitaram, faltando resposta de alguns e, em raros casos, escolha definitiva. Falta convidar quase todos os colaboradores da parte variável, cuja lista deverá ser revista e acrescentada pelo Diretor do Suplemento.

A - Parte fixa

Setor Literário

1. Rodapé - Wilson Martins
2. Letras Estrangeiras

   a) Francesas - Brito Broca
   b) Italianas - Lauro Escorel (Roma)
   c) Anglo-Americanas - João Cabral de Mello Netto
      (Barcelona)
   d) Várias:
      Argentinas - cs. Norberto Frontini (B. Aires)
      Uruguaias - Walter Rey ou Cipriano Vitureira
         (Montevideu)
      Mexicanas - cs. Norberto Frontini (B. Aires)
      Israelitas - Anatol Rosenfeld
      Sirio-Libanesas - Jamil Almansur Haddad
      Portuguesas - cs. Adolfo Casais Monteiro (Rio)
      Espanholas - João Cabral de Melo Netto
         (Barcelona) ou
         José Carlos Lisbôa (Rio)
      Alemãs - Anatol Rosenfeld
      Suiças - Albert Bettex (Zürich)

   3. Letras dos Estados

      a) Recife - Osman Lins (Recife)
      b) Bahia - Heron de Alencar
      c) Belo Horizonte - Afonso Ávila (B. Horizonte)
      d) Porto Alegre - Wilson Chagas (P. Alegre)
      e) Variáveis:
         Fortaleza: Antonio Girão Barroso, Aluísio Me
            deiros ou Braga Montenegro
         Curitiba : Dalton Trevisan

   4. Literatura Brasileira - José Aderaldo Castelo,
      Antonio Soares Amora, Edgard Cavalheiro, Jamil
      Almansur Haddad, Antonio Candido, Décio de Al-
      meida Prado, etc.

Lúcia Miguel Pereira, Augusto Meyer, Afrânio Coutinho,
Celso Cunha, Eugênio Gomes, etc. (Rio)

Eduardo Frieiro (Minas) Moysés Velinho (Porto Alegre)
Temístocles Linhares (Curitiba)

5. Atualidades Literária   - Edgard Cavalheiro
6. Revista das Revistas   - Lívio Xavier
7. "Figuras e Problemas
   do nosso tempo"   - Adolfo Casais Monteiro
8. Concurso Literário   - ?
9. Resenhas:

   a. Literatura - Rui Coelho, Rômulo Fonseca, Anatol Rosen
      feld, Silvia Barbosa Ferraz, Livio Xavier,
      Edoardo Bizarri, Marlyse Meyer, José Ade
      raldo Castelo, José Paulo Paes, etc.

   b. Filosofia - Rui Fausto, José Artur Gianotti, João Vi
      lalobos, Roque Maciel de Barros.

   c. Sociologia e Antropologia - Florestan Fernandes, Egon
      Schaden, Paula Beiguelman, Maria Isaura
      Pereira de Queiroz, Rui Coelho, Oraci No
      gueira.

   d. Economia   - José de Barros Pinto
   e. Psicologia - Dante Moreira Leite, Joel Martins, Rui
      Coelho.
   f. História   - Odilon Nogueira de Mattos
   g. Direito   - Alberto Muniz da Rocha Barros
   h. Ciências Biológicas - Erasmo Garcia Mendes
   i. Ciências Físicas - Paulo Saraiva de Toledo
   j. Medicina - Paulo de Almeida Toledo, Antonio Branco Le-
      fèvre.

   <u>Setor Artístico</u>

1. Artes Plásticas - Lourival Gomes Machado
2. Música - Alberto Soares de Almeida
3. Cinema - Paulo Emilio Sales Gomes
4. Teatro - Sábato Magaldi

   B - <u>Parte Variável</u>
   <u>Setor Literário</u>

Rio: Carlos Drummond de Andrade, Ledo Ivo, Fernando Sabino,
     Octavio Tarquinio de Sousa, Augusto Meyer, Lúcia Miguel
     Pereira, Anibal Machado, Gustavo Corção, Manuel Bandeira

S. Paulo: Sergio Buarque de Hollanda, Edgard Cavalheiro,
           Florestan Fernandes, Egon Schaden, Oracy Noguei
           ra, Marlyse Meyer, Jamil Almansur Haddad, Luis
           Martins, Paulo Mendes de Almeida, João Cruz Cos
           ta, Almiro Rolmes Barbosa, Sergio Milliet, Ar-
           naldo Pedroso d'Horta, *Laerte Ramos de Carvalho*

B.Horizonte—Eduardo Frieiro, Francisco Iglesias
Curitiba: Temistocles Linhares, Dalton Trevisan
P. Alegre: Moysés Velinho, Guilhermino Cesar
Recife   : Mauro Mota, José Antonio Gonsalves de Mello, neto.

Setor Artístico

   Mario Pedrosa, Antonio Bento, Rodrigo M. F. de
   Andrade, João Bittencourt (todos do Rio), *Oneyda
   Alvarenga,*

Contos

   Ligia Fagundes Teles, Armando Ferrari (S.Paulo)
   Dalton Trevisan (Curitiba)
   Marques Rebelo, Luis Jardim (Rio)

Poesia

   Manuel Bandeira, Carlos Drummond de Andrade,
   Murilo Mendes, Cecilia Meireles, Vinicius de
   Morais, Guilherme de Almeida, Cassiano Ricar
   do, Emilio Moura, Henriqueta Lisbôa, João Ca
   bral de Mello Netto, Ledo Ivo, Domingos Carvalho da Silva, Mauro Mota, José Paulo Paes,
   Lólio Lourenço de Oliveira, Péricles Eugenio
   da Silva Ramos, Geir Campos, Wilson Figueira
   do, José Paulo Moreira da Fonseca.

Desenhistas

   Aldemir Martins, Clóvis Graciano, Marcelo Gras
   sman, Arnaldo Pedroso d'Horta.

Fotografias de arte

   Eduardo Ayrosa, Benedito Duarte, José Mauro Pon
   tes (Cons. Eduardo Ayrosa para outros nomes)

VI. Plano dos quatro primeiros números

(A ser livremente modificado e recomposto pelo Diretor, se julgar conveniente. Estão asseguradas para os primeiros dias de setembro, no mais tardar, quase todas as resenhas e secções. O Diretor deverá assegurar o mesmo em relação aos artigos avulsos, devendo outrossim ir combinando entrega de material dos quatro segundos números para os primeiros dias de outubro, de modo a ter sempre um mês de reserva).

1ª Número de Outubro (dia 6)

Apresentação - (Diretor)   3 laudas

Secções:

     Rodapé — Wilson Martins
     Literatura Francesa — Brito Broca
     Letras de Pernambuco — Osman Lins
     Revista das revistas — Livio Xavier
     Atualidade literária — Edgard Cavalheiro
     Literatura Brasileira — Antonio Cândido
     Figuras e Problemas — Casais Monteiro

                               31 laudas

Resenhas:

1) Lévi Strauss: Tristes Tropiques (Egon Schaden)
2)   : The Kabuki (Rui Coelho)
3) G.G. Granger: Lógica e F.das Ciências (J.A.Gianotti)
4) Thomas Mann : ...Ein Hochstaplers... (Silvia B.Ferraz)
5) José Artur Rios: A educação dos grupos (Oracy Nogueira)
6) Cruz Costa: Hist.das idéias no Brasil (Rui Fausto)

                               12 laudas

Artes:

     Música — Alberto Soares de Almeida
     Cinema — Paulo Emílio Sales Gomes
     Teatro — Décio de Almeida Prado
     Plásticas — Lourival Gomes Machado

Artigos avulsos:

     Sergio Buarque de Holanda
     Florestan Fernandes
     Lucia Miguel Pereira
     Carlos Drummond de Andrade
     Ledo Ivo
     Gustavo Corçao
     Fernando Sabino   28 laudas

Poema ilustrado:

     Manuel Bandeira

2ª Número de Outubro (dia 13)

Secções:

Rodapé — Wilson Martins
Literatura Italiana — Lauro Escorel
Letras de Minas — Afonso Ávila
Revista das Revistas — Lívio Xavier
Atualidade Literária — Edgard Cavalheiro
Literatura Brasileira — Antonio Soares Amora
Figuras e Problemas — Casais Monteiro

31 laudas

Resenhas:

1) Caio Prado Jr.: Desenvolvimento econômico (Barros Pinto)
2) *Allison* : ~~The modern novel in Brazil~~(J.A.Castelo)
3) Tales de Azevedo: O povoamento do Salvador(Odilon M.Matos
4) Lucien Goldmann: Le Dieu Caché (Antonio Cândido)
5) Eduardo Galvão: Santos e Visagens (Maria Isaura Pereira de Queiroz)
6) *Allison* *The Modern Novel in Brazil* (Romulo Fonseca)

12 laudas

Artes:

Música — Alberto Soares de Almeida
Cinema — Paulo Emílio Sales Gomes
Teatro — Décio de Almeida Prado
Plásticas — Lourival Gomes Machado

Artigos avulsos:

Egon Schaden
Paulo Mendes de Almeida
Octavio Tarquinio de Sousa
Carlos Drummond de Andrade
Ledo Ivo
Gustavo Corção
Luis Martins

28 laudas

Poema ilustrado:

Guilherme de Almeida

3ª Número de Outubro (dia 20)

Secções:

Rodapé	—	Wilson Martins
Literatura Inglesa	—	~~João Cabral de Melo Neto~~ X Willi Leu
Letras da Bahia	—	Heron de Alencar
Revista das Revistas	—	Lívio Xavier
Atualidade Literária	—	Edgard Cavalheiro
Literatura brasileira	—	José Aderaldo Castelo
Figuras e Problemas	—	Casais Monteiro

31 laudas

Resenhas:

1) Odorico P.Pinto: Arte Primitiva Bras. (Egon Schaden)
2) Norberto Frontini: Lo que vimos,decimos (Antonio Cândido)
3) Paulo Nogueira Filho: Sangue, corrupção e vergonha
(Oraci Nogueira)
4) Lívio Teixeira: A moral de Descartes (Rui Fausto)
5) C.H. Oberacker: Contribuição alemã no Brasil(A.Rosenfeld)
6) R. Redfield : The little community (Florestan Fernandes

12 laudas

Artes:

Música	—	Alberto Soares de Almeida
Cinema	—	Paulo Emilio Sales Gomes
Teatro	—	Décio de Almeida Prado
Plásticas	—	Lourival Gomes Machado

16 laudas

Artigos avulsos:

Florestan Fernandes
Sergio Buarque da Holanda
Lúcia Miguel Pereira
Carlos Drummond de Andrade
Ledo Ivo
Gustavo Corçao
Fernando Sabino

28 laudas

Poema ilustrado:

Emilio Moura

4ª Número de Outubro (dia 27)

Secções:

Rodapé	—	Wilson Martins
Literatura alemã	—	Anatol Rosenfeld
Letras do Rio Gde.do Sul	—	Wilson Chagas X
Revista das revistas	—	Livio Xavier
Atualidade Literária	—	Edgard Cavalheiro
Figuras e Problemas	—	Casais Monteiro

31 laudas

Resenhas:
1) ~~Tales de Azevedo~~ : ~~Elites de côr~~ (Florestan Fernandes)
2) Correspondência Proust-Rivière   (Rui Coelho)
3) ~~Roberto Pinto de Sousa, Da inflação (Barros Pinto)~~
4) Um Vanderbilt; Brazil, Four papers (M.Isaura Pereira de Queiroz)
5)   (Rômulo Fonseca)
6)

12 laudas

Artes:

Música	—	Alberto Soares de Almeida
Cinema	—	Paulo Emilio Sales Gomes
Teatro	—	Decio de Almeida Prado
Plásticas	—	Lourival Gomes Machado

16 laudas

Artigos avulsos:

Egon Schaden
Jamil Almansur Haddad
Octavio Tarquinio de Sousa
Carlos Drummond de Andrade
Ledo Ivo
Gustavo Corção
Fernando Sabino

28 laudas

Poema ilustrado

Lolio Lourenço de Oliveira

Este plano dos 4 números é aproximativo e supõe que a colaboração total seja equivalente a 80 laudas mais ou menos. Todos os números têm prevista matéria excedente,que o Diretor cortará como for necessário.

O Setor artístico vem sempre previsto com 16 laudas, faltando portanto 4. Suponho que terá ilustração bastante para cobrir o restante, ou o Diretor e o encarregado darão outra solução, inclusive substituindo, na colaboração avulsa, artigos - previstos por outros que se enquadrem no referido Setor.

É bom ter em mente as possibilidades de elasticidade que o poema e a ilustração dão à página.

VII. Perspectivas de desenvolvimento

É preciso não subestimar a dificuldade de realizar um bom Suplemento, funcionando de maneira satisfatória. Os primeiros meses serão cheios de problemas e decepções, que devem ser encarados com serenidade e espírito construtivo para poderem transformar-se em ensinamento e apontar o caminho das soluções e modificações adequadas.

Porisso mesmo, o começo deve se limitar à fórmula mínima e prudente das quatro páginas, que permite à direção manobrar bem os cordéis e preparar a ampliação com segurança.

Como foi dito noutra parte, o primeiro desenvolvimento a ser encarado (quando a etapa inicial estiver vencida de maneira satisfatória) é o acréscimo de uma página, para receber contos, poemas e mais artigos avulsos. Para isto é necessário que a organização inicial esteja funcionando bem e tenha sido possível aumentar as resenhas para 10 em cada número (o que ocupa toda uma página), além de alguns colaboradores semanais da parte variável terem provado ser tão seguros quanto os encarregados das secções, pela regularidade e interesse da matéria fornecida.

Nesta segunda etapa, poder-se-á encarar a criação de novas secções e a ampliação do quadro de colaboradores, inclusive artistas desenhistas e fotógrafos, chegando ao tamanho de 4 folhas, ou 8 páginas, que já representará a maturidade e consolidação do Suplemento. Para além daí, só se podem prever, no momento, ampliações que contem com colaboração estrangeira e inclusão de matéria doutro tipo.

Não se deve esquecer que a partir da segunda etapa mas eventualmente também na primeira, podem-se programar páginas e números comemorativos e especiais, com estudos encomendados, a propósito de centenários, cinquentenários, pluri-centenários, etc., de pessoas e fatos.

Capa da edição nº 1 do *Suplemento Literário,* lançado em 6 de outubro de 1956

Página 2 da edição nº 1 do Suplemento Literário

AS CARTAS

Conto de LYGIA FAGUNDES TELLES

Ilustração de FERNANDO LEMOS

Página 3 da edição nº 1 do *Suplemento Literário*

Suplemento Literário

6 DE OUTUBRO DE 1956

LITERATURA BRASILEIRA

A Academia Brasílica dos Esquecidos

ANTONIO SOARES AMORA

{Cod. 366.}

DISSERTAÇÕES

"FAC-SIMILE" DA PRIMEIRA PÁGINA DE UM DOS CODICES DA "ACADEMIA DOS ESQUECIDOS"

Elizabeth Bishop

LUCIA MIGUEL PEREIRA

"Boom!" and the exploding
(ball
of blossom blooms again

dim num poema; e doutro, admirável, sobre a semente, surpreende um movimento

as starling, there, to every
(sense
as an explosion.

Os liquens, num terceiro, são

The still explosions on the
(rocks,

Silentes explosões... a expressão parece ajustar-se, melhor do
que ao vegetal, ao mundo interior da poetisa que se distingue
por ser, a um tempo, muito vi-
bratil e muito tranquila, muito
dada à vida e vivendo-a, contradi-
toriamente, com paixão e isen-
ção. Disso provém a ampla
equilíbrio de seus poemas carregados entrelanto de inquietude

the deepest demarcations
can slowly spread and fade
like any blue tattoo.
I do not know my age.

Onde fica Clochemerle

A mulher de Montaigne

ENCADERNAÇÃO DE LIVROS

A SEMANA E OS LIVROS

EDGARD CAVALHEIRO

CRONICA DE RECIFE

Um poeta e um boi

OSMAN LINS

Rilke, autor de "best-sellers"

Página 4 da edição nº 1 do _Suplemento Literário_

TEATRO

A concepção épica de Brecht

SÁBATO MAGALDI

Há poucos anos que o teatro de Bertolt Brecht começa a adquirir cidadania universal e, já hoje, ao menos para um círculo de críticos e espectadores, situa-se de corpo e mais representativo de nosso tempo. A uma insatisfação generalizada contra uma dramaturgia que se confinava entre quatro paredes, que se consumia num psicologismo deliquescente ou num esteticismo estéril — o autor de "O círculo de giz caucasiano" respondeu com uma obra larga, aberta, generosa, épica. Os problemas de suas peças transcendem o deleite de um público restrito e instauram o verdadeiro teatro popular.

Essa verificação pode prestar-se a equívocos, porque o conceito de teatro popular ora se vincula a ideologias políticas, ora é utilizado pejorativamente para sugerir abdicações estéticas. No caso de Brecht, porém, o popular deve ser entendido na mesma dimensão em que são populares Esquilo, Shakespeare, Lope de Vega e a Comedia Dell'Arte. Embora informado pelas teorias marxistas, o teatro de Brecht não se contém nos esquemas às vezes primários que ele se trouxa e pode falar aos adversários de doutrina nela impressionante evidência artística. A genialidade do criador supera deficiências da paixão polêmica do teórico.

É certo que poucos artistas revelam a mesma lucidez crítica demonstrada por Brecht nas formulações estéticas. Os escritos doutrinários "explicam" o êlco, a outra coisa não comprova a validade prática deles. O que transborda nas peças das idéias algo rígidas é o próprio da afirmação do talento, insubmisso a cânones.

Tanto nas peças como nas teorias sôbre a técnica do ator, Brecht propõe uma renovação completa da arte teatral. Ou dois aspectos ligam-se, aliás, intimamente ligados, e não se compreenderia uma dramaturgia revolucionária sem a correspondente modificação dos meios pelos quais ela deve atuar no público. Simplificando as inovações de Brecht, dir-se-ia que êle lançou ao ser mais definitivo do teatro épico, que se opõe à forma dramática tradicional, inspirada na "poética" aristotélica. Do ponto de vista do intérprete, a técnica brechtiana resume-se em criar um "afastamento" do bem como em impedir a adesão "ilusória" do espectador, a fim de que este possa conservar a lucidez crítica. Do ponto de vista do texto, mergulha-se nos problemas sociais, denunciando, através da preocupação didática, os erros que impossibilitam uma vida feliz, na organização do mundo burguês. O extraordinário mérito da obra de Brecht — é preciso esclarecer bem — está em que a intenção clara de proselitismo político, a qual, em outras circunstâncias, anesquinharia o resultado artístico, aqui não atua negativamente e até se deixa apagar pela beleza literária.

No posfácio de "Mahagonny", ópera encenada em 1927, Brecht apresentou um primeiro quadro comparativo das formas dramática e épica do teatro. A título ilustrativo, as reproduzidas os contrastes: Forma dramática — Forma épica; o espetáculo "encarna" a ação — narra a ação; faz participar o espectador de ação — faz do espectador um observador crítico; consome sua atividade — desperta-lhe as emoções, dá-lhe sentimentos — transmite-lhe conhecimentos; o espectador se imbrica na ação — opõe-se a ela. O teatro age por meio da sugestão — por meio de argumentos. Os sentimentos são conservados — traduzem-se por juízos. Supõe-se o homem conhecido — O homem é objeto de estudo. O homem é universal, imutável — O homem muda e é mutável. Tensão no desfecho — Tensão desde o início. Cada cena está em função da outra — justifica-se por si mesma. Os acontecimentos são lineares — apresentam-se em curvas. "Natura non facit saltus" — "Facili saltus". O mundo tal como é — O mundo se transformando. O homem relativo — O homem dinâmico. Seus instintos — Seus motivos. O pensamento condiciona o ser — O ser social condiciona o pensamento.

Como plataforma do teatro épico, esse quadro indica todo um programa. Pode-se perceber a vitalidade da proposição, que torna maleáveis o mundo e a matéria do teatro. As teorias de Brecht são entretanto insatisfatórias, el como no "Organon", quando criticam o sistema aristotélico, julgado fundamental á Atribuição lícita da tragédia, lembra Geneviève Serreau que, "ao lado da catarse, Aristóteles fala da anagnosis, que significa reconhecimento ou mais exata-

BERTOLT BRECHT

mente passagem da ignorância à consciência por meio do drama. E a própria catarse não é absolutamente uma operação "mágica" para Aristóteles; ele não a toma como benéfica senão se está acompanhada de consciência".

A oposição verdadeira das duas formas se concretiza em alguns dados essenciais, que se desdobram em outros, secundários. Inicialmente, o teatro dramático adotaria a ação, enquanto o épico à narrativa. Na "Poética", essa diferença serve para distinguir a tragédia da epopéia. Os agentes, na primeira, adquirem a consistência de heróis, enquanto, na segunda, relata-se o que se passa com eles. As peças de Brecht, contudo, poder-se-ia aplicar, embora num senso mais lato, o conceito aristotélico de drama. Suas personagens assumem um caráter, ficando a parte narrativa a cargo de um "recitante". Haveria formas dramáticas e épicas. Nesse sentido, porém, a própria tragédia grega realiza essa fusão, já que o côro muitas vezes tem o encargo de "comentar" a ação e o prólogo onisciente ou o fato de pertencerem às histórias à lenda mitológica evita a referência à surpresa. Adotando a forma épica, Brecht quis de fato usufruir as vantagens da epopéia — a falta de limite de tempo e as tensões — e quebrou alguns condicionamentos embrulhadores do teatro, expressos sobretudo pelos princípios das "unidades" aristotélicas. Sabe-se que a aplicação restritiva desses princípios é até o suporte da nossa comédia de sala de visitas... Com a valorização da narrativa, venceu Brecht um dos complexos de inferioridade do teatro, acrescentando, aos seus valores próprios, os do romance. Por outros caminhos, na tentativa de forçar as fronteiras do palco, foi que O'Neill concebeu a "Estranho Interlúdio".

Deve-se recusar, também, à crítica brechtiana pela qual a forma dramática fica a homem estático e imutável. Remontando a Ésquilo, o mais antigo trágico grego, pode-se verificar como o seu herói é mutável e "modificador". Na "Oresteia", Orestes assassina a mãe Clitemnestra e seu amante Egito para obedecer ao mandado de Apolo. Seria, dessa forma, instrumento da vontade divina, mero joguete em mãos superiores. Quando, porém, nas "Eumênides", as Erínias, divindades antigas, o perseguem para vingar a morte de Clitemnestra, Apolo se torna seu advogado — apelam ambos para Atena, que instituí o Tribunal do Aerópago e acaba por absolver Orestes. Os deuses abdicam de prerrogativas, resolvem suas contradições perdendo-se a serviço dos homens. Orestes, "fatalizado" por culpas ancestrais, poderá agora cumprir novo destino, em liberdade.

O que realmente Brecht suprimiu é a técnica da composição por cenas isoladas. Não há, em sua dramaturgia, apresentação, desenvolvimento e desfecho, como na forma tradicional. Ainda aqui, ele estaria levando à última consequências de processo elisabetano e dos clássicos espanhóis. Em "Terror e Miséria do Terceiro Reich", não se vê uma só história tratada mas uma série de fragmentos que se bastam, constituindo alguns excelentes peças em um ato. A técnica diferente de um "Galileu Galilei", "Mãe Coragem" e "Círculo de Giz", ao lado da utilização das formas do teatro oriental, em numerosas outras obras, conduz a uma nova unidade arquitetônica, pela justaposição das cenas aparentemente soltas.

Abstraindo a crítica de Eric Bentley, segundo a qual, na arte de Brecht, "há ilusão", "suspense", simpatia, identificação), chega-se a concluir que as suas teorias aparecem mais originais na teoria quanto ao "Organon", que o interprete "não deve identificar-se totalmente com a personagem. Uma crítica do gênero: ele não representa Lear, ele é Lear; seria para ele a pior dos descréditos". Com a estética do "afastamento", pretende Brecht isolar o "gestus social". "Mostrando" e não "vivendo" a personagem, o ator deixa de estabelecer uma fusão ilusória com o público. O objetivo dessa técnica — como se pode facilmente compreender — é o de evitar o compromisso do espectador com a ordem capitalista feudal, em cujo espírito foi a obra concebida. Por considerar que a nossa dramaturgia reflete a opinião da classe dominante, acredita Brecht que exigir do público o impulso afetivo seria envolvê-lo nas malhas enganosas de um mundo caduco. No caso de suas próprias peças, que são de denúncia, o argumento da observação do espectador favorece o objetivo crítico da montagem.

A ruptura, ainda uma vez, não invalida as demais concepções, igualmente preocupadas em tornar atuante o teatro. Basta afirmar que o sistema de Stanislavski, oposto ao de Brecht, pôde servir à dramaturgia soviética. Uma peça "progressista" ou de ato pensado, pelo seu conteúdo próprio, será também uma mensagem eficaz para o público de hoje, embora interpretada na técnica tradicional.

Que essas observações não sejam tomadas, porém, como se se quisesse contestar a força renovadora da obra de Brecht. Ela, em suas teorias como em suas peças, um sopro de vitalidade que projeta o teatro em novos caminhos. Morto em agosto, o grande dramaturgo alemão inicia a conquista do mundo — e certamente incluirá o Brasil em seu itinerário.

A Cia. Tônia-Celi-Autran inicia sua temporada, no Teatro Santana, com "Otelo", Adolfo Celi, diretor do espetáculo, assim se exprimiu sôbre a peça e a montagem:

"Quase tôdas as tragédias de Shakespeare possuem uma atmosfera própria, uma cor local, um ambiente necessário à ação. Creemos que " Otelo" dispensa tudo isso por ter sua acão pronta, a intriga é os caracteres possuem um equilíbrio perfeito em dose gem de sua responsabilidade dramática: a intriga desenvolve-se, maquiavélica e fatal; os caracteres revelam até o fim novas facetas de sua complexidade até o ponto de chegar a ter, no sentimento popular moderno, uma acepção simbólica. A nosso ver, "Otelo" é a tragédia do ciúme".

Indagado que "o efetivo lugar da ação de "Otelo" está na sua fantasia morbidamente brutalizada por Iago", indaga Celi: "Como representar isso senão através de um cenário neutro, funcional?"

Explica ainda o encenador italiano: "Excluindo da nossa interpretação a "côr oriental do cenário, rejeitamos também o orientalismo do personagem de Otelo, que deve ter, a nosso ver, em contraste com sua cutia, uma atitude e uma dignidade européias".

Na gravura, uma cena entre Desdêmona e Iago, interpretados respectivamente por Tônia Correro e Felipe Wagner.

Crise do teatro francês

Se se fizesse uma estatística das crises teatrais através da história, concluir-se-ia que o teatro sempre viveu delas. Mais recentemente, fala-se em crise em virtude da concorrência do cinema e da televisão. Mas, não se sabe por que misterioso poder de renovação — talvez a presença física do ator — as iniciativas cênicas continuam.

A palavra crise volta a ser empregada com insistência a propósito da última temporada parisiense. A revista "Les Nouvelles Littéraires" faz uma ampla "enquête": "Quais são os responsáveis pela crise do teatro?" E as razões são agora bastante palpáveis. As receitas globais das casas de espetáculo parisienses, que eram de cerca de 20 a 25 milhões de francos diários, baixaram na temporada que findou em junho para a média de 7 a 8 milhões.

Diz o diretor André Barsacq que se não houver uma reação, dentro de 3 ou 4 anos a metade dos teatros terá que fechar as portas. E dá como causas principais do marasmo: "Em primeiro lugar, o desenvolvimento vertiginoso da motorização, que triplicou nos últimos 5 anos. Outros, pessoas melhores recebidas nos seus sábados e domingos. Hoje em dia, êles carregam vertiginosamente em cada fim de semana. Acrescentem-se as razões políticas: neste ano, a inquietude sussitada pelos acontecimentos da Argélia..."

O ator Pierre Brasseur confirma esse ponto de vista, esclarecendo que os teatros dão bons dias para o teatro terça, quarta e quinta-feira.

"E como se dispõe de um automóvel à crédito — o automóvel e, o aparelho de televisão, o refrigerador, e a máquina de lavar... com isso são obrigados a fazer economia para equilibrar os vencimentos.

Já o dramaturgo Eugène Ionesco se refere a "crise artificial, motivada por uma espécie de terror que tenta exercer-se no teatro. Esse terror tem duas faces; a da rotina e a do fanatismo doutrinário. Uma é representada por dois ou três Gautier (o principal, crítico do Figaro), a outra por dois ou três Barthes, redatores da revista "Théâtre Populaire", teólogos "brechtólogos". E pergunta: "A Alemanha

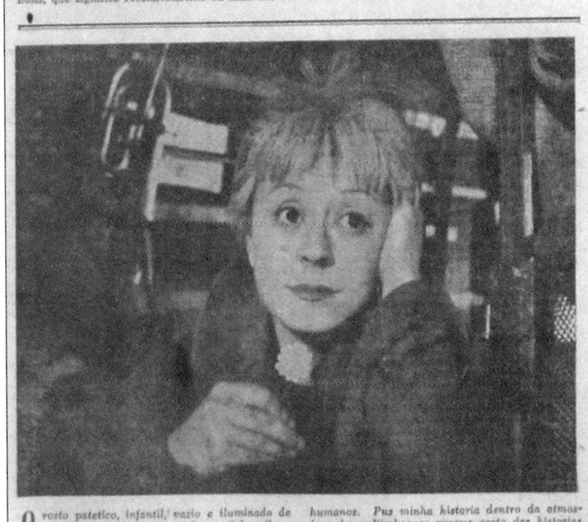

invadirá uma segunda vez a França, por intermédio de Bert Brecht, novo Fuehrer?" Finalmente, o autor de "La cantatrice chauve" e tantas outras peças de êxito no domínio da vanguarda explica:

"Não creio em uma crise que seria devida a circunstâncias econômicas ou históricas, desfavorecendo a criação teatral. Para o que o caracteriza a humanidade é que ela vive em estado de crise permanente. Sabemos há muito que o homem é um "animal doente" o outro descontente com a sua condição".

Comentário à margem: o 1ão número da revista "Théâtre Populaire", dedicada ao estudo da "vanguarda", publica excelente análise da dramaturgia de Ionesco.

O "Actor's Studio"

Funciona em Nova York, agora em sede própria, a famosa Academia de Atores (Actor's Studio), dirigida por Leo Strasberg: Elia Kazan e Cherryl Crawford. Para a preservação do alto nível dos cursos, apenas 15 alunos são admitidos, escolhidos entre milhares profissionais que desejam aperfeiçoar-se. Passaram pela Academia, entre outros, Julie Harris, Marlon Brando, James Dean, Montgomery Clift e Patricia Neal. O método adotado é de Stanislavski, adaptando-o Strasberg às condições do teatro norte-americano.

MUSICA

A outra face da lua

ALBERTO SOARES DE ALMEIDA

Nunca será demais acentuar a dificuldade que há em se escrever com acerto a respeito de música, sobretudo quando se medita sôbre aquela espécie que é bem devida à música alta e à música que se convencionou chamar de música pura.

Sendo talvez, de todas as artes, a menos redutível ao discurso e à apreciação racional, a música muda e hermética, mouba ao crítico os meios verbais de expressão e de controle de que normalmente se serve em outros campos.

Aqui a palavra nada mais diz ou significa, ou pelo menos significa muito pouco e deve ser usada com extremo tacto e prudência, a fim de não trair a compreensão do fenômeno sonoro e qual se exerce e uso busca explicitar. Enxergamos que em virtude desse sério obstáculo à que a crítica musical se tem tantas vezes desviado de seu objeto último, parando a meio caminho e contentando-se em formular apenas aquilo que é facilmente apreensível pela exploração lógica.

Uma forma de abordagem em última instância desse procedimento tem sido a tendência, mais ou menos constante nas diversas épocas históricas, de julgar a música a um sentido racionalmente inteligível, atribuindo-lhe um "programa" qualquer, desde o mais simples e descritivo ao mais transcendente. Com isso escamoteia-se a resistência de penetração que tal arte opõe à palavra e aprisioná-la no âmbito da esfera cognida da inteligência, por meio o crítico faz circular livremente suas possibilidades, sua racionesia, seu poder inventivo, seu sentimento, etc, tudo aquilo que interessantes em si mesmas mas que freqüentemente rompem a amarras com o ponto focal de que se originaram.

Forma-se assim, com o tempo, a insistência em tal método, um verdadeiro cerco ideológico em torno à cidadela central da música, assegurando-se pela a fala de uma a alegria e o demônio do desporto. O combate prossegue com derrotas e vitórias sucessivas,

encargar-se por vezes de dar tradição e oficializar — vão se organizando e sedimentando a ponto de constituir sólidas estruturas que tendem a substituir a própria realidade musical, assim como os falsos burgos mercantis da Idade Média escreveram e destruíram as verdadeiras povoações primitivas à cuja volta proliferaram.

Essa sobrecarga de conhecimentos culturais, quanto ou menor das hipóteses, pouco musicais, torna bastante difícil em certos casos remontar em sentido contrário e atingir a obra de arte em sua significação original e autêntica.

Um dos preconceitos mais arraigados, ainda vigente em nossos dias e que ganhou força sobretudo após ter o romantismo se apoderado de forma tão crítica e da interpretação, é o que consiste, como já foi dito, em atribuir às obras um conteúdo programático rigorosamente predeterminado. Exemplos sem número documentam tal processo de execução; um dos mais típicos é sem dúvida o famoso comentário de Wagner sobre a Nona Sinfonia de Beethoven.

O grande compositor alemão adverte de início, com justeza, que a compreensão da obra só poderá se efetivar "pela intuição pessoal íntima" de cada uma, e que o "objeto dessa sublime música instrumental é exclusivamente possível exprimir por tom aquilo que as palavras não poderiam dar". Posto isso, contudo, a como que se vendo cede às promessas tão salutares, Wagner parte decidido em direção oposta, impondo-nos a todo plano interpretativo que com a imaginação vai fornecendo, exclusivamente verbal e literário, e socorrendo-se mesmo da poesia de Goethe para "esclarecer" o conteúdo musical de certos temas.

Surge, assim, um enorme painel, um verdadeiro fresco musical em estilo romântico da época, minucioso e exaustivo, de caráter moral e religioso, com longos desenvolvimentos sôbre a luta da alma entre a alegria e o demônio do desespero. O combate prossegue com derrotas e vitórias sucessivas de ambos os competidores, até

CINEMA

Um pioneiro esquecido

P. E. SALES GOMES

A Cinemateca Brasileira está preparando, há já bastante tempo, uma homenagem aos pioneiros da cinematografia no Brasil. Tendo em vista a elaboração da história do cinema brasileiro, que se está processando graças à ajuda de pessoas como Ademar Gonzaga, Pedro Lima, Pery Ribas, Silva Nobre e Alex Viany, terá importância o acontecimento, pois tentar-se-á uma aproximação mais exata da era primitiva do cinema nacional.

Propõe-se antes de mais nada o problema de situar no tempo o cinema primitivo brasileiro. No que só se convencionou chamar de história mundial do cinema, mas que na realidade não se da história do cinema europeu e norte-americano, a questão já está há muito tempo resolvida. A era primitiva do cinema inicia-se em 1895 com a atividade dos irmãos Lumière e conclui-se em 1913-1914 com a realização de "Cabiria", o apogeu do cinema primitivo, e de "Nascimento de uma Nação", a primeira fita muda "moderna".

No Brasil ainda não é possível estabelecer-se as datas e os filmes com a mesma precisão. A tradição segundo a qual a cinematografista Leal foi o primeiro a filmar entre nós, por volta de 1903, está se tornando cada vez mais discutível com o progresso das pesquisas. Quanto à segunda data-limite, se incertezas também são grandes. A tendência é a de situar o fim do cinema primitivo brasileiro, considerando a grande diferença de desenvolvimento entre nós e os países mais avançados, nos primeiros anos da década de 1920, por ocasião do lançamento, por exemplo, de "O Guarani", produzido por Botelho. Mas a comparação entre as fotografias do "Guarani" e as de filmes realizados anteriormente, como "Vivo no Morto", de Luís de Barros, fazem parecer este muito mais "moderno". Já não haveria surpresas se, considerando-se o cinema brasileiro, por motivos metodológicos, como uma realidade autônoma, chegássemos a fixar em data conclusiva da era primitiva do nosso cinema o ano de 1913, com a produção, na rica e reputada Pelotas do tempo do charque, do "Crime dos Banhados", de Francisco Santos.

De qualquer forma, para efeitos da homenagem aos pioneiros do cinema nacional, a Cinemateca Brasileira estabeleceu considerar como tais os que filmaram no Brasil antes de 1914. Foi muito intensa a atividade cinematográfica no Brasil até essa data, quando entrou em colapso devido ás dificuldades de importação de película virgem, causadas pela guerra.

Os pioneiros serão homenageados nas pessoas dos dois sobreviventes, Campos, de São Paulo, e Botelho, do Rio. Melancólico é o desaparecimento quase total dos filmes realizados antes de 1914. De Botelho só restou um documentário sôbre uma corrida de automóveis em 1910, e, de Campos, "O Diabo", uma fantasia num estilo provavelmente próximo ao de Méliès.

Quanto aos pioneiros mortos, Lafayette, Benedetti, Leal, Segreto, do Rio, Reis, da missão Rondon, Aristides Junqueira, de Belo Horizonte, Bernardo, de São Paulo, Francisco Santos, de Pelotas, dos quais praticamente nada se conservou, às vezes nem uma fotografia sequer para testemunhar a

Nova fita de Castellani

Uma vez mais, Renato Castellani, autor do "Romeu e Julieta", aborda no cinema seu tema predileto — o amor. Esse diretor, que vem mantendo sua obra num constante crescendo, está atualmente realizando a fita "I Sogni nel Cassetto" (A Caixa de Sonhos), passada num hospital onde põe em foco os problemas sentimentais e matrimoniais de dois jovens estudantes, quase na pior de êle mesmo.

Os atores principais, Enrico Pagani e Lea Massari, como nas fitas de maior relevo desse cineasta italiano, são principiantes, interpretando pela primeira vez papéis de responsabilidade.

Gary Cooper, Don Quixote

Gary Cooper será Don Quixote. Lou Castello, o companheiro de Bud Abott, será Sancho Pança. A fita, colorida, será realizada pelo veterano Hugo Fregonese, auxiliado pelo escritor espanhol Alonso Quijano. Fregonese pretende tratar essa fita de uma maneira realista. Resta ver se conseguirá, meu difícil adaptação, uma obra-prima como a conseguiu Pabst há 22 anos atrás.

atividade cinematográfica desenvolvida durante os catorze primeiros anos do século, guardou-se, pelo menos, a memória dos seus nomes, outros exemplos também têm, numerosos talvez, ameaçados de total esquecimento, se não fôr logo empreendida a pesquisa metódica dos traços perventura ainda existentes de suas atividades nesse setor.

Essa ameaça de olvido pesava sôbre Requião pioneiro cinematográfico paranaense. Aníbal Requião nasceu em 1875, e antes de se transformar num próspero comerciante, pertenceu a uma corrente plutôgica que reuniu durante anos a elite intelectual e política da classe operária brasileira do

Retratos como este, testemunha da atividade fotográfica e pré-cinematográfica de Aníbal Requião, no começo do século, refletem com felicidade, o acúmulo de elementos decorativos, próprio do estilo da época.

gráficos. Quando começou a prosperar, Requião iniciou, paralelamente aos seus trabalhos habituais uma atividade fotográfica, em seguida também cinematográfica, nas bases profissionais. Os pouco negativos fotográficos que restam indicam que Requião não foi um fotógrafo qualquer. Perfeitamente integradas no gosto do seu tempo, as suas fotografias "domésticas" refletem com felicidade a preferência da época pela acumulação dos elementos decorativos. Nas visitas para recibos postais, o gênero mais terrivelmente convencional da fotografia, Requião por vezes manifesta sensibilidade pessoal na escolha de um ângulo ou de um corte. Aníbal Requião viu cinema pela primeira vez em 1905 ou 1906, e a sua decisão de filmar não deve ter sido estranhas às relações que mantinha com os meios fotográficos nacionais. Seus primeiros e material fotográfico dali a tempo, deu-lhe a possibilidade de realizar a sua primeira fita em meados de 1908-1909. Requião já filmava com a "Pathé-Frères" que imprimia fotografias na sua actividade, durante os filmes e contudo à Cinemateca Brasileira.

Na homenagem aos pioneiros, a projeção desses filmes constituirá certamente um momento importante na vida da cultura cinematográfica brasileira. O interesse histórico do "Aníbal Requião" também poderá ser muito grande. A Cinemateca Brasileira está preparando uma fita sobre a vida nacional durante o século vinte, e serão necessariamente utilizados largos fragmentos dos filmes de Requião, para evocar o Brasil de antes de 1914.

sultado nítido de suas combinações, e de seu gênio tavestiro. Assim, aquilo que ao tempo de Schumann ou Debussy pode ter sido "Papilhões" ou "Jardins sous la pluie", terá para nós mais tarde o novo no momento significado poético — herança própria do estilo romântico — a sentido do curso criativo, arrastadas em lata, e, matéria que ordenada segundo certo princípio formal.

E justamente a marca da grande música é essa maleabilidade acima do tempo que a torna comum às épocas as mais diversas, precisamente por virtude de seu caráter abstrato, e pouco universal; despojada da significações momentâneas de período histórico que a viu nascer.

Comentar como Wagner é fazer crítica circunstancial e eleger em permanentes certas notas transitórias que caracterizam a essencial da obra e não a tipifica em tenções da obra. Sabemos ter a crítica no momento errado, alegres mais adiante, agora bizarras, depois ansiosas, e logo esperançosas; mas eis que se equipem porque não se expira a escutar o seu lance final e mais vem — e a consequência continua. Passeamos pela sinfonia como a segurança da turista que deslinda pelo Louvre dirigindo seu guia Michelin.

Ora, temos a impressão de que, a pretexto de comentar a obra, Wagner está na verdade forjando o enredo de mais um da era drama lírico.

Com efeito, nada mais artístico de Wagner. Não é possível controlar logicamente uma obra de música a reduzir seu significado a um esquema racional e inteligível, ou mesmo poético, tomada esta expressão em seu sentido literário. O que importa essencialmente na obra musical, o que permanece através dos tempos — o "substratum", não são as pedras externas de seu autor que nos faça com as queimas que a entidade escolhia e próximos de os sôs, sua realidade objetiva, sua carne, ou, com maior rigor, uma forma sonora estruturada numa forma definida.

Esta, a especificidade incontestável da música. Tudo o mais, será acessório, precário, artificial em sua subjetividade subjetiva mais ou menos hábil.

Como lembra Adolfo Salazar, em "La Música Moderna", a convenções musicais dos gêneros são desvanecem com o tempo, o subsistem tão-somente a

outra é fato, abandonamos o infinito. Abandonamos o berço. Buenos Aires todo o mistério.

Suplemento Literário

ARTE

O que nos diz Rembrandt

LOURIVAL GOMES MACHADO

REMBRANDT — "Os Noivos Judeus" (CIRCA 1668)

REMBRANDT — AUTO RETRATO (1628-29)

FONDO DE CULTURA ECONOMICA
México

MESTRE JOU & CO. LTD
RUA MARTINS FONTES N. 99
TELEFONE: 36-0319

REVISTA DAS REVISTAS

Significado e estrutura na poesia ("Journal of Aesthetics & Art Criticism") — *A antiga poesia da Irlanda* ("Cahiers du Sud").

LIVIO XAVIER

Posições estéticas

SERGIO MILLIET

Contra-capa (p. 6) da edição nº 1 do *Suplemento Literário*

Destaques de uma época

O lançamento de Grande Sertão: Veredas, a visita de Sartre e Simone de Beauvoir ao Brasil, os 40 anos da Semana de Arte Moderna foram alguns dos assuntos importantes destacados pelo Suplemento Literário em edições especiais. A publicação criticou as mais importantes peças de teatro, filmes, obras de música erudita e também popular, como um caderno dedicado à Bossa Nova, em 1966.

O PRAZER DE LER

Ao longo de sua existência o *Suplemento Literário* esteve sempre atento aos movimentos culturais de importância. Nos seus primeiros dez anos, entre 1956 e 1966, editou 28 números especiais. Destacaremos alguns deles neste recorte de tempo que marca a gestão de Décio de Almeida Prado.

O primeiro número, de 6 de outubro de 1956, foi uma amostra impecável do que seria a publicação durante a década que se seguiria. O lançamento de *Grande Sertão: Veredas*, pela Livraria José Olympio, Editora, com 594 páginas foi saudado, então, por Antonio Candido. "Esta é uma das obras mais importantes da literatura brasileira – jacto de força e de beleza numa novelística algo perplexa como é atualmente a nossa"- vaticinou o mestre.

Candido observava que, nesse livro, o "aproveitamento literário do material observado na vida sertaneja se dá 'de dentro para fora', no espírito, mais que na forma. O autor inventa, como se, havendo descoberto as leis mentais e sociais do mundo que descreve, fundisse num grande bloco um idioma e situações artificiais, embora regidos por acontecimentos e princípios expressionais potencialmente contidos no que registrou e sentiu".

Segundo o professor, sob esse aspecto, ao mesmo tempo de anotação e construção, Rosa lembra compositores que infundiram o espírito dos ritmos e melodias populares numa obra da mais requintada fatura, como Bela Bartók.

Esta resenha elegante inaugurou na página 2 a seção Resenha Bibliográfica do *SL*. Guimarães Rosa seria um tema freqüente no *Suplemento*, que aliás, em 6 de fevereiro de 1964, publicou seu conto inédito *Fita Verde no Cabelo*, uma releitura de *Chapeuzinho Vermelho* abordando a morte.

Ao lado da resenha de Candido, num texto sensível e instigante, o poeta Ledo Ido escreve uma ficção com personagens reais: *O Consulente Indesejável*, conta a visita de Rimbaud à biblioteca municipal de Charleville, onde o

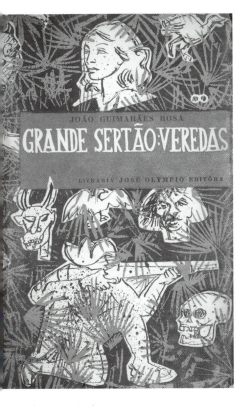

Lançamento de Grande Sertão: *Veredas* saudado por Antonio Candido no primeiro número do *Suplemento*: "Esta é uma das obras mais importantes da literatura brasileira – jacto de força e de beleza numa novelística algo perplexa como é atualmente a nossa".

bibliotecário Jean Hubert "ama permanecer sentado a escrever, na sua meticulosa caligrafia, a relação de todos os livros que o rodeiam".

Hubert não estima Rimbaud, em cujo rosto se reflete a inquietação do tempo, aquele "adolescente insubordinado que escreve blasfêmias nos muros, interpela os padres nas ruas, proclama-se republicano e ateu."

Várias vezes o bibliotecário o concitou a voltar aos livros escolares, aos textos de Cícero e Horácio, aos gregos. "Mas o jovem Rimbaud não tem intenções de praticar nenhum movimento de retorno aos bancos do colégio (...) E, ou está na biblioteca reclamando um tomo de Proudhon, ou de Victor Hugo, pedindo vários livros ao mesmo tempo – e a posteridade haverá de dizer que ele se abasteceu, nessa biblioteca, de leituras ocultistas, tratados de magia! – ou dissipa a ociosidade passeando com seu amigo Ernest Delahaye pelos arredores, até aquela muralha de goivos que hoje só pode ser encontrada nas páginas das *Illuminations,* ou então conversando com esse desfrutável Charles Bretagne que se diz amigo de Verlaine e não cessa de ostentar discutíveis conhecimentos de música, literatura e ocultismo."

Então, Rimbaud entra como um ciclone, incomodando o meticuloso Hubert, exigindo muitos livros inteiramente desaconselháveis para os seus 16 anos, aliás, já danificados..."Exige Rabelais, Roussseau, Helvetius e Babeuf, Saint-Simon e Baudelaire".

Rimbaud não tem dinheiro para comprar livros, os francos que consegue arrancar da mãe camponesa mal dão para os cigarros... O consulente também não estima o bibliotecário. "Você me paga!, o jovem Rimbaud parece dizer ao lerdo Jean Hubert, símbolo do mundo sentado, da rotina e da imobilidade. E sua vingança tem uma forma sonora. É um poema."

Assim termina o belo texto, deixando interrogações: mas que poema seria esse? E o bibliotecário, seria real?

Coisas da literatura.

Na página 3, uma jovem e já consagrada Lygia Fagundes Telles escreve o conto *As Cartas*, ilustrado por Fernando Lemos.

Sábato Magaldi fala sobre Brecht, morto havia dois meses, situando-o como "o mais representativo dramaturgo do nosso tempo". Afirma que os problemas de suas peças transcendem o deleite de um público restrito e instauram o verdadeiro teatro popular. Nesse caso, diz, "o popular deve ser entendido na mesma dimensão em que são populares Ésquilo, Shakespeare, Lope de Vega e a Comedia Dell'Arte. Embora informado pelas teorias marxistas, o teatro de Brecht não se contém nos esquemas às vezes primários que ele se traçou e pode falar aos adversários de doutrina pela impressionante evidência artística. A genialidade do criador supera deficiências da paixão polêmica do teórico".

Ao seu lado, Paulo Emilio Salles Gomes escreve, sob o título *Um Pioneiro Esquecido,* sobre as homenagens que a Cinemateca Brasileira faria aos pioneiros da cinematografia no Brasil. A Cinemateca estabeleceu considerar como pioneiros os que filmaram no Brasil antes de 1914. "Foi muito intensa a actividade cinematográfica no Brasil até essa data, quando entrou em colapso devido às dificuldades de importação de película virgem, causadas pela guerra", escrevia Paulo Emilio na ortografia de 1956.

Os pioneiros seriam homenageados nas pessoas de dois então sobreviventes, Campos, de São Paulo e Botelho, do Rio. Melancólico o desaparecimento quase total dos filmes realizados antes de 1914. De Botelho só restou um documentário sobre uma corrida de automóveis em 1910 e, de Campos, *O Diabo.*

Em pequenas notas, o colunista informava que o Actor's Studio funciona em NY, agora em sede própria, dirigido por Lee Strasberg, Elia Kazan e Cherryl Crawford. Já haviam passado por lá Marlon Brando, James Dean, Montgomery Clift...

Uma outra notícia era sobre a pré-estréia recente, no Cine Ipiranga, sob os auspícios da Filmoteca do Museu de Arte Moderna (MAM), do filme de Fellini *La Strada.* Com a foto de Giulietta Masina, a estrela. "O rosto patético, infantil, vazio e iluminado de Giulietta Masina, como o de um *clown* e tal como aparece em *La Strada*, já está em vias de se transformar numa legenda do universo cinematográfico."

O crítico de música Alberto Soares Almeida, em *A Outra Face da Lua*, investe contra o fato de se atribuir às obras um conteúdo pragmático rigorosamente predeterminado. "Exemplos sem número documentam tal processo de exegese: um dos mais típicos é sem duvida o famoso comentário de Wagner sobre a Nona Sinfonia de Beethoven."

Diz que ele impõe "um padrão interpretativo em que com a imaginação vai fabricando, exclusivamente verbal e literário, e socorrendo-se mesmo da poesia de Goethe para esclarecer o conteúdo musical de certos temas".

E conclui: "Quem quiser uma obra de arte que o faça meditar sobre o sofrimento e as lutas do homem, a conquista da

Giulietta Masina "em vias de se transformar numa legenda do universo cinematográfico". Assim o primeiro número do *Suplemento* definiu a grande atriz.

alegria, o amor e os demais temas sugeridos pelo compositor alemão, não procure a Nona Sinfonia: abra antes um livro de Dostoiévski e será melhor servido. (...) Mas quem desejar por outro lado, aquilo que o livro não lhe poderá jamais dar. Quem quiser fruir de fundas emoções musicais, irredutíveis a qualquer outra linguagem artística, faça então silêncio dentro de sua imaginação e do seu espírito e entregue-se ao puro jorro sonoro. Não se arrependerá.

Como a lua, a música tem duas faces: uma sempre voltada para nós, perfeitamente conhecida e decifrada pelo olhar atento de todos os astrônomos. É a face humana, familiar e legível. A outra é secreta e abre sobre o infinito. Abandonemos os telescópios e mergulhemos pela intuição no seio do mistério".

Na coluna *A Semana e os Livros*, um entusiasmado Edgard Cavalheiro afirma que "o panorama intelectual entre nós começa a adquirir vitalidade e a assumir a feição observada nos países realmente cultos". Destaca o surgimento de novas livrarias – só em São Paulo foram inauguradas seis em menos de um ano. "Não só nos grandes centros, mas nos pequenos núcleos das províncias há os que trabalham com pertinácia em nome da cultura. Tudo isso indica que já não é apenas o Rio de Janeiro o centro irradiador a ditar modas, a consagrar valores. A 'fome de cultura' é geral no País."

Continua o colunista: "É animador constatar que os ensaios filosóficos de Bertrand Russel tenham esgotado edições de 5 mil exemplares em menos de um ano".

Enquanto isso, o crítico Wilson Martins, na página 2 do mesmo *SL*, escreve sobre a falta de uma política editorial no País. Segundo ele, citando Ortega y Gasset, existem livros em demasia, mas a qualidade não corresponde e a causa é uma só: a produção está abandonada, e se dá ao acaso.

Isso vem a propósito da então onda shakespeareana no país: o problema não é colocado em termos de nacionalismo, ("o que seria uma estreiteza inqualificável"), nem em termos de hostilidade às traduções. Mas o crítico procura mostrar que o volume das traduções não corresponde às condições particulares da nossa produção editorial. Numerosas editoras se atiram simultaneamente à tradução do mesmo autor, enquanto a publicação de livros brasileiros e estrangeiros da maior importância continua sujeita a dificuldades invencíveis.

"Temos Shakespeare demais e Machado de Assis de menos, e se torna urgente a implantação de uma política editorial que dificulte a multiplicação de livros dispensáveis, inúteis ou néscios (para empregar as palavras de Gasset), e que encoraje a dos que faltam, em textos que correspondam ao nível da nossa cultura."

Na página 6, dedicada às artes visuais, Lourival Gomes Machado escreve sobre os 350 anos de Rembrandt. O ano de Rembrandt foi comemorado em todo o mundo em 1956.

Lembra que o pintor, na crise de meia idade, "crê que a verdade só se encontra no homem que se realiza, porém começa a perceber que a parte mais difícil dessa verdade é, antes de mais nada, suportar a própria condição".

Carlitos, o desenho

Em 11 de setembro de 1965, o *Suplemento* dedicou uma edição especial inteira a Charles Chaplin, a propósito do lançamento de suas memórias, pela José Olympio. Octavio de Faria, Elsie Lessa, Geraldo Ferraz, José Geraldo Vieira, Paulo Emilio, Aníbal Machado, Francisco Luiz de Almeida Salles falaram sobre as diversas faces de Carlito, ou Carlitos. Como acentuava o editor meticuloso, os colaboradores grafaram o nome de duas formas, "mas ambas sendo correntes, preferimos respeitar essas opções pessoais".

Na análise sensível de Geraldo Ferraz, "a intrusão de Carlitos no cinema é a intrusão da caricatura mesmo entre os homens vivos que o rodeiam, entre as figuras truculentas ou frágeis com que ele tem de tratar. Todos os personagens são gente: Carlitos é uma caricatura, um desenho gráfico, colocado com todo seu polivalente sistema, sempre apto a mudar de direção, e sabendo tudo, como proteger, e como ferir".

Carlitos, "uma caricatura que pensa e sonha, que é batida mas reage e não se deixa vencer".

O homem pode se transformar, então, num desenho. "Uma caricatura que pensa e sonha, que é batida mas reage e não se deixa vencer; uma caricatura que pelos acasos de uma incidência, o cruel bigodinho, acabará aceitando em campo raso o desafio da mais brutal das opressões que o nosso tempo conheceu. Aceita o desafio e salva o homem pelo rebaixamento ostensivo do alvo – toda ditadura é ridícula."

Em seu artigo *Memórias das Memórias de Charles Chaplin*, Otto Maria Carpeaux conta só ter reconhecido o ator depois de 1918, quando ele voltou numa fita até então proibida pela censura militar de seu País, a Áustria: os pequenos acidentes e desgraças de Charlie como soldado.

E acentua: "A presença de Chaplin, só a presença, já basta para provar que o Cinema é arte; que o Cinema, complicada máquina e organização industrial, é capaz de produzir obras de arte".

Continua um dos maiores críticos do país afirmando que as obras mais características de Chaplin não são suas grandes fitas, mas aquelas pequenas, cômicas, de curta metragem. "Penso em Charlie relojoeiro, o pobre diabo que desarmou o relógio do freguês assim como as crianças desarmam seus brinquedos, concluindo que o relógio, feito em pedaços, não funciona. Mas é para rir, para dar a gargalhada do despreocupado que, como a criança, não precisa de relógio." Paulo Emilio Sales Gomes pergunta: Chaplin é cinema?

Referindo-se ao filme *A Woman of Paris*, que Chaplin realizou em 1923, raramente exibido, é como se não existisse. "Foi escrito e dirigido por Chaplin, ele não o interpreta. E aqui se coloca a questão – Chaplin sem Carlito é o Chaplin que existe dentro de nós, estimulado por periódicas e novas comunicações com as fitas de Carlito?" E logo afirma: "Carlito é indiscutivelmente arte e o cinema pode sê-lo".

O crítico conta que, durante uma época de sua vida, dos fins de novembro de 1935 até depois do carnaval de 1937, não foi ao cinema. "Acontece que não havia cinema nos presídios políticos do Paraíso e tampouco no Maria Zélia. Mas o que importa é que eu não sentia a menor falta de filmes, até o momento em que os jornais anunciaram *Tempos Modernos*. Por sorte Aristides Lobo foi preso meses depois de mim e devo a ele meu primeiro contacto com *Tempos Modernos*". (Lobo era, então, teórico e líder de uma pequena facção trotskista.)

Ele definia os sonhos de Carlito como uma amostra clássica de concepção pequeno-burguesa de felicidade. Mas o que importa, diz Paulo Emilio, foi ele ter narrado o filme de fio a pavio. "Contava admiravelmente bem, com lógica excessiva, mas impregnada de humor."

O crítico está convencido de que cinema é uma coisa e Chaplin é outra. "Cada vez que Chaplin está afastado de suas fitas, elas tendem para gêneros e estilos cinematográficos independentes do específico chapliniano."

Um gênio de corpo inteiro, literalmente. Paulo Emilio lembra que em 1909 a companhia Karno, onde o jovem Chaplin trabalhava, se exibiu nas *Folies Bergères*, em Paris. Debussy, num camarote, impressionou-se com Chaplin, que lhe pareceu um músico e um dançarino instintivo.

Em 1916, na Califórnia, o Balé Russo de Diaghilev visitou os estúdios onde Chaplin produzia *The Cure*. Uma cena foi filmada na presença dos visitantes ilustres. Nijinski pediu para voltar aos estúdios e por dias a fio assistiu aos trabalhos. Tudo aquilo parecia-lhe um balé.

Conclui Paulo Emilio: "Acho bastante provável que Chaplin seja o maior gênio do século. Acho que às vezes ele desconfia disso. Localiza, porém, o gênio no cérebro, com as nobres e tradicionais conotações sugeridas por esse órgão. Nunca poderia compreender e aceitar que sua impressionante carga de gênio estivesse distribuída pelo corpo todo. Fica assim explicado por que Chaplin nunca saberá que as melhores danças, músicas e poesias do seu tempo estão encarnadas, cristalizadas e dinamizadas nos movimentos elementares e expressões corriqueiras de Carlito. O instrumental cinematográfico teve apenas a função de criar boas condições de visibilidade para o gesto de Chaplin e assegurar materialmente sua difusão e permanência".

Brilha o moderno teatro brasileiro
Nelson Rodrigues

Já se completavam 15 anos da estréia de *Vestido de Noiva*, pelo grupo carioca "Os comediantes". Em 1958, a Companhia Nydia Licia-Sérgio Cardoso, de São Paulo, reprisa o texto fundamental do teatro brasileiro moderno. Na crítica de 10 de maio, Sábato Magaldi considera a peça já um clássico, e muito importante sua remontagem, já que uma nova geração não conhece o texto.

"Quando as nossas peças, em geral, se passavam nas salas de visitas, numa reminiscência do antigo teatro de costumes, *Vestido de Noiva* veio rasgar a superfície da consciência para apreender os processos do subconsciente, atualizando a dramaturgia nacional

Nelson Rodrigues: "atualizando a dramaturgia nacional pelos modernos padrões da ficção".

pelos modernos padrões da ficção. As buscas da memória são outras coordenadas da literatura do século XX que *Vestido de Noiva* fixou pela primeira vez entre nós", afirma.

Vianinha

Em 4 de abril de 1959 Sábato Magaldi fala de *Problemas de Chapetuba F. C.*, mas nem por isso deixa de apontar a estréia do jovem Oduvaldo Viana Filho, no Teatro de Arena, como "mais um passo significativo para a instauração de uma dramaturgia brasileira autêntica".

No palco Flavio Migliaccio, Milton Gonçalves, Vianinha e Chico de Assis, legítimos representantes da arte do Arena.

"Nossos jovens autores repudiam os compromissos comerciais e os barateamentos ao gosto do dia. Lançam-se à pesquisa da realidade nacional. O futebol é um dos assuntos mais vivos do País e não se poderia desconhecê-lo por mais tempo na literatura dramática. Os vários jogadores, sem serem abstrações, simbolizam as diversas fases de uma evolução em que lutam desesperadamente por sobreviver", assinala Sábato.

E aponta alguns escorregões do estreante, desculpáveis, afinal, ele tinha só 23 anos: "O pecado em *Chapetuba* é de excesso. O desvelo do dramaturgo às vezes acompanhou em demasia o itinerário de cada personagem, retendo-o amorosamente na pintura dos caracteres quando o painel ganharia com o contraste das figuras em planos diversos ou a fusão mais completa da história num ritmo coesa." Outro senão "refere-se ao desajuste entre a sensibilidade e o domínio do drama, natural por se tratar de estreante".

A breve carreira de Vianinha – que morreu aos 38 anos – seria pontuada por importantes obras. *Papa Highirte* e *Rasga Coração* premiadas em concursos promovidos pelo então Serviço Nacional de Teatro receberam o veto da Censura, levantado depois da abertura política. *Rasga Coração*, foi uma espécie de testamento intelectual, o dramaturgo ditou seu fim no leito de morte: um painel social do Brasil em 40 anos, na perspectiva de um militante anônimo da esquerda.

Sábato, premonitoriamente, afirmava: "Oduvaldo Viana Filho entra na dramaturgia pelo grande caminho. Essa estréia é muito mais que a simples estréia de um autor talentoso: ele se coloca, desde já, na primeira linha do nosso teatro, entre os poucos dramaturgos que merecem consideração.

Oduvaldo Viana Filho, o Vianinha, "entra na dramaturgia pelo grande caminho. Essa estréia é muito mais que a simples estréia de um autor talentoso: ele se coloca, desde já, na primeira linha do nosso teatro, entre os poucos dramaturgos que merecem consideração".

Prestigiar o espetáculo do Arena é fazer a única política elevada para emancipação da cena brasileira. É contribuir, conscientemente, para que possamos em breve orgulhar-nos de nossa literatura dramática".

Dias Gomes

A reabertura do Teatro Brasileiro de Comédia (TBC), em 1960, deu-se com a encenação pela primeira vez em São Paulo, de *O Pagador de Promessas*, de Dias Gomes, com direção de Flávio Rangel, e no elenco Cleide Yaconis, Leonardo Vilar e Nathalia Timberg.

Um homem que, para cumprir sua promessa, divide seu sítio com lavradores e carrega uma cruz no percurso de sete léguas, para depositá-la no interior de uma igreja de Santa Bárbara. O padre não permite que entre no templo. Por quê? Primeiro, a promessa foi para Iansã, um orixá do candomblé, e ainda por cima, de agradecimento pela cura de Nicolau, um burro.

"A intolerância ergue-se, na peça, em símbolo da tirania de qualquer sistema organizado contra o individuo desprotegido e só", afirma Sábato Magaldi na crítica de 25 de julho daquele ano no *Suplemento*. Segundo ele, "Dias Gomes impõe-se como um dos talentos mais legítimos do teatro brasileiro".

"Uma das qualidades literárias das melhores peças brasileiras de nossos dias está exatamente no despojamento das procuras rebuscadas e na transposição realista da linguagem das várias classes e dos grupos sociais. Esse caminho, iniciado em nosso moderno teatro por *Vestido de Noiva*, continuou com *A Moratória, A Compadecida, Eles Não Usam Black-Tie. O Pagador* inscreve-se nessa linha e traz novas fontes à tradição teatral que se vem criando. Dias Gomes, cujas experiências anteriores permaneceram na marginalidade artística, incorpora-se agora á literatura dramática."

Menos de dois anos depois, transformado em filme dirigido por Anselmo Duarte, *O Pagador* ganharia a primeira, e até agora, única Palma de Ouro em Cannes para o cinema brasileiro, além de vários outros prêmios pelo mundo.

Zé Celso e as pequenas verdades

Uma foto de Eugênio Kusnet atuando em *Os Pequenos Burgueses*, de Máximo Gorki, com o pessoal do Teatro Oficina ilustra o artigo de José Celso Martinez Corrêa no *Suplemento Literário* de 21 de setembro de 1963. Ele escreve que a peça foi escolhida "em função de integrar a equipe num trabalho racional. A equipe vinha de um desgaste de quase nove meses de trabalho no *vaudeville Quatro num quarto,* sentindo todo o tédio do grupo e da própria profissão".

Trata-se de uma obra "em que a Idéia Geral não existe através de um conceito. Não existe em seu texto um portador de uma verdade nem a trama caminha a ponto de exprimir uma moralidade. Seu texto é profundamente teatral no sentido de que sua idéia é a própria ação, ou melhor, a interação dos personagens".

Uma obra transformadora, pois "em Gorki a história deixa de ser categoria do heróico e passa a ser categoria do cotidiano. O grande impacto teatral que sua obra deverá causar no espectador é o do significado profundo, quase apocalíptico, das pequenas verdades".

Teatro negro

Em 10 de fevereiro de 1962, o professor de Sociologia Florestan Fernandes analisa o livro *Dramas Para Negros e Prólogo Para Brancos, Antologia do Teatro Negro Brasileiro*, de Abdias do Nascimento, Edição do Teatro Experimental do Negro, Rio, 1961.

E reflete: "O lançamento de uma coletânea de textos teatrais de Abdias do Nascimento obriga-nos a pensar de novo o teatro negro brasileiro ou, pelo menos, a relação que o teatro possa ter com os problemas humanos do negro no Brasil.

O intelectual negro brasileiro tem de preparar-se para um desafio bem mais difícil do que aquele com que arrastou o poeta negro das rebeliões africanas e das lutas anticolonialistas. Doutro lado, o intelectual branco brasileiro não pode ignorar esse desafio e voltar-lhe as costas, porque estamos todos empenhados em compreendê-lo, defini-lo e superá-lo, para realizarmos de forma autêntica e completa, a representação do homem inerente à civilização pela qual propugnamos historicamente".

José Celso Martinez Corrêa escreve sobre *Os Pequenos Burgueses*: "Em Gorki a história deixa de ser categoria do heróico e passa a ser categoria do cotidiano".

O sociólogo Florestan Fernandes colaborou escrevendo sobre temas como o teatro negro, a escola pública, a investigação científica no Brasil, os intelectuais e a mudança social.

"Está certo que temos de pensar no homem brasileiro, e não no negro ou no branco. Porém, segundo que medidas? O branco muitas vezes procura uma catarse, uma justificação ou uma compensação; e o "negro" – o que o teatro deve oferecer-lhe como incentivo, fonte de reeducação e meio de integração na liberdade? Ao ler este belo livro constatou que essas perplexidades respondem a motivos e a causas difíceis de alterar, porque provêm de uma situação histórico-cultural que se transforma com demasiada lentidão."

Jovens críticos de cinema

"Oito e meio" de Fellini - Rogério Sganzerla

Rogério Sganzerla tinha 18 anos quando escreveu a crítica de *Oito e Meio*, de Fellini, para o *Suplemento*, em 4 de julho de 1964.

Jovem talento: antes de filmar *O Bandido da Luz Vermelha*, aos 22 anos, em 1968, Rogério Sganzerla desde os 18 já fazia crítica de cinema, para o *Suplemento*.

Estreou como cineasta em 1967, com *Documentário* e fez o *Bandido da Luz Vermelha* em 1968, aos 22 anos. Cineasta da transgressão, o precoce catarinense escrevia na crítica de *Oito e Meio*: "Não é necessário dizer que esses dois mitos que aprisionam as personagens fellinianas (tentação e medo) são essencialmente cristãos e sugerem todo o caráter bíblico destas personagens".

"O passado para Fellini é uma tentação (erótica, principalmente – vide a cena da dança da prostituta na praia) e o presente uma situação de medo. Desta alternância entre dois tempos, o tempo real e o tempo onírico, converge-se para sua justaposição, em que estas noções temporais coincidem e confundem-se."

"O processo", de Welles

Em 12 de março de 1966 Maurice Capovilla, já era um bom cineasta que, entre outros, havia dirigido o documentário *Subterrâneos do Futebol*. Aos 30 anos, esse também jovem crítico de cinema revelava, pelo *Suplemento Literário*, seu desgosto com a adaptação cinematográfica de *O Processo*, de Franz Kafka, por Orson Welles.

Contundente ao criticar o aclamado gênio, afirmava que o filme "representa um mal-entendido na história do cinema.

Orson Welles preferiu ignorar a obra literária na qual se baseou simplesmente para fazer prevalecer seu maníaco egocentrismo".

Argumentava que "a visão do mundo latente numa obra literária explicitada ou não pelo escritor, tem que ser transposta para o filme, para não se incorrer no grave erro de traduzir em imagens apenas a aparência de uma realidade muito mais profunda, que se pode conter, sem que se perceba, uma mensagem".

O crítico se extremava, ao dizer que entre Kafka e Welles existe "uma profunda contradição de personalidade. Kafka é tímido, modesto, escrupuloso, Welles é extrovertido, egocêntrico, vaidoso, megalomaníaco".

Enfim, a crítica é arrasadora: falta sensibilidade literária a Welles, que se deixou vencer pelo seu personalismo e não foi porta-voz de Kafka. O escritor, aliás, estaria ausente da adaptação cinematográfica de sua obra.

SARTRE E SIMONE NO BRASIL

A imprensa noticiou pouco e mal a visita de Sartre e Simone de Beauvoir ao Brasil, lastima Adolfo Casais Monteiro na edição especial de 3 de setembro de 1960. Imaginem que, até no Rio de Janeiro o polêmico filósofo e escritor foi condenado por ninguém menos que o colunista social Ibrahim Sued!

O casal veio ao Brasil especificamente para o Congresso de Crítica em Recife, mas andou por Salvador, Ilhéus, Itabuna, São Paulo e Rio."Ele quer saber, compreender, não lhe interessa ser mestre, mas estudante", acentua Monteiro.

Em Recife, Sartre propôs aos congressistas o seguinte problema: se a literatura brasileira representava o povo brasileiro, ao contrário do que, segundo ele, se passava na França, onde não há "povo", mas grupos diversos e desunidos." "Mas", observa Casais Monteiro, "como havia mais professores de literatura do que críticos, o debate não teve a amplidão que se desejava."

A edição especial reproduziu também um trecho de *Memórias de Uma Moça Bem Comportada,* tradução de Sérgio Milliet, de 1939,

A visita de Jean-Paul Sartre e Simone de Beauvoir ao Brasil, em 1960: o *Suplemento Literário* resgata a importância do fato que a imprensa noticiou "pouco e mal".

então no primeiro volume, da infância aos 20 anos. Ali Simone de Beauvoir traça um retrato de Sartre, aos 23 anos, quando ambos foram admitidos na Escola Normal Superior.

"Sartre correspondia exatamente aos meus sonhos de 15 anos: era o duplo, em quem eu me encontrava, levadas ao extremo todas as minhas manias. Com ele, poderia sempre tudo partilhar. Quando o deixei no princípio de agosto, sabia que nunca mais ele sairia de minha vida".

QUARENTA ANOS DEPOIS

Em 17 de fevereiro de 1962 o *SL* fez um "levantamento rememorativo e apreciativo da importância da Semana de Arte Moderna de 1922". Os depoimentos dos contemporâneos colhidos 40 anos depois, revelavam que a Semana não teve repercussão imediata, mas a perspectiva histórica deu-lhe realce e magnitude, situando-a como um marco divisório que separa duas épocas, duas mentalidades, duas formas diferentes de encarar o fenômeno artístico.

A Semana foi uma coisa confusa, diz Rodrigo M.F. de Andrade. Não teve "um programa construtivo, não teve uma filosofia", acrescenta Sérgio Milliet. Sérgio Buarque de Holanda afirma que a unanimidade dos homens de 22 foi aparente, fictícia e superficial, apenas válida na negação e na destruição. O erro de Graça Aranha teria sido, justamente, pretender que "à unidade na negação correspondesse uma coerência maciça, implacável, nas afirmações".

Não foram colhidos depoimentos fora do eixo Rio-São Paulo, informa o *Suplemento,* talvez por falta de condições. Mas manifestaram-se importantes representantes das artes e da literatura do país.

Drummond

A Semana não teve repercussão imediata em Belo Horizonte, onde morava o poeta. Na verdade, ele conta, Manuel Bandeira foi sua "verdadeira e pessoal Semana de Arte Moderna, e aconteceu por volta dos meus 15 anos". Ele leu, no Natal de 1918, um poema de Bandeira em *O Malho* e sentiu um choque. "Manuel talvez não avalie quanto havia de explosivo e saudável nos seus versos de tísico profissional", afirma.

De qualquer forma, para Drummond a Semana "ficou sendo o marco inicial de uma nova atitude, senão de um rumo novo da inteligência brasileira. Pouco importa que, na ocasião, fosse apenas uma série de espetáculos malucos num teatro de São Paulo. O que eu gostaria é que a mocidade continuasse a manifestar-se em outras formas de agressividade e criação. Em vez de comemorar, inventar".

Di Cavalcanti

Foi o pintor quem sugeriu a Semana, um de seus participantes mais ativos e registrou até mesmo o que definiu como "um terremoto" durante o evento. Não provocado pela própria, quem sabe pela libações etílicas daquelas noites paulistanas...

"Durante a semana houve até um terremoto que me surpreendeu na companhia de Vicente Rao, às 2 da madrugada, quando voltávamos de uma das infindáveis noitadas daquela época. Telefonei para Graça Aranha, que estava hospedado no Hotel Rotisserie Sportman.

– Mestre, o que me diz do terremoto?

E Graça respondeu-me com aquela voz de rapaz, sonora e envolvente:

– Meu caro, é como digo: caminhamos para a integração no cosmos."

Manuel Bandeira

Não pôde comparecer por causa de seus problemas de saúde – era tuberculoso desde os 18 anos, e apenas depois dos 50 teve condições de sair de casa e fazer vida social.

Para o poeta, "o maior mérito dos homens de 22 teria sido o interesse manifestado pelas coisas do Brasil, com a valorização de assuntos e temas até então mais ou menos desprezados pelos literatos demasiadamente presos aos padrões da arte européia. E a renovação da linguagem literária, iniciada com grande coragem pelos modernistas de 22, sobretudo por Mário de Andrade, que lhe deu maior plasticidade, naturalidade e doçura, aproximando-se da fala brasileira".

Guilherme de Almeida

Falou sobre a *Revista Klaxon*, que foi uma conseqüência da Semana. E do espírito de seus colaboradores, traduzido num episódio que não aconteceria nos melhores jornais e revistas da época. O anunciante não gostou da publicidade de refrigerante e chocolate, de estilo inédito, retirando o patrocínio.

No número seguinte, o editorial da revista alertava população e poderes públicos sobre aqueles produtos recomendados pela revista, que eram bons, mas se tornaram péssimos e perigosos, e a revista, para penitenciar-se, publicaria qualquer noticia de envenenamento ou morte causados por eles.

Sérgio Buarque de Holanda

"A Semana, ou o que representou, pode ser encarada como um novo descobrimento do Brasil", pontuou Sérgio Buarque de Holanda.

"Até então os nossos escritores tinham sido, sem uma generalidade, simples literatos, como tais indiferentes ao que não fosse beleza formal e ornamental, marcando sempre uma fronteira rígida entre a arte e a vida prosaica e cotidiana. Agora todos eles, num acordo tácito, eram levados a transcender a simples preocupação estética, no sentido corrente da palavra, preocupação que conduz a literatura a estiolar-se na literatice e a arte a desaparecer nos simples artifícios."

"Procuramos todos encontrar o Brasil diretamente, e não através de fórmulas mais ou menos "porque-me ufanistas", daí essa preocupação com os estudos brasileiros, uma das mais constantes da geração de 22 e das imediatamente subseqüentes.

Daí o *Pau-Brasil, Macunaíma, Antropofagia, Cobra Norato,* os poemas negros de Jorge de Lima. Em suma o que se procurava (ri, encabulado) eram as raízes do Brasil."

Sérgio Buarque de Holanda: "A Semana de Arte Moderna, ou o que representou, pode ser encarada como um novo descobrimento do Brasil."

Maestro Diogo Pacheco

O maestro relembra a atitude do público durante a Semana. Diz que Hélios, pseudônimo de Menotti Del Picchia, escreveu no *Correio Paulistano*: "Houve quem cantasse como galo. Houve quem latisse como cachorro. Cada um, porém, fala na língua que Deus lhe deu". Mas o público ficou em silêncio enquanto tocava Guiomar Novais.

Além das peças de Villa-Lobos executadas na primeira e na segunda noite, a Semana encerrou-se com um concerto dedicado a ele. Houve vaias no começo e no fim, embora parte do publico tivesse admirado e a crítica também.

Depois de 40 anos, entretanto, o maestro Diogo Pacheco afirmava que, em música, a Semana não produziu os frutos esperados.

"Continuamos no mesmo estágio. Depois dela, só aconteceu, no ano passado, no Rio, a I Semana de Arte de Vanguarda, promovida pela Juventude Musical Brasileira".

É verdade que houve movimentos esparsos que dignificaram a cultura musical brasileira, como o espírito renovador do professor H. J. Koellreuter, afirma o maestro. Mas, lamenta, não houve outro movimento que reunisse pontos de vista de diversas artes – poesia, literatura, artes plásticas, música.

TESTEMUNHO RECONFIRMADO

O crítico de arte Lourival Gomes Machado confirma o que escreveram 20 anos antes, quando anotou quatro pontos como conclusões sobre o Modernismo:

1- Reconheci no Movimento simbolizado pela Semana a recuperação histórica de uma plástica prejudicada por um retardamento histórico que então avaliei na medida, grosseira, mas admissível da cronologia: 100 anos.

2- Busquei defini-la, enquanto atividade artística em devir, como uma espécie de reciprocidade dialética em que a corajosa abertura oferecida à influência estrangeira "amorosamente roubada de fora" (como então tinha coragem de escrever) resultava num recurso para melhor enxergar o próprio Brasil sem o "pince-nez" acadêmico, mas focalizando desse ângulo, o objeto de exame mostrou-se tão vivo e inédito, que acabou por alterar a própria ótica importada. Assim se estabeleceu uma visão autenticamente nossa de nós mesmos.

3- Uma integração vivencial entre homem e terra, paisagem e mentalidade, condição e respeito.

4- Rejeito qualquer utilização da herança dos modernistas como "escola" ou "estilo", receituário, etc., mas como mentalidade.

BALANÇO DA BOSSA NOVA

17 DE DEZEMBRO DE 1966

O maestro Julio Medaglia tinha 28 anos quando editou, no dia 17 de dezembro de 1966, um *Suplemento Literário* especial sobre a Bossa Nova. Já havia regido a Orquestra Sinfônica Brasileira, o Madrigal Renascentista, a Filarmônica e a Sinfônica de São Paulo.

Seu interesse pela música de vanguarda o levou a aproximar-se da Bossa Nova. Medaglia foi júri de dois festivais em 1968.

Ele assinala que o movimento da Bossa Nova em si irrompeu popularmente por causa de um acontecimento de rotina – o lançamento de um disco. Era março de 1959, quando a Odeon lançava o LP de um estranho can-

"É música? Não é música?
É cantor? Não é cantor?
É samba? Não é samba?"
A edição especial traz uma alentada apreciação da Bossa Nova e de sua repercussão mundial.

tor que cantava baixinho, melodias difíceis, dizia "bim bom, bim bom, é só isso o meu baião e não tem mais nada não".

João Gilberto era o intérprete, violonista, compositor, co-arranjador, principal responsável por esse feito que viria modificar o curso da MPB (Música Popular Brasileira). Um artista de atitude definida e radical, sem nunca ter feito qualquer espécie de concessão comercial.

É música? Não é música? É cantor? Não é cantor? É samba? Não é samba? Desde então o violão passou a ser o instrumento predileto da juventude, trocado depois pela guitarra, é claro.

A edição especial traz uma alentada apreciação da Bossa Nova e sua repercussão nos Estados Unidos, Europa, suas grandes estrelas e a evolução da chamada Música Popular Brasileira, dos festivais até a chegada do iê-iê-iê.

Cecília Meirelles, música ausente

"Meus olhos não têm ilusão nenhuma. E, no entanto, possuo uma fé inexplicável na perfeição secreta da vida".

Trecho extraído do discurso *Aos Estudantes*, proferido na Faculdade de Direito do Largo de São Francisco, em 1942, citado na edição especial do *Suplemento* sobre a morte da poeta, de 20 de fevereiro de 1965.

O fenômeno da MPB escreve um conto para o *Suplemento*: Chico Buarque, aos 22 anos, cria um Ulisses vendedor de peças de automóveis.

O primeiro conto de Francisco Buarque de Holanda

Ele já era famoso, por causa da Banda e dos festivais, mas não como escritor.
Aos 22 anos, em 30 de julho de 1966, publicou seu primeiro conto, Ulisses, no Suplemento.
É a história de um trabalhador que volta para casa para encontrar a desvalida Penélope.

ULISSES

Conto de Francisco Buarque de Holanda
Ilustração de Giselda Leirner

ULISSES chega de galochas, barba por fazer, embrulho fofo, paletó triste... Mas Ulisses chega de braços enormes e eufóricos:

— Penélope, ó Penélope, minha princesa! Abre os olhos e as janelas! Abre o peito, Penélope, que seu rei chegou!

Do rosto cinzento, Ulisses descobre um sorriso mágico. E do chapéu marrom cansado, ei-lo agora a retirar coelhos. E bandeirolas, bibelôs, bonecos, mil cartões postais!

— Eh, Penélope, quanta viagem, quanta luta... mas veja só!

E mais retratos, fantasias, óculos novos, sabonete, barbante e outros encantos menorzinhos. Mas eis que seu chapéu ficou sem mágica e Penélope nem viu. Ela e seu tricô, em branca estátua.

— Mas como, Penélope, você não escuta? Sou eu, olha aqui, seu Ulisses! Ora, você e esse tricô ridículo...

Ulisses quer abrir as janelas, as janelas não deixam. O rosto de Penélope também está emperrado.

— Penélope, cadê seu sorriso? Suas saudades, seus braços, seus amores, cadê? Mas qual, você não larga esse tricô. Ora mulher, seu Ulisses chegou e pronto! Cadê meu jantar, cadê meu jornal, cadê?

Agora Ulisses se zangou. Sentado de costas para a mulher, está todo decidido a fazer silêncio. Só se ouve o "treque-traque treque-traque", que é a cadeira rangendo de impaciência. Depois Ulisses se levanta e passa a circular entre as paredes, sempre silenciosamente. Exceto o "ploque ploque", que é o passo molhado da galocha, gemendo de frio. Enfim, a tosse de Ulisses, o cigarro, o estalar de língua, o pontapé na cadeira e o soco na mesa:

— Chega! Penélope, acorda!

Suave e mansa, parece mesmo adormecida. Ou morta, tão pálida e imóvel. Mas os dedos milagrosos continuam trazendo a lã, que vai criando formas, que estão desmaiando pelo chão. A perplexidade de Ulisses.

— Penélope, você está louca! Parece que andou sonhando, flutuando pelo mundo das lendas, da lua, não sei... Parece que espera outra pessoa, outro Ulisses, um fantasma... Seu Ulisses sou eu, olha aqui, sou gente, sou duro, sou quente, tenho relógio e tenho emprego, óculos e guarda-chuva, nariz e paletó... Um Ulisses meio desajeitado, um pouco balofo, está certo. Mas sempre o seu Ulisses, queira ou não!

Mas que nada, nada com nada. Uma Penélope impassível e um inútil Ulisses. Quatro paredes sem cor, surdas, mudas e uma mulher feito parede. Duas cortinas bem desanimadas e uma natureza morta. Para Ulisses, quase exausto, resta sentar ali adiante, dentro dos olhos da amiga, adivinhando.

— Talvez você espere contos fantásticos, passagens inéditas e empolgantes. Mas não, Penélope, não ouvi o canto das sereias. Certo que viajei, viagem a negócios... Sei lá de sereia nenhuma! Lido com rolamentos e virabrequins. Vendo peças de automóveis, você sabe. Quisera fazer você sorrir, vibrar, ficar toda sacudida de ouvir uma ventura de emoções! Mas revendo agora... Sinto muito, não me ocorre nada mais alegre... Havia uma piada, mas já esqueci. E depois, não tinha graça nenhuma essa piada. O homem que contou, contou por despeito. Coisa dele mesmo acha, negócio de mulher, negócio mal feito. Outras pessoas que conheci nada me disseram de novo. Quem tratou comigo, tratou mesmo de negócios. Quanto ao resto, não perguntei, a gente não dá importância, sabe? É bem como se a vida fosse um mau negócio.

Sentado no chão, Ulisses coça a cabeça sem mais idéias.

— A não ser que você queira ouvir meus sonhos. Porque sonhar, a gente sempre sonha, mesmo quem viaja a negócios. Entre um credor e um devedor, às vezes fui mais que caixeiro viajante. Fui inclusive o herói, príncipe encantado que hoje parece cativar seu sono. Intrépido cavaleiro a desafiar abismos inventados... Ah, monstros tão grandes inventei, que mesmo em sonho tive medo! Gigante dum olho só! Esse aí trazia consigo todas as desgraças, a miséria, o câncer e a própria bomba atômica... Imagina, Penélope!

Só de pensar em você, enchi o peito e fui à guerra. "Ulisses vai matar o monstro", que murmurava. "Ulisses vai salvar o mundo", que ainda ouvi. Encarei enfim o animal terrível. Gritei um nome feio; não ouviu.

Atirei uma pedra, em vão. Resolvi então usar da astúcia e ofereci da melhor aguardente, dessas de queimar peito, dessas de deslocar montanhas. Foi um gole a dois, a segunda garrafa... O monstro não era fácil. Um gole, dois, outra garrafa... Do mesmo gargalo bebemos, quase fraternalmente, cinco... seis... O monstro era duro na queda! Virou garrafas num gole só, contou pornografias... Rimos muito, cantamos juntos... E quando acabou o carnaval, quem estava bêbado era eu, cambaleando, rolando pelo chão, vomitando asneiras... Vitorioso, o monstro esmagou sem dó minha carcaça inútil, e saiu por aí chutando coisas. Quanto a mim, ainda fui enterrado com honras de herói. Vieram beatas e políticos, prantos e discursos, coroas de flores... Finalmente virei busto em praça pública, mato crescendo e cachorro regando, em redor de minha imortalidade.

Ulisses procura alguma coisa nos olhos da amiga. Mas qual, nem sequer um desprezinho. Ulisses pode chorar todas as lágrimas, que Penélope estará impermeável. Pode berrar, pular, bater... inútil. Só lhe resta um longo bocejo sem desespero. E examinar o próprio corpo com algum desgosto.

A barriga mole de guardar cerveja, os dedos curtos de contar dinheiro. As unhas sujas, as pernas bambas... E, contudo, é preciso não desanimar. Ali está ele, o mesmo Ulisses que partiu. A casa é dele, é dele a mulher, por direito, por lei! Pois então, que venham as flores! Que venha uma Penélope coroada e atenta, correndo de porta em porta, saltando, sorrindo, cantando hinos, dançando valsas e abrindo vinhos pela volta de Ulisses.

— Penélope, pela última vez, se você abrisse as janelas... essa luzinha elétrica e imbecil, esse tricô... Penélope, você vai cansar a vista. Vai usar óculos, vai ficar velha e vesga, varizes, reumatismo, tuberculose... chi, Penélope... Além do mais, esse tricô vai ficar grande demais para o meu corpo. Meus ombros não são tão largos, meu peito é metade disso. Creia, Penélope, o Ulisses que você inventou não lhe serve. Ele sabe matar monstros, varar tempestades, enganar os deuses... Mas eu sei uns truques de agradar Penélope. Sei segredos de bem-querer. Mulher, você não vai se arrepender, acorda! Os sinos hão de contar, hei de compor poemas, promover festanças, virar criança, fazer pirueta, soltar balão! Prometo não beber na rua, consertar o cano da pia, comprar a tal televisão! Deixo crescer o bigode e você vai ficar orgulhosa do Ulisses que tem! Um novo Ulisses! Enfim, vamos fazer nosso filho, um meninão, rechonchudo, a cara do pai... hem, Penélope?

Não. Penélope não vai acordar. Esgotado o repertório, Ulisses sem fôlego relaxa os músculos... Afinal, amanhã é dia útil, o patrão está esperando, cedinho, cedinho... Outra viagem, quem sabe, novas aventuras... Ulisses estica as pernas, acomoda os ossos, boceja mais uma vez... e adormece ali mesmo, de galochas.

Espaço nobre para a ilustração

O Suplemento Literário desempenhou papel de vanguarda nas artes visuais do jornalismo impresso: reservou espaço nobre na primeira página para um desenho autônomo, sem ligação com os textos, divulgou as obras de muitos dos melhores artistas plásticos da época e apresentou novos talentos, hoje consagrados.

Uma valentia cultural

O minucioso projeto de Antonio Candido já definia, a partir do nome: *Suplemento Literário e Artístico d'O Estado de S. Paulo*. Na página 4, o texto final do projeto determinava:

> *No setor literário, sempre que possível os artigos serão ilustrados, com fotografias e desenhos – sendo estes necessários nos contos. Poderão ainda aparecer desligados de qualquer texto, como enriquecimento da página. No setor artístico, deverão ocorrer regularmente, podendo ocupar proporções maiores de espaço disponível, a critério dos encarregados das seções.*

O projeto já nomeava alguns desenhistas (Aldemir Martins, Clóvis Graciano, Marcelo Grassmann, Arnaldo Pedroso D'Horta) e também fotógrafos de arte (Eduardo Ayrosa, Benedito Duarte, José Mauro Pontes).

As ilustrações desses colaboradores eram localizadas na maioria das vezes na capa e na terceira página. A ilustração de capa, desde o primeiro número, era uma obra em si, sem relacionar-se a qualquer texto: o desenho da mulher nua de Karl Plattner está separado dos textos por linhas e margens. Na página 3, estavam associadas a poemas, contos ou artigos.

Cacilda Teixeira da Costa, a curadora da exposição "Obras para Ilustração do Suplemento Literário" (1956-1967), realizada no Museu de Arte Moderna de São Paulo (MAM) em setembro de 1973, lembra, em seu texto de apresentação no catálogo original, que "raras vezes eram chamados profissionais especializados em "comunicação visual", mas pintores, desenhistas e gravadores" que (...) "testemunham o ambiente das artes plásticas em São Paulo naquele momento".

O crítico de artes plásticas Lourival Gomes Machado fazia a seleção, juntamente com Décio de Almeida Prado e Italo Bianchi. Foi Lourival quem

Lourival Gomes Machado, crítico de artes plásticas, foi diretor do Museu de Arte Moderna de São Paulo e inaugurou a primeira Bienal. Ele selecionava as ilustrações para o *SL*.

levou o artista gráfico, pintor, fotógrafo e poeta português Fernando Lemos para o *Suplemento*, do qual participou intensamente. "O *SL* era um ponto de encontro importante de colaboradores de todo o País", afirma. Lemos lembra-se de que segunda-feira era o dia de entregar as ilustrações, e as encomendas eram feitas com prazo de duas semanas. "A redação era num salão enorme, num canto ficava a mesa do Décio, no centro um grande mesão para umas 20 pessoas. Ali batíamos papo naquelas segundas-feiras."

Os três amigos – Fernando Lemos, Antonio Candido e Paulo Emilio Salles Gomes encontravam-se nas manhãs de segunda-feira na Praça da República. Engraxavam os sapatos, davam um pulo até a Livraria Jaraguá, almoçavam e à tarde iam para o *Estadão*, conversando. Bons tempos.

"Havia um ufanismo de ter uma publicação como aquela em São Paulo. Eu me lembro de que, em Belo Horizonte, formavam-se filas para comprar o jornal. Ele saía com pontualidade, o que infelizmente não acontece sempre com as coisas culturais", diz Lemos.

Segundo ele, "o *SL* preencheu o lugar de uma revista cultural, que não havia. Muito depois vieram as revistas semanais". Ele conta que discutia com Décio e Candido a possibilidade de separar os anúncios da parte editorial, como ocorria na Europa e Estados Unidos, para que os colecionadores pudessem fazer a encadernação sem eles, mas o projeto não vingou. Talvez porque a quantidade de anúncios não fosse relevante.

"O *SL* foi uma valentia cultural", ele afirma. "E seu projeto gráfico inovador abriu caminho para a revolução que significou o *Jornal da Tarde*".

Assim como na área de literatura, nas ilustrações do *SL* não havia predileção por escolas ou tendências, não havia "panelas" e ao lado de artistas de renome — como Portinari, Di Cavalcanti — despontavam jovens talentos, hoje consagrados não apenas nas artes plásticas – como Renina Katz, Maria Bonomi, Giselda Leirner, entre tantos outros — como nas artes gráficas, exemplo de duas de suas mais profícuas colaboradoras: Rita Rosenmayer, a

Candido, Paulo Emilio e Fernando Lemos: encontro literário e cultural às segundas-feiras no centro da cidade.

artista que mais ilustrou para o *Suplemento*, com 66 obras, e Odiléa Setti Toscano, que publicou 54 ilustrações durante três anos, na gestão Almeida Prado, hoje professora-doutora do Departamento de Projetos da Faculdade de Arquitetura e Urbanismo da USP e autora, entre outros, de murais de estações do Metrô de São Paulo (São Bento, Paraíso e Jabaquara) e na Estação Largo 13 da Companhia Paulista de Trens Metropolitanos.

A mesma Odiléa relembra Italo Bianchi com carinho: "Ele sempre abriu espaços generosos nas páginas, para que nossos desenhos ou gravuras respirassem livremente, numa proposta renovadora de diagramação. Bianchi não espremia os desenhos. Ilustramos textos dos nossos melhores poetas e contistas, de Drummond a Clarice Lispector".

Suas primeiras ilustrações publicadas eram reproduzidas por meio de clichê de chumbo, impressas em papel jornal. Portanto, perdiam muito da qualidade. "Existe um limite para a fidelidade do desenho. Quando passava para o clichê de chumbo e ia para a impressão, muito se perdia no papel jornal. Então, fui experimentando, abandonando a linha fina. O trabalho do Fernando Lemos não se perdia nada na impressão, mas o do Aldemir Martins, com traço fininho e linha pontilhada, sim", afirma Odiléa.

As colaborações para o *Suplemento*, além de divulgarem o trabalho de Odiléa, contribuíram de forma substancial para as finanças da família que crescia. Ela tomava o bonde camarão e descia a Consolação com seu filho nos braços, para entregar os trabalhos na redação, na Rua Major Quedinho, para onde o *Estadão* se mudara em 1951.

Os trabalhos de Odiléa foram expostos na 6ª Bienal Internacional de Arquitetura, em São Paulo, em 2006. Uma vastíssima produção, que se estendeu, após o *SL*, para a Editora Brasiliense, onde produziu 40 capas para a coleção *Jovens do Mundo Todo*, ilustrou muitos livros e cuidou da identidade visual da coleção. Daí em diante seus trabalhos apareceram nas revistas *Realidade*, *Visão*, *O Bondinho*, *Boa Forma* e nas internacionais *Gebrauchsgraphik* e *Graphis*, entre os anos 1960 e 1980.

"Minha experiência como ilustradora, que muitos consideravam arte menor, foi extremamente rica", ela afirma. E sua participação no *SL*, inesquecível. "Eu era muito nova, e me sentia como se fosse a mascote daquela turma de intelectuais de peso."

Também iniciava Rita Rosenmayer, que durante muitos anos ilustrou para o *Estadão*, em vários de seus cadernos. Casada com Leo Seincman — que inaugurou a primeira galeria de arte moderna do país em 1951, a

Odiléa Setti Toscano: "Eu era muito nova, e me sentia como a mascote daquela turma de intelectuais de peso".

Rita Rosenmayer, uma das ilustradoras mais presentes nas páginas do *Suplemento*.

Ambiente, na Rua Martins Fontes — com uma coletiva de Portinari, Di Cavalcanti e Volpi — já desfrutava do convívio com o pessoal do *Suplemento*.

"Eles estavam sempre na galeria", conta Rita. Afinal, o *Estadão* ficava a uma quadra dali. O casal tornou-se especialmente amigo de Lourival Gomes Machado. E assim iniciou-se a participação de Rita, que durante as décadas de 1950 a 1980 colaborou intensamente com o jornal.

A presença de moças no jornalismo não era uma tônica na década de 1950. Elas conquistaram seu lugar nas redações a partir de fins da década de 1960, com o avanço das lutas feministas em todo o mundo. Mas até hoje a presença masculina é marcante nas artes gráficas no jornalismo: praticamente não existem, por exemplo, mulheres caricaturistas e/ou chargistas na grande imprensa.

O *SL* inovava também abrindo democraticamente espaço para mulheres ilustradoras, jovens, iniciantes. Esse procedimento, aliás, foi adotado por Décio de Almeida Prado em outras seções do *Suplemento*, conforme atesta outra então principiante, Leyla Perrone-Moisés, hoje professora titular aposentada da Faculdade de Filosofia Letras e Ciências Humanas da Universidade de São Paulo. Em depoimento na Academia Brasileira de Letras, em 24 de maio de 2005, Leyla contou que foi convidada pelo editor para substituir o influente crítico de literatura francesa Brito Broca, que havia falecido, e escreveu mais de uma centena de artigos no veículo antes de elaborar sua tese.

Ao lado dessas pioneiras da ilustração na imprensa cultural paulista, outra colaboradora se destaca, esta a primeira mulher no Brasil a produzir charges políticas para importantes veículos da imprensa: Hilde Weber (1913-1994).

Nascida na Alemanha, começou a desenhar para jornais em seu país aos 17 anos. Veio para o Brasil aos 20 para encontrar o pai, que havia saído da Alemanha após a Primeira Guerra Mundial. Obteve emprego como chargista nos *Diários Associados*, de Assis Chateaubriand, onde ilustrava a coluna do escritor Rubem Braga. Depois foi chargista na *Tribuna da Imprensa* até 1962, quando o jornal fechou. Em São Paulo, foi contratada pelo *Estado* onde, além das páginas políticas, colaborou para o *Suplemento Literário*. O talento de Hilde, o "lápis de malícia lírica" – como definiu Rubem Braga – é reconhecido pela habilidade para a chamada *reportagem desenhada*, que realiza o esboço fiel de uma cena. Também pintora e gravurista, Hilde desenvolveu uma longa carreira, de 60 anos, e trabalhou até depois de se aposentar. Seus últimos trabalhos são de 1992.

ÉPOCA DE GRANDES DESCOBERTAS

Na São Paulo de fins dos anos 1950, todo o mundo se conhecia: artistas, intelectuais, jornalistas. A artista plástica, desenhista e escritora Giselda Leirner lembra-se dos encontros no barzinho do Museu de Arte Moderna (MAM) na Rua Sete de Abril, 230, inaugurado em 1949 e instalado no mesmo endereço do Museu de Arte de São Paulo, o Masp, fundado um pouco antes, em 1947, por Assis Chateaubriand e Pietro Maria Bardi. Ali também funcionou durante anos, até o desmoronamento do império de Chatô, a redação dos *Diários Associados*. "Lá e no bar do hotel Jaraguá encontrávamos Bráulio Pedroso, Mário Pedrosa, Lívio Abramo, enfim, tantos grandes amigos, numa época de grandes descobertas artísticas para nós", acentua Giselda.

A pintora e gravurista Renina Katz, outro expoente das artes plásticas no país, afirma que nos anos 1960 os artistas faziam ilustrações para obterem divulgação e também, é claro, ganhar um dinheirinho. "Ilustrar para o *SL* significava prestígio", diz.

Renina deixava sua colaboração na portaria, não se lembra de ter entrado na redação do *Suplemento*. Ela ressalta a importância de se publicar não uma ilustração, mas a reprodução de uma gravura no jornal, o que já era um ponto a favor dessa arte. E também acentua o fato de que, muitas vezes, a obra não ilustrava um texto, era autônoma, independente.

Esse espaço diferenciado, que o projeto de Antonio Candido definia como um "enriquecimento da página", até hoje é muito raro de se obter na imprensa escrita. Os artistas gráficos em geral são chamados exatamente para isto: ilustrar um texto. Na sua grande maioria os desenhos para a imprensa aludem ao texto escrito, são a interpretação gráfica do assunto tratado pela palavra escrita. Recriam a estética da página, ampliando seus limites gráficos, tornam uma página estética, mais agradável à leitura, agregam informações, ou, no caso das charges e caricaturas, emitem opiniões por meio do humor.

Nos jornais e revistas, de um modo geral, a ilustração é sempre subsidiária da palavra escrita, funcionando como um enfeite, adorno ou redundância, sem função maior do que a de uma barra de crochê num pano de prato. Entretanto, o *Suplemento Literário* colocou-se na vanguarda também nesta questão: além de garantir um espaço generoso para a fruição da ilustração – não era o caso de preencher um vazio que sobrou do texto – criava e garantia também, com a independência das gravuras, desenhos e outras expressões gráficas frente aos

Di Cavalcanti na capa de 2 de fevereiro de 1957.

textos, um espaço para a comunicação por meio do discurso plástico, elevando-o à categoria de linguagem autônoma.

Comenta Cacilda Teixeira da Costa que, esse trabalho livre, não vinculado ao texto, era o que mais interessava aos artistas. E reflete sobre a possibilidade oferecida pelo *Suplemento*, aos artistas, de um "veículo de divulgação de seu nome e de sua arte no momento mesmo em que se intensificava o debate sobre os meios de popularizar as artes visuais. Uma folha de jornal era vista por muitos como suporte legítimo e bem-vindo aos anseios de atingir diferentes públicos, fora do círculo fechado das galerias e museus. Vivia-se um momento crítico em que numerosos artistas de formação erudita procuravam meios de tornar-se mais acessíveis, para poder exprimir as aspirações populares".

O jornal cumpriria, na sua opinião, "a função de despertar o público para a apreciação das artes plásticas nas quais pressupunham um desempenho não só estético e ético, mas político".

Sobre as artes gráficas aplicadas e o fato de artistas plásticos cederem suas obras para ilustração da imprensa, há polêmicas. Wesley Duke Lee, também um ex-colaborador do *SL*, entende que as artes gráficas aplicadas na imprensa – independentemente de sua qualidade – não são arte, porque estão envolvidas no processo industrial de realização e reprodução. Por isso, nunca permitiu a reprodução de uma obra sua de artes plásticas para ilustrar matéria de jornal. Durante muitos anos foi também um excelente artista gráfico, mas separou bem as duas funções. Assim como a artista plástica, desenhista e escritora Giselda Leirner, outra colaboradora, separa sua produção para exposições na época, de seus trabalhos para o *SL*.

Uma exceção entre os ilustradores do *Suplemento* nos anos 1960 foi o jornalista, artista gráfico e plástico Ari de Moraes Possato (1944-2004). Repórter da editoria de Geral do jornal, é um dos raros casos em que o jornalista de texto também publica seu traço. Personalidade multifacetada, especializou-se depois em reportagem policial, freqüentador de um submundo onde não havia lugar para a arte. Mas ele nunca a abandonou. Aliás, uma de suas obras (acrílico sobre tela) chama-se *Massacre na Detenção*, sobre a tragédia ocorrida no Presídio do Carandiru, em São Paulo, em 1992. Possato foi repórter e ilustrador dos *Diários Associados* e de jornais do Grupo *Folhas*. Colaborou com o *Folhetim*, e em *Notícias Populares* desenhou histórias em quadrinhos. Como pintor, participou de individuais e coletivas no Brasil, Portugal, França e Japão entre 1967 e 2000. Na França existe uma exposição itinerante sobre pintores de rua com quadros seus, pois Possato sempre expôs seus trabalhos na feira da Praça da República e ultimamente na feira da Praça dos Omaguás, em Pinheiros. Uma deficiência física o limitava, mas não o impedia de desempenhar seu ofício de repórter, fruto de grandes esforços - numa época em que a reportagem policial exigia também empenho físico do profissional – e de realizar sua arte.

A pesquisa e sistematização das questões das artes visuais na imprensa ainda engatinha, mas se o tema não é objeto deste livro, estas pinceladas pretendem apenas acentuar mais um viés da prática do projeto do *Suplemento Literário* e homenagear seus colaboradores.

Se não representou a vanguarda do jornalismo cultural brasileiro, como afirma Antonio Candido – pois segundo ele a publicação apresentava uma posição de equilíbrio entre a tradição e a inovação, uma "fórmula compreensiva" – pode-se depreender que representou a vanguarda da ilustração para a imprensa nos anos 1960.

O volume de ilustrações que chegou à redação do *SL* entre os anos de 1956 e 1967, período da gestão de Décio, é incalculável. Em novembro de 1972, o *Estadão* doou ao Museu de Arte Moderna de São Paulo aproximadamente 600 originais, entre desenhos e gravuras. Muitos deles nunca foram publicados. A curadora da exposição de 138 dessas obras em 1973, Cacilda Teixeira da Costa, acentua no catálogo: "No confronto das obras com suas reproduções, ressalta o trabalho de alguns artistas mais preparados para tirar partido das especificidades da impressão. Alguns trabalhos ganham importância na transformação, enquanto outros são mais ricos e expressivos no original". E acrescenta: "Curiosamente, hoje os jornais têm acentuadas características de raridade e antiguidade, enquanto os desenhos e gravuras conservam-se em boas condições, como obras contemporâneas".

Entre os artistas que mais colaboraram para o *Suplemento* figuram – além de Rita Rosenmayer, Odiléa Setti Toscano e Fernando Lemos – Aldemir Martins, Antonio Lizárraga, Darcy Penteado, Giselda Leirner e Fernando Odriozola. Já as colaborações mais numerosas da coleção do MAM são de Lívio Abramo, Aldemir Martins, Fernando Lemos, Arnaldo Pedroso d'Horta, Giselda Leirner e Antonio Lizárraga.

A seguir, reproduzimos ilustrações que fazem parte do acervo do MAM, algumas com as páginas do *SL* em que foram publicadas, outras avulsas.

Os critérios para esta escolha relacionam-se apenas ao fato de se ter obtido autorizações de reprodução de alguns artistas e/ou seus descendentes. Todas as colaborações para o *Suplemento Literário* são da maior importância para a história da imprensa brasileira, pois esses artistas fizeram parte de um momento ímpar de articulação do jornalismo cultural com as artes plásticas.

JAMES JOYCE (CÁ ENTRE NÓS)

OSMAR PIMENTEL

Na sentença de 6-12-1933, com que liberou a publicação de "Ulisses", de James Joyce, nos Estados Unidos, o juiz John M. Woolsey ponderou: "Ulisses" não é de fácil de ler ou de compreender. Sôbre ele, porém, já se escreveu muito. Para tentar, propriamente, sua análise, é recomendável ter alguns livros e ter agora se tornaram satélites dele. O estudo de "Ulisses" é, portanto, encargo pesado".

A advertência do meritíssimo deve ser lembrada aos leitores brasileiros. No fim do passado apareceu a tradução do romance de Joyce, devida à competência criadora de Antônio Houaiss. Desde então, as estatísticas vêm apontando o autor estrangeiro mais vendido na Guanabara. É provável que fato idêntico esteja ocorrendo em São Paulo. E já se noticiou que o tradutor teve, no momento, o texto para a segunda edição.

A tradução não contém prefácio Houaiss assina a "orelha" do volume. Mas é "orelha" ilustrada e ilustrativa, útil ao leitor, que reclama do romance de Joyce qualquer subsídio. A tradução francesa, espanhola ou italiana.

Há, portanto, o risco de se iludir o leitor — ainda não iniciado na ficção joyciana — comprar a tradução, começar a lê-la com a melhor boa vontade e, depois de muito esfôrço, desistir da leitura. Desistir nem envergonhada é até perseguido por alguns sentimentos.

Êsse risco deve ser evitado. E não só porque "Ulisses" é um dos pontos mais altos da ficção burmosa. Devemos evitá-lo pela atenção ao homenageam seu editor — a quem se deve esse extraordinário serviço à nossa cultura — e a Antônio Houaiss, cuja tradução, de alta e nobre qualidade, exprime, na sua rúbrica no contrato de trabalho, fidelidade desinteressada à literatura.

O articulista pretende colaborar, embora modestamente, nesse objetivo. Assim, estas notas de leitura visam superar o leitor nacional não sofisticado a validade da informação de Woolsey; os principais aspectos "científicos" cuja leitura refletiu à compreensão de "Ulisses"; e por exemplo característico da melhor análise de um fragmento ou do sentido do romance; êsses equívocos obstante tenso que se fizera a propósito do livro, mas que os leitores brasileiros não devem repetir.

Se conseguirem, estas anotações lembrarão que, embora a prosa complexa e aparentemente desalentadora, à leitura de "Ulisses" tem aguda influência sensorial e é fonte de prazer estético que não justifica qualquer esfôrço para traduzi-lo.

A ideia, porém, a estrutura geral do romance.

A TRINDADE DE "ULISSES"

A edição original contém numerosas do romance em 768 páginas; a tradução brasileira, em "Ulisses" divide-se em três partes, assinaladas por algarismos romanos na tradução brasileira; I (pag. 1); II (pag. 39); III (pag. 635). Cada parte compõe-se de episódios ou capítulos não titulados. A primeira abrange os três episódios iniciais, a segunda, doze; a terceira, os três episódios finais.

A primeira parte é dedicada, especialmente, às atividades matinais de Stephen Dedalus; a segunda, às aventuras — no decorrer do dia — de Leopold Bloom; Stephen Dedalus e os dois "dublinenses"; a última, à volta ao lar de Bloom e Stephen, já depois da meia-noite.

Sobre êsse artigo terá premonido que o tempo cronológico do romance é extremamente curto. "Ulisses" começa às 8 horas da manhã de uma quinta-feira — 16 de Junho de 1904 — em Dublin, capital da Irlanda do Sul. E termina, ainda em Dublin, às três horas da madrugada do dia seguinte.

Pode dizer-se, sem muito exagero, que o romance avultam três personagens: Leopold Bloom, Stephen Dedalus e Molly Bloom, mulher de Leopold. Leopold Bloom, agente de publicidade, é um meio-judeu nativo de Dublin. Para William Powell Jones, cujo estudo — "James Joyce e a Irlanda" foi publicado em 1955, numa edição da Universidade de Oklahoma, (Consolemo-nos, os brasileiros. Ingleses e americanos também vivem sofridos e errantes. Leopold Bloom é a versão joyciana do Ulisses homérico.

Stephen Dedalus é intelectual. Sua sensibilidade e cultura estão a serviço de uma Arte que êle considera superior à própria vida — exiliam-no, espiritualmente, numa Dublin irreviscível mas amada, rebelde mas ingenuamente frustrada pelo domínio inglês. (Há, em Stephen Dedalus, muito da autobiografia espiritual de Joyce — notadamente de Joyce adolescente). Stephen é o retrato joyciano do Telemaco de Homero.

E de Molly Bloom, mulher de Leopold, o monólogo interior que constitui o último episódio do romance. Molly é essencialmente infiel ao marido. Irá traí-lo mais uma vez, àquela mesma tarde, com Boylan, de quem recebera, de manhã, convite para ensaio informal de "Love's Old Sweet Song". Molly Bloom é a versão joyciana da fiel Penélope legendária de Homero.

Como, porém, o monólogo da adúltera tem passado por "pornográfico" e se constituído, por isso mesmo, em base do "sucesso de escândalo" que o romance teve, a princípio, no mercado de leitura, convém recordar que a infidelidade assídua de Molly não serviu à propriamente simples paródia moderna da fidelidade, também assídua, da heroína do poema grego.

Joyce — cujo sarcasmo tem, quase sempre, o gabarito swiftiano, e cujo humorismo é ímpar no comum — terá feito de sua "escadora" a resposta feminina ao direito de viver, para além das frustrações de Leopold e de Stephen. Essa resposta, como se observou, é uma lírica e uma aceitação corpórea dos valores do ser e do existir. É tetra, obviamente, de ser dada pela linguagem do inconsciente, pela autenticidade do monólogo interior.

Pouco importará que, nesse monólogo, o amor se expressa, não raras vezes, por palavras, imagens e gestos que escandalizarão certo puritanismo quaker.

Joyce foi aluno de padres jesuitas. Suarez e Escobar, casuístas, inacianos, escreveram sobre sexo com uma "audácia" e uma sutileza que Molly Bloom — simples dona de casa, de pequena-burguesia — nunca poderia ter. E é provável, como lembrou Valery Larbaud, que Joyce tivesse lido os dois casuístas espanhóis. Não, certamente (arrisco-me a sugerir), por sugestão dos padres ignacianos.

O ENIGMA

A controvérsia sôbre o sentido de "Ulisses" começa no título do romance. Nesta respeitar dizer que cada leitor acaba atribuindo ao livro um sentido pessoal, intransferível.

Ou que cada leitor tem o "Ulisses" que merece.

Já existem alguns pontos de vista relativamente pacíficos sôbre a interpretação do romance. São poucos; mas existem. Um deles: o de que, em "Ulisses", Joyce teve a intenção de "pintar o enigma do homem moderno em termos da história moral de Dublin". A afirmação é do prof. William Powell Jones, em seu "James Joyce e a Irlanda" e afirma-se que, por ter a intenção, pela nostalgia, às vezes tocada de desespêro, duma pátria que espalhasse seu povo sofrido e errante, Leopold Bloom é a versão joyciana do Ulisses homérico.

O ponto de vista do prof. Jones pode ser considerado razoável por dois motivos: a) a expressão "história moral da Irlanda" é do próprio Joyce e aparece numa carta dêle a Grant Richards; b) a palavra "enigma do homem moderno" é suficientemente vaga para permitir ao leitor solucionar, a seu modo, êsse enigma.

Creio, porém, que só é possível pintar êsse ser entendido em seu sentido especificamente pascalhâno: o estilo como pintura do pensamento. Com visão deficiente e neurose manifesta, Joyce foi compelido a retratar — menos a ação — do que o pensamento que e acheva é da certo ondido.

CONSCIÊNCIA DE UM HEROI

Como já lembrei, a discussão sôbre o título do romance abre a série, aparentemente interminável, das controvérsias sôbre o sentido de "Ulisses". E é que se ocorre com as opções antagônicas de C. G. Jung e W. S. Stanford.

Jung afirmou que o Ulisses do escritor irlandês "não tem parentesco com o Ulisses dos remotos tempos homéricos". Esclarece: "Em rigorosa oposição a seu homônimo antigo, o "Ulisses" de Joyce é uma consciência inativa, meramente perceptiva. Ou, melhor, é um simples olho, uma orelha, um nariz, uma bôca, um nervo tactil exposto, sem freio ou seleção, à catarata turbulenta, exótica, disparatada dos fatos físicos e psíquicos que reduz a quase fotograficamente" (C. G. Jung — "Ulisses" monólogo). Revista de Ocidente, n.o CXVI, pag. 118).

W. S. Stanford diz precisamente o contrário. A seu ver, os dois autores conseguiram criar concepções do Ulisses tão integradas e caraterísticas quanto a de Homero"; o irlandês James Joyce de "Ulisses" (1922) e o grego Nikos Kasantakis do poema "Odisséia" (1938). Afirma que a mais complexa e talvez maior interpretação do Ulisses, depois da Odisséia de Homero, é a do "bem cinturado" do romance de Joyce. (W. S. Stanford, "The Ulysses Theme", Basil Blackwell, Oxford, 1954, pag. 117).

Como Jung, Stanford sabe perfeitamente o contrário. A seu ver, os mesmos os leitores do romance começam a ler essa história, depois de duas páginas podem ter. E é provável, como lembrou Valery Larbaud — o romancista à biblioteca há para ler Aristóteles e Santo Tomás. Alem disso, afirmou, certa vez, que sua concepção de arte não passava de "applied Aquinas" uma expressão do "integritas, consonantia e claritas" do tomismo.

Essa lenda prosperou até o aparecimento de "Joyce e Aquinas", do padre jesuíta William T. Noon. Esse eminente especialista em escolástica e na obra de Joyce — por êle estudada com grande simpatia — indica, sempre foi instruído e reduziu a lenda à condição contraditória de mero padre jesuíta.

O padre lembrou que Santo Tomás não escreveu especificamente sôbre Estética — palavra, aliás, que só apareceu, criada por Baumgarten, quinhentos anos depois da morte do Doutor Angélico. Lembrou ainda — com prova à mão — que Joyce não foi além do alto segundo, tomo e filosofia.

Afirmou que o alegado "tomismo" do romancista não passava de "correspondências temáticas" ou de "afinidades de enfoque" entre o escritor e vários pensadores. Dêstes, alguns católicos, como ocidentais, como Tomás — sustentado por tais ou quais de suas qualidades, no caso como Maria ou como "estágios" da própria vida do conhecer da mente. E Stephen, no "Retrato", concebe-se como "estágios", em nome de Santo Tomás.

O segundo equívoco originou-se de uma afirmação precipitada de Harry Levin, a quem todos devemos um admirável e redondo pioneiro sôbre o romancista, edição, pela New Directions, em 1941.

Levin escreveu que o "monólogo interior" de Molly Bloom é destituído de validade científica. "O método linear da prosa", afirmou, é notòriamente imbatível para exprimir as diversas camadas da consciência.

Lembre-se, com o devido respeito a Levin, que, mesmo no monólogo de Molly Bloom, o método de abordagem da realidade inconsciente não é sempre — nem essencialmente — "linear da prosa", mas é método complexo de sondagem poética das camadas mais profundas do inconsciente.

Em 1925, três anos depois da publicação de "Ulisses", em Paris, o brasileiro Gilberto Freyre via o problema em perspicaz que, estranhamente, faltaria a Levin. Escreveu, ("Retalhos de jornais velhos", in "Documentos Brasileiros", n.o 44); "Pode-se num que "é Ulisses" a uma como reportagem taquigráfica de flagrantes mentais. Do muito que se pensa em ter corrigido de dizer, do muito que é recalcado na vida mental do homem pelo "censor" da teoria freudiana. Joyce estou uma espécie de método taquigráfico para apanhar esses flagrantes da vida interior. Vida sem disciplina moral. O "carnaval dos miolos", na frase de Herbert Gorman".

Creio que a restrição de Levin se deve ao fato de êle não ser, como qualquer freudiano ortodoxo, que a bandeira psicanalítica exclui condicionamento de pensar lógico, isto é, da linguagem prosódica. Ou que existam mesmo — em estado de pureza semântica — as "associações livres" do método freudiano.

Críticas e pesquisas mais recentes retificaram essa aspiração. A catarse pura inicia-se na prática analítica. As "associações" só são relativamente livres, E sempre possível discernir, em qualquer contexto destas, um sutil "leit motif" lógico.

Nesse sentido, o mérito de Joyce parece-me ter sido o de antecipar-se — através da criação literária e com bastante antecedência — a conclusões mais científicamente verossímeis da psicanálise moderna.

Creio não exagerar afirmando que, em psicologia, Jung é o maior autoridade de Levin. Foi êle quem, em ensaio sôbre "Ulisses", tornou clara a espantosa capacidade de Joyce na manipulação semântica — como que metafórica — das linguagens do inconsciente. Capacidade tão singular que levou a psicológo a ver em Joyce um esquizofrênico potencial, com grande amargura, aliás, do romancista.

Nem poderia, aliás, ser de outro modo. Apesar das aparências em contrário de nossa própria formação e do silêncio estrangeiro com que temos lido as duas grandes obras literárias. Joyce — sabe-se hoje — conhecia tanto a obra de Freud quanto a de Jung. Em "Life and the dream", Mary M. Colum — que conhecia, como poucos, a vida e a obra de Joyce — deixou êsse ponto.

Quando, em 1934, piorou o estado de saúde de sua filha Lucia, Joyce foi compelido a consultar Jung, por sugestão de Patricia Hutchins. A história contém em Patricia. "James Joyce's world". Aliás, a autora lembra que o próprio Joyce, embora corrente a graça bombetária, reconhecera sua dívida intelectual para com Freud e Jung ao evocar, na pag. 115 de "Finnegans Wake", "when they were yung and easily befreudered".

Realmente; o mago da memória inglêsa, que Joyce foi, conseguiu, nesse fragmento de frase, homenagear Jung e a própria mocidade, num adjetivo: "yung". E lembrar Freud, também, apenas num verbo: "befreuded". Mas o adjetivo é suavemente (facilmente) e a quase homofonia entre "befreuded", "Freud" e Freud não me parece prestigiar o homenageado.

VELHOS LEQUES DE PLUMA

O leitor que teve a paciência de acompanhar o articulista até aqui haverá de perguntar-se: valerá a pena tanto esforço só para ler e compreender "Ulisses", de James Joyce?

Creio que o leitor que já se vira (e continuam estudando) êsse romance excepcional, responderão sem hesitar; vale a pena, sim.

"Ulisses" é, como obra de arte, indefinível, inclassificável. É livro único, e parece manifestar a Joyce não ser considerado, simultâneamente, a "Suma Artis" do século XX (como suponho o articulista) ou a "Odisséia do esgoto", como escreveu o resentido "lógarty" — o enpalhastroso mas simpático Buck Mulligan do romance. Será tudo isso — e o que dele disser a crítica inteligente do futuro.

E para que o leitor sinta, um pouco, a profunda magia lírica da prosa de Joyce, o articulista transcreve, aqui, um trecho do primeiro episódio, em que Stephen Dedalus evoca a mãe morta, na tradução exemplar de Antônio Houaiss:

"Uma nuvem começara a recobrir o sol, lentamente, sombreando à baía em verde mais fundo. Jazia atrás dele, um vaso de águas amargas. A canção de Fergus: eu cantava sôzinho em casa, sustendo os longos acordes lenços. Sua porta ficava aberta: ela queria ouvir minha música. Silencioso de reverencia e piedade aproximei-me de seu leito. Chorava no seu leito miserável. Por essas palavras, Stephen de amor e nojito amargor. Onde agora?

Seus segredos; velhos leques de plumas, cartões de dança debruados polvilhados de almíscar, um arvéio de contas de âmbar na sua gaveta cerrada. Uma gaiola pendia da sua janela ensolarada quando êle era menina. Ouviu o velho Royce cantar na pantomima de Turko o terrível e ria com os outros quando cantava:

> Sou eu que
> Que sente e ri
> Com o Invisível

Júbilo fantasmal, revoluto: almiscaperfumado.

Nem mais um canto a cismar

Revoluto na memória da natureza com seus brinquedos. Lembranças assaltam-lhe o cérebro meditabundo. Seu copo d'água vinda da bica da cozinha, para depois nouvera comungado. Ela encurvada maçã, recheada de açúcar mascavo, assada para ela à lareira em sombria de outono. Suas unhas bem talhadas carminadas do sangue de piolhos esmagados das camisas das crianças.

Num sonho, silenciamente, ela viera a êle, seu corpo gasto a dentro das largas vestes fúnebres despedindo odor de cera podre e mofo, seu alento debruçado sôbre ela com muda e secretas palavras, um esmacido odor de cinzas molhadas. James Joyce faon1 entao la pela anos."

Três historias
de DALTON TREVISAN

A NOIVA

José foi noivo de Maria e, no fim de seis meses, descobriu que ela não lhe convinha, pois era muito namoradeira e, quando ia se casar, pediu-lhe de volta a aliança.

Além de barbeiro, era clarinetista na bandinha de São Abril. Quando se achava tocando no clube, recebeu diversos recados de Maria, para que fosse dançar com ela e, apesar da insistência, não atendeu ao convite.

Sentada entre as colegas à mesa, disse Maria que, se José não a ligava mais, já estava cansada desta vida e iria matar-se com formicida. As amigas deram conselhos a fim de tirar-lhe o mau plano da cabeça.

A moça explicou que tinha quatro desejos: fosse mandada para exame, depois de morta, para José saber que era doncela; queria à vestida de noiva, pois êsse pecado êle não levava; terceiro, não esquecessem de acender vélas para alumiar o caixão escuro e, por último, colocassem na cabeceira do túmulo o seu retrato colorido.

O baile acabou e as moças foram para casa. Quando se achava na cozinha, a beber água do filtro, a irmã de Maria ouviu que a outra a chamava, com voz fraca. Correu para o quarto, era tarde.
— Me abrace — ciciou Maria. — Já tomei veneno. Não adianta nada.

Amarfanhado na mão esquerda deixou o seguinte bilhete: "Eu fiz isso por causa do José e eu quero ir de noiva — é sua — Maria".

OS TRES PRESENTES

Maria, aos catorze anos, era empregada para todo serviço na Pensão Bom Pastor, onde trabalhava, comia e dormia. A mais nova de sete filhos, sempre foi doentia e vivia debaixo de xarope.

Menina de boa vivência, nunca teve trato com homem. Em longo serviço para os moços. Nem teve namorado que a comprometesse, nem foi a passeio ou baile desacompanhada: dia queria um nome da casada. Ninguém viu Maria se portar mal, sendo apenas meio loquinha de prosa.

No dia quinze de agôsto, ao fazer a limpeza no quarto n.o 28, o pensionista de nome João estava na cama, com parte de doente. João falou que não lhe parecia a menina ter medo, de cabelos brancos ele podia ser seu pai. Com muito agrado, alcançou que ela deixasse a vassoura e ficasse prosendo. Embora fosse pessoa religiosa, ele era tudo, quis agarrá-la à fôrça, mas nada conseguiu, pois ela gritou. De fala mansa, êle fez juramento que ficariam noivos.

— Veja lá — replicou Maria, desconfiada. — Não quero casar na novinha e depois ser largada no mundo com um filho nos braços.

Com a promessa de casamento, a menina concordou em entrar-se na casa. Em seguida, houve toques e blandícias. Ele que João lhe ofereceu três presentes: um relógio de pulso, uma xicara azul de porcelana e um vidro de perfume.

Depois de fechar a porta, prometeu que casaria com ela e saísse virgem.

— Sou moço — acudiu à menina — e quero casar de branquinha.

Era tão bobinha que aceitou os três presentes e deitou-se na

LADAINHA DO AMOR

"João, em primeiro lugar desejo que estas poucas linhas vão te encontrar com saúde e felicidade, enquanto eu vou bem graças a Deus, João mando dizer que você é uma ladainha, eu fui naquele sortista que tu frisastes e falei sôbre teu caso, deixei o nome da fulana, ela me disse a mesma coisa, pois você tomar cuidado com tua doença, pegar voce esta perdido, eu nunca busco minha ajuda, João meu coração já sei que mulher há ai na tua casa, estou tre-

---

A ASA

De um sono espêsso
ressuro à tona
de nôvo dia.

Silente
a asa voeja
ante meus olhos.

Ei-la a pousar-me
opaca
trêmula
sôbre a garganta.

Ei-la a interpor-se
entre mim e o pássaro
entre mim e a luz.

E a envenenar
a minha xícara
a corromper-me
o fruto
o pão.

Ei-la
negra anti-essência
a tatuar-me
o seio
o ventre.

Agua
sabão!
inútilmente.

Fecho-me em roupas
tento escondê-la.
Mas surge à tona
sobrevoando
minhas palavras
nevoando

contaminando
o ar
o sol.

Me anulo em tráfego
em asfalto.
Ei-la esvoaçante
ante meus passos
que amassam o môsto
acre das horas.

Busco a clareira
do convívio que
terna
me acolhe.
Ei-la palpável
urdindo tramas.

— Por duas vêzes
sua ameaça
já golpeou
teu peito
amado!

Mesmo no instante
claro
breve
do amor
ei-la presente.

Asa anti-vôo.

Só me abandona
quando mergulho
— inconsciente —
no denso lodo
de nova noite.

IDELMA RIBEIRO DE FARIA

Odiléa Setti Toscano, 30.04.1966

O SEGREDO

Conto de LYGIA FAGUNDES TELLES

Ilustrações de RITA ROSENMAYER

AKUTAGAWA

PEDRO MOACYR CAMPOS

II

Ainda uma vez – Euclides!

CASSIANO NUNES

Uma reedição oportuna

ALCANTARA SILVEIRA

Ydnori

*Talvez não fosse azul
o tempo em que aguçamos nossas forças
o tempo-cavalete doirado de sol posto,
que julgamos ser o Reino que nos auto-prometemos.

Talvez não fosse.

Fosse talvez apenas porto-engano
o porto que avistamos.

Fossem barcos-miragem que viajamos,
fossem mares talvez de rota ausente
os mares ideais que nos sonhamos.

Talvez não fosse enfim a propria viagem
que uma outra dimensão de não-viajar.

Talvez não fosse.*

REINALDO CASTRO

Rita Rosenmayer, 16.09.1961

O MINISTRO

Conto de LÊDO IVO

Ilustração de HILDE WEBER

Posso afirmar, sem contestação, que estava dormindo quando fui nomeado ministro. Sucedeu comigo o contrario do que acontece com os ministros que, indo para o sono na plenitude de suas funções, acordam demitidos. Não adianta pôr os oculos para ler a notícia do matutino funesto: já está a demissão em letra de fôrma, e o telefone soa, implacavel, de instante a instante.

Dormi gripado, tendo até tomado um comprimido ao recolher-me, e acordei ministro de Estado. Digo assim porque me encontrava ressonando e o decreto de minha nomeação já fôra assinado pela mão incansavel do presidente da Republica. Sei que há varias versões sobre o fato; andaram espalhando que fui acordado no meio da noite e, pondo às pressas uma roupa qualquer por cima do pijama, acorri ao palacio, onde o Presidente me esperava. Também disseram que eu estava numa **boite** quando fui avisado de que a posse seria às nove horas. Houve ainda quem garantisse que, ao atender o telefonema do Presidente, julgara ser trote e desligara.

Nenhuma dessas versões tem cabimento. Eu estava dormindo e Jandira, minha mulher, saira cedo para ir à feira, quando Teresa, a empregada, bateu à porta do quarto e me chamou, despertando-me sem custo, pois tenho o sono leve.

— E' do Palacio, doutor Bartolomeu.

Um telefonema do palacio é ao mesmo tempo uma coisa precisa e vaga. Pode ser um dos numerosos subchefes ou assessores da Presidencia ou um continuo pedindo um favor qualquer. Muitas vezes, o interlocutor não está absolutamente em palacio, mas em casa, de pijama, e cita o local de seu ganha-pão para ser atendido mais depressa.

Meus pés procuraram cegamente os chinelos.

— Disseram que é o Presidente que quer falar com o senhor.

Desapareceu de mim qualquer sobra de sono mais ousada, e havia razões para isso. Desde o dia da posse que o Presidente não falava comigo. E' verdade que fui a palacio varias vezes, mas não conseguia abordá-lo. Dir-se-ia que todos, ali, se tinham unido, num pacto, para barrar-me os passos. Até o Rangel, que antes me pedia dinheiro emprestado, asseverava, com um ar compungido, ser de todo impossivel conseguir um encontro para mim. Mas eu estava certo de que o Presidente não me esquecera e me chamaria. E verberava a conduta dos partidos que não queriam libertar o homem, e pareciam cães disputando um osso. "Cada um quer uma fatia do bolo", acrescentava Rangel, as palpebras caidas, olhando penalizado um grande mapa do Brasil pendurado na parede de sua sala de vago assessor presidencial.

Um dia, queixei-me a Renato, antigo companheiro da Constituinte, e ele me explicou como conseguira falar ao Presidente. Sabendo que este ia inaugurar uma fabrica de vidros em São Paulo, tomara um avião e comparecera à solenidade. Só assim conseguira conversar com ele alguns minutos, o suficiente para arrancar a nomeação prometida. E adiantou que esse expediente estava sendo adotado por varios dos nossos correligionarios que, tendo gasto até dinheiro do proprio bolso durante a campanha, se viram postos de quarentena pelos espertos que cercaram o Presidente após a posse. A verdade é que ele ignora a conspiração instalada em palacio, e que tem como objetivo afastá-lo de seus verdadeiros e fiéis amigos. E' um santo homem.

Ao pôr o telefone ao ouvido, notei que minha gripe fôra embora. E para sempre ignorei se já amanhecera curado, ou se o telefonema presidencial era, no caso, medicina mais energica do que calcio na veia.

Escutei a voz fragil, quase feminina, do Nicanor. Só depois veio o Presidente.

Não sei se algum dos leitores já foi nomeado ministro de Estado. Se o foi, para qualquer pasta, deve ter experimentado a sensação que me cumulou. Se não o foi, mal que não desejo a ninguém, será dificil narrar-lhes o que sucede. As temporas latejam, temos a impressão de que vamos ter um enfarte do miocardio, mas a opressão desaparece, de subito; sentimo-nos como se acabassemos de fazer os pés, e o calista estivesse passando certa pomada em nossa pele e aliviando o sangue dos artelhos por meio de massagens ao mesmo tempo doces e vigorosas. Parece que, de repente, a vida se amplia como a tela de um cinema onde vai ser projetado um "filme" em cinemascopio.

Estava nomeado ministro. De tudo quanto o Presidente me dizia, só isto possuia, para mim, significação real. Dir-se-ia que eu, presa de vertigem, me agarrava a um corrimão para não cair de uma alta escada. Esse corrimão era o Ministerio.

— O ato já está lavrado.

Apreciei a presteza do Presidente.

— Meu caro ministro, estou à sua espera — completou, com um tom brincalhão e afetuoso na voz.

— Irei imediatamente, Presidente — retorqui, resoluto e transbordante de felicidade.

Mal desligara, e o telefone soou novamente. Era o Arquimedes, que dias atrás fingira não me ver à porta do Joquei, que se apressava a felicitar-me. Vinguei-me: disse que, a rigor, não poderia aceitar-lhe o abraço. O Presidente me convidara (exato), mas ainda não dera a resposta. Teria antes uma entrevista em palacio.

Deixei o telefone fora do gancho. No banheiro, enquanto fazia a barba — e minha mão tremia um pouco! — avaliei que, por maior que tivesse sido o sigilo que precedera a escolha e nomeação, o certo é que a noticia já estava em toda parte. E observei que Jandira não estava ali para compartilhar de minha alegria. Discutindo o preço de uma cenoura ou segurando um pé de alface, ela ignorava ainda seus privilegios: o carro oficial, os chás, o patrocinio das festas de caridade, as recepções nas embaixadas. Com algum fremito de temor, logo contido, pensei nos vestidos novos que teria de comprar-lhe.

Debaixo do chuveiro, pus em ordem o espirito e encontrei certa logica para minha nomeação. Enquanto me enxugava, percebi que fôra uma fatalidade. Para solucionar a crise politica, o Presidente só dispunha, efetivamente, de uma saida — nomear-me. Atendera à reivindicação das bancadas do Nordeste, que reclamavam um ministro nascido no Poligono das Sêcas; assegurara o apoio do meu partido, que ameaçava desligar-se da maioria e ter uma ação parlamentar independente; e apaziguara o impaciente Moreira Lemos, governador do meu Estado.

Senti-me providencial. Se eu não existisse, a crise politica teria continuado. Sem falsa modestia, eu era uma "reserva moral" do governo.

Recordo-me confusamente de que tomei café às pressas — em verdade não sentia a menor fome — e deixei um bilhete para Jandira. Ao sair do elevador, iam entrando um fotografo e um rapazinho, decerto reporter. Era para mim, sabia, mas me mantive quieto, não desejando ser reconhecido. Nada aconteceu e suspirei aliviado. Não deveria manifestar-me antes do encontro com o Presidente.

Ministro! E não dera um passo. Dormia, talvez roncasse, no momento em que o Presidente, de eliminação em eliminação, chegara ao meu nome e nele se fixara, feliz e aliviado.

Ao dobrar a esquina, vi, no fundo de um carro, o gordo Teixeira. Acompanhei o veiculo, que parou no meio-fio do meu edificio. Não, ele estava muito enganado! Meus planos já estavam formados. Dinamizaria o Ministerio, adotaria metodos racionais, cercar-me-ia de tecnicos, extinguiria a burocracia emperrada.

Fiz sinal para um taxi. Estirando o braço para trás, o motorista abriu a porta. Nesse momento, senti um lampejo de alucinação — era como se o ministro que sempre se aninhara dentro de mim estivesse entrando, firme, no carro, e eu me limitasse a segui-lo. Imaginei-me dividido.

Nas calçadas, pessoas liam jornais. Pensei em mandar parar o carro e comprar um matutino. Mas para que? Estava indo para o palacio, ninho e fonte de todas as noticias.

A enunciação do meu destino não causara o menor efeito no motorista. Ele acelerara o veiculo com um ar enfastiado e rotineiro, como se eu lhe tivesse dito: "Vamos para Madureira". Ou então: "Me deixe na estação da Leopoldina".

O ministro olhou o mar. Um esquiador aquatico abria nele um sulco de espuma. Lembrei-me de que, quando simples inspetor de ensino, lera uma composição bastante estranha. "Entre Rio e Niteroi, ergue-se a frondosa baia de Guanabara". Aumentara a nota, chocado e deliciado. Havia alguma verdade naquela sentença — a vida era uma coisa estranha e bela. E frondosa.

*

Antes de ir para o Ministerio, uma semana após a nomeação, passei por uma chapelaria. Pela minha cabeça, começaram a desfilar inumeros chapéus, mas todos me desagradavam. Além do mais, o caixeiro que me atendera me desconhecia, ou fingia desconhecer-me. Meu coração pedia um chapéu que casasse a imponencia com a elegancia, a graça com a austeridade. Não me decidia, contudo, a citar o modelo, que era o **gelot** do prefeito.

Finalmente, surgiu numa caixa amarela o tipo desejado. Antes de sair e entrar no carro parado ostensivamente no meio-fio, vi-me ao espelho. Estava soberbo.

Os altos circulos não notaram a transformação. O lider da maioria, que me esperava no gabinete, foi logo ao caso das nomeações prometidas e não cumpridas pelo meu desatinado antecessor. Todavia, no olhar da competente dactilografa, do porteiro indolente, daquele oficial de gabinete que servia sem remorsos a todos os ocupantes da pasta, julguei ver um lampejo de malicia. Seria que eles me achavam desajeitado?

Nos raros instantes em que me acontecia ficar sozinho no gabinete, eu examinava o chapéu, admirava-lhe o feltro cinzento, macio como o braço de certas moças pestanudas, as abas viradas, o acabamento onde havia brilhos fugazes de seda.

Numa daquelas tardes, saindo para o despacho, tive meu rosto iluminado pelo clarão de magnesio de uma maquina fotografica. Ergui a mão até o chapéu, meus dedos tocaram na aba inglesa, sentiram a penugem acariciante do feltro. Estava agradecendo a cortesia.

No dia seguinte, lá estava a reportagem maldosa, cheia de perfidias, na primeira pagina do vespertino. E o reporter, após contar algumas anedotas e atribuir-me **gaffes** imaginarias, se perguntava se, após a demissão, eu continuaria a usar aquele chapéu.

Em breve, o **gelot** foi se tornando assunto obrigatorio de certos jornalistas desocupados. Meus desafetos, por sua vez, inventavam anedotas.

Uma noite, sonhei que estava dentro de um chapéu enorme, de copa virada para baixo. Minhas mãos agarravam-se às paredes daquela prisão circular, mas escorregavam num feltro pegajoso como limo. Estava enjaulado como sempre. Chamava Jandira — ela estava patrocinando um chá em beneficio das crianças orfãs de Jacarta e fingia não me ouvir. Teixeira, monstruosamente gordo, circulava, num automovel, em torno do chapéu. E o Presidente, de vez em quando, me olhava como quem se debruça furtivamente sobre um muro.

Acordei alagado em suor, meio sentado sobre a cama. Jandira, que despertara assustada com os meus gritos, deu-me a explicação para o pesadelo: eu me excedera, no jantar ao embaixador da Turquia.

A possibilidade de vir a ser candidato a governador, as nomeações e remoções que me davam a impressão de acionar um teatro de titeres, os planejamentos, as festas, as adulações, tudo isto se esvaia, mudava-se em pasmo e suor.

Tornei a dormir. Sonhei que, de novo criança, armara minha gaiola num galho da goiabeira do sitio e esperava que nela caissem os cantantes sanhaços. Era meio-dia e o sol cegava-me.

Foi Teresa que me acordou. Eu estava sozinho no quarto, pois minha mulher se levantara cedo, para ir à feira.

— E' do Palacio, doutor Bartolomeu.

Fui atender. Era o Presidente, convidando-me para ser ministro. Em verdade, só agora é que eu estava recebendo aquele surpreendente convite, que me vinha compensar da desoladora espera que me afligia desde a campanha eleitoral. Antes, tudo fôra sonho e eu jamais pusera na cabeça um chapéu de aba virada.

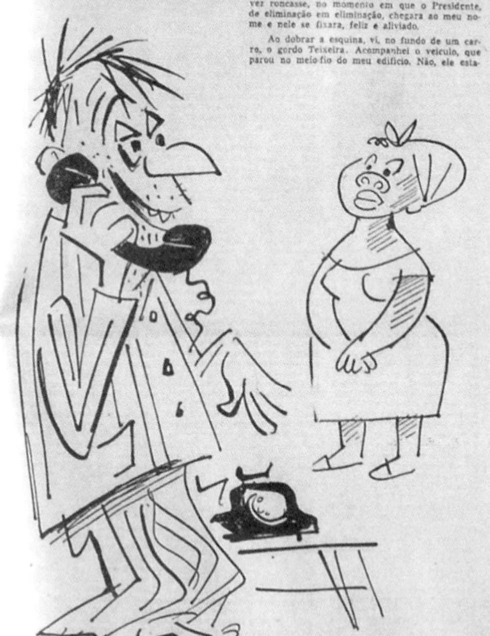

O PÃO DE CADA DIA

Dura e difícil coisa, essa de ser. Ser no mundo, sôbre chãos.
Ser em peleja e em convívio com o ser da multidão, na solidão.
Sofre de tempo, o ser. Sofre o tempo, e o tempo nêle dói.
O tempo é a sua doença. Padecê-la, a sua lei. O seu pão de cada dia,
a sua historia, lavrada em dôr que dói cava e calada.
Doendo, o tempo muda, modifica. Muda o curso do ser, mas a dôr fica,
deixada pelo tempo que passou. Porque passou, ficou.
E só porque ficou, deixando vai que o ser se veja
dentro do tempo, dêsse mesmo tempo que lhe acaricia o mistério
e vai fazendo, com o seu meigo ou rude ou indiferente passo,
um caminho de fome dentro da bôca do ser. Faminto vai o ser,
faminto de sua própria doença: do seu tempo.

Dentro do tempo vai, vai com êle e por êle, ao longo do seu curso
pelo mundano viver, que a cada instante se parte, se reparte, se triparte:
— é agora, e antigamente foi, e vai ser amanhã. Mas será que vai ser?
E como será que vai? — se indaga o ser, mas sem saber que, repartido,
êle proprio está e vai, sendo entretanto e ao mesmo tempo um só,
sendo único, no entanto, em sua essência e inteiro em sua real
verdade, que é a de ser. Desunido em seu tempo, pelo tempo,
inteiriço contudo se mantém: constante ser de inconstâncias.
O tempo muda ao ser o jeito que êle tem de usar a vida: o seu jeito
de ser (perene quase nunca no percurso). Tanto que sofre o tempo
mais talvez que o próprio ser: por isso são muitos os jeitos,
um só é que nunca jamais, que o ser tem durante o mundo.

De tantos, qual o seu? Qual o mais íntegro? Qual o que dá de verdade
limpidamente os recados? Qual lhe foi o mais pérfido, o mais dócil?
Qual não foi sequer seu, de tão falaz? Saiba o ser o que só êle
pode saber.
O tempo, todavia, em seu contar do que vai
pela verdade do ser, isso deixa bem sabido: que um ser tem todos os jeitos,
todo jeito é sempre seu. Por mais que lhe queime: é seu. Nasceu
lá dentro dêle, quem gerou importa pouco: é seu. Triste coisa, essa de ser,
que nem ser sòzinho —
como uma nuvem no céu,
como uma cisma na alma,
como um mugido num campo —
nem isso sabe ser.
Só sabe ser no tempo. No tempo é que êle se move, se locomove:
muda de lugar, ficando sempre em si mesmo. Cada lugar pede um jeito,
que não vem jamais em vão. O tempo, o tempo é quem traz
cada jeito que chega, mal sabendo a que vem, logo entretanto dono
do seu lugar, da sua hora e vez:
o lugar que no campo do ser lhe abriu (e deu) a dôr do tempo.
O ser nem sabe: quando sabe já mudou. Porque mudou, e só
porque mudou, é que o ser se descobre (e muita vez se indaga)
e porque se descobre, mais lhe doi a cava dor do tempo. Sofre o ser
essa dor como se êle é que, lá no mais por dentro dêle, a tivesse gerado,
como se êle próprio é que estivesse doendo, como se êle fôsse dor,
uma dor grande e estúpida e vazia. Ele, e não nêle, é que doi.

Assim se pensa o ser, quando se indaga: que tudo nêle é dêle,
e tudo é ser. Tudo que não seja o tempo, cegando e trazendo as coisas,
dando cada coisa a seu dono, e se nem sempre ao dono, pelo menos
ao destino com que veio, ainda que errado. (Ai, que muito destino
se cumpre por quem não lhe é dono). É que o tempo não se pensa
e nem se indaga: vai. Passa e deixa a sua dor, que fica
e às vêzes só tardia, é que começa a doer. Como se dor não fôsse.
Como se fôsse uma aurora atravessada e morta na garganta.

Pungindo calado, o tempo não se diz, nem diz ao ser, nada de nada.
Só punge. Muito sabe, no entanto, de ser como de dor. Mas não conta,
porque sequer se dá conta de que algo ainda exista encoberto, ao ser,
na dor que lhe deixou na alma finada,
onde ela dói,
crescida já porém da mágoa segregada pelo ser, por se ter assim
mudado e tão diverso em sua andança.
Descobre que mudou, dói-lhe a mudança e dói-lhe a descoberta,
numa dor só, que do seu âmago flui, dêle e profunda,
minando do seu próprio desencanto.
Essa a dor que (sábio, sem saber) o ser padece e que, de tão feroz
vai devorando a dor antiga, pela qual nasceu, fazendo com que ela,
doendo, mais pareça própria da alma onde punge e onde nasceu,
do que trazida ao ser pelo tempo que tanto o jeito antigo lhe mudou.
Suporta o ser a dor do tempo e a dor de ser no tempo. E, além
de velhas outras amarguras que o ser guarda, algumas já dormidas,
suporta a dor que é sua. Mais que tôdas, lhe dói a que se faz
em sua propria alma: a dor de ser, no mundo, sôbre o chão.

THIAGO DE MELLO

Préhistória das Monções

I

SERGIO BUARQUE DE HOLANDA

Se os grandes canoões de troncos de ximbouva e peroba são inseparaveis da historia das monções do seculo XVIII, não foi menos importante, especialmente durante a fase anterior do desbravamento do territorio brasileiro, o emprego das simples igaras de casca, ordinariamente casca de jatobá, herdadas dos naturais da terra. Se esse emprego está abundantemente documentado nas noticias que nos ficaram da atividade dos sertanistas no Oeste remoto, não é menos certo que na propria vila de São Paulo se acha assinalada sua presença em testamentos e inventarios dos antigos moradores.

Já durante os contactos iniciais com a terra tivera o europeu oportunidade de travar conhecimento com essas primitivas almadias e em circunstancias nem sempre favoraveis aos seus designios de ocupação do solo. De canoas de casca, segundo informes precisos, teriam sido as temiveis frotas de combate que o tamoio Cunhambebe costumava lançar periodicamente sobre seus contrarios — portugueses, mamelucos e tupiniquins — do litoral vicentino. Refere Hans Staden, a proposito de uma dessas frotas, que abrangia trinta e sete canoas, cada qual ocupada por dezoito indios em média, o que resulta num conjunto de perto de setecentos homens. O que ainda é pouco se nos lembrarmos de que André Thevet alude a frotas de guerra de cem a cento e vinte canoas. E de que Simão de Vasconcelos, ao celebrar o milagre com que se frustrou uma cilada de tamoios contra Francisco Velho, no ano de 1566, escreve que o inimigo traria cento e oitenta das tais igaras, e isso significa que seriam cêrca de cinco mil os guerreiros. Note-se que os três depoimentos tratam da mesma região, da mesma tribo indigena e, aproximadamente, da mesma epoca.

Admitindo, como admite, ao menos nesse passo, que cada uma das canoas comporta até trinta pessoas, o testemunho de Simão de Vasconcelos coincide exatamente com o do proprio Staden em certo lugar da **Historia Veridica**. E é esse mesmo, aliás, o numero fornecido pela generalidade dos cronistas e viajantes dos seculos XVI e XVII: vinte a trinta homens para uma canoa. Há no entanto os que, como Pigafetta, ou ainda como o padre Leonardo Nunes, chegam a falar em trinta a quarenta, ao passo que Lery e Thevet elevam essa cifra a até cinquenta, Pero Lopes de Souza a sessenta, Sir Richard Hawkins a setenta e oitenta.

Entre as embarcações a que se referiram tais autores, nem todas, porém, seriam de casca. Algumas delas, e é o caso das que avistou Pigafetta ("barche d'uno solo albero", "canoe, scavate con menare di pietra") eram feitas, quase certamente, de pau inteiriço. De qualquer modo os totais de trinta e cinquenta homens, dados, ora por Hans Staden, ora por Lery e Thevet para cada canoa, no caso, expressamente, canoas de casca, poderiam ser qualificados de excessivos, com o material delicado de que eram feitas. O ceticismo acêrca de tais numeros há de justificar-se, sem duvida com boas razões, havendo quem os atribua mesmo a uma possivel confusão, por parte dos autores, entre os dois tipos principais de canoas usadas pelos indios do litoral e não só do litoral: as de casca e as de madeira inteiriça, estas, em geral, muito mais capazes do que as outras. Já se afirmou, por outro lado, que tamanhas cifras só parecerão exageradas aos que não conheçam o desmedido tamanho que podem alcançar as arvores do Novo Mundo.

Seja como fôr, não parece improcedente a duvida sugerida a um etnologo como A. Métraux pelo fato, entre outros, dos desenhos de Hans Staden, representando nitidamente canoas de casca, jamais mostrarem mais de dez pessoas em cada uma dessas embarcações. Há a considerar, além disso, que as cifras elevadas, fornecidas por diversos cronistas, dificilmente se ajustam à circunstancia de admitir, cada canoa, uma fila unica de pessoas em todo o seu comprimento, que raramente ultrapassa doze metros. Mesmo o total de dez pessoas que indicam alguns desenhos do livro de Staden deveria requerer uma excepcional capacidade.

As canoas de Jatobá, que fornece a casca predileta entre os seus fabricantes, mal suportariam tamanho peso: estudos recentes empreendidos pelo sr. Pedro E. de Lima, e publicados na **Revista do Museu Paulista**, fixaram, com efeito, em quatrocentos e cinquenta a quinhentos os limites maximos da carga que pode suportar uma delas, isso mesmo em casos singularmente favoraveis.

E' claro que essa capacidade variava segundo as dimensões das canoas, que na orla maritima eram limitadas quase unicamente pelas possibilidades da flora. De um modo geral cabe presumir que no Brasil existiria, ao longo do litoral, relativa uniformidade nessas dimensões. Das canoas dos indios da Guanabara, as "petites Almadias" de que fala André Thevet, dizendo-as capazes de mais de quarenta homens, consta que atingiam cinco ou seis braças de comprido por três pés de largura. Staden afirma, também, que tinham quatro pés de largo e quarenta de longo. Renunciando, embora a uma precisão quase impossivel e que exigiria, além disso, incursões no emaranhado dos padrões de medidas reinantes no tempo e variaveis de uma região para outra, pode-se supor que elas alcançariam, no maximo, cêrca de onze a doze metros de comprido por metro e vinte a metro e meio de largo. Sertão a dentro, o tamanho era naturalmente determinado pela qualidade de vegetação, mas também e em grau apreciavel pela maior ou menor comodidade nas vias fluviais. Não só tendiam a ser menores ali, mas, ao que acredita um historiador moderno, Georg Friederici, sofriam também algumas mudanças de forma.

Por outro lado, como a grande vantagem proporcionada pelas canoas de casca estava em serem muito mais leves e maneiras do que as outras, o que as fazia preferiveis para variados misteres às de pau inteiriço, não haveria grande empenho em fazê-las muito maiores. Thevet diz positivamente que os indios não as queriam tão grandes que os impedissem de movê-las à vontade, perseguindo o adversario ou evitando-o.

Hilde Weber, 29.12.1956

O MOINHO

Conto de OTTO LARA REZENDE

Chico viu Rosario sair pela porta da cozinha, passar pelo forno abandonado e dirigir-se à coberta da lenha. Podia jurar que estava resmungando, com a mão nas cadeiras e o olhar vazio. A preta pegou o machado, escolheu algumas toras no chão, ajeitou-se e começou a rachá-las, com um gemido.

— Rosario — gritou Chico.

Ela voltou-se, apertando os olhos para enxergar. O vestido comprido ainda a tornava mais magra. Espalhou a mão sobre os olhos, sondando o horizonte, mas na expectativa de que Chico a viesse encontrar sem demora. Como não veio, Rosario largou o machado e foi até a pimenteira onde o menino se encostara.

— Vigia só, está sempre fungando — disse ela e limpou o nariz de Chico no avental de algodão grosso, cheirando a cozinha. Revistou-o depois e observou que seus pés descalços estavam sujos de lama entre os dedos.

— Por onde você andou, meu filho? — perguntou Rosario, acariciando-lhe os cabelos encaracolados, secos. Depois ajeitou-lhe a roupinha com suas mãos finas, lavadas, frias. — Tadinho!

A preta vivia excogitando um modo de ajudá-lo. Tinha sugerido que ele fugisse, metesse o pé no mundo. Buscasse agasalho noutro lugar. Agora, como sempre, nos ultimos dias, ela insistia:

— A chacara de sua tia Dora, ela é tão boa.

Chico ficou matutando na chacara da tia. Lá ficara seu irmão caçula, com poucos dias de nascido. Todos os irmãos foram distribuidos entre parentes e compadres, assim que a mãe morreu. Só por uns tempos — o pai consolava, mas pai e filhos estavam engasgados com a certeza de que nunca mais se juntariam na mesma casa. A morte da mãe, de surpresa, deixou-os confusos, olhando sem ver. Todos sentiam obscuramente que a familia acabava naquele velorio. Uma vida nova, cega, escura, agora ia começar. O padrinho de Chico foi enterrar a comadre e, no dia seguinte, ofereceu-se piedosamente para criar o menino no sitio. Depois, apareceu montado numa besta imponente, lisa, deu dois dedos de prosa, abraçou o compadre, puxou o menino para a garupa. O animal saiu trotando firme, majestoso. Chico não olhou para trás.

— Agarra bem, menino — disse o padrinho, e só.

Engolia em sêco, o peito apertava. Maginava na mãe morta, revia seu rosto, seus cabelos pretos e compridos, ouvia sua voz, segurava com força no cinturão do padrinho. O padrinho era enorme, tinha costas caladas, hostis como uma parede. O sol esquentou. Chico tocava com os tornozelos timidos as ancas suadas do animal. Temia que o boné apertado caisse da cabeça, cuidava para não catucar com o dedão do pé as botas do padrinho. Retesava os musculos, procurando diminuir aquele corpo-a-corpo desrespeitoso, suarento. A besta tinha o trote duro, a viagem não acabava. Afinal, entraram no sitio, o padrinho apeou e deu a primeira ordem:

— Recolhe o animal — e, de chapelão na cabeça, sumiu dentro da casa baixa, escura.

Chico ficou olhando o animal, feito paleta, com vontade de chorar. Seu coração tornou-se pequenininho, num desaponto de bicho que afinal caiu na armadilha. Então apareceu Rosario, arrodeando com curiosidade, a mão nas cadeiras, os olhos vermelhos, resmungona. Gritou por um camarada para recolher a cavalgadura, pegou a trouxa de roupa do menino, levou-o para dentro. As pernas de Chico tremiam só de ficar em pé, as nadegas queimavam, iam empolar. A' noitinha, Rosario preparou-lhe a bacia com agua morna e sal para o banho de assento. Deu-lhe um café muito ralo e fechou-o no pequeno quarto cheirando a palha. As coisas eram surdas, indiferentes. Chico escondeu a cabeça debaixo da colcha fininha, enquanto lá fora os grilos e os sapos punham fronteiras na sua solidão.

Os dias e as noites se sucediam, mas a vida tinha parado. Chico nunca mais teve noticia do pai, que se mudara para outras bandas, em busca de uma vida diferente, de esquecimento. Os irmãos, a tia Dora, todo mundo ficou para trás, morreu com a mãe. O padrinho costumava ir à cidade, mas nada contava. De cima de sua besta, dava as ultimas ordens, casmurro, distante. Quase nunca dormia fora e chegava sempre quando menos o esperavam, com a cara fechada, dando ordens, descobrindo malfeitos.

— E' minha cria, mas é meio passado — disse ele, uma vez, apontando o afilhado.

Bom para o menino era estar esquecido dos outros, no pasto entre a criação, ou na lavoura com os camaradas trabalhando a terra pacientemente. Bom também era em noite fria quentar fogo na cozinha com a preta Rosario arrastando suas historias antigas, sem pé nem cabeça, de outros tempos, de outra fazenda, de gente morta.

— Cristino acompanha você até o espigão — disse Rosario.

Foi quando a preta e o menino estremeceram, denunciados, ao ouvir o padrinho gritar lá de dentro da casa:

— Chico, diabo!

O padrinho andava sempre por perto, com o passo duro, a cara amarrada, a mão cruel. Parece que adivinhava tudo. Chico olhou dentro dos olhos vermelhos de Rosario, pedindo auxilio. Ia sair correndo, mas tropeçou com mau jeito e caiu. Levantou-se, limpando as calças remendadas que desciam até o meio das canelas.

— Chico — gritou de novo o padrinho, agora de pé na soleira da porta dos fundos.

A chaminé soprava um grosso rôlo de fumo, tão preto que parecia expelir a escuridão da cozinha.

— Ah que perrengue — exclamou Rosario, com a mão nervosa no ar, o beiço caido.

O padrinho vinha tilintando as esporas nos calcanhares e de seu andar se desprendiam pequenos estalidos como de um animal arreado. Apertava na mão o cabo do relho. Chegou-se bem perto do menino, começou a bater o relho na bota como um cascavel.

— Faz isso, não, seu Rodolfo — suplicou Rosario, mas o padrinho ainda não tinha feito nada.

— Cala a bôca, negra imunda — disse seu Rodolfo, e a preta persignou-se e enveredou para dentro de casa, invocando, assustada, os santos e os anjos do céu. — Devia estar recolhendo o gado — disse o padrinho, puxando o menino pela orelha.

Chico, de olhos baixos, só via os proprios pés, sujos de lama. "Seu" Rodolfo esticava aqueles momentos, falava arrastado, com gestos vagarosos. Depois, como um raio, caia de pancada em cima do menino.

— Seu pai nunca te exemplou — disse.

Chico observou-o com o rabo do olho: tinha medo de um golpe com mão direita, que segurava o relho. A chicotada estava ali, inevitavel como o bote de uma cobra. Mas foi da mão esquerda que partiu a bofetada que o lançou ao chão e tirou sangue de seu nariz. Depois começou a apanhar de chicote — e escondia o rosto nos braços, apertava as mãos na cabeça, virava-se de costas.

— Vai lavar esse sangue ruim — disse por fim "seu" Rodolfo, e desapareceu de supetão.

Chico limpou o nariz na fralda da camisa, que ficou manchada de sangue. Saiu andando devagar, desceu em direção ao curral, junto a uma pedra parou, sentou-se. Uma vaca mugiu tristemente. A brisa cheirava a azedo, impregnada da lavagem dos capados, que grunhiam mais adiante, no chiqueiro. O mundo, o sitio, tudo estava distante, vazio, feito de nada. Só um corpo existia, doía; o corpo de um menino, de Chico. As lagrimas começaram a correr-lhe pelo rosto. Tinha pena de si mesmo como se o menino que chorava não fôsse o mesmo que acaba de apanhar. Mas ninguém ouvia os seus soluços, que se enrolavam no grunhido satisfeito dos porcos e se perdiam no vento.

Não deu conta do tempo que passou. Quando viu, estava de olhos secos e Rosario o empurrava para a fuga.

— Eh, a matula e os seus trapos — disse ela, dobrando-se para encostar seu rosto no rosto do menino. — Cristino te espera na porteira, te leva ao espigão, para seu Rodolfo não desconfiar — engrolou a preta, e saiu apressada, alta, fina, como uma bruxa de pano, de carapinha escondida por um xale vermelho.

Quando Rosario sumiu lá em cima, Chico levantou-se, fungando, e esfregou os olhos com as costas da mão. Estava todo dolorido. Tinha um vergão no rosto, mas a chicotada no ombro é que deixara marca mais viva. Ardia. O nariz por dentro estava grosso, arenoso, com o sangue talhado. Segurou a trouxa debaixo do braço e tomou a trilha aberta entre o capim. Pouco adiante, apertou o passo, quase correndo. Na porteira encontrou Cristino, com a sua cara de bobo, sempre regougando, rindo.

— Alcança o Morro do Urubu, passa o capão, quebra às direitas e segue em frente — disse Cristino no espigão.

Chico foi descendo o morro como se o seu corpo rolasse sozinho, ôco. O vento enfunava sua roupa, soprava contra seu rosto, zumbia nos seus ouvidos. Há quase dois anos, agarrado ao cinturão do padrinho, fizera a cavalo aquela viagem, mas sem passar pelo atalho da mata. Só muito lá embaixo se lembrou de abanar a mão a Cristino, que deu meia volta e desapareceu. Temia que o padrinho judiasse com ele, assim como embirrasse com Rosario.

A noite que vinha vindo mergulhava as varzeas na sombra, mas o sol, meio mortiço, ainda tonsurava o cocuruto dos morros. O horizonte se prolongava para lá das montanhas distantes, deitadas, imoveis como imensos animais em repouso. Chico já não via o sitio do padrinho. Não queria vê-lo, tinha certeza de que nunca mais o veria. Era agora tocar para frente, botar o pé no mundo, como queria Rosario. Não podia parar, não parou. Escalou o Morro do Urubu, desceu do outro lado até encontrar umas poucas casas humildes, silenciosas. Era noite fechada então. Como já desse parte de cansado, arrimou-se na roda de um carro-de-bois abandonado. Tinha medo do que vinha depois, hesitava sobre o rumo certo.

— Que está fazendo aí, alma penada?

Um velho meio corcunda, de passo miudo, cauteloso, surgiu diante dele. — Que é, menino? — insistiu, intrigado. E sem-cerimonia, com impertinência, começou a examinar o menino de alto a baixo.

— Vem — disse afinal.

Chico seguiu-o, até uma casa bem lá no fundo. Nos arredores, alguém tocava um violão, cantando com voz fanhosa. Uma pequena janela piscava, triste, pela luz tremula de um lampião. O velho abriu a porta, velho e menino entraram. Na saleta da frente, com uns bancos de pau, uma mesa encardida, uma estampa de São Sebastião na parede, o velho, de costas como se escondesse um segredo, demorou a acender uma lamparina.

— Já comeu? — perguntou.

Chico espiou-o, de olhos estatelados. O velho fez um muxôxo e entrou pelo corredor, como se estivesse sozinho. O menino acompanhou-o.

— Pode pousar aqui — disse o velho e, deixando a lamparina em cima de uma canastra, retirou-se sem olhar o menino.

O quarto era pequeno, com um teto de esteira, baixo. Estava entulhado de objetos imprestaveis. O catre era sujo, manchado. Chico sentiu uma cosquinha no nariz, quis evitar o espirro, mas espirrou. O ar cheirava a môfo, a couro, a suor velho. Com a trouxinha de roupa no chão, Chico abriu o embrulho da matula que Rosario lhe tinha preparado e comeu, com a bôca sêca, a broa de fubá, tôda quebrada. Depois, ajoelhou-se e, com a mão tremula, persignou-se: pelo sinal da Santa Cruz, livre-nos Deus Nosso Senhor dos nossos inimigos. Em nome do Padre, do Filho e do Espirito Santo. Rezou três Ave-Marias, para ganhar coragem. Mas o catre estalava, ameaçador. Vestido como estava, deitou-se de lado, todo encolhido, como se não quisesse ocupar espaço. Uma mulher de voz rouca, do outro lado da casa, falava alguma coisa que ele não entendia. Depois se calou. A lamparina enchia o quarto de sombras. De repente, como se alguém invisivel a tivesse soprado, apagou-se. Chico permanecia imovel, de olhos abertos. Achava que não ia dormir. Um rato chiou debaixo da cama e correu para junto dos trastes encostados a um canto. Ao chiar de novo, o menino já não o ouviu. Estava ferrado no sono.

Acordou assustado, quando um galo, junto da janela, bateu asas e cantou. Entorpecido, cheio de cãibras, Chico sentou-se na cama. Outros galos, à distancia, confirmaram que ia nascer mais um dia. Sentiu-se preso naquela escuridão desconhecida, quieta. Levantou-se, abriu a porta sem fazer barulho e saiu para o corredor. Precisava libertar-se, fugir. Custou a tirar a tranca da porta da frente. Alguém tossiu lá dentro: devia ser a mulher de voz rouca, pronta quem sabe para pular fora da cama. Chico foi parar diante de uma pinguela, que atravessou agarrado a um mainel de embira. Podia enxergar o caminho. Um cachorro veio correndo, excitado, e lambeu-lhes os pés alegremente. Depois, de orelhas em pé, curiosas, ensaiou um latido e ficou a observá-lo à distancia. O capim estava umido de orvalho. Um grilo serrava o ar fino da madrugada. A dois passos, encoberto pela vegetação cerrada, o riacho gargarejava sua agua fria, limpa. Antes de tomar a estrada, Chico parou e olhou o céu pontilhado de estrelas. Por um momento, tudo permaneceu em silencio. O proprio riacho calou seu fresco murmurio. As coisas, tal qual o menino, suspenderam a respiração. O frio tornou-se mais intenso, beliscava-lhe o rosto. Chico deu falta de alguma coisa: a trouxa tinha ficado lá. Nem pensou em voltar. Só queria seguir em frente, chegar. Não tardou muito, o sol rebentou cheio de côres por trás das montanhas estremunhadas.

O atalho por dentro do capão era como um tunel de verdura, sombrio. O dia claro ficara lá fora, com seu sol, seu céu azul, de nuvens brancas, arrepiadas. Chico abria caminho por entre os cipós, os espinhos, a erva-de-passarinho. Receava topar com alguma cobra, escondida por baixo das folhas secas. E quando distinguiu o ruido de alguma coisa se mexendo, viva, à sua frente, parou, com o coração aos pulos. Mas era um coelho-do-mato, que veio correndo, no seu estica-e-encolhe, e de repente ficou imovel na trilha, de olhos assustados. O menino e o coelho se olharam, inocentes, inofensivos. Depois cada um seguiu o seu caminho. Foi um alivio quando a paisagem se abriu, nua, sobre os campos queimados, com um exercito de cupins a perder de vista, tristonhos, estupidos. Chico retomou a estradinha, confiante. Uma tropa de burros carregados de lenha passou por ele, com a madrinha guizalhando à frente.

— Bons dias — disse o tropeiro.

Só foi encontrar gente de novo quando, da estrada, avistou um retiro. Aproximou-se, cautelosamente e viu que tudo era como de costume — as vacas pacientes, matronais, de bezerro amarrado, o leite espumando no balde, o cheiro fresco do estrume, os retirantes de pé no chão.

O leite quente, tirado na hora, gorgolejou nos ocos de sua barriga em jejum. Depois o estomago ficou embrulhado, doendo com pontadas finas. Minou em sua testa um suor frio. Chico afastou-se, com a vista turva, com vontade de vomitar. Lá longe, no meio do campo, deitou-se de costas, com a cara voltada para o céu enorme, cheio de urubus que planavam alto, serenos. Sentiu uma tontura boa, de embalo. Uma borboleta veio voando aflita, ao léu, e pousou em sua testa. Chico apanhou-a e, de pé, pôs-se a observá-la na palma de sua mão. Depois, com um impulso, devolveu-a ao vento, que a foi soprando, acima e abaixo, até se perder de vista.

A fome apertou depois do meio-dia, mas Chico não esperava comer senão quando chegasse à casa da tia Dora. Não pensava em comida. Agora ia absorto nos passarinhos que encontrava pelo caminho. Ajuntou umas pedras no bolso e espantava, a pedradas, os anús que pousavam por perto dele. Só andou ligeiro na ultima etapa, para entrar na cidade, que encontrou quieta, espapaçada ao sol. Ao chegar ao largo, o relogio da igreja badalava quatro horas, preguiçosamente.

A chacara da tia Dora ficava do outro lado, depois de atravessar a cidade. Sem querer, Chico tomou primeiro à direita e entrou pela rua em que tinha morado. Os pés lhe doiam, estava cansado, roto, sujo. Os braços e sobretudo as pernas tinham cicatrizes feias, escuras. As poucas pessoas que passavam por ele não pareciam ver aquele menino franzino que ia em busca de um encontro, de alguma coisa que nem sabia o que era. Andava torto, mancando de um pé. Finalmente, ali estava a casa. Parou do outro lado da rua. Era a mesma casa, com seis janelas na frente, a porta no meio, ao lado o portão que levava ao quintal. A copa da primeira mangueira era visivel da rua. A porta e todas as janelas estavam fechadas. Era uma casa morta, sem pai, nem mãe, nem cachorro, nem gato, nem fogão aceso. Chico lembrou-se de sua mãe. Morta, no caixão, tinha os olhos fechados e estava quieta como agora estava aquela casa de janelas fechadas, imperturbavel. Dois meninos, entretidos com um alçapão, vieram se aproximando, pararam diante da primeira janela — o quarto dos mais velhos. Perceberam Chico do outro lado da rua, por um momento levantaram para ele um olhar de estranheza. Não sabiam quem era aquele menino de cabelos desarrumados e cara lanhada. Timidamente, Chico afastou-se, como se afasta um cachorro que chega ali por engano, mas não é daquela rua, de nenhuma daquelas casas, de nenhum morador, de ninguém.

A entrada da chacara da tia Dora, porém, não tinha mudado. O portão era o mesmo, pelo muro a mesma trepadeira derramava os seus galhos. Quando deu volta à aldraba e empurrou o portão, a sineta anunciou a sua presença como antigamente. Estava com fome, mas sobretudo estava morto de sêde. Atravessou o patio calçado de pedras largas e foi olhar debaixo da varanda, onde se recolhiam as montarias dos que ali pousavam pelo tempo bastante de tomar um café com quitandas. Nenhum animal, apenas uma pequena carroça abandonada. Subiu a escada, até o alpendre entulhado de samambaias. Não se espantaria se, de repente, a porta se abrisse e, ajeitando o coque de cabelos pretos e compridos, aparecesse sua mãe. Por um instante ficou indeciso. Espiou lá fora a estrada seca, poeirenta. Tinha sêde, agora sobretudo morria de sêde. Ao longe, um carro de bois chiava molengamente ladeira acima.

— Que aparição é essa? — de repente a porta se abriu e surgiu tia Dora, espantada. — Francisco, é você?

A voz era igual à de sua mãe. Tia Dora, no seu porte desempenado, acavalou os oculos no nariz e aproximou-se de Chico.

— Deus te abençoe, meu filho.

Tomou-lhe as mãos, examinou-lhe o rosto com horror:

— Ave-Maria, que é que fizeram desse menino! Ah se a pobre de sua mãe encontrasse um filho nesse estado, Francisco!

Em seguida, arrastou-o para dentro de casa. Atarantada, largou-o na sala de jantar:

— Vou já — já cuidar de você, criatura de Deus — anunciou.

A sala estava mergulhada numa penumbra boa, antiga. As cadeiras em torno da mesa, o guarda-louças de portas de vidro, o quadro da Ceia do Senhor na parede — tudo respirava permanencia. E ao canto, como sempre, a talha. A talha gorda, umida, maternal. A talha, rotunda de agua fresca, olhava o menino sedento. Uma talha de barro vermelho, em cima do marmore branco, a um canto da sala, era tudo que Chico vinha perseguindo, era tudo que lhe faltava — assim diziam os seus olhos caidos, sua cara descorada, seus pés tortos, magrelos.

— Vou já te dar de comer, Francisco — disse tia Dora, voltando, estabanada, à sala de jantar.

Nesse momento, tocou a sineta do portão de entrada. Tia Dora e Chico ficaram imoveis, à escuta. Um animal bem ferrado pisou firme as pedras do patio e veio resfolegar junto à escada. Tia Dora chegou à janela, adivinhou o que se passava e correu à varanda.

— Ô de casa — gritou "seu" Rodolfo, subindo os degraus com as esporas tilintando nos calcanhares.

— "Seu" Rodolfo, o senhor não tem alma — exclamou ela, com altivez.

— Qual, dona Dora, vim buscar minha cria — disse "seu" Rodolfo, com a chibata na mão. — Isto são manhas.

Chico não ouviu mais nada. Abalou-se pela casa a dentro, saiu pela porta dos fundos, correndo sem rumo. Algumas galinhas, espantadas com a sua passagem, cacarejaram alto. Chico foi parar no moinho, no fundo da chacara, à espera. Seu coração tinha disparado, com a corrida, com o medo. Algumas arvores copadas ocultavam a casa, lá em cima. A terra ali era escura, umida. Tudo estava quieto, em seus lugares, e mesmo o marulhinho da agua, sempre igual, contribuia para acentuar o tom sonolento daquele refugio. O moinho trabalhava com pausas certas, monotonas. A noite parecia chegar à chacara por aquele recanto.

— Chico! Francisco! — as vozes de "seu" Rodolfo e da tia Dora ecoaram lá em cima.

O menino escondeu-se no moinho. Um hálito frio se desprendia da agua. Chico se esqueceu de que tinha sêde. Ficou à espreita.

— Francisco! Chico! — insistiam as vozes a chamá-lo.

Passou a mão pelo rosto, sentiu a marca do relho do padrinho. A fuga, a caminhada tão longa, a noite na casa do velho desconhecido, a sêde — todo seu esfôrço podia ser inutil. No sitio, a vida se repetiria, como sempre. Como a vida das coisas, daquele riacho que corria incansavel, do moinho que girava, e girava, e girava. O padrinho viria atrás dele, agora certamente ia apanhá-lo.

Chico fechou os olhos e atirou-se. O moinho engasgou, tentou prosseguir o seu trabalho de sempre, mas acabou parando. Um subito silencio desconcertou a paz daquele recanto. Só a agua continuava a correr, inutil.

— Francisco! Chico! — os gritos estavam mais proximos e mais altos, como se nada tivesse acontecido.

Mas o moinho tinha parado. E à noitinha, [illegible] não deixava perceber que, depois dele, a agua se tingia de sangue.

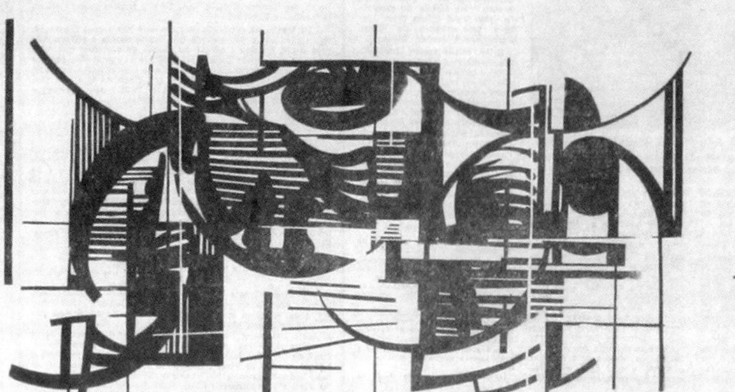

CICLO DO SABIA'

I

Não me adianta dizer nada,
Sabiá,
porque não nos entendemos.
Mas essa melancolia
da tua queixosa toada,
Sabiá,
bate no meu coração
como batem nágua os remos
que nunca mais voltarão.

O que dizes quando cantas,
Sabiá,
tão bem se ajusta ao que penso,
que mais prefiro escutar-te.
Minhas tristezas são tantas,
Sabiá,
que já nem sei quantas são.
Como é duro, negro, extenso,
o campo da ingratidão!

Não sinto mais no meu peito,
Sabiá,
fôrça para aquele verso
com que outrora me explicava:
e por isso me deleito,
Sabiá,
quando te ouço... Entenderão
os ouvidos do universo
nossa comum solidão?

II

Vi descer a tempestade,
Sabiá...
sôbre nuvens tenebrosas.
Os homens, soltos, corriam,
Sabiá...
(De onde lhes vem tal pavor?)
— Presas morriam as rosas,
em seu destino de flor.

Nessa densa tarde escura,
Sabiá,
entre as batalhas do vento,
escutei pela montanha
tua voz tranqüila e pura,
Sabiá,
— perfeita imagem do amor
em cristal de pensamento:
grande, claro e sofredor.

Debrucei-me no ar selvagem,
Sabiá,
para ouvi-la, tão serena,
sem mêdo do fim do mundo,
proclamar sua mensagem,
Sabiá.
Levarei para onde fôr
dois perfis da mesma pena:
meu silencio, teu clamor.

III

E é de novo madrugada,
Sabiá.
Semana sôbre semana,
tu, que cantas, serás sempre
o mesmo que ouço, encantada?
Sabiá,
recolho todos os ais
da tua voz sobre-humana,
— mas não sei para onde vais!

E não sei, pois não te avisto,
Sabiá.
Mas, embora te avistasse,
não te reconheceria.
E eu, quem sou? por onde existo?
Sabiá,
não se encontrarão jamais
tua voz e minha face,
quase sobrenaturais...

Por quantos remotos dias,
Sabiá,
nossos vagos descendentes
repetirão este jôgo,
com suas alegorias?
Sabiá,
de que servem tais sinais?
Que anuncios clarividentes
podem ter vozes mortais?

IV

Já não há mais dias novos,
Sabiá...
O mundo já se acabou.
Não há rios não há montes
nem luzes nos horizontes.
Morreram terras e povos,
Sabiá...
(Quem te escutou?)

Plumoso, pequeno, frio,
Sabiá,
teu corpo em que areia jaz?
Que foi mundo, sól e terra,
amor, pensamento, guerra,
morte, coração vazio,
Sabiá?
— Não o saberás.

E tu, quem foste, quem eras,
Sabiá?
que não se explica, também?
— Que somos além dos ossos
e dos terrenos destroços,
e imaginárias quimeras,
Sabiá,
quem somos? quem?

CECILIA MEIRELES

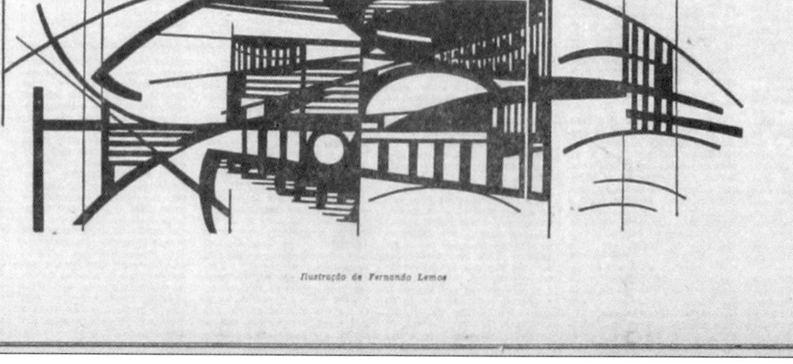

Ilustração de Fernando Lemos

Fernando Lemos, 1o.12.1956

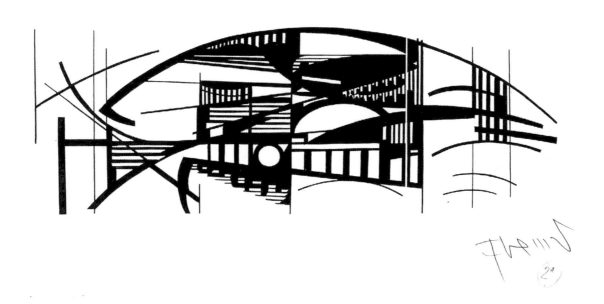

3 DE MARÇO DE 1957 — Suplemento Literário — 3

O BAILE

Conto de IRENE LISBOA

A marginalidade de Joaquim Nabuco

LUIS MARTINS

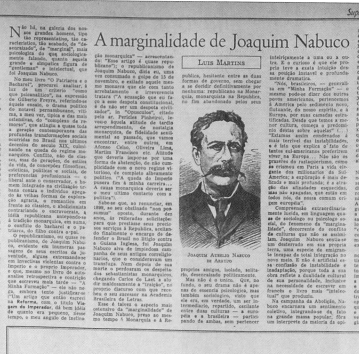

JOAQUIM AURELIO NABUCO DE ARAUJO

LENDA

I

VÊM AÍ DOIS CAVALEIROS
CAVALGANDO DEVAGAR:
GINETE COM CHAIREL DE AÇO,
CORCEL COM SEU ALFABAR;
LORIGA DE OURO DO SOL,
ARNÊS DE PRATA DO LUAR;
NO MORRIÃO, PLUMA DE CÉU,
NO ELMO, PLUMA CÔR DE MAR;
CINCO LISES NO BROQUEL,
PENDÃO DE ESCARLATA NO AR;
UM MONTANTE NA MANOPLA,
NO ALTO, LANÇA DE LIDAR.

II

VÃO ALÉM DOIS CAVALEIROS,
LADO A LADO, A GALOPAR.
A UM MESMO ALCÁCER VÃO ÊLES
A MESMA DAMA SALVAR:
A DOS OLHOS DE ALCAÇUZ
QUE UM REI MOURO QUER MATAR.
O QUE LIVRAR A PRINCESA
COM ELA SE HÁ DE CASAR;
O QUE POR ELA MORRER,
ÊSSE A DONZELA HÁ DE AMAR.

III

VEM AÍ UM CAVALEIRO
SOLITÁRIO, A CAVALGAR:
TRAZ A VISEIRA DESCIDA
SÔBRE A TRISTEZA DO OLHAR,
E A CABEÇA DO REI MOURO
NA LANÇA EM RISTE, A SANGRAR.

GUILHERME DE ALMEIDA

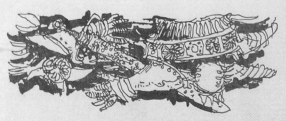

Ilustrações de MARCELO GRASSMANN

Marcelo Grassmann, 23.03.1957

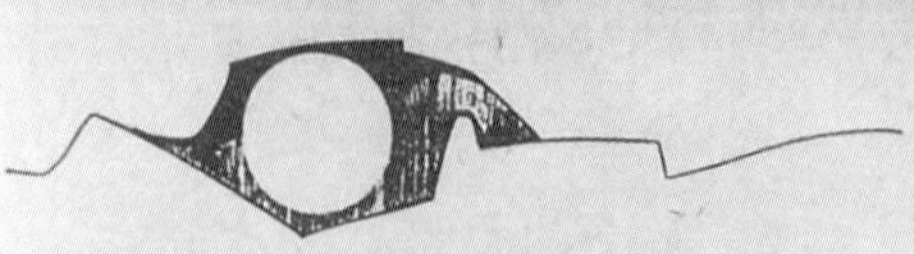

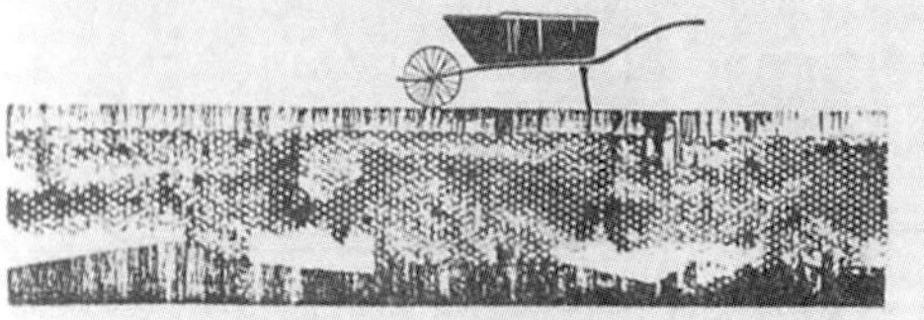

O BRABO

Conto de CAIO PORFIRIO CARNEIRO
Ilustrações de G. LIZARRAGA

— Já pegou em ferro-de-cova?
— De quê?...
— Ferro-de-cova.
— Não, senhor.

De oculos escuros, chapéu de abas largas e suspensorios, o homem gritou:

— Mestre Pedro! Chegue aqui.

A fila estendia-se por dezenas de metros. E toda a salina era um vasto formigueiro branco. Piramides de sal grosso, sobre os aterros, perfiladas, imponentes como estatuas. Sol a despejar sua cegante luminosidade.

— Pedro, este brabo foi admitido. Leve ele e ensine como é a coisa. Meta logo no serviço.

Submisso, encolhido, o novato tarefeiro continuou ali parado, indeciso, olhar de interrogação.

— Vamos, **seu** brabo! Siga aí o Mestre. Ou para que se meteu na fila?

Desorientou-se, fitou Mestre Pedro, decidiu-se:

— Hem?... Pois sim... Sim, senhor...

Saiu no passo mole, alpercatas de rabinho, saco ás costas, ombros encolhidos sob o chapéu de palha, esforçando-se para acompanhar o andar ligeiro do Mestre.

A salina era um viveiro de homens a subir e descer pelas longas pranchas estreitas, a transportar cestos e carros de mão transbordantes de sal grosso. Nos baldes, dezenas de mãos, em ritmo uniforme, cadenciado, batiam os ferros-de-cova e chibancas nas ramas cristalizadas para espatifá-las. E os pequeninos estilhaços brilhavam ao sol como agulhas.

— Arreie aí sua carga.

O novato tarefeiro deitou o saco no batente do grande paiol, tirou o chapéu e escorreu o suor da testa com o indicador. Fitou, apertando muito as palpebras, a piramide de sal ali sobre o aterro.

— Não olhe muito pra brancura. Você não está acostumado.
— Dói a vista...
— Avisei. De onde veio?
— Sou de Campo Belo. Trabalhava pro...
— Sei. E onde mora?
— Cheguei ontem e vim logo caçar serviço. A Mundica morreu...
— Pois procure morada. E não muito longe. O serviço aqui começa ás seis.
— Sim, senhor...
— Já viu salina?
— Vi não. E' tudo branco... A Mundica morreu...
— Já sei. Por hoje guarde seus terens aí no canto do paiol e tire as alpercatas. Tem calção?
— Tenho não.
— Precisa. Arregace as calças. Isso. Tire essa camisa. Ninguém se mete no eloreto vestido. Depressa que tem mais gente para atender.

Obedeceu nervoso, encabulado, sem jeito. Mundo estranho aquele em que se metera. Ouvira sempre falar que nos periodos de seca as salinas dobravam de produção, necessitavam de braços e mais braços, que a safra de sal era muito grande.

— Pronto?
— Sim, senhor...

Ficou ali, nu da cintura para cima, calças arregaçadas nos joelhos, braços encolhidos, em cruz, escondendo pudor.

— Não, não. O chapéu é preciso. Bote ele na cabeça. Ora já se viu... Você já sentiu quentura de sol?
— Já. Na roça, no Campo Belo...
— Que nada! Bote o chapéu. E me acompanhe. Isto é salina, não é sertão.

Dirigiram-se ao aterro. E do alto do barranco, Mestre Pedro chamou:

— Zacarias! Ô Zacarias!

O novato tarefeiro admirava, de perto, a legião de homens vergados sobre chibancas e ferros-de-cova, suores a escorrer das costas luzidias, metidos até os joelhos na agua choca dos cristalizadores, a quebrar as crostas espessas de sal verde.

— Zacarias, este brabo vai começar hoje. Vem do mato. Não conhece nada do serviço, nunca viu o mar. Meta ele nos cestos.
— Nos cestos?
— Bote nos cestos. Tem muito sal para carrear. E se prepare que vem mais.

Mestre Pedro retirou-se. O novato tarefeiro acompanhou-o com o olhar, como pedindo proteção. Aquilo tudo lhe parecia muito confuso: gente a quebrar sal, a correr no chouto ligeiro sobre os empranchamentos, conduzindo carros de mão e balaios. Ouvia ordens esquisitas: "Cuida da revencia, Doroteu!" — "Limpa os salitros, Miguel!". E queimando como brasa, um sol reverberante, a doer na vista e nos nervos como mil navalhas.

— Desça aqui. Ligeiro.

O novato tarefeiro desceu o aterro, para dentro da salina, com cautela, escorregando.

— Cuidado, **seu** brabo! Você se estrepa nas aguas-mães.

Viu-se no meio dos homens, sentiu-se um estranho, um empecilho. Equilibrava-se sobre as tabuas, sem habilidade. Sentiu o encontrão, desequilibrou-se, por pouco não caí.

— Sai da frente, brabo! Quer que eu derrame o sal?

Zacarias puxou-o pelo braço:

— Aprenda primeiro a andar sobre as pranchas. Fique aqui. Pronto. Venha agora devagar, na minha pisada.

Acompanhou com prudencia exagerada, coração pulsando forte, medo de despencar da prancha e cair num dos cristalizadores, onde grupos de homens quebravam o coalho espesso do sal e recolhia-o em pequenas pilhas.

— Isso. Pise firme. A tabua não tem prego.
— E' quente...
— A tabua? Acostuma.

Sentiu-se aliviado quando chegaram do outro lado. Suspirou. Tarefeiro Zacarias soltou o grito:

— Genolino!

E para o novato:

— Você vem de onde?
— Sou de Campo Belo.
— Foi a seca?
— Foi. A Mundica morreu...

Sorriu amarelo, murcho, estendeu o braço timidamente:

— Tudo branco, chega, dói na vista...

Chegou **seu** Genolino, coçando suas brotoejas, pêlos do peito branquejando de sal.

— Diga, **seu** Zacarias.
— Genolino, este aqui é mais um brabo. Mestre Pedro mandou meter ele logo nos cestos.
— Nos balaios? Está doido. Brabo começa é na chibanca.
— Ordem de Mestre Pedro. E' lá com êle.
— Maluquice.

Examinavam o novato, discutiam, mediam-lhe o fisico, comentavam sua total ignorância do serviço, lembravam desastres passados com outros brabos devido à teima em jogar-lhe ao ombro, logo no primeiro dia, balaios pesados de sal.

O novato tarefeiro sentia-se aflito, acusado, e recuava, bambo de corpo, coçava os braços para fazer alguma coisa.

— Está certo, Zacarias. Jogo êle nos balaios. Se não der conta do recado, quem se estrepa não sou eu.

Zacarias se foi e Genolino chamou:

— Me siga.

Andavam sobre pranchas. O novato tarefeiro abria os braços, mêdo muito, para manter o equilibrio. Entraram num dos cristalizadores.

— Pode pisar no sal. Ele não morde.

Sentiu a agua quente alcançar-lhe os joelhos e granulos pontudos machucar a sola dos pés. Pilhas de sal fresco aguardavam a vez de serem carreadas para os barrancos. Descobriu, curioso, que a grande maioria daqueles homens trazia no ombro um mondrongo enorme, musculo intumescido como aleijão.

— Está admirado? Aquilo é do pau dos balaios. Com o tempo você também fica assim. Ponha este jacá no ombro. Assim não, brabo. Assim. Isso. Segure aqui. Não está acostumado a levar enxada no ombro? Pois. Mesma coisa. E tire a mão dos olhos.
— Dói...
— Acostuma.

Sentiu uma forte pressão sobre o ombro, dobrou os joelhos, reuniu forças para equilibrar-se. Homens penduravam, nas pontas do pau, balaios cheios de sal.

— Aguente firme. Pesa muito?

Procurou anular a força enorme que fazia por detrás do sorriso murcho:

— Não, senhor.
— Pois suba aí na prancha. Pronto. Pode ir. Despeje tudo lá naquela ruma, no atêrro. Está vendo?
— Estou.

Vira confusamente varias pilhas brancas ao longe e homens a conduzir balaios em todas as direções.

— Acompanhe a marcha dos outros. E volte logo.
— Sim, senhor.

Ninguém lhe dava mais atenção. Todos voltados para seus serviços. Bolas azuladas bailavam-lhe na vista como laminas de aço. Com dificuldade equilibrava-se na ponta da prancha estreita e bamboleante. Preparou-se para a caminhada. Era como uma ponte imensa solta no espaço. Amparou o peso com as duas mãos. Respirava dificil. No desespero de invocar proteção, apenas viu uma rede, no canto da palhoça, mulheres em torno rezando, e ela serena como se dormisse.

Deu o primeiro passo, iniciando a caminhada.

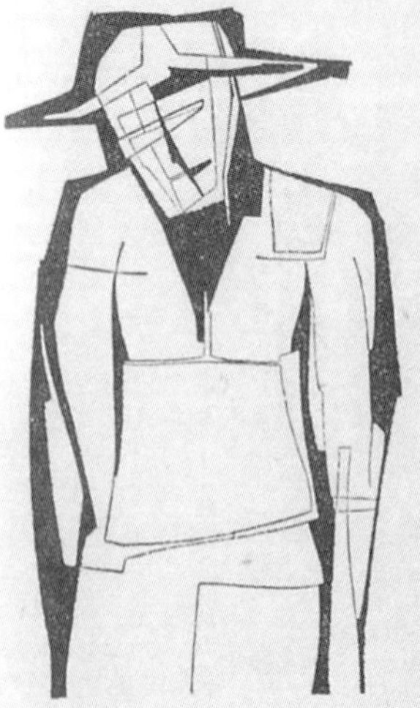

A poesia de Cavafy

JORGE DE SENA

Quando John Mavrogordato, grego naturalizado inglês e professor em Londres, publicou a sua tradução dos poemas de Cavafy (e a ele devo as recomendações, e as explicações, que esqueci, de que o nome do poeta se transcrevesse assim), estes causaram à critica e ao publico de poemas enorme sensação. O livrinho de E. M. Forster, "Pharos and Pharillon", que a Hogarth Press de Virginia Woolf e seu marido havia publicado em 1923, e em que aquele que não era ainda o romancista admiravel de "A Passage to India" (1924), nem o tratadista ironico de "Aspects of Novel" (1927) mas apenas um dos elegantes e refinados "primos" do "grupo de Bloomsbury" (que está todo ou quase todo mencionado, com ironica afetividade, nos "agradecimentos" de "Orlando", de Virginia) contava miscelanicamente as suas experiencias de Alexandria, esse livrinho era, e até muito recentemente continuou a ser, uma raridade bibliografica. Quem o lera, não destacara nele o vulto de Cavafy, que Forster conhecera pessoalmente. Em 1949, "sir" Maurice Bowra incluiu um estudo sobre Cavafy em "The Creative Experiment", como preparação publica para a aparição das traduções que, havia muito, John Mavrogordato preparava (devo esta informação a um e a outro). Esse estudo, naquele misto de jornalismo brilhante e superficial e de onivora curiosidade, que foi sempre a maior qualidade e o maior defeito do meu ilustre amigo, o Deão do Wadham College, em Oxford, não era suficientemente amplo, nem suficientemente corajoso, para dar, a serio, um antegosto da poesia excepcional que Mavrogordato foi o primeiro a revelar em bloco, e que também a Hogarth Press publicou em fins de 1951. Se a sensação foi enorme, a venda do volume não lhe corresponde. Para mim, foi a revelação de um extraordinario poeta moderno, ao qual, dos grandes poetas nascidos por volta de 1870, só Yeats poderia comparar-se. Apliquei-me à tradução para português dos seus poemas, e guardo como das melhores recordações da minha vida literaria o convivio e a correspondencia com aquele velhinho infatigavel e extravagante, o dr. Mavrogordato, a quem fiquei devendo esclarecimentos, correções, verificações, e as fotografias inéditas de Cavafy que possuo. Feitas pelo texto de Mavrogordato, ignorante que sou de qualquer grego antigo ou moderno (para lá daquelas palavrinhas que o estudo da filosofia nos obriga a saber), as minhas traduções foram, com o auxilio dele, conferidas pelos originais, esses originais escritos numa lingua viva para Cavafy, mas estranha mesmo para os gregos modernos, cuja critica nunca abundou em reconhecer, aquele vagabundo (que o era) de Alexandria, grandeza comparavel à clamorosamente oferecida a "modernos" como Seferis, Sikelianos ou Palamas. Cavafy correspondeu-lhes sempre na mesma moeda, recusando-se obstinadamente a reconhecer-lhes sequer a existencia. Cavafy não usou, nos seus poemas, como se tem julgado, uma lingua literaria que seria a reconstituição habil e ironica do grego helenistico; e muito menos usou uma linguagem, como o grego moderno que se fala na Grecia, e que não lhe seria lingua materna. Usou precisamente a **sua** lingua materna: ou seja a lingua arcaizante e dialetal da milenaria e persistente colonia grega de Alexandria, a que pertencia, e que é a falada, com variantes, pelos nucleos gregos irridentemente dispersos pelo Levante, como residuos e memorias do grande mundo helenistico. O Suplemento Literario de "O Comercio do Porto" (que era então o equivalente português deste Suplemento de "O Estado de S. Paulo") publicou, em 9 de julho de 1953, um longo ensaio meu de apresentação de Cavafy, e as traduções de cinco dos seus poemas, um dos quais o espantoso e genial "A' Espera dos Barbaros", sem duvida um dos mais importantes e revolucionarios poemas deste seculo. O exito foi imenso, e tantos os pedidos de mais Cavafy, que, em 8 de setembro, publiquei, no mesmo Suplemento, mais sete poemas, entre os quais dois dos mais belos e importantes: "O Deus abandona Marco Antonio" e "Reis de Alexandria". Um outro poema, "Não compreendeste", incluido num ensaio publicado no mesmo local, em 22 de dezembro do mesmo ano, figura no meu volume "O poeta é um Fingidor", Atica, Lisboa, 1961, onde esse ensaio foi inserido. Treze poemas apresentados sistematicamente constituiram, por certo, uma integração de Cavafy à cultura da lingua portuguesa, integração que não se consubstanciou em volume, apesar dos meus esforços, pela descrença editorial em poesia traduzida, e sobretudo pelo medo editorial ante os poemas "indecentes", que, quando da publicação no "Suplemento" supracitado, já haviam ferido os sentimentos ocultos dos garbosos oficiais que integram o zeloso corpo moralistico da censura de Salazar. E publicar Cavafy sem esses poemas, ou alguns e dos piores, seria dar dele uma imagem falsa. Aqueles treze poemas, todavia, cuidadosamente escolhidos, tentavam, ainda que cautelosamente, dá-la verdadeira; e não eram, afinal, tão poucos em relação ao conjunto da obra que orça apenas pela centena. Essa obra relativamente breve, e de poemas que muitos são breves, para ter sido escrita por um homem que viveu setenta anos sem fazer mais nada que ter vagos empregos, dar vagas lições de inglês, vaguear pelos recantos sordidos de Alexandria, dormir ocasionalmente com os seus companheiros de não menos sordida aventura, conversar interminavelmente nos cafés com interlocutores de ocasião, e vivendo sempre à beira de uma miseria que o tornava "outcast" de todos os circulos, mesmo do familiar ou da comunidade grega indiretamente objeto das suas ironias ferinas, essa obra, porém, é uma manifestação esplendida de poesia moderna, insolitamente feita de um mundo que suporse-ia morto ou moribundo, se o genio de Cavafy o não tivesse identificado, esplendidamente, e com vantagens para o passado, ao nosso presente miseravel e ridiculo. Para a Grecia de hoje, tal como a obra de outro grande que o estimou, esse Kazantzakis cretense, a quem o Premio Nobel preferiu as literatices do Camus ambiguo, essa obra magnifica é particularmente desagradavel. E', com efeito, uma poesia mais grega que a mãe-patria, onde Cavafy nunca viveu, nado (1863) e falecido (1933) que foi na sua Alexandria.

A literatura grega moderna tem pouco mais de um seculo: a sua idade não é a da literatura classica, que, de certo modo, tanto pertence aos gregos de hoje como aos outros povos. E não apenas porque essa literatura constitua o substrato de um patrimonio cultural que o mundo helenistico e romano tornou comum. Mas porque a Grecia de hoje é uma sobrevivencia que a ocupação turca esmagou durante cerca de quatro seculos, quando o helenismo já morria exangue com os ultimos bizantinos. A Guerra da Independencia da Grecia (1821) foi simultaneamente uma manobra imperialista das grandes potencias contra o Imperio Turco pelo dominio do Mediterraneo Oriental, uma habitual revolta das populações rurais contra a opressão final e militar dos turcos, um episodio das manifestações de nacionalismo que a Revolução Francesa desencadeara, uma afirmação de liberalismo das camadas urbanas ou emigradas da população, culturalmente ocidentalizadas, contra o centralismo oriental dos sultões da Porta, e uma paixão literaria da Europa pela libertação da patria dos deuses e dos herdis, "mãe espiritual do Ocidente". Parece que, até hoje, não foi possivel encontrar sequer os ossos dispersos dessa mãe, a que se substituiram logo, segundo os interesses da Inglaterra e da Alemanha, dinastias germano-dinamarquesas. Nada disto ecoa

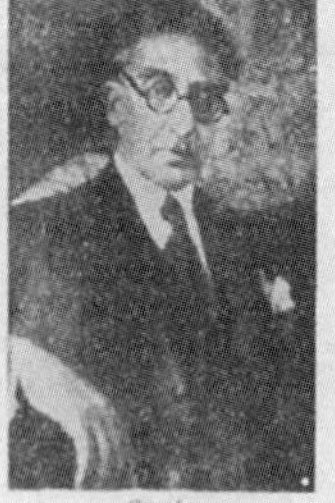

Cavafy

na obra de Cavafy, nem a expressão apaixonada de Solomons e de Calvos, os poetas da Independencia (o segundo vivendo na Inglaterra, onde morreu), essa guerra literaria e triste, ao serviço da qual se deixou morrer Lord Byron. Sob nenhuma forma o Romantismo tem entrada na obra de Cavafy, que teria sido exatamente o mesmo poeta, ainda que a Grecia jamais tivesse sido vitoriosamente restaurada, ou como nação não existisse.

As personagens que nos poemas de Cavafy perpassam ou falam são, entre outras, Marco Antonio, os filhos de Cleopatra, Apolonio de Tiana, Mitridates, o imperador Juliano Apostata, Alexandre Janeu, os Ptolomeus, os Seleucidas, soberanos bizantinos como Manuel Comneno ou João Cantacuzeno, ou, simplesmente, supostas testemunhas genericas de determinados fatos ocorridos, real ou imaginosamente, nessas epocas. Só certos poemas de primeira fase (anteriores a 1911) se detêm glosando, aliás magistralmente e já com peculiar visão, temas da grande Grecia Classica (Itaca, as Termopilas etc.). A maior parte da produção principal relaciona-se, pois, com figuras ou acontecimentos do periodo que se prolonga, no mundo grego ou afim, desde a morte de Alexandre Magno até meados do sec. XIV da nossa era. A restante produção — não menos importante nem menos significativa, em que pese a Bowra que afirma que, sem os poemas helenisticos Cavafy teria sido apenas "um poeta realista menor" — compõe-se de poemas em que o poeta rememora, com crueza a comparar com a qual certos poemas de Verlaine ou de Antonio Botto, por muito que escandalizem, são epigramas galantes, as dissipações da sua juventude.

E' sempre, portanto, quer nuns, quer noutros dos poemas, a um passado que Cavafy refere a sua inspiração, um passado tornado atual pela rememoração sensual ou pelo monologo imaginado. Como natural seria, poemas há em que os dois modos se interpenetram, ou um não é mais que subtil transposição do outro. Os estudiosos dos textos helenisticos e bizantinos, conhecedores da documentação dessas epocas em que se talhou a nossa historia de hoje, identificarão — e as edições de Cavafy, todas abundam nessa identificação de Amianos Marcelinos etc. —as "fontes" dos poemas de Cavafy, recriadores do passado grego. Desse passado, a Cavafy interessa primordialmente o que Rex Warner tão bem definiu ao dizer: "Uma mistura de culturas e de raças, em cidades como Alexandria ou Antioquia, onde gregos e barbaros formam um complexo bem diferente do Seculo de Pericles". E' um passado, todavia, do qual, grego de Alexandria, Cavafy herdou um dos locais privilegiados e a lingua, e que constituiu para ele, no plano da ironia poetica, a patria que a Grecia territorial já não fôra sequer para o proprio mundo helenistico, senão no culto dos monumentos literarios. As personagens de Cavafy são representativas desse culto; mas, nessa poesia (ou, nos monologos delas que tão lucidamente se sabem personagens que representam as suas proprias vidas!...), não aparece diretamente, como elemento essencial, a Grecia classica dos filosofos, dos poetas e dos artistas, que, para ele, como para suas personagens, é já a propria linguagem de uma civilização estabelecida, sobre a qual, todavia, o sincretismo lançou o manto de um desengano, de um ceticismo imenso... E' muito significativa, a este respeito, a ironia pungente do poema em que um dos ultimos monarcas seleucidas é imaginado a encomendar uma emissão de moedas: deseja que nelas figure o epiteto Philheleno (amigo da Grecia), embora, no seu reino perdido, quase se não saiba já o que seja um grego...

Num mundo como o nosso, em que a liberdade da cultura pagá, com a sua escravocracia bem definida, se foi perdendo na mistificação burguesa da libertação dos escravos para aumentar-lhes o numero e diminuir-lhes o responsavel custo, e em que os intelectuais desculpam com a "vida" a falta de cultura que lhes daria o direito de falarem nessa mesma vida, e quando vivemos assim em plena, descarada e erudita inculturocracia, necessariamente que a poesia de Cavafy será apodada de extremamente literaria, de glosa graciosa de textos vetustos que ninguem já lê. Basta lê-la, porém, para ser-se obrigado a reconhecer que o não é; e a maneira como o não é constitui precisamente o modo de Cavafy ser um poeta moderno. Pense-se que essa poesia tremenda se constitui como expressão autonoma por volta de 1911, coincidindo com a eclosão da revolução modernista na Euro-América, e da qual Cavafy estava singularmente a par; e que se desenvolve até 1933, ano da sua morte, paralelamente à de personalidades que o não conheceram e ele não conheceu de perto, como Yeats ou como Fernando Pessoa, o ultimo dos quais lhe sobreviveu dois anos apenas. Se ele não é também um dos modernos, com a sua capacidade de despersonalização dramatica, com a sua ironia e o seu ceticismo transcendentes, com o seu anti-romantismo feroz (o que o afasta, como aos outros, das ultimas vagas dos simbolistas, ainda que todos inicialmente o tenham sido), não sabemos mais que seja modernismo.

Cavafy, da glosa homerica ou pericleana, que culturalmente atrairia as exigencias poeticas de um grego afinal apátrida, e da consciencia de que a Grecia de hoje não era de fato patria sua, desceu à vivencia daquela Grecia cujo prestigio se impôs ao mundo romano, e de que a atual é o desesperado fantasma politico. E da sua lucida e esteticisticamente liberta consciencia de "outcast", pessoa à margem do que já é marginal (uma comunidade vivendo num pais estranho que é o seu de sempre, e onde a mistura das raças e dos credos já se não unifica, como outrora, no superior plano de uma cultura cobiçadamente comum), isto é, da sua pessoal consciencia de ser o que Bowra chamou, com universitario e britanico pudor, "um poeta realista menor", ascendeu à criação de um mundo atual, em que a humanidade existe, e numerosa, com a mesma dolorosa audacia com que ele proprio existia solitario.

Não há grande sentido, porem, em aplicar à sua poesia toda, à cruel verdade com que os mais mesquinhos sentimentos ou os mais torpes atos são referidos nela, aqhela caracterização "realista". Ou em aproximar esse realismo da indole nacional "grega". Toda a grande poesia é realista, seja grega ou não: e toda a má poesia o não consegue ser. Homero, Shakespeare, Dante, Camões, Gongora, Blake, Keats... ou Cavafy — todos são realistas, a seu modo. Porque o realismo não é apenas o culto do pormenor grosseiro, nem, como muitos imaginam, uma atitude de ceticismo licencioso e desabusado. O realismo é a pesquisa sistematica do carater ambiguo da realidade, do "nonsense" que, estritamente considerada, a realidade é. E, por isso mesmo, dos grandes poetas do pós-simbolismo, Cavafy foi, ao mesmo tempo, aquele que foi mais "realista" e o que melhor superou as contradições do realismo estrito. Como?

Há, em Cavafy, e muitos dos seus poemas são expressas declarações, um voluntario desejo de redenção pela atividade poetica, desejo tipico, que ele partilhou, por exemplo, com Proust, com Yeats, com Fernando Pessoa. O poeta reconhece que, superando, pela emoção que a memoria provoca, a vida que lhe é uma sucessão de grosseiros, brutais e fragmentarios acidentes, percorre um caminho identico do de, pela vivencia da cultura, lhe ser possivel tornar fragmentaria, acidental, presente, a hieratica imagem do passado que é Historia. Da identificação dos dois movimentos convergentes, brota uma extraordinariamente humana visão do mundo, em que não subsiste a minima fração de complacencia, de ilusão, de sentimentalismo, ou de pedantaria intelectual. E diluindo o proprio passado na integridade da historia, como diluindo está na fragmentariedade do presente, o poeta reconstroi, em dignidade e em verdade, a imagem da sua libertação, a justificação da sua existencia redimida.

Uma concisão que não exclui a limpidez da sugestão ironicamente tragica; uma recusa em aceitar a convencional interpretação moralizante das biografias à Plutarco; um nobre e desenganado amor da vida, e até do que, na vida, é para ele liberdade e beleza; uma compreensão aguda da importancia humana da ficção espetacular — eis algumas das caracteristicas da poesia de Cavafy, cujos poemas, estruturalmente, se aproximam tanto das baladas tradicionais, com a sua atualidade narrativa e testemunhal, ou de comentario a par e passo, que exclui da composição a unidade de tempo. Essa progressão continua do presente é um dos segredos estruturais do prodigioso poema "A' Espera dos Barbaros", uma das mais explosivas e penetrantes criticas — feita antes de 1911, pasme-se — da morte inexoravel das civilizações esvaziadas de conteudo. Esse esvaziamento, essa ascese assumida, essa degradação atravessada, são timbre deste grande poeta moderno do primeiro quartel deste seculo, "sabio da Grecia" (tão alheio a ela como os sete sabios da lenda), que tão superiormente, num dos seus primeiros poemas que conservou, definiu a missão da mais alta poesia, a do verdadeiro realismo que é a essencia da aventura espiritual do homem:

Sem Itaca, não terias partido.
Itaca nada mais tem a dar-te.
Por pobre que a encontres,
[Itaca não te desiludiu.
Sábio como és agora, senhor
[de tanta experiencia,
Terás compreendido o sentido
[de Itaca.

Que diremos mais, por agora? Apenas que, na melhor literatura inglesa Cavafy tem continuado a viver. Robert Liddell, o do "Treatise on the Novel", fez dele a figura central de um belo romance de Alexandria: "An Unreal City"; e que, fingindo esquecer o seu antecessor (e, como ele, o esqueceu a pedantaria do criticismo euro-americano, ao acocorar-se diante do autor de "Black Book"), Lawrence Durrell colocou sob a égide de Cavafy a sua monumental tetralogia: "The Alexandria Quartet".

Resta-me apenas, para encerrar esta reivindicação de cavafismo anterior ao de Marguerite Yourcenar, agradecer que Otto Maria Carpeaux, com as suas notas sobre "Kavafis e os barbaros", tenha em mim despertado o estudioso e tradutor que fui, há dez anos, de Constantino Cavafy. Quanto ao mais, basta que os leitores leiam, com espanto e com terror, como Blake queria que poesia fôsse lida, esse "A' Espera dos Barbaros", retrato impiedoso e justo do que somos todos. O que não quer dizer que eu acho que a nossa civilização merece, menos do que aquela, que os barbaros cheguem. Penso para mim: do que estamos precisando mesmo, é da chegada deles. Será um desastre irreparavel se, das fronteiras, chegarem umas pessoas dizendo "Que não há sinal de Barbaros"... Porque estou certo de que os barbaros serão perfeitamente capazes de admirar, tal como aos nossos "aneis de esmeraldas magnificas" (que eu não tenho, e suponho que o meu querido Carpeaux não tem também), o grande poeta que é Constantino Cavafy, mais grego do que a Grecia que lá está.

Estanque

Então amanhece
uma pálpebra de fome;
então se acorda
para a geometria
da hera, com a folha
menor maior
subtraindo o caule.

Amanhece um tato
de muitas ternuras
abre-se uma tardinha
de terreiros e bichos.

Então amanhece:
ficou-se gente grande
com seu incompreensivel
ôlho de escuro.

A criatura crescida
distende as pernas
em seu dia sem direitos
então amanhece
essa idade lenta
de amor findado
e em nova concha.

Amanhece um prazo certo
um compasso de sóis
e luzes acesas
em horas contadas.

Começa um nascer
de limites á vista,
uma pálpebra de fome
açambarcando leite.

DULCE CARNEIRO

A' espera dos bárbaros

O que esperamos nós em multidão no forum?
Os Barbaros, que chegam hoje.
Dentro do Senado por que tanta inação,
Se não estão legislando, que fazem lá dentro os senadores?
E que os Barbaros chegam hoje.
Que leis haviam de fazer agora os senadores?
Os Barbaros, quando vierem, ditarão as leis.

Por que é que o Imperador se levantou de manhã cedo?
E ás portas da cidade está sentado
No seu trono, com toda a pompa, de coroa na cabeça?
Porque os Barbaros chegam hoje.
E o Imperador está á espera do seu Chefe
Para recebê-lo. E até já preparou
Um discurso de boas-vindas, em que pôs,
Dirigida a ele, toda a casta de titulos.

E por que sairam os dois Consules, e os Pretores,
Hoje, de toga vermelha, as suas togas bordadas?
E por que levavam braceletes, e tantas ametistas,
E os dedos cheios de anéis de esmeraldas magnificas?
E por que levaram hoje os bastões preciosos,
Com pegas de prata e as pontas de ouro em filigrana?
Porque os Barbaros chegam hoje;
E coisas dessas maravilham os Barbaros.

E por que não vieram hoje aqui, como é costume, os oradores
Para discursar, para dizer o que eles sabem dizer?
Porque os Barbaros é hoje que aparecem;
E aborrecem-se com eloquencias e retoricas.

Por que, subitamente, começa um mal-estar
E confusão? Como os rostos se tornaram sérios!
E por que se esvaziam tão depressa as ruas e as praças,
E todos voltam para casa tão apreensivos?
Porque a noite caiu e os Barbaros não vieram.
E umas pessoas que chegaram da fronteira
Dizem que não há sinal de Barbaros.

E agora, que vai ser de nós sem Barbaros?
Essa gente era uma especie de solução.

CONSTANTINO CAVAFY

(Tradução de JORGE DE SENA)

Antonio Lizárraga, 23.06.1962

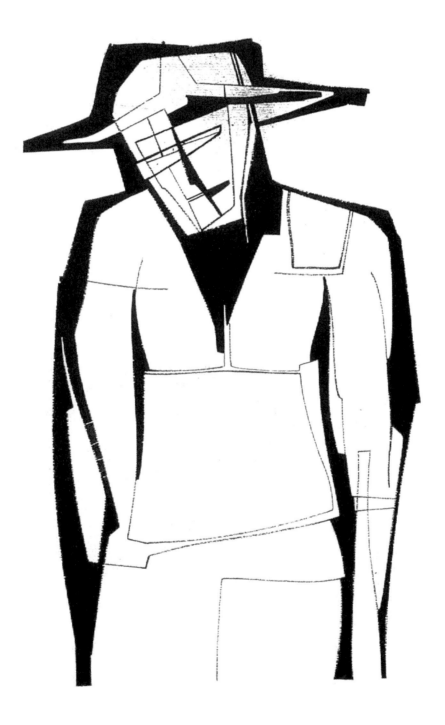

As formigas

Conto de BRAULIO PEDROSO

Ilustrações de RENINA KATZ

Da literatura como sistema

WILSON CHAGAS

Canto do amôr nenhum

A Carlos Maria de Araujo, em S. Paulo
11 de setembro de 1958

não há porque chorar
porque não há o desespero
amor se evola
e pensar
é tempo igual
no vento morno

se amor não fôra
tentado houvera maior apelo

não há o que perder
nem o que reter
amor se evola
e pensar
é chôro quedo
no vento morno

não há o que dizer
nem o que sofrer
por que chorar?
presença é muda
e vento é prece

não há o que chamar
amor se evola
e se amor não fôra
em desespero
tornado houvera

ANA MARIA AMARAL

Três pensadores peruanos

RICARDO NAVAS RUIZ

Renina Katz, 29.12.1962

OLHO DE GATO

Conto de ALVARO LORENCINI

Memorialistas da infância

TEMÍSTOCLES LINHARES

Canção da caza vazia

I

O tempo parou e frio, lá fora,
é o sol das almas.
Verdadeiramente falando, êste não é um tempo de...
preparação. Antes,
de quaresma e envelhecimento.
Exemplos: da cal nas paredes,
da moldura nos retratos,
das cadeiras nas salas,
do verniz nos móveis,
das construções nos prazos antigos,
da chuva nas calhas,
até mesmo da dor no corpo morrendo
Março Março Março: Pai,
olha, lá fora, como o vento do Outono
brinca com as roupas nos varais!

II

O sol ainda não esquentou de vez, Pai,
Porém, se o sol se esquentar de vez,
As quaresmas lá fora, se salientarão tanto,
Que a gente sentirá a tristeza da agonia,
A despedida da Terra.

Principalmente, Pai,
Se as cigarras derem de cantar.

DANTAS MOTTA

Ilustração de WESLEY LEE

SERAFIM COSTA

LÊDO IVO

As duas angustias

ANTONIO PINTO DE CARVALHO

Wesley Duke Lee, 07.09.1963

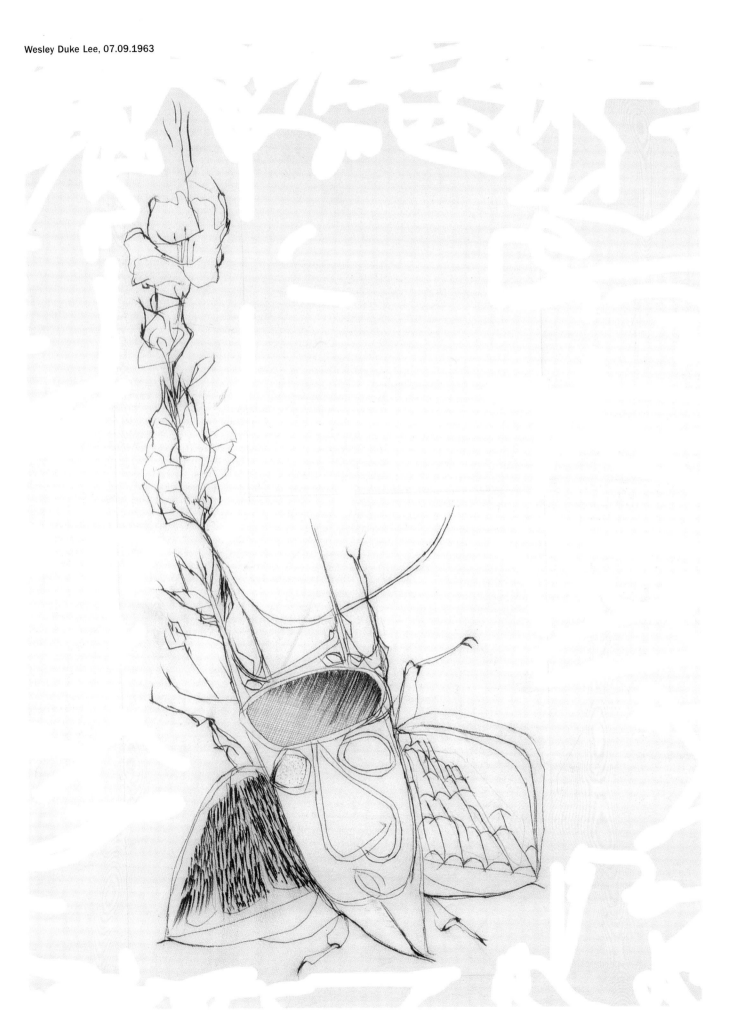

BUSCA

Conto de JOÃO ANTÔNIO

— Vicente, olha a galinha na rua!

Abri o portão, a galinha para dentro. Mamãe tinha o avental molhado do tanque. Um balde pesava no braço carnudo.

— Deixa qu'eu levo.

Derramei, fiquei olhando a água no cimento. Aquilo estava era precisando duma escova forte. Começo de limo nas paredes. Sujeira. Quando voltasse daria um jeito no tanque. As manchas verdes sumiriam.

— Vai sair já? Espera o sol descer um pouco. Que sol, que nada... Queria sair. Um domingo não chateia! Depois do almoço as coisas ficam paradas, sem graça. Mamãe não precisava lavar roupa aos domingos. Eu lhe digo. Bobagem. Ela nem responde, os olhos no ralo. Bota um sorriso na hora, agradecendo, como se eu estivesse elogiando.

Andando. Um ar quente me batendo na cara. Daniel me havia convidado para futebol na televisão, havia também Lídia... Por que diabo aquela menina cismou comigo? Vive de olhadelas, risinho, convite para festa de casamento. Pequenita, feitosa. Mamãe e ela se dão muito. Lá com suas costuras e arrumações caseiras. Eu não quero é nada.

— Ela é direitinha, Vicente.

Os amigos observam.

Atravessei a ponte. Tinha trocados no bolso, me enfiaria num trem, acabaria na estação Julio Prestes. Daniel com a televisão e Lídia com costuras... Eu queria andar.

Desde que papai morreu, esta mania. Andar. Quando venho do serviço, num domingo, férias, a vontade aparece. O velho, quando vivo, fazia passeios a Santos, uma porção de coisas. Bom. A gente se divertia, a semana começava menos pesada, menos complicada, não sei. Às vezes, penso que poderia recomeçar os passeios.

— Que horas tem trem prá São Paulo?

Meia hora não encarrou. Fui caminhando para a Lapa. Mesmo a pé. Os lados da City tão diferentes, me davam uma tristeza leve. Essa que tanto quando como pouco, não bebo, ouço música. Eu fico analisando as letras dos antigos sambas — dores de cotovelo, promessa, saudade... Essas coisas.

Garotas novinhas, calças compridas, passavam em bicicletas. Bochorno. Tudo parado, morto. Se eu fôsse à casa de Luís, na Lapa, beberia café. Vive me convidando. Sujeito diferente. Metia-se em estudos à noite, esforçava-se. Lá na oficina me fizeram uma adulação nojenta, porque sou chefe da solda. Ora, desde menino nesta ocupação, é claro que entendo da coisa. Por isso certos fulanos me encostam, agrados para pedir isto aquilo. Mas Luís é ótimo, não adula. Só abre a boca para coisa aproveitável. Se os tipos que me fazem adulação soubessem como são parecidos com cachorro quando quer comida...

O meu cagaço novo estava começando a se empoeirar.

Entrei por uma rua que não conhecia. Olhava para tudo. Jardins, flores, mangueiras esquecidas na grama, gente de pijama estendida nas espreguiçadeiras. A bola de borracha subia e descia no muro. Pelada. A bola pulou para fora do muro. Um menino veio. O que eu adoro nesses meninos são os cabelos despenteados. Chutei-lhe a bola que ela corria para mim. Transpirava, botou a mão no ar agradecendo.

— Legal.

Ela disparou, vermelha de sol.

*

— Desta vez ele vai!

Girei para a esquerda, soltei o direto. Capricha tanto, tanta certeza eu tinha. Aquele mulato não aguentaria mais um "round".

Um sujeito lá embaixo:

— Desta vez ele vai!

O mulato defendeu, deu uma gingada, ganhou a brecha. Largou o braço. Que tecnica! Quem é que poderia esperar aquilo?

Golpe, dor, choque, sangue, escuridão, zoeira. Cara na lona, eu jamais esqueceria! Doze disputas perdidas, tudo perdido. Escuridão, zoeira nos ouvidos, o barulho dos caras lá embaixo. Fôssem para a casa do diabo. Não enxergava nada. Provavelmente a mão do juiz subia. E desceu todas as vezes. Eu não vi nada.

Quinze dias depois voltei aos treinos. Sem ânimo, a moral lá embaixo. Freitas, que me preparava desde menino, me iludia:

— Que nada! Você chegou à décima segunda perder. Isto é raro. Quem sabe pars o ano...

E o mesmo Freitas, alguns meses depois:

— Não pode, Vicente. Com esse negocio no fígado, não pode.

— Eu não opero. Bobagem, Freitas. Isto não impede.

— Então...

Não continuei. Deixei o ringue, larguei uma amizade que trazia desde moleque e que era tudo. Campo do Nacional, treinos à noite, o ótimo Freitas, turma, campeonato amador... Minha vida era aquilo acabaria. Eu estava naquilo desde menino, não podia deixar. Minha teima durou uma semana... Ou menos. Que me operassem, bolassem o diabo! Deixar o box, não.

Operado. Asneira. Tudo dando certo, um campeonato amador chegou e me encontrou moralmente. Quebradeira, recaída strapalhada, menos de cama, uma despesa enorme. Eu me olhava no espelho e parecia estar diante duma devastação. E depois ouvir dizer que não voltaria ao ringue...

Ah!, me lembro do rapaz, quando no Nacional! Era outra pessoa.

Será que aquele médico percebeu o que estava dizendo?

*

Luís ficou muito contente. Jamais pensei que tivesse casa 'tão bem disposta. Capricho nas paredes, tinhorões no jardim. Em seu quarto, mesa de Luís, não a escrivaninha. Disse-lhe sem sentir olhando um banquinho preto:

— Você deve continuar. Desenho arquitetônico dá dinheiro, rapaz — lembrei-me de Freitas naquela hora.

Chateava-me tarde. Ia para os lados do Piquerí. Já bebericado conhaque num boteco, jogado partida de bilhar com Luís. Fingira atenção às jogadas, um capricho que não é meu. Sorria. Negava no gás, insinuava apostas. Mas por dentro minha vida era triste, ôeo, ansia de encontrar alguma coisa não sei, tem Lídia, nem...

Temporavam crianças no jardim público, mais um banco, cigarros se sucediam. Uma tempo de lembranças — tempo de quartel, macumbeiras, farras, porres, Box, box! Uma frase que me veio na tarde. Ouvida na oficina. Não sabia ou se nada localizava precisa, em só sabia que falava nos primeiros cabelos brancos que tenho. Acima da costeleta, apontam lucilantes, 'uvavelmente não demoraão em flor uma tapinha no joelho. Achei graça naquilo, serri, com vontade de brincar com ela. Ficamos nos olhando um e outros. Ela se depois, conversa com amiguinha. "Como que estas eu me pergúntam se estivesse. Em que ano do grupo está, quantos anos vai gostar daquilo, disto... O sorvete com o amarelo. Paguei-lhe um sorvete de palito,

e ficamos eu e a menina até os aventais muito brancos da empregada surgirem na praça.

Andando tão devagar. Procurava alguma coisa na tarde. O vento esfriou. Não sabia bem o que, era um vazio tremendo. Mas estava provocando. Os omnibus passavam carregando gente que vinha do cinema. Para essa gente de suburbio mesquinho, semana brava suada nas filas, não conduções cheias, difíceis, cinema à tarde, pelo domingo é grande coisa. Viaje-se encolhido, apertado. Os ônibus se enchem.

— Essas vilas por ai são u'as miserias.

Tocava para casa. Lídia e mamãe ali estariam às voltas com costuras, receitas disso e daquilo, lá ceí. Daniel iria reclamar, dizer como ele sempre diz que um sujeito que vive na lua.

Domingo chato, mole, balofo, parecia estar gestando alguma coisa. Uma idéia extravagante:

— Preciso cortar à escovinha. Assim escondo os começos de gabelo branco...

Cheguei em casa, beiji na testa de mamãe, cumprimentos para Lídia. Ela repetiria o jogo — indiretas, risinho, interesse, por que não faço isso, por que não gosto de... Mas o vario não passaria. Comer alguma coisa, botar o paletó. Andar de novo.

Na rua de pedrçulho mal socado o sapato novo subir, descia. Sem pressa, mole. A garotinha às voltas com costura. Sem pensamento agradável, jogou-me uma ternura. Cortar à escovinha, que ideia! Lídia maneira, pequenita, talvez desse boa mulher. Pensei com talvores bobos — "tenha a boadade", Vicente, só você pode resolver". Murmurei entre os dentes:

— Ora, fossem plantar batatas...

Julguei muito necessário recomeçar os passeios a Santos, a Campinas... Eu e mamãe. Talvez as semanas começassem melhores, menos complicadas. Segunda-feira, não pareceria já o cansaço de quarta...

Agora já sol descendo por completo. Uma rua em potencial, os do lados da City tão diferentes, uma bola de ocre. Enorme, linda. Meus olhos divisam no fundo de tudo o Jaraguá, mancha grande meio preta, meio azul... Meus olhos não precisavam. Era a hora em que as coisas começam a procurar côr para a noite.

Lembrei-me de que precisava passar uma exma no tanque.

Manola

Madrilena castigada,
Começas a vida á noite.
Ouvindo o vento vermelho
Na sua charla sem fim,
Estenografas a aurora
No terraço dos cafés,
Torres do peito apontadas
Ao duro sol de Madrid.
Tua conversa é de sal
Com retalhos de açucenas.
Teus olhos são pés dançando
A impaciencia de Espanha.
Tua cabeleira: raivosa.
El DUENDE vai no teu sangue,
Na tua demarcha e voz,
Vai na planta dos teus pés,
Nas tuas pausas de silencio,
Silencio espanhol rebelde,
Oculto no gume afiado.

Madrilena castigada.
Madrilena pelo berço
E o vario calor humano:
Um estilo de contactos.

Cordova

Estrutura sobria, tersa,
Toda nervo e osso, contida
Em labirintos de cal
E em patios de vida secreta.

Córdova áspera e classica
Alimentada de Africa.

Como não te entregas subito,
Quem te aproxima terá sempre fome
E não dirá: Córdova de meus amores.
Um nome seco e esdruxulo te designa,
Sol desdenhoso, Córdova concreta.

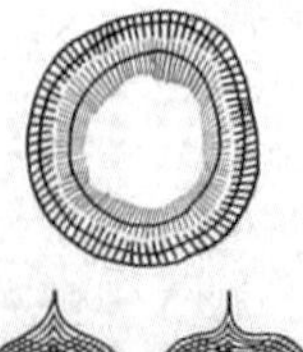

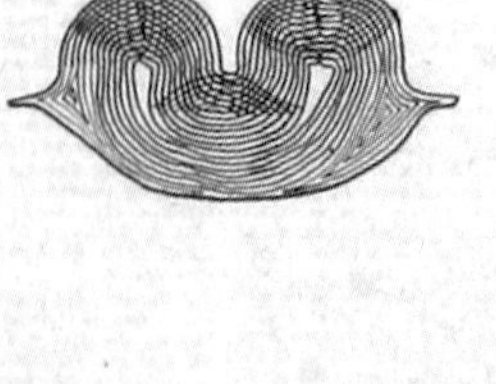

Joan Miró

Soltas a sigla, o passaro e o losango.
Também sabes deixar em liberdade
O roxo, qualquer verde azul vermelho.
Todas as cores podem aproximar-se
Quando um momento as conduz
E cria a fosforescencia:
A ordem que se desintegra
Forma outra ordem ajuntada
Ao real — êste obscuro mito.

MURILO MENDES

Ilustrações de ARNALDO PEDROSO D'HORTA

No meu artigo anterior não me foi possível fazer mais do que uma breve referência final ao livro de contos de José Augusto França, "Despedida Breve" (Publicações Europa-America, Lisboa), tendo-me limitado a registrar que se em quadra, em contraste com os livros de Joaquim Paço d'Arcos e de Urbano Tavares Rodrigues ai analisados, numa renovação a que os outros são alheios.

A comparação entre os três livros deveria ser conduzida muito mais longe do que seria possivel em artigos de jornal, pois ela é bem representativa de um desacerto, que não é privativo da literatura portuguesa, aliás, que se revela pela falta de sincronização entre o autor e a evolução da literatura — no que se refere aos dos primeiros. Haveria infindaveis considerações a tecer em volta desse fato, que me parece revelador da existencia de elementos mais complexos do que nos permitiria admitir a teoria de que a literatura exprime a sociedade.

Na verdade, dos três escritores, só Paço d'Arcos parece dar razão ao simplismo dessa formula — mas ele é precisamente o menos "artista" dos três, e perguntamo-nos se, ponte de parti e o valor documental dos seus livros, ficaria neles o suficiente para os considerarmos significativos. Mas a sua sociedade não é a portuguesa, em globo, apenas uma certa parte dela; a do Estado Novo, como já tinha referido. Ora, a sociedade do Estado Novo é, afinal, uma sociedade de cadaveres; as proprias condições da sua existencia lhe dão essa livider de necroterio. Sociedade que subsiste unicamente por obra e graça de retardamento imposto pelo regime ao que seria a sua evolução normal, existe dentro da nação como um cancer que a rói lentamente, sem se ter manifestado por obras singulares, pede o "Nome de Guerra" de Almada Negreiros as novelas de Branquinho da Fonseca, passando pelas de Rodrigues Miguéis — a diversidade das suas obras me dispensaria de dizer que não se trata de uma "escola", mas sim do verdadeiro caminho da renovação da prosa novelesca em Portugal.

Estilo e autenticidade

ADOLFO CASAIS MONTEIRO

Nada mais diferente do que a "visão" de cada um destes ficcionistas — mas em cada um deles a expressão de "uma" realidade importa mais do que os "fatos", que, para a corrente mais apreciada do publico, continuam a ser o elemento condutor. Para cada um deles, tem muita importancia a verdade humana dos secos do que as ercunstancias. Embora o grau e a qualidade dessa verdade humana seja profundamente diversa em qualquer dos escritores desta, a tendencia lhe não só, é cos, apenas os três que citei acima), a verdade é que não abo um aspero ainda fazer, la não é um registro do sinais positivos e negativos — e pode ser, para o leitor, uma sugestão, se lhe interessa ver por onde vai o caminho que, depois de Sá Carneiro e de Raul Brandão, é o da verdadeira prosa de ficção, quando não é vergonha o escritor ser essencialmente um artista.

Por isso me confundidade não há lugares-communs utilizaveis. Por isso mesmo, não sendo de modo algum um estilista, no sentido em que tal se diria dum Aquilino Ribeiro ou dum Teixeira Gomes — pois que, pelo contrario, ele foge ao "raro" do epiteto, ao "arredondado" da frase — o estilo pessoal, o estilo criado á medida do seu mundo romanesco é inseparavel da propria comunicação deste. Enquanto um Paço d'Arcos e um Urbano Tavares Rodrigues parecem não conhecer outra "naturalidade" a sua extravagancia é, muito diferentemente, a de transmitir com autenticidade as coisas fora do comum — e tudo é fora do comum quando o escritor olha para o semelhante é procura o proprio e não apenas da mascara que o veste. Não admira pois que os contos de José Augusto França sejam obscuros á força de ele não pôr enlase nenhuma ao apresentar personagens e situações que, ou são em si proprias fora do comum, ou tal se tornam pelo angulo no qual o autor se situa para as considerar.

Essa "naturalidade" é o oposto do "naturalismo". Um inteiro ciclo, uma longa e já centenaria evolução nos põe diante desta evidencia em que duas daquelas da sua mesma mais acaham por significar dois pontos extremos da concepção da literatura. Mas o naturalismo apegou-se tanto a pelo do escritor português que as mais diversas tendencias do neo-realismo, ainda que com as exceções referidas atrás, ou, pelo menos, as exceções pelo publico — quer do catolico Francisco Costa, quer do neo-realista Alves Redol — vinham dar quase sempre no naturalismo. E a naturalidade dificilmente tem aberto caminho, com a situação paradoxal de os que a representam terem sido quase sempre, senão sempre, tidos como aberrantes e fora do comum. O que prova apenas, é certo, a falta de qualificação da crítica, e a ausencia de senso estetico do publico. Mas não deixa de tornar dificil a liberdade da literatura romanesca como meio capaz de aproximar os portugueses duma expressão de si proprios em que possam encontrar outra coisa que só a sua caricatura, que é o que chega ao naturalismo.

Como isto não é uma crítica, mas uma procura de dos romanciores, dispensamo-de entrar nos pormenores sobre o livro de José Augusto França, o que além de já exigir do sinais positivos e negativos — e pode ser, para o leitor, uma sugestão, se lhe interessa ver por onde vai o caminho que, depois de Sá Carneiro e de Raul Brandão, é o da verdadeira prosa de ficção, quando não é vergonha o escritor ser essencialmente um artista.

Literatura e filosofia

JOÃO GASPAR SIMÕES

O problema é velho, mas volta a estar na brecha. Pode ser, a literatura mantém, de fato, cordeals relações com a filosofia, mas, ao contrario do que pretendem certos "filosofos" não deve favores muito particulares. Talvez fosse conveniente, de, frisar que quanto mais intimas e dependentes se tornam estas relações menos fecunda e original se mostra aquela das atividades intelectuais que no concorreu mais facilmente dispensar capital propriamente teorico, isto é: a literatura.

De momento preocupa-me, particularmente, o caso do romancista. Sendo o romance o genero por excelencia da epoca que atravessamos, é natural que seja ele a primeira vitima das desmedidas ambições dos "que hoje em dia reservaram conferir à filosofia o primado das atividades intelectuais. Se por muito tempo se manteve a mane do seu virus, talvez por ser um genero relativamente novo e popular de condição romance, como toda a gente sabe, vem do romance, e ligasse, portanto, nos escritos que em plena idade Media se escreviam nessa lingua, a lingua por povo falava quando o latim principiou a degenerar nos idiomas que hoje falamos), agora nem o" sabe vales. Até muito tarde a filosofia escreveu-se em latim, e ainda hoje os filosofos, procuram criar, cada um de per si, o seu proprio vocabulario, nostalgicos do tempo em que lhes era dado servir-se mi to mais à vontade de uma lingua morta, a lingua ideal das especulações filosoficas. A poesia encontrou o filosofismo alguns adeptos, o filosofismo alguns adeptos, pelo outro, pediram aos filosofos elementos que utilizaram em poemas imortais, como De Rerum Natura, do primeiro, e La Divina Commedia, do segundo. Mas nenhum outro genero maior, entre os generos literarios filiados na imaginação, se aliou intimamente à filosofia. No que diz respeito ao romance, bem podemos procurar os Romans Philosophiques, de Voltaire — Candide, ou o Ingênu ou Micromegas — outra filosofia que não seja a de um tremendo simbolismo humoral, para não dizer humoristico, aqui ou ali a posição do pensamento o seu autor, que ali, nas paginas dessas admiraveis alegorias, desiste, por completo, de especulações intelectuais. O mesmo malogro se dá com as não antolhia nas paginas que Balzac teve a veleidade de inscrever sob o signo de "estudos filosoficos", como, por exemplo, essa impressionante epopéia idealisto-materialista que é La Peau de Chagrin. Não. O romance pode ter alimentado ambições especulativas, mas nunca soube realizá-las, muito simplesmente porque para isso não se encontrava habilitado. A vida não é filosofica em si, e o romance não tem sido — assim no faz crer a historia de quase dois seculos que leva a novelistica moderna — como diria o já citado por Stendhal, "um espelho que passeia ao longo de um caminho".

Bem certo que a partir do seculo passado veleidades filosoficas se apoderaram da mentalidade de alguns romancistas. Foi, porém, um autodidata, com todas as ingenuidades inerentes à cultura dos que se cultivam a si proprios, quem teve essa idéia, e não há duvida que se alhou em toda a extensão da lavra. Em Les Rougon-Macquart propõe-se Emile Zola, inventor do "naturalismo", tanto mais romancista quanto menos filosofo, colonhar com Taine, Comte e um dos seus contemporaneos ilustres, tal, Prosper Lucas, uma filosofia ad usum Delphini, que do rufos de toda essa geração de romancistas positivist e que então formara uma roda à volta dos "filosofo" Teofilo Braga ou do doutrinario Julio Lourenço Pinto. Mais recentemente verificamos em França Jean-Paul Sartre —, com ele não só o teatro mas o proprio romance existencialista. Conquanto tenha sido esta, até à data, a mais fecunda aliança da filosofia com a literatura de imaginação, o certo é que ao pé desse judeu genial que foi Franz Kafka, o verdadeiro criador de uma forma de literatura de ficção que está a generalizar-se nas possibilidades de exito, o autor de Les Chemins de la Liberté faz figura de mestre-escola. Aliás, a figura que fazem quase sempre os filosofos que se metem a escritores de ficção.

Não é propriamente filosofica, mas teoretica, como agora se diz, a nova corrente do romance francês, herdeiro direto ou indireto das filosofias aplicadas à literatura de ficção. O "objetivo" tornou-se o velho de ouro da novelistica que concebe a realidade como um mundo onde as suas esmagam os homens. Está claro, que, mesmo quando eles, o não dizem, em geral calam-no prudentemente, não sabemos muito bem onde querem chegar com as suas "objectivistas" sui generis. Impressionou-os o genio do autor de O Processo e como os escritores franceses, regra geral, são mais cultos que seus inspirados (refiro-me, claro está, a esse coterica de efreitros da literatura que em França rodelam, confessada ou inconfessadamente, os grandes generais, pois a verdade é que Napoleão não é caso unico na história da França e a sua republica das letras está cheia de Napoleões) — entrelios são via constituindo teoria o que no caso do escritor cheio foi simplesmente manifestação do genio.

Não o dizem. Calam-no pruco denadente. Porém, a verdade é esta: os romancistas que em França se puseram a adorar o "Objeto" só o fizeram depois de Kafka lhes ter revelado esse mundo do abstrato em que o homem parece valer menos do que as coisas que o rodeiam e de se ter feito ruína independencia completa de toda a espécie de alianças teoricas' com a filosofia ou o pensamento doutrinario. Se se reclamam de Camus, esquecem que Camus muito deve ao genio do profeta da Colonia Penitenciaria e que a literatura do autor de L'Étranger, na sua perfeição estilistica e no seu garbo intelectual, mais não é que o reverso da medalha brilhantemente ganha nas olimpiadas das letras — o reverso dessa medalha que o judeu checo deixado disputar no dia em que um dos seus mais íntimos amigo para fazer um auto-de-fé de todos os seus papeis assim que ela fechasse os olhos.

Não é a filosofia que permite ao romancista insuflar sentido novo na obra de imaginação; a filosofia doutrinaria e sistematica teoricamente preordenada ou colhida em casa alheia. Quando Nietzsche declarou que aprendera mais psicologia com Dostoievski que com todos os psicologos teoricos do mundo enunciava uma verdade que os psudofilosofos modernos tendem a esquecer. E se em França existiu algum dia uma obra novelistica cerrada com a filosofia do momento essa filosofia de Bergson.

Pode o romancista aproveitar uma concepção do mundo que a filosofia já sistematizou e pode até fazê-lo com a consciencia de um Flaubert ao escrever a sua Madame Bovary, apesar de que escritor como esse estão implícitos principios talianos de que o escritor se nutria. O que me não parece viavel é o escritor extrair, como uma derida endomatrinada, de um pensamento, de uma teoria, de uma filosofia, de uma estetica mesmo, uma obra de literatura. E cheque sacudo se a conta do pensamento para ao banco da imaginação. Aliás se um pensamento tortura roda à volta da mentação mais terreno de mais tarde, com um choque sem fim como suas mãos malogradas.

Arnaldo Pedroso D'Horta, 11.04.1959

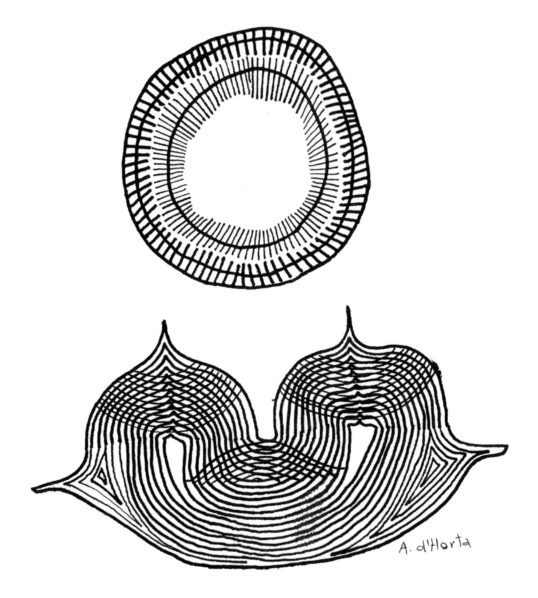

Arcanum

Doubt not that it exists —
Somewhere at the quiet center
Of this mortal storm —
That hidden place from which,
New-born,
We groped our way
Unseeing,
Out through the womb-like darkness
Into the turmoil'd world.

Doubt not that it exists,
But seek not to return;
For we have come too far,
Not knowing even
Why and how we came,
Recalling nothing of that secret place
Except perhaps
A phantom memory
Of primal innocence
Forsaken there.

Arcanum

Não duvides de que existe —
Por aí no calmo centro
Desta mortal tormenta —
Êsse secreto local de onde,
Recém-nascidos,
Tacteamos nosso caminho
Cegos
Por uma escuridão de entranhas
Até o torvelinho do mundo.

Não duvides de que êle existe,
Mas não penses em voltar;
Porque viemos longe demais,
Sem mesmo saber
Como e porque viemos,
De nada nos lembrando dêsse secreto local
A não ser talvez
Da espectral memória
De primitiva inocência
Aí esquecida.

There is a time

There is a time
In yearning's long and weary pilgrimage
When the heart must rest,
When the mind must sleep,
When the opiate of Hope
Must be withdrawn.

There is a time
In the lonely hungering quest for Love
When the search must cease,
When the youthful vow of fealty
Must be renounced,
When the great illusion,
Sustained alone by Hope,
Must forever be dispelled.

There is a time
(Can it be now?)
When Hope's extinction is the sacrifice
Which Life must make
If it is to endure.

Há um tempo

Há um tempo
Na peregrinação fatigante e longa do desejo
Em que o coração tem que descansar,
Em que o pensamento tem que adormecer,
Em que a anestesiante Esperança
Tem que desaparecer.

Há um tempo
Na solitária e ansiosa busca do Amor
Em que a procura tem que cessar,
Em que a jura juvenil de fidelidade
Tem que ser revogada,
Em que a grande ilusão,
Mantida apenas pela Esperança,
Precisa para sempre ser banida.

Há um tempo
(Será agora?)
Em que a extinção da Esperança é o sacrifício
Que a Vida tem que fazer
Para continuar.

Castigo

To bear the clutching first of pain
Wrenching the knotted bowels —

To feel cold steel
Against the naked tissues
Of the heart —

To know the blinding fire
Of needles
Probing the cortic fiber
Of the brain —

To read indifference
In your eyes.

Castigo

Aguentar o punho fechado do sofrimento
Retorcendo as entranhas nodosas —

Sentir aço frio
Contra os tecidos nus
Do coração —

Conhecer o fogo cegante
De agulhas
Ferindo as íntimas fibras
Do cérebro —

Ler indiferença
Em teus olhos.

Final autumn

There was a time
When Autumn came in Spring,
When youth's exuberance
Was shield against the poignancy
Of Nature's slow withdrawal
Into death.

There was a time
When Autumn fell in Summer,
In the bold meridian of our days,
When falling leaves
Bore no more portent
Than the lengthening shadows
Of an August afternoon.

But now the time is here
When Autumn comes,
Not as an unmarked episode
In Spring,
Not as the careless afternoon
Of yet another Summer's day,
But as the penultimate season
Of our lives;
The last but one;
Which is the Winter
In whose frozen fastness
The eternal round of seasons
For us will end.

Outono final

Um tempo houve
Em que o Outono vinha na Primavera,
Quando a exuberância da juventude
Opunha-se à pungência
Do lento recolher-se da Natureza
Na morte.

Um tempo houve
Em que o Outono caía no Verão,
No vertical sol-a-pino dos nossos dias,
Quando o cair das fôlhas
Nada mais prenunciava
Do que um espreguiçamento de sombras
Por um entardecer de Agôsto.

Agora, porém, é o tempo
Em que chego o Outono
Não como um despercebido episódio
Na Primavera,
Não como desculdosa tarde
De mais um dia de Verão,
Mas como a penúltima estação
Da nossa vida;
A antederradeira;
Isto é, o Inverno
Em cuja gélida disparada
A eterna farândula das estações
Há de findar para nós.

NILES W. BOND

Tradução de GUILHERME DE ALMEIDA

A FOTO

Conto de JORGE MEDAUAR
Ilustrações de EDUARDO IGLESIAS

— Mas esse retrato está uma droga...

Disse. O fotografo encolheu os ombros. Que é que tinha com isso? Milagre não poderia fazer. A maquina e o filme registram o que está na sua frente. Tudo que poderia fazer fizera: uns retoques no canto da bôca, a diluição de uns pés-de-galinha na curva do pescoço. No mais, era uma foto fiel, com nuanças que só mesmo um profissional entendido poderia avaliar.

— Deixe as fotografias aí, se não estiverem de seu agrado.

— Bem — disse Romulo — é que... não sei...

O fotografo desabotoou um sorriso. Isso era assim mesmo. Muita gente estranhava a propria imagem, no primeiro impacto. Principalmente se não mantinha o habito de fotografar-se da quando em vez.

— Que é que o senhor viu de mais, seu Romulo?

— Não sei. Parece que há qualquer coisa de menos. E demais também. Não sei bem o que é. Não sei... O senhor pode tirar a nota.

Meteu as fotos no bolso do paletó, andou. No onibus, no caminho de casa, retirou-as. A seu lado não havia ninguém, poderia espiá-las de novo. Fêz, com as mãos no vão das pernas, como se as fotos fossem um mistério, uma coisa proibida. Na verdade não queria que o companheiro do banco de trás espiasse. Iria pensar que fosse um narcisista, um vaidoso, com certeza.

Correu as seis fotografias, descartando-as como se fossem cartas de um baralho. Ali estava a sua cara, seis vezes reproduzida, dizendo-lhe que a sua imagem já não era a mesma. Lembrou-se da ultima vez que fôra fotografar-se. Quanto tempo? Seis, sete, oito anos? Seis. Tinha certeza. Seis. Foi quando a filha nascera. Outubro, fazia sol. Entrara no fotografo, no velho amigo Gino — o mesmo artista que fotografara seu casamento, depois seu primeiro filho e muito mais tarde a menina. Como diabo o tempo poderia castigar tanto? Tornou a pegar no envelope, mas achou que não valia a pena rever as fotos: estava para chegar, no outro ponto desceria. Mas assim mesmo apalpou o bolso, com se ali estivesse um ser vivo. Engraçado: uma vez, andara no seu tempo de colegio com uma rã no bolso. Lembrou-se que a rã se aquietara, mas bem que ele sentia, através do brim colado ao corpo, o pulsar vivo do bicho. Por que se lembrara disso agora?

Espiou com jeito o banco de trás, para certificar-se de que ninguém estava acompanhando seus pensamentos. Sim. Os pensamentos. Considerou que certos pensamentos pareciam ter força, saltar da cabeça, revelar-se como letras de um painel que de repente fosse acendido. Tinha gente que lia o jornal do companheiro da frente, acompanhava com os olhos os menores movimentos da pessoa. Passageiro de onibus devia ter uma natureza especial. Um sentido meio diferente. Adivinhava a hora de descer. Conhecia mulher que precisava sentar, gente com vocação para conversa, torcedor de futebol, partidario do PTB, colecionador de sêlo. Lê todos os anuncios de soslaio, sabe nomes de pomadas, elixir, cesta de Natal. Ele também fôra durante muito tempo passageiro de onibus. Depois que comprara o carro, só agora estava voltando para casa entre pessôas que sempre lhe foram familiares. Na época que tinha oficina de chapéus — passava, reformava, tingia, vivia entre vapores que subiam, sufocantes, da imensa fôrma acolchoada que seus braços peludos levantavam — apostava consigo mesmo nos movimentos de certos passageiros. Nunca errara. Uma vez dissera para dentro que uma senhora tinha o jeito de quem iria descer entre as ruas da Gloria e Tamandaré. Pois nas proximidades, a mulher dera o sinal e descera. Agora mesmo, via um crioulo que talvez descesse no mesmo ponto quo iria descer. Vamos esperar — disse em pensamento. E novamente apalpou o bolso. Voltou-lhe uma vontade quase infantil de rever as fotos. Nelas havia qualquer coisa que precisaria ser revista. Acho que a mancha sombreada que descia pela tempora direita, lembrou-se. Ou as rugas no canto das duas asas das narinas?

Tirou o envelope amarelo, deslizou os dedos por uma das fotos, sempre olhando para diante. Fazia os movimentos no vão das pernas, como alguém que estivesse comendo pipoca e ao mesmo tempo prestando muita atenção a um espetaculo atraente. Retirou uma, meteu o envelope no bolso. Só agora desceu os olhos, para ver a foto protegida entre as suas mãos quase em concha. Sim senhor, tinha que ser discreto. A seu lado, de pé, rente a seu ombro, vinha um passageiro. Que diria, vendo-o como uma criança embasbacada diante da propria fotografia? Ergueu os olhos para o homem, mas o passageiro estava com o rosto desviado. Talvez entretido com a propaganda que exibia uma pequena de maiô, sentada sobre uma caixa de protetores higienicos. Assim mesmo, não confiou. Passageiro de onibus é o diabo, concluiu. Sonso. Fingidor. Ele também fôra assim, como não. Fôra jovem. E seus olhos farejavam qualquer nesga de perna, qualquer tunel de blusa que mostrasse o concavo suave de uns seios. Seu unico cuidado era não cruzar a mira. Via de lado. De viés. O tempo e os cabelos brancos lhe ensinaram a não olhar obliquadamente.

Avaliou de novo o passageiro, desceu os olhos, cravou-os na foto. Não, não era a mancha escura, nem eram as rugas. Aquela foto, em todos os seus pormenores, era de outra pessoa. Entre essa e a que tirara quando sua filha nascera, havia uma diferença enorme. Enorme, como não. Por mais que uma pessoa, todos os dias, se visse num espelho, nunca que pudesse notar o tempo passando, os desenhos e sulcos que cada dia iam tatuando a pele. O retrato do tempo da filha era um. Este era outro. Acostumara-se com aquele que estava na moldura prateada, na cantoneira da sala. E ainda se fazia com aquela imagem — o rosto liso, os olhos tinindo, o pescoço ereto, os cabelos chegado até a fronte. Esta é uma fotografia de um homem velho, concluiu. E foi metendo de novo a foto entre as outras, chegando. Cadê o crioulo? Estava sentado? Levantou-se um pouco, procurando localizar o homem. Descera, certamente. Descera antes do que ele. Errara. Antes, no tempo que arrumava chapéus, poucas vezes errava. Estendeu a mão, puxou o cordel.

— Com licença — pediu.

O passageiro que estava a seu lado afastou-se, para dar-lhe passagem.

— Brigado, disse o passageiro.

E quando deu o primeiro passo, o passageiro tocou-lhe a ponta do paletó. Virou-se. Que diabo queria o homem?

— O senhor deixou cair uma fotografia.

Antes de entregar, o passageiro botou os olhos na foto, disse:

— E' sua.

— E', confirmou.

Quando o onibus saiu, ainda em marcha lenta, esperou que a janela do passageiro passasse diante de seus olhos. Foi passando, devagar. O passageiro cruzou os olhos nos dele. O vidro estava arreado. O passageiro sorriu. Disse:

— Tá boa.

Romulo entrou em casa. Chamou a mulher, mostrou-lhe as fotos. A mulher começou a examinar, em silencio, passando as fotos (todas iguais) entre os dedos. Depois beijou uma delas, dizendo que o marido não mudara coisa nenhuma. A fotografia estava muito melhor do que a que tirara antes.

— Vou trocar a do quadro. Eu gosto de você assim, mais homem, mais maduro. Naquela você tá parecendo um jogador de futebol. Nessa, você parece um banqueiro.

— Você acha?

A mulher sentiu que o marido ficara com a pergunta pendurada nos labios. Precisava responder. Agora, não mais ao marido, mas a ela mesma. Amanhã ou depois também teria que fotografar-se, para substituir a foto que estava na mesma moldura, ao lado de Rômulo. Então ergueu a cabeça, retesou o busto meio escorrido, meteu os dedos nos cabelos ralos do marido, afirmou:

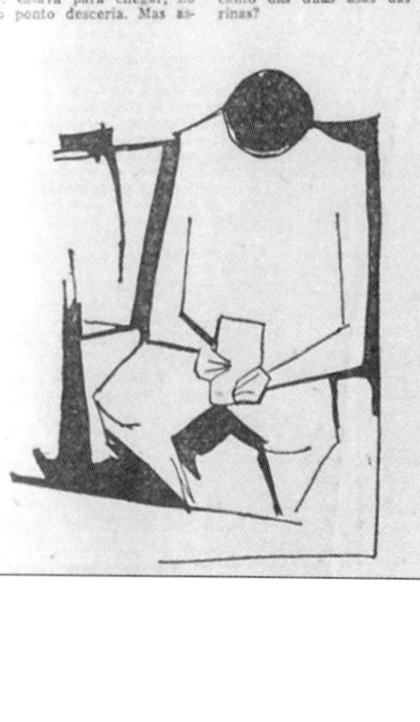

(TRAGEDIA EM FORMA DE)

FERNANDO MENDONÇA

I

Há dois anos, aproximadamente, e referindo-me ao romance "A Gata e a Fábula", escrevi que Fernanda Botelho não era ainda o maior ficcionista português, mas que não me surpreenderia que o viesse a ser mais tarde. Passaram-se êsses dois anos, e aí temos agora o novo romance de Fernanda Botelho, "Xerezade e os Outros" (numa boa edição da Livraria Bertrand, de Lisboa), sôbre o qual me debrucei com o enorme interesse de constatar se deveria manter ou retirar as restrições que, então, apontara a esta autora portuguesa. Pois bem: parece-me que só não posso agora dizer que ela é "o maior" ficcionista português atual, porque à tavola redonda do romance moderno a que F. B. se senta, se sentam igualmente os seus pares, que por estarem na tavola redonda são, tal como na antiquissima Caerleon, "os melhores e os mais puros". Não fôra a presença dum Vergilio Ferreira, duma Maria Judite de Carvalho, dum José Cardoso Pires, poderia afirmar, sem receio de desmentido, que a autora de "Xerazade e os Outros" era o maior ficcionista português dos nossos tempos. Assim, tenho de me limitar a dizer que ela se inscreveu, com a sua Xerazade, na serie de ouro do romance nacional. Porque com êste novo romance (Tragédia em forma de) ela trouxe algo de novo ás letras portuguesas. Aliás, parece ser essa a competição dos romancistas portugueses hodiernos: apresentar algo de novo em cada livro, quer no que diz respeito aos valores do conteudo, quer aos do continente.

Tenho tido oportunidade de assinalar (e com alguma frequência), neste Suplemento Literário, um quantitativo razoável de inovações no romance português atual. Tenho até receado que alguns dos meus eventuais leitores desconfiem de tanta fartura, e comentem a "benevolencia" com que me tenho referido aos autores modernos. Bem: é claro que eu entendo que só vale a pena falar dos bons e do bom que nos dão; sôbre o mau, penso que me devo omitir pura e simplesmente. E, além disso, a faixa do que hoje é bom na literatura portuguesa é tão vasta, que só quem gosta de dizer mal o poderá fazer como um divertimento. Tenho-me limitado, portanto, a assinalar o bom, que felizmente é muito.

Esta "Xerazade e os Outros", Romance (Tragédia em forma de) surge-me como um caso á parte no romance português de hoje. F. B. despojou-se de algumas fraquezas que anteriormente apresentava. A sua autenticidade humana era incompleta, simbólica apenas e, algumas vêzes, irrelevante. Uma ou outra vez, o seu estilo baixava repentinamente a uma vulgaridade desconcertante. E' certo que, a partir de certa altura, o seu romance "A Gata e a Fábula" (que veio a ganhar um Prêmio Camilo Castelo Branco) adquire uma ressonancia válida, e se transfigura numa belissima obra literária.

Ora bem. A densidade, humana, que é afinal a razão de ser de qualquer romance, torna-se, logo ás primeiras paginas deste novo livro, em valores de teor ou conteudo, e assim se mantém até o fim, sem fraquezas, sem "pontos mortos", sempre atuante e com um eficaz poder de penetração em nós. Há, por conseguinte, uma notável melhoria no que toca á seleção dos valores humanos, na passagem de "A Gata e a Fábula" para "Xerazade e os Outros". Naquela obra perpassava um sôpro de poesia, nesta uma rajada onirica e, todavia, perfumada de real quotidiano.

Pressente-se, no decorrer da leitura, uma depuração permanente das situações, uma filtragem de sutilezas afloradas ao olhar das personagens. Tudo aquilo que precisamos de saber ou "sentir", para que a história não nos fique alheia, é ministrado em doses homeopáticas de ação eficaz, usando ainda a autora dum ingrediente mágico (que não consegui identificar) que mantém a proximidade ideal do leitor com os intervenientes da historia: uma dialética de relação, que subsiste como um cristal. Xerazade é, talvez se possa dizer, um conflito permanente das personagens com o meio circundante, onde, por acaso, o leitor se identifica.

F. B. organizou, parece-me, um "modus narrandi" que será o mais positivo valor desta nova obra. Não foi por simples originalidade ou propósito sensacionalista que, por baixo do "gênero" da mesma (Romance), a autora inseriu a expressão "Tragedia em forma de", que muita gente associará imediatamente á palavra sobreposta "romance". Entendo que essa expressão possui uma dimensão muito mais vasta, porquanto esta obra de F. B. é uma tragedia em forma de quotidiano, em forma de onirismo, em forma de contraponto humano — donde resulta um todo que se institui como romance. E' por consequencia, mais significante do que aparenta ser o "subgenero" da obra. E, se não, veja-se como se acha planificado o contexto da mesma: Côro I; As Personagens; As Cenas. Entre as Cenas VIII e IX, um Côro II.

Não sei se se deva chamar engenhoso a êste modo de colocar as circunstancias do romance. Seja de que forma fôr, é eficiente, e leva-nos imediatamente ao cerne de todas as questões. No Côro I, determinadas pessoas (que não personagens, pois nada têm a ver com a historia) fazem comentarios ás verdadeiras personagens e a determinadas situações. Compõe-se este coro de 4 rapazes num "café", 1 zelador de imovel, 1 mulher a dias, 1 carteiro, 1 criada de servir, 2 secretarias esteno-dactilografas, e 2 garotos que na rua entoam a celebre musiquinha "Uma velha que tinha um gato" (gato aliás bem importante no desenrolar da fabula). Com esta gente toda fazendo o seu comentario (sem o que a ação não poderia iniciar-se), entra o leitor numa especie de imanencia romanesca, ou relação de causalidade adequada á necessaria movimentação do subsequente. E' então que se apresentam as personagens — Xerazade e os Outros.

Mas que outros, além de Xerazade? — Um Pobre Diabo, um Big Boss, um Public Relations, e Uma Velha que tinha um Gato!

O modo directo e envolvente que F.B. usa para tal operação de conhecimento é o do solilóquio de cada personagem. Cada uma delas desfibra, por sua vez e em relação ás outras, os seus pensamentos, os seus "acontecimentos". Donde resulta uma imediata permanencia de cada uma no espirito do usufruidor. Cada uma fica valendo unitariamente, e, todavia, relativamente. Após esta auto-exposição de personagens, abrem-se então As Cenas e começa o romance, começa a tragedia em forma de.

E' claro que as cenas da tragedia passam a ser-nos quase familiares, pois que pelos soliloquios anteriores foramos já colocados em face de todos os problemas motores da intriga. Agora é apenas um desfiar de consequencias, onde a realidade se caldeia de sonho puro, ou, ao contrario, o sonho se tempera de realidade impura. F.B. situa-se precisamente entre o real quotidiano e a realidade onirica. O soliloquio do Public Relations (encarnado no Dr. Gil Dinis) logra atingir uma densidade onirica tão realificada que é quase impudente, e adquire perspectivas de exercicio estilistico: um luxo do espirito movimentando-se num painel de associações e transcrições requintadas, onde as Mil-e-uma-Noites, o Cantico dos Canticos, Rimbaud, a Mitologia Grega se orquestram numa "sexta-essencia" do intelecto. Especie de neo-simbolismo revestido de luxuoso neo-parnasianismo, tudo num desabrochar casual de embriaguez e poesia. Aliás, não é possivel recusar a F.B. um intelectualismo que se guarnece de muitos reinventados por uma feitiçaria cerebral, um sortilegio do raciocinio, pesadamente revestidos de extravagancia parnasiana e, simultaneamente, de alucinação surrealista. A exuberancia contraditoria de intelectualismo, minuciosamente rico, e delirio resulta precisamente duma vibração poetica atravessando a inteligencia.

Desta antinomia, que só enriquece a obra, advém uma face do romance que me parece, talvez, a mais fecunda e significativa, do ponto de vista do do estado da ficção portuguesa atual: a oscilação entre "os velhos mitos da profundidade" e uma tendencia deliberada para um processo descritivo, ou narrativo, e que consiste no processo da "coisificação".

Da utilização de duas tendencias contraditorias, sobrevém um curioso modo que, se por um lado nega o tempo em que se situa, por outro adquire a eficaz dimensão dos conflitos em cena. As soluções do espirito, que a narrativa coisificada rejeita deliberadamente, encontram assim uma formula excelente, um meio termo que, por sê-lo, não se dilui na meia-tinta, antes, pelo contrario, ganha o forte poder da sintese. Onirismo e coisificação são, evidentemente, forças opostas e de consequencias diferentes, mas utilizar essas forças em planos e situações diversas pode constituir um inesperado proveito para o romance português moderno. E isso fá-lo F. B. com a mais sutil mas decidida vocação de romancista.

Não transparece a minima incompatibilidade nesta aparente ambiguidade narrativa, que ora se derrama alucinante, ora se cristaliza em arestas e superficies, cujas quantidades são, contudo, emocionais. Já em "A Gata e a Fabula" a autora aflorara essa tendencia da sua personalidade multimoda. Mas em "Xerazade" tal tendencia sublima-se num romance inteiro, e inaugura uma pessoalissima arte de contar onde a profundidade do espirito se acomoda no poder das superficies. E creio que esta é a mais valiosa contribuição de Fernanda Botelho ao romance atual.

Brecht teórico

Dos sete volumes em que se reuniram os escritos teoricos de B. Brecht acabam de sair os dois ultimos (Suhrkamp, Francfort), contendo em ampla medida notas, reproduções de conversas com colaboradores, nas quais se destaca em particular a critica aguda de Brecht a peças politicas sem suficiente qualidade estetica. Parte dos trabalhos publicados esclarece o minucioso trabalho de planejamento que Brecht dedicou ás apresentações do "Berliner Ensemble". Recentemente, a Editora Suhrkamp comunicou que, em futuro proximo, sairão varios outros volumes contendo as palestras e observações gravadas de Brecht sobre problemas de direção, em face de peças em pleno ensaio.

Eduardo Iglésias, 13.11.1965

O MOÇO DO SAXOFONE

Conto de LYGIA FAGUNDES TELLES
Ilustração de ANESIA PACHECO E CHAVES

n era chofer de caminhão e ganhava uma nota alta com um cara que o contrabando. Até hoje entendo direito porque fui na pensão da tal Madama polaca que aluguel la fazia a vida a depois que a velha inventou de abrir ele freje-mosca. Foi o que pontou o James, um tipo engolia giletes e que cocia a funda a escrita da. Tinha os pensionistas e volantes, uma corja que encarrega qualquer um. Divo. Era volante. A comida, a porcaria, e como se fosse pouco ter que engolir aquelas agenas, tinha as maldita ia trancando em rédor. E a a música do saxofone.

Ao que não gostasse de música, sempre gostei de ouvir tutuxulo e charanga no meu lo de pilha, de noite, que morto de sono pela estrada. Aqueles saxofone era de estar qualquer um. Tocava ça, não discuto. O que me la doente era o jeito, um o assim triste como o diabo.

— O que é isso? eu perguntei-lhe para o tipo das giletas. Era meu primeiro de ouro meu primeiro e ainda não sabia de nada. antes para o teto que pa de papelão, fale forte chez a a música até nossa mesa. ia é que está tocando?

astiguei mais devagar. Já o auvido sitas uns saxofones, asquele da pensão ela podia mesmo reconhecer m aqui nem na China. O tipo giletas, o James, meteu batata inteira na boca. m ramarada esse James. balhava numa feira de diversões e como mastigasse l pre de boca aberta a gen popelia ver direitinho a goela d apecia lá dentro.

Ele costuma tocar na ho do almoço? perguntei.

James abriu ainda mais a que fumegava como um zão com a batata quente lá no fundo. Soprou um bocado tempo a fumaça antes de onder.

— Depende...

sperei que ele desse cabo batata enquanto enchia meu o.

— É uma música desgraça de triste, fui dizendo.

A mulher enguia ele, mandou James passando a de pão no fundo do prato para aproveitar o molho. O re passa o dia trançado, tiendo. Costuma ia comer s quarto enquanto ela se deci com todo quanto é cristão i aparece.

— É bonita?, eu quiz saber. me lembrei da moça que fez ni uma noite no meu cami. Saiu de casa para ter o re da vida mas não aguen e caiu ali mesmo na estra uivando feito bicho. Para o me esborrachar, atalvo es los na lona da carroceria eu afundasse como leño o pé no acelerador, queria pgar depressa e me livrar de do filho Já quase tua do e que na certa descansa o uivar também. Os gemi dos do saxofone me faziam lembrar daquela maldita noite. E ela é bonita? perguntei outra vez.

James encolheu o ombro.

— Todo mundo acha mas para meu gôsto, é magra demais.

Nesse primeiro dia fiquei sabendo ainda que o moço do saxofone tocava num bar, só voltava de madrugada. Dormia em quarto separado da mulher.

— Mas por que?, insisti. Não tinha nada com isso mas me melhor essa conversa do que ficar ouvindo a música que era mesmo de endoidar.

— Ai ver que ela reclama do saxofone, explicou James.

— E os outros não reclamam?

— A gente já se acostumou.
Perguntei onde era o reservado. Quando subia a escada de caracol, dei com um anão que vinha descendo. Um anão, pensei. Assim que sai do reservado, dei com ele no corredor mas agora estava com uma cara diferente. Mudou de roupa, pensei, e já descia a escada em questão de segundos vestindo roupa preta com a ponta da unha vermelha. De repente eu e no quiso aparecer uma coviha. Tive vontade de rir também.

— A que horas é a janta?, perguntei para a Madame enquanto pagava.

— Das sete as nove. Meus pensionistas ficam costumam comer as oito, disse ela dobrando o dinheiro e olhando com um olhar aeolinado para a dona de vermelho. O senhor gostou da comida?

— Mas de onde vem tanto anão?, perguntei à Madame e ela riu mostrando os dentões verdes.

— Todos artistas, minha pensão é quase só de artistas...

Fiquei vendo com que cuidado o copeiro começou a empilhar as almofadas nas cadeiras para que eles se sentassem. Comida ruim, anão e saxofone. Anão me enche e já tinha resolvido pagar e sumir da uma vez quando ela veio por detrás.

— Licença?

Não precisei perguntar para saber que aquela era a mulher do moço do saxofone. O saxofone já tinha parado de tocar.

— Sim senhor, eu disse e o James parou e me olhou para a briga.

— Foi um rolo feio.

Mordi um pastel que tinha dentro mais fumaça do que outra coisa.

— Toca bem esse desgraçado, disse eu examinando os pasteis para descobrir algum com mais rechelo. E ele não vem comer nunca?

— Pede a bandeja no quarto, vai ver que tem vergonha da gente, disse James despejando cerveja no meu copo. Ele me dá pena mas fico também com raiva, um outro já tinha acabado com a vida dela!

Agora a música chegava num agudo tão agudo que me doía no ouvido. Pensei de novo na moça ganindo de dor na carroceria do caminhão, pedindo ajuda para Deus.

— Não topo isso.

— Isso o que?

Cruzei o talher. E de repente me deu um farrão de tudo. Tive ganas de atirar no teto o prato de goiabada com queijo e me mandar para longe de toda aquela confusão, o saxofone, a mulher, os anões.

— O café é fresco?, perguntei ao mulatinho que já limpava o olhado da mesa com um guardanapo encardido como a cara dele.

— Feito agora.

Pela cara vi que era mentira.
— Não é preciso, tomo na esquina.

A música parou. Paguei, guardei o troco e olhei para a porta porque tive o pressentimento que ela ia aparecer. E apareceu mesmo de cabelo solto e vestido amarelo.

— Sim senhor...
— Sim senhor o que?, perguntou James.
— Quando ela aparece ele para.

James olhou para o teto.

— Mulher é o diabo...

Levantei-me e quando passei junto da mesa dela, atravei o passo. Estão ela deixou cair o guardanapo.

— Obrigada, agradeceu com olhos baixos.

Risquei um fósforo para acender-lhe o cigarro.

— Amanhã?, perguntei riscando um outro, pois o primeiro não pegou. Às seis horas, está bom?

— E a porta que fica do lado da escada, disse tão baixinho que tive que me curvar para ouvir.

— E´ a porta adiante, no lado esquerdo.

Procurei o cigarro, só para fazer alguma coisa mas na verdade não queria fumar, queria era agarrar aquela dona pelos cabelos, a estupida. Utece l-lhe claro.

— Obrigado, não posso fumar.

Foi recuando de costas. E de repente não aguentei. Se o tivesse feito qualquer gesto, dito qualquer coisa, eu avan çava. Mas ela seguiu, eu aquela bruta calma me fez perder as trasmontanas.

— E você aceita tudo isso assim quieta, Cristo-Rei? Por que te recue? Não lhe dá uma boa sova, não lhe chuta com mala e tudo para o meio da rua?... Por que não faz alguma coisa?!

Um toco saxofone, respondeu baixinho.

Foi subindo primeiro para a cara dele que parecia foi de gesso de tão branca. Depois até os olhos ficaram brancos. E de corria os dedos compridos pelos botões, de baixo para cima, de cima para baixo, bem devagarinho, esperando que eu saísse para dali a pouco começar a tocar. Quando fechei a porta já estava limpando o bocal do instrumento para começar com os malditos gemidos. Desi-lá o que a porta do lado esquerdo da escada se abriu bem de mansinho, cheguei a ver a mão segurando a maçaneta para que o vestido amarelo não se mostrasse demais. Fiquei um instante ainda parado, na esperança que ela torna a decidir. Mas quando pensei que ia ouvir aquela música, não quis saber de mais logo a decisão. Meu saxofone pensei que ia ouvir aquela outra música, não quis saber de mais logo a decisão. Meu caminho saía meio de lado. Na, tropecei ainda num dos anões, desviei-me um outro que já vinha atrás e me enfurnei no caminhão. Quando dei a partida comecei a rir perdidamente com sons. Minha vontade de fugir era tamanha, o caminhão saía meio de la

---

HISTORIAS MILITARES

VIRGÍNIUS DA GAMA E MELO

Pouco a pouco tal melhorando a ficção militar no Brasil. Já a vinha do quartel, a vida da tropa, os seus peculiaridades e questões, começa a interessar nos romances, contos, novelas, sejam eles militares de fatos, como Harry Laus e Alcanti Proença, ou civis, idos para certos aspectos vida militar. Um dos mais recentes livros de ficção ilitar, de autoria de Geraldo tos, tem o título "Arcanjos Patrulha".

Esta série de contos, se ebem inovações de forma que respeita à técnica, à e linguagem, inscrevem se num absoluta modernismo, enquanto ao que se pondera mais hábil o que se pondera mais hábil "estruturação subjetiva" quer dizer uma linha informativa não somente temática, através de selecionados; como também da sua formulação demonstrada de cada história. Há no modo de formulação alguma sensível modernidade que o constituí efetivamente um autor da nossa tempo particularmente de literatura, as mais novos.

Pretende-se ver no contista a certa imparcialidade do conta, em absoluta neutralidade, adotando, entretando, que não sã mais fria ou cruel. O que se observa nos contista de vanguarda, uma imparcialidade temperada de mela encolia, o que subllha ao aspecto emociional dos personagens. "Arcanjos Patrulha", onde a título leste uma síntese da característica espiritual dos personagens, quase uma linha de força do próprio autor. Não que não se afirme uma orientação técnica, se mais pela tendência já obseda o que conflui hábilmente na nova geração de contistas brasileiros. Talvez que não tenha ainda Geraldo uma determinação de estilo, a seu narrar histórias. Muitas reunidas nesses, diversificam a técnica. As vazes não perdem uma espécie de parénesis no conjunto — "O Parente", "O Sargento e a Dançarina" — na historia eminentemente animistas, narrada pelo próprio paredão, que assiste os encontros entre o sargento e a bailarina, paredão subitamente iluminado, pelo amor entre as duas criaturas. Dissemos históricas narrada pelo próprio paredão em virtude da transportação poética que se efetua, à terceira pessoa do autor sendo contemplada o, ao mesmo tempo, campo de sensações do paredão, que passam, imaginavelmente, a ser suas. "E quando via o sargento e a dançarina, que vinham pela areia, echoavam-se. Não bebiam, mas podia julgar um ser humano. Mas para aquele pedado de pedra, exceto sedentário e agora tombava numa bandeira de espaços aquele vagar a sal era luz, era côr, formas, movimento. E se digo que os achou belos, poderia dizer que achou etéreos, os arcos, ou fontanos, qualquer palavra que exprimisse aquele encanta mento".

E esta "sensibilidade desprovida de vocabulos" onde as palavras se carregam de intensidades surpreendentes ou criadas, que serve para algumas das melhores criações de Geraldo Santos. Nele como que as palavras se diluem no contexto, argamassam-se fluidas na longo extremismo da vida, que se extravasa dos princípios e das formulas. A criação é esforço de liberdade, um sôpro que se pretende além. Ai o próprio amor e simples amizade se conduzem em liberdade limpida. A disciplina dos quartéis não tem aqui aquele sentido de constrangimento e que nos habituaram os em literatura anterior.

O fato de ser mandado a agir em resignada indiferença. Também em outras histórias, algumas delas marcadas por um tom irônico, Geraldo Santos, formulado nesses valores sentimentais, neutra neutralidade e distancia, escapa para a visão lírica despersonalizada, para uma visão dum gado visual, tátil, dos seres e das coisas, uma apreensão longa de formas, o campo de sensações do paredão, que passam, imaginavelmente, a ser suas. "E quando vio sargento e a dançarina, que vinham pela areia, achoava bebe. Não bebia, mas poderá julgar um ser humano. Mas para aquele pedaço de pedra, exceto sedentário e agora tombava numa bandeira de espaços aquele vagar sal era luz, era côr, formas, movimento. E se digo que os achou belos, poderia dizer que achou etéreos, os arcos, ou fontanos, qualquer palavra que exprimisse aquele encantamento".

Também sensibilidade desprovida de vocabulos" onde as palavras se carregam de intensidades surpreendentes ou criadas, que serve para algumas das melhores criações de Geraldo Santos. Nele como que as palavras se diluem no contexto, argamassam-se fluidas na longo extremismo da vida, que se extravasa dos princípios e das formulas. A criação é esforço de liberdade, um sôpro que se pretende além. Ai o próprio amor e simples amizade se conduzem em liberdade limpida. A disciplina dos quartéis não tem aqui aquele sentido de constrangimento e que nos habituaram os em literatura anterior.

Uma humildade tão absoluta não importa a formulação técnica e universal particular, inacessível, não identificavel pelas referências exteriores. Tal distância entre as personagens a presença constante duma zona neutra, separando-os em seres, a começar da distância entre a moça e o napa no primeiro conto. "Suíte Inacabada", que se continua nas outras histórias envolvendo homens e mulheres, militares e civis, agindo em resignada indiferença. Também em outras histórias, algumas delas marcadas por um tom irônico, Geraldo Santos, formulado nesses valores sentimentais, neutra neutralidade e distância, escapa para a visão lírica despersonalizada, para uma visão dum gado visual, tátil, dos seres e das coisas, uma apreensão longa de formas, o campo de sensações do paredão, que passam, imaginavelmente, a ser suas.

"Os Capacetes de Couro", grande história, serve para mostra do caráter literário de Geraldo Santos. Ali tudo que se informa se contem caracterizada de numa amplitude, ora contida, ora profundamente triste, sempre enorme de sugestão, resignada melancolia. Há uma limitação de além, como se o e vida, variadas nas formas, vezes apenas uma forma única, interior, é está, muito humilde. Agora humilde tão poder de contedação, o poder de exercer a conciência intuitiva de qualquer ato, diluídos, dissolvendo-se numa partícula homogênea, de passagem de mansinho, cheguei a ver a pata que o vestido ainda demais. Fiquei um instante ainda parado, na esperança que ela torna a decidir. Mas quando pensei que ia ouvir aquela música, não quis saber de mais logo a decisão. Meu saxofone pensei que ia ouvir aquela outra música, não quis saber de mais logo a decisão. Meu caminho saía meio de lado.

INVENTO DE AMOR

PRÓLOGO

NARRADOR —

A palavra amor:
decompô-la
como se tantas mil
palavras fôra.

Da linguagem
a sutileza escapa
como a serpente esguia
na curva que se cala.

Avêsso de amor
— *estar por fora.*
Como a flor
é a distância dos olhos.

O tempo sou eu
apenas (por dentro)
és alheio espaço
do que vou e não vou.
Ainda um passo.

Solidão, sòzinho
desatino dos rumos,
Amor pretérito, preterido
amar, que é estar vizinho.

Amor submerso,
aderido e cego;
e em superfície
tudo percebendo.
Conciliar a agrura
da pretensão do olhar:
crer e enxergar.

Dizer amor:
revolta incoerente
de quem se quer o mesmo
e se desmente.

Amor sempre entende
em nós
o que de melhor se vê:
se faz atroz.
O cotidiano é servo
de mil amos.

A intimidade acolhe:
em si aguarda
que o outro esteja,
veja, intimamente em nós.

Mas em certa distância,
contido, que estar demais
descuida o sentido.
E a cicatriz mantém reservas
com a ternura. Amor
amar, querer a vida outra
mantendo o que se sabe
— *pedra dura.*

Amor imenso, imerso.
Faço-te em recompensa
um mundo em verso.

LUPE COTRIM GARAUDE

Mauriac e a incomunicabilidade

CELIA BERRETTINI

Um dos dramas das complexas criações mauriaquianas é o da incomunicabilidade, causa e efeito da solidão. Lídima barreira, a incompreensão isola as criaturas. Muralha intransponível, feita muitas vêzes de pequenino mal-entendidos, ergue-se forte inabalável, impedindo o acercamento. Muralha que, se parece por momentos oscilante e prestes a fender-se, continua firme e indestrutível. E' este, a meu ver, um dos grandes problemas das criações de Mauriac.

E' bem Mauriac o romancista da inadaptação e da solidão. O homem, para êle, é o eterno solitário. Vive só, como o velho advogado de "Le Noeud de Vipères" que, pai e avô, está isolado de todos, corroído pelo ódio e pelo desejo de vingança. Incompreendido e repelido pelos filhos, quando dêles se quer aproximar; incompreendido pela mulher, que, inocentemente, no início da vida matrimonial, lhe fizera confidências, sem adivinhar-lhe a susceptibilidade e os ciúmes, levantando a barreira que se separará de maneira definitiva. Pouco antes da morte da espôsa, há leve esboço de aproximação, em súbmido descrito com maestria ímpar: o casal apercebe-se, perdoam-se aproximaçãos. E ei-lo novamente só no jardim e chega a abrir-se em confissões que poderiam aproximá-los. Para sóbre êles um a propósito à reconciliação. Mas, à vista das cadeiras postas ainda em círculo, desde a noite anterior, lembrando-lhe as conspirações dos netos e filhos que ambicionam o seu dinheiro, refortifica-se aquela barreira de incompreensão aparentemente abalada. E êles se afasta sem mesmo virar a cabeça ao apelo da espôsa... Foi essa a última oportunidade de comunicação, pois ela morre pouco tempo em seguida, sem conhecer o marido pelo, especialmente escrito para que ela pudesse vir a compreendê-lo. Barreira invisível separa-o também dos filhos. Embora pai, diz êle: "Je ne le savais pas..." Uma só filha era amada: Marie. Mas esta, a única que não o temia e procurava o refúgio dos braços paternos, morre cedo, acontecendo o mesmo ao sobrinho Luc, os dois sêres de exceção, diáfanos na sua pureza e perfeição de sentimentos. "Ce qui était perdu", abandonada pelo seu, frívolo e irresponsável, ou ainda Jean Péloueyre, de "Baiser au Lépreux", que arrasta sua fealdade física, fugindo ao convívio dos semelhantes, são autênticos vítimas da solidão.

E, em "Génitrix", obra sêca e despojada, a solidão que espreita as personagens chega a ser angustiante. Mathilde é uma solitária, antes e depois de casar-se com Fernand. Sob o olhar hostil da sogra, dura e despótica, depuperada e morre sem nenhum afeto, sem cuidado algum. A solitária agora será a sogra, pois Fernand vem a abandoná-la para pensar na quela, viva, não existia. E Mauriac nos diz: "Il existe des hommes qui ne sont capables d'aimer que contre quelqu'un. Ce qui les fouette en avant vers une autre, c'est le pressentiment de celle qu'ils délaissent". Viver seria sinônimo de solidão, pois a mãe, agora esquecida e abandonada, começa a saber que "les absents ont toujours raison: ils sont ceux qui ne contrarient pas le travail de l'amour. Si nous regardons notre vie, il semble que nous ayons toujours été séparés de ceux que nous aimions le plus; c'est peut-être parce qu'ils nous aimaient et qu'un être adoré vive à nos côtés, pour qu'il nous devienne moins cher. Ce sont les présents qui ont tort".

A dificuldade de entendimento, a falta de comunicabilidade de que são vítimas as personagens, a arrastada viagem através do "désert de l'amour" que êles empreendem sem lograr transpô-lo integralmente, constituem o ponto alto, de maneira especial, em três das maiores romances do autor. "Désert de l'amour" é bem a imagem da vida de relacionamento, para Mauriac. Difícil é penetrar num ser, dissecar-lhe a alma, analisar-lhe as reações, descobrir-lhe os segredos. Uma área de impermeabilidade separa um ser do outro, embora próximos pela consanguinidade ou por circunstâncias várias e fortuitas. O medo de ver descoberto os segredos de sua alma, a aflição de ver exposta as profundezas de seu ser são, muitas vêzes, responsáveis por essa incomunicabilidade. "La pudeur des sentiments joue dans nos vies un rôle plus redoutable qu'aucun vice", disse-nos o autor em "Les Chemins de la Mer" e muitas obras suas ilustram tal afirmação. As personagens se fecham em suas coiraças, encolhem-se em si mesmas, abstendo-se a confissões prontas a sair, confidências esclarecedoras. Louis, de "Le Noeud de Vipères", Thérèse Desqueyroux, Roose Denis Révolou de "Les Chemins de la Mer", Raymond Courrèges de "Le Désert de l'amour", e tantos outros se refugiam nesse silêncio protetor. Cortam uma confidência; calam uma explicação; desviam um esclarecimento. E' a incompreensão contínua. Por quê? A hiper-sensibilidade, o receio de ver abrir e tão se nem assim bem interpretado é a origem dessa posição reservada. Em "Mystère Frontenac" o mais calmo romance de Mauriac, em que o amor, ignoran do as diferenças pessoais, une os Frontenac, a ternura não deixa de ser uma característica. Jean-Luis considera-a natural, inocente e diz: "Des frères peuvent se deviner, se comprendre jusqu'à un certain point... Ils ne se confient pas". Yves, poeta, bem aspirará a poder abrir-se ao irmão; mas "comment exprimer ces choses, même à un frère bien-aimé?" Sentir-se-ia feliz se "Jean-Louis lui posait des questions; la pudeur qui les séparait fut la plus forte".

A solidão rodeia as personagens de "Les Chemins de la Mer" e dêles se apoia, com suas garras insatisfeitas. Julien Révolou procura ausentar-se da vida social, do convívio familiar, após o desastre econômico e o consequente suicídio do chefe da família; e os outros dois irmãos, Rose e Denis, grandes amigos e confidentes, também vão conhecer a separação após a ruptura do noivado da Denis, ao recusar o oferecimento de ajuda. Aumenta essa barreira separatória, quando Denis, reprovado nos exames, não encontra inicialmente a simpatia por parte da irmã. Ao apresentar-lhe a infelicidade, ela tenta reaproximar-se, mas é dominada pela incapacidade de pronunciar as magicas palavras de reconciliação. E Mauriac escreve a frase já por nós citada: "La pudeur des sentiments joue dans nos vidas um rôle plus redoutable qu'aucun vice", continuando: "ils n'étaient séparés que par une irritation de surface, une rancune, ce que suffit à dissiper une mein pressée, un mot de tendresse et de pardon. Et se demoraria prisioneiro do silence, que Denis croyait hostil et qu'il n'était rien que fausse fierté, enfantin de ne pas faire la première pas. Ces quelques secondes suffiraient pour que de nouveau il s'éloignât d'elle... Elle cherchait une parole qui ouvrirait cette porte derrière laquelle D. souffrait. Mais tandis qu'elle hésitait, il recommence d'arrenter des moqueries et d'obscures menaces". E' a separação, separação que se ampliará com o tempo e, de maneira irremediável.

Já em "Le Désert de l'amour", o Dr. Courrèges sente o mesmo pudor inibitório em relação ao filho. E' incapaz de exprimir seus ternos sentimentos, de demonstrar-lhe a estima, que traz dentro de si! "Quand il se fiattait d'avoir trouvé le point où qu'il s'adresserait à Raymond des paroles longtemps méditées, il ne les recommandait pas, et sa voix meme le trahissait — malgré lui ricanante et sèche. Toujours ce ton sur martyre ne rien pouvoir exprimer de ses sentiments". Pudor entre irmãos que se estimam; pudor entre pai e filho, pudor entre marido e mulher. E' o problema da harmonia familiar que, para Mauriac parece não poder atingir solução satisfatória. Pinta-nos famílias cujos membros apenas se toleram para formar suportável a vida em comum, sexto impermeavel à nunca compreensão e simpatia, como no caso de "Le Noeud de Vipères" ou de "Le Désert de l'Amour". Encontra-se, neste último romance, uma pagina magnífica e que seria transcrito um exemplo da arte de Mauriac na captação das dificuldades de comunicação interpessoal. Relata-nos o rápido passeio noturno do casal Courrèges. O avô, a estado de espírito do marido predispunham à aproximação; mas aquele momento de encanto, único, perde-se pela simplicidade da mulher que não pensa senão em seus pobres irmãs. E' perdido esse momento excepcional, como se a alegria de reaver-lo!...

Conforme bem já foi notado por alguém, Louis e o Dr. Courrèges se encontram perdidos no "déserto do amor", perdem-se em meio a áridas e escaldantes areias. Mas se o primeiro se volta raivosamente para a avareza, a mesquinharia e os sórdidos planos de vingança, o segundo une-se à comunhão humana, devolta-se ao trabalho sustentador, refugiando-se no seu laboratório, como único meio de suportar seu destino de solitário. E sublimação, contornando tensões para um fim superior. O trabalho é o seu oásis. Mas a pai vem ao encontro do irrasível e, por que não, neurótico Louis, quando ele descobre Deus. E isto está de acordo com muitos autores modernos que postulam, como meio eficaz de evitar e vencer estados nervosos, a volta à religião.

Crianças, adolescentes (lembremos os herméticos filho do Dr. Courrèges), morbido de susceptibilidade mórbida, doentes, crianças lo mais tragico exemplo de o pequeno Guilaume de "Sagouin", segregado do modo tão atroz que apenas lhe resta a morte, como evasão; são os incomunicáveis e incomunicáveis personagens que povoam o universo mauriquiano. Mas, com o terrificante panorama da impossibilidade de comunicação entre os homens, oferece-nos o autor alentadora visão da felicidade, procede da comunicação e união com Deus. O admirador de Pascal reconhece o, por seu sofrisma vigoroso, magistralmente a miséria do homem sem Deus, a aflitiva solidão a que está condenado se não for vem dentro de si a imagem do Criador. Mauriac crê, como bem saliento H. Clouard, que as piores paixões são as desracões do homem em busca do seu fim, correspondendo-se sobre falsos objetos, visto que o verdadeiro amor é o Deus. Para ele, não existe verdadeiro amor senão o de Deus, por Deus e em Deus. Mas a união com os homens não impede a união com Deus. Lembra-nos "Bonheur de Chrétien", obra em que fala da purificação da sua fé, aproximando-se mais de Sta. Teresa de Avila e de S. Juan de la Cruz, os grandes místicos espanhóis, que dos jansenistas. Aparece a explicação de tantas contínuas em "Souffrances du Pêcheur", frase que valera críticas: Tal explicação poderia encerrar o presente artigo: "Par le Communion des Saints, par l'unité, pudor entre os misticos da Christ, la solitude sur laquelle Dieu ne détruit pas l'union profonde avec les ames."

Goethe e Calderón

"Goethe, Calderón e a teoria romântica do drama" (Editora Winter, Heidelberg 1965) é uma obra importante de Swan Hardy em que o autor procura refutar a teoria de que, após intenso interesse inicial, Goethe se tornaria, pouco a pouco adversário do dramaturgo espanhol. E' conhecida a grande influência que Calderón exerceu sobre o romantico alemão. E o autor procura demonstrar que também Goethe, embora nada romantico, se sentia ao longo de sua vida fascinado pelo poeta barroco. Este influxo se revelaria em particular na segunda part

Anésia Pacheco Chaves, 18.06.1966

Suplemento Literário

ANO SEGUNDO / NUMERO 74   O ESTADO DE S. PAULO   SÃO PAULO / 22 DE MARÇO DE 1958

Affonso D'Escragnolle Taunay

PÉRICLES DA SILVA PINHEIRO

LETRAS GERMANICAS

Thomas Mann: Ironia e Mito

ANATOL ROSENFELD

Paul Léautaud

PAULO MENDES DE ALMEIDA

SUMARIO

Péricles da Silva Pinheiro:
AFFONSO D'ESCRAGNOLLE TAUNAY

Anatol Rosenfeld:
THOMAS MANN: IRONIA E MITO

Paulo Mendes de Almeida:
PAUL LÉAUTAUD

Hansen:
ESCRAVO (Xilogravura)
PAG. 1

RESENHA BIBLIOGRAFICA
Augusto Meyer
CAMILO
Wilson Martins:
GILBERTO FREYRE (I)
PAG. 2

Ondina Ferreira:
O MELHOR MARIDO DO MUNDO (Conto)
Ledo Ivo:
SOCIOLOGIA DO NOROESTE
José Paulo Moreira da Fonseca:
TRES POEMAS
PAG. 3

Homero Carvalho da Silva:
POETISAS DA ÉPOCA ROMANTICA
Edgard Cavalheiro:
A SEMANA E OS LIVROS
Manoel Bernardes Barges:
A NOVA GERAÇÃO (?)
Pedro Moacyr Campos:
LORD ACTON: HISTORIA E LIBERDADE
PAG. 4

Maria da Silva:
CORNEILLE E MOLIÈRE
P. E. Sales Gomes:
INDEPENDENCIA E DIRREIRO
Alberto Soares de Almeida:
INFLUENCIA GREGA
PAG. 5

Jourival Gomes Machado:
A GRAFICA DE SEOALL
Assis Cintra Monteiro:
O POETA AFONSO DUARTE
Lygia Xavier:
REVISTA DAS REVISTAS
PAG. 6

ESCRAVO   XILOGRAVURA DE HANSEN

Hansen Bahia, 22.03.1958

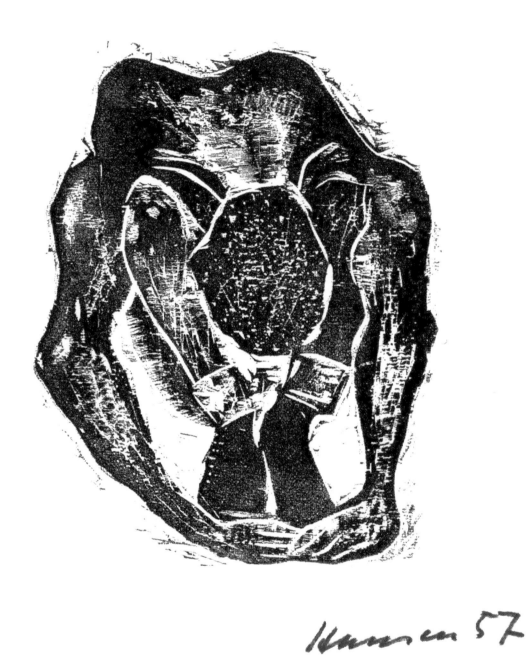

ANDOR DAS ALMAS

Conto de RONALDO MOREIRA
Ilustração de CALABRONE

A brisa atravessa a janela, vem desarrumar as fôlhas que me cobrem a mesa. Estou, há tempo, a contemplar o retangulo azul, as nuvens de silhueta esgarçada e colorida pelo entardecer. E enquanto o sol vai arriando por trás dos edificios, sinto crescer um descontrôle qualquer no meio daquela vontade de escrever. As palavras ameaçavam escorrer para o papel, mais uma vez, sem resultado. Dançam no pensamento, esfumam-se no vaivém do cigarro entre o cinzeiro e a bôca. Pela tarde se prolongam, nas conversas e silencios do escritorio, impedindo-me de trabalhar, esvaziando o querer. Insuportavel. Conversas e silencios arrastados, ambos estupidos.

Na sala estreita, Marcelo aloja-se a dois metros de mim, com o corpo escondido embaixo da mesa. Os braços em movimentos espaçados e lerdos, sem comando. As pernas duras para a frente, abertas, grudadas no chão. Exceto os braços, êle todo dá a impressão de haver-se colado aos moveis. Além dessas coisas, não observo outras; escuto os estalidos de seu isqueiro, acendendo, apagando, mal percebo os demais ruidos e presenças, costumeiros.

Marcelo, que aí está praticamente deitado na cadeira ao lado, é colega e meu amigo. Saimos juntos e nos visitamos. De modo geral, e com multipla razão, tenho por êle uma estima solida, antiga. Sôbre êle, no entanto, não me privo de fazer, normalmente e sem muito escrupulo, três ou quatro apreciações distintas e independentes. Neste momento, parece-me um idiota.

— Que foi que houve? — Pergunto-lhe em voz alta, cortando o cochilo que o deixara quase a desmoronar.

— Estou bêbedo. "Bebinho..."

— Vê-se.

— O quê?

— Está sentindo alguma coisa?

— Vontade de beber — concluiu, coçando a nuca e arrastando as silabas, a revelar a dipsomania no acento baboso da confidencia.

Bêbedo. Quer beber. Coça-se em algum lugar e olha as pessoas com ar de quem esqueceu qualquer coisa. Não demonstra avaliar os prejuizos que nos causaram as suas ausencias. Nada comento, dessas atrapalhações que eu poderia esfregar-lhe na cara, porque êle não se mostra em condições de ponderar a situação, formular um julgamento adequado. Que remedio? Guardo a chateação, abrandando o desejo de largar um desafôro. Se o provocasse, teria de ouvir asneiras e grosserias. Tagarela, mordendo a lingua. Monopoliza-me a atenção, sem expressar nada a não ser essa bebedeira recalcitrante. No meio da tarde, ela consuma o estado de idiotice em que Marcelo se envolve sistematicamente, por ordem de alguma frustração passada, repentinamente emersa, ou por conta de um problema novo, que necessita publicidade. O homem não varia muito.

— Problema desgraçado — suspirou, espichando o adjetivo num balançar de cabeça lamentoso.

— Que problema, velho? — perguntei-lhe, arranjando como podia um tom solidario para a esteril troca de palavras.

— Eu não tenho jeito não. Problema.

Desgraça. Encaro-o, com certa frieza, enquanto êle escorrega em mais um cochilo, e considero que talvez seja esta a maneira menos efeminada de se pedir compaixão: uma bebedeira extemporanea, que se vai curtir em ambiente apropriado á exibição pretendida. Não sei se atribuo a deficiencia de virilidade ou a simples vaidade. Para ofender pouco, fico na segunda hipotese, que tem diversas manifestações — sempre conformes ao gôsto do freguês — e utiliza variada gama de bodes expiatorios: o alterofilismo, o socialismo, a cachaça e outros objetos menos nobres, para diferentes manias, da beleza do corpo e das luzes do intelecto ao sofrimento da alma.

Para Marcelo, o campo de batalha das suas vitorias encontrava-se ali, onde o garçom não deixa o copo secar, já que as lutas vividas não ofereceram a mesma comodidade, um mundo de ciladas e estupefações, guerras de guerrilhas, golpes, espionagem, conspirações e atos de sabotagem — sucedendo em sua area sentimental, na frente familiar, na profissão e na sociedade, em todos os quadrantes do territorio humano.

— A vida surpreende aos que não a conhecem, general.

Marcelo fitou-me com esfôrço, estranho á filosofia e ao tratamento. Continuei, querendo encher o buraco entre nós dois:

— A's vezes, levo a serio o que dizem os espiritas. Há gente que ainda tem muito por viver. Precisa começar tudo de novo. Repetir o ano, porque não sabe nada. Fala, bebe. Bebe, fala. Desconta na humanidade. Amola o proximo. Depois tem uma crise de figado e fica infeliz na cama, amarelando. Ainda não sabe nada.

— Eu sou puro. Um puro — retrucou Marcelo, parvo; ouvindo mal, apenas percebera uma coisa e outra, ligando o assunto á sua moda; parecia achar graça, com o sorriso parado entre a ironia e a complacencia, como querendo erguer-se acima dos meus juizos, certamente pedantescos. Pensei, então, que se ofendesse, e isso por fim me constrangeu. Porém êle pouco entendera; franzindo as sobrancelhas e entortando o queixo, perguntou-me que bobagem era aquela. Respondi com um gesto:

— Esqueça.

Besteira mesmo falar-lhe assim. Ninguém conhece meio caminho do labirinto que a vida é — evidente que o problema deve ter outra focalização. Divagações. Enfado. Não pretendia feri-lo; não posso manifestar o mal-estar que sinto diante da figura morrinhenta, um traste. A criatura inerte, de atitude efêmera, mais afeita ás explosões que ás reações, agora sequer impedia a baba de escorrer no beiço. Ainda bem que êle esqueceria tudo. Após um dia de ressaca tratada a leite de vaca, tornaria ás suas tarefas e ao ressurgimento paulatino das penas de seu longo subterraneo. E toda a historia se repetiria, difusamente, no rosario de experiencia empirica do seu existir.

Será que o ofendi? Afinal, uma pratica dessa não se prega a um cristão sobrio e ativo — é verdade. Não devo me importar muito se molesto um sujeito que leva horas a fio a me consumir restos de paciencia, por via de carraspana que não encomendo nem recomendo a ninguém.

— Não posso ir para casa hoje — ruminou Marcelo, acentuando a negativa — não posso.

— Que é que há?

A pergunta, pouco util, provocou relatos, casos de familia em que não me envolvo. Não consigo assumir a atitude de lastima exigida pelo drama. Lugar-comum. Vida domestica, halito de farra, pretexto. Marcelo estaria contente com a demonstração de martirio e a perspectiva da noitada, dramaticamente justificada. Lugar-comum. No seu torpor, as formas de raciocinio confundem a razão e o temperamento, avultam as magoas ou alegrias, na desequilibrada expulsão de ressentimentos secretos. Na medida do seu heroismo, faz-se a sua cruzada particular, contra as inibições e os preconceitos que tem. Segundo os entendidos, que vi em algum lugar, a imaturidade emocional é comum aos neuróticos e o etilista é uma pessoa emocionalmente imatura, com um complexo mamilar. Quer dizer que esse individuo nunca foi psicologicamente desmamado. Por fôrça desta circunstancia, entre outras que vão surgindo e se alimentando nela, é muitas vezes induzido a praticar o que se chama suicidio psicologico. Medroso para viver e medroso para morrer, habita um terceiro mundo, onde se comporta da maneira como lhe agrada, por obra e graça de um copo. Mas eu não tenho nada com isso. Cada um se diverte como gosta. E se empavona como acha mais conveniente.

Oito horas. O escritório deserto e eu à beira da melancolia, espectador contristado de um guerreiro desarmado, sonolento.

— Saimos agora? — indago, pondo na fala um animo de que não disponho.

— Não posso. Vou depois, por aí. Por aí.

Engavetei os papéis, dei as ultimas providências ao expediente. Perdi quase todo o dia entre a minha indisposição e a excelente disposição de Marcelo para anunciar estados de espirito com agudo interesse autobiográfico. Gostaria que fôssem outras as condições e saissemos trocando idéias, acertando negocios, planejando e confidenciando, como de tantas vezes. Ou, pelo menos, nesta situação, colocar as mãos em seus ombros e dar-lhe um conselho honesto, acertar uma contemporização, acompanhá-lo à sua casa. Não me resolvo. Tenho para mim que não adianta. Deploro a realidade, mas o fato é que não devo privá-lo do melhor de tudo — ser incompreendido. Meti na pasta os jornais da tarde e me retirei quase sem palavras.

✲

Andei em atrito com meus proprios pensamentos, no trajeto de casa, até que aos poucos a mente se aliviou, conformando-se a atividades sem compromisso.

Encontrei os meninos dormindo. Tirei os sapatos. Demorei-me lavando as mãos, com prazer no jato da agua fria. Liguei o radio para o noticiário, com vistas à cotação do dolar e à previsão do tempo. O tempo anda bastante irregular. Jantei lentamente, procurando distender os musculos. Após o café, fui percorrer os titulos dos vespertinos, curioso por alguma novidade, que não descobri. As fôlhas se repetem; exploram banalidades, improvisam significados para o ramerrão. Marisa, a falar desde que cheguei, repetidas vezes interrompe-me a leitura e outras ocupações pequenas que eu buscara, com certo esfôrço. Os nervos na pele. Não tenho jeito de explicar a Marisa que preciso isolamento e silêncio, sem esclarecer minha preocupação com os negocios, as aporrinhações de rotina, entrando em detalhes que ela não alcança e geram fantasmas em sua cabeça disposta sempre a falatórios.

— Como vão as coisas?

— Bem.

— Trabalhou muito hoje?

Estou cansado, é o que digo, atento ao rumo do diálogo. Acendo um cigarro no outro, continuo a puxar fumaça, revelando com certo propósito uma impaciência maior. Importa-me que desista. Quando ela está de boa maré só fala de si; perguntar sôbre mim é mau sinal.

— Você sempre sem assunto.

Aborrecimento de parte a parte. Disse ainda outras coisas, que não guardei. Penso que não se deve falar à toa, mas isso não lhe revelo porque é um ponto de vista que a exaspera; muito menos desejo discutir.

As dimensões de meu apartamento, nesses momentos, me oprimem; sala, dois quartos. Assim mesmo, já estive em quatro ou cinco lugares da casa, em busca do claustro que me salvará, mas todos esses inventos foram ocupados por Marisa, que me segue, peregrinando pelo balanço interminavel das ocorrências do seu dia, no mesmo diapasão eterno, infatigavel, um pregão só.

— Já sei. Está bem.

Minha brevidade e alheamento contribuem pouco para encurtar o discurso. Resignação. Volta-me aquela vontade de escrever, indefinida e teimosa. Custou-me passar o tempo; finalmente, enquanto Marisa se arruma para dormir, serenada, indo e vindo pelos quartos, pego uns papéis e me acomodo no birô. Rabisco a esmo. Nome de mulher, perfis, contornos de garrafas. Uma frase politica, uma pornografia — raras idéias que se definem. Começava a perder-me, a mastigá-las, quando Marisa rompeu a quietude:

— Você não viu as crianças?

— Claro que vi. Não me atrapalhe.

— Venha cá.

Marisa me conduziu a uma das camas, reclamou da minha indiferença.

— O menino está com mais de trinta e oito. Olhe...

Entendi, pela mimica de Marisa, que se tratava de garganta, inflamada. O menino meio desperto, corado.

— Que é que há, rapaz? Abra a boca.

— Viu como a garganta está vermelha?

— Um pouco. Desde quando?

— Não sei. Agora. Pediu o cobertor, notei que tinha febre.

— Dê um comprimido e deixe-o dormir. É nada.

Passei a mão no pescoço dêle, nas fontes. Isso é de criança mesmo. Daqui a horas estará aos pulos, arengando com o irmão, provocando os gritos da mãe. Sentei-me na cama. Segurei o pulso do menino, que já dormia, e fiquei a beber aquela tranquilidade pura, a repousar na face infantil. Penso nas coisas comuns da vida.

✲

Corro a vista no silêncio da casa. No ambiente há traços da presença de seu Daniel: um adorno, uma cadeira, um brinquedo, que o garoto deixou jogado no tapete e que foi presente seu, uma visita relembrada. Poderia engendrar uma história que o envolvesse, mas decerto haveria excesso de emoção na lembrança de meu sogro, falecido recentemente. Alinhavei outro começo; as crianças, com suas graças, comporiam enredos leves. Ficou nisso. Suponho que todo escrito deve trazer uma dose de otimismo, acrescentar algo positivo à vida de quem vai ler. Não estou bem aparelhado para fazer tais coisas. Melhor deixar seu Daniel na reserva. Quanto aos meus filhos, hei de consultar um amigo escritor sôbre o conto que tenho em gestação e averiguar a possibilidade de publicá-lo. Todavia, continuo incerto.

Como estaria o menino? Em paz. Criança é assim mesmo — assusta a gente à toa. Terei insônia? Espero que não. Insônia é o diabo! A mulher aparece na sala, em camisa, e não demonstra a agitação de antes.

— Ainda acordada?

— Esperando você. Parece que a febre dêle baixou. Não vem se deitar?

— Estou ocupado.

— Escrevendo o quê?

— Nada, nada. Vá dormir.

— É tarde.

Madrugada. Marisa serviu-me conhaque. Depois sentou-se em minhas pernas, interrompendo meu trabalho, contrariando-me. Aguardo que se levante, contendo o mau humor. Mas ela se encolhe, comprime o seio contra mim, sensivel no tecido fino, transmite o perfume dos cabelos. Meio arrependido, beijo-lhe o rosto, as orelhas. O conhaque ficou pela metade: prevaleceu a mensagem, num dos raros momentos em que Marisa se manifesta claro e em silencio. Esqueço os papéis, o seu Daniel e o resto logo desaparecem.

— Vamos.

✲

Ao despertar, por volta das sete, senti que o dia me começava ameno, após a noite de viva e agitada viagem pelos quatro cantos do corpo de Marisa. Os olhos nublados, os membros imoveis no colchão, escutei os rumores da manhã, a fala dos meninos em brinquedos pela casa e o cantar da mulher. Descanso. Recebi, na cama, a bandeja do café, menos prosaica, e o beijo demorado em que havia uma especie de agradecimento.

— Precisava dormir mais. Bem mais.

Reprimi o desejo de novamente abraçar Marisa sôbre os lençóis, comprimindo as carnes duras e mornas, ainda com os odores da noite. Sorria, um sorriso branco. Prometi-lhe voltar mais cedo, e acrescentei que esta semana iriamos ao teatro. Levantei-me a custo. Era tempo de sair.

✲

No primeiro contato com o expediente, a secretária trouxe-me a papelada e os recados telefonicos anotados. A mesa começava a desarrumar-se. Livros, calculos, correspondência. De repente, um impulso inexplicavel levou-me a procurar as folhas rabiscadas na véspera. Na prosa a retalho nada encontrei de válido para recomeçar — as imagens não se ligavam nem se definiam. Voltei, então, aos afazeres do dia, até que, mais tarde, o menino do café me obrigou à pausa de praxe. Mudei de posição, fumei devagar, passeei o olhar nas paredes. Só.

— Seu Marcelo não veio?

A secretária informou-me que não dera noticia.

— Ligue para a casa dele.

Falei com Marcelo. Indisposto, moido, não apareceria hoje. E todo aquele caso do dia anterior, que não me esclareceu?

— Tudo bem. Não há nada não.

Arranjara-se. Ou, simplesmente, não houvera complicação real. Não se pode saber. Por analogia, reflito sôbre essa vontade de escrever, que eu venho sentindo, sem encontrar modo e forma. O quê? Não sei. Fico a garatujar, às vezes com aflição descabida, ridicula. Neste momento, enquanto o serviço cotidiano me chega, a vida vai renovando o seu desfile diante de mim, com as pessoas e os fatos do meu raio de visão. Apenas um fragmento. Caberiam em meia duzia de vocabulos, que virei a escrever ou que jamais escreverei, sem prejuizo algum para a civilização.

Sinto falta de Marcelo. Contudo, não elimino o dissabor da convivencia em ocasiões como a tarde anterior, ainda nitida na atmosfera do escritorio, deprimente. Não posso compreender. Apenas admitir, no rol dos acontecidos.

A noite, dormida nas intimidades de Marisa, é outro quadro do meu "dossier" de lembranças, rico em detalhes a rever. Por que não é mais alegre minha vida com Marisa? Pergunto-me sempre isto, a resposta não me vem. Porventura ela se indagará o mesmo. E Marcelo me recriminará. Eu, Marisa, Marcelo, o finado seu Daniel, meus filhos, a secretária, o menino do café, os habitantes da minha resumida cronica, todos nós estamos engajados nesse andor das almas que o mundo é. Não temos escapatória.

Já me aconteceu pensar em afastar-me definitivamente de Marcelo. Uma tarde estive a ponto de ameaçá-lo com um tabefe, cogitação que eliminei porque o desmontaria, faria um desastre; del-lhe esbregues; apelei para pieguices — a esposa, o lar em perigo; tentei convencer, investigar, ajudar. Quis desbravar as suas sombras. E não lhe perguntei como encarava todos os meus esforços e atitudes, que se extinguiram no vácuo. Não se elucida aquilo que não se conhece — Marcelo nunca diria nada razoavel. Cada homem é uma entidade com organização propria, sem muito ingresso ás revelações.

Agora, que o dia escorre e eu me sinto solitario, pondero a inutilidade dessas lutas e a inocuidade de todos os julgamentos. Não sou capaz de esclarecer-me porque acabei de atirar ao cesto as folhas que venho rabiscando há tempo, após amarrotá-las, numa subita saturação.

Experimento, nesse instante, uma sensação de confôrto.

Vaguei pelo pequeno espaço da sala, depois fui á mesa da secretária e puxei uma ponta de conversa — acredito que um tanto árida, mas, até onde me era possivel, pessoal e amavel. Em seguida, satisfeito comigo, fui aprontar-me para sair, bem mais cedo que o costume, como prometera a Marisa. Ela se surpreenderia com essa promessa cumprida á risca. Jantariamos fora. Fugiriamos aos hábitos.

Se Marisa concordar, iremos, após o jantar, à casa de Marcelo. Preciso falar com ele, trocar umas idéias, acertar negócios, ouvir opiniões. Farei por apresentar-me cordato, interessado, companheiro. Jamais deveria ser diferente, embora eu imagine que, no correr da vida, ainda voltaremos aos conflitos e às tensões. Não importa. Marcelo não é um traste; será talvez um ser de nova classificação genética, de acordo com o parecer daqueles entendidos que se incluiram — não sei se com ou sem proposito — no meu sumario: nem vive nem morreu; figura nesse mundo de desajuste e neurose, de que todos participamos, cada um contribuindo, com suas manias e vicios preferidos, para o desatino geral. Marcelo é um velho amigo. Lembro, inopinadamente, que tem mais idade do que eu e goza de saude um tanto precária — provavel que parta antes de mim. Nesse caso, se eu vier um dia a escrever memorias, ele ocupará sem duvida alguns capitulos. Livre de censura. Com saudade.

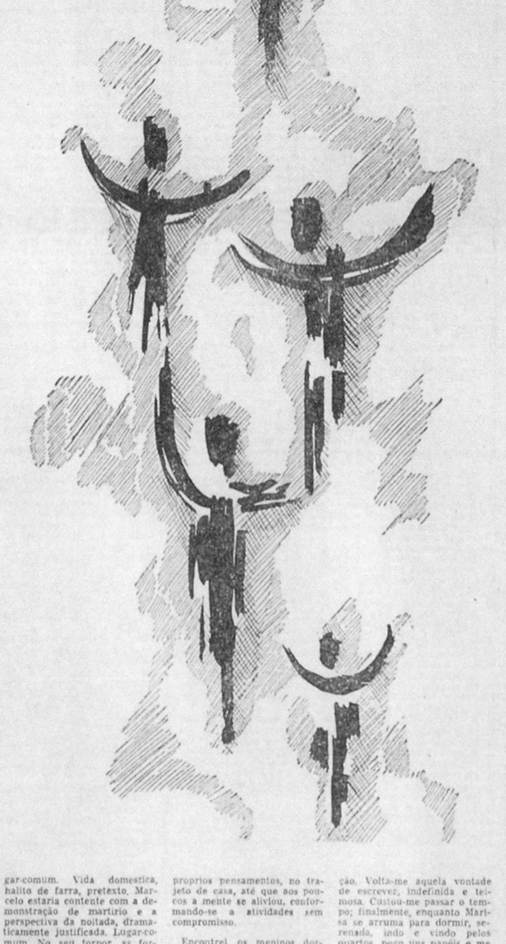

Introdução ao conto em Portugal

João Alves das Neves

I

O conto tem, de há séculos, um lugar destacado na literatura portuguêsa e já se tornou um hábito cotá-lo imediatamente a seguir à poesia (a lirica, sobretudo). E' uma formula simples para diminuir a existencia do romance, apesar de Alexandre Herculano, Almeida Garrett, Camilo, Eça de Queiroz — e os romancistas que vieram depois.

Se não é possivel negar o mais alto nivel da poesia e do conto, se pensarmos apenàs em generos literarios, repudiamos a afirmação de que não existe (ou de que não existia) o romance português. E fazêmo-lo por uma questão de principio, antes de mais nada, por não aceitarmos o espartilho cômodo das catalogações, ao mesmo tempo que deixamos de lado a classificação unica de novelista, em relação a Camilo, ou a decisão dos que negam a Herculano ou Garrett (para citar apenas dois casos expressivos) o título de romancistas.

O problema de Eça de Queiroz é diferente, costumam dizer alguns, porque êle foi romancista, acima de tudo (embora tenha sido igualmente contista, cronista e, por que não?, ensaista). E há outros ainda que se conhecem apenàs de citação, segundo o consenso geral; na realidade, os mais conhecidos e os menos conhecidos integram uma literatura e definem uma cultura em permanente evolução, ainda que fiel a uma só raiz — a lusiada. Daí, uma soma, ou melhor, a realização de uma literatura, onde se destacam já numerosos pontos de referência, embora não se possam estabelecer fronteiras para determinar a influência de um autor ou de uma geração em relação a outro autor ou à geração seguinte. Quando a cultura é uma só (mesmo que de fora venham reflexos), a vida intelectual é o resultado de todas as influências, e estas não podem ser medidas. Traduzem um resultado, ou melhor, caracterizam uma cultura.

A esta conclusão chegamos sem dificuldade quando, aceitando uma idéia que começa a tomar corpo, se diz haver um renascimento do romance português contemporaneo. (Ou só agora estará ele nascendo?). Ora, é acessivel a idéia de que, para se chegar ao romance de hoje, os seus interpretes devem ter ligações com o passado, por mais tenues que sejam. Mas, de onde vêm os laços? De Camilo? De Eça? Ou de mais longe? Ousamos dizer que eles vêm de toda a parte, desde o passado ao presente, incluindo até alguns ventos escorridos por cima dos Pirineus ou levados do Brasil, dos Estados Unidos, sabe-se lá de onde!

Quem delimitará sem erro as fontes diretas da literatura caboverdeana? Ou das literaturas que estão nascendo em Angola e em Moçambique? Ninguém, porque há ventos que sopram de um lado e, repentinamente, mudam de direção. Quem sabe onde se formaram e aonde é que se foram desfazer!...

No entanto, se tentarmos estabelecer uma perspectiva do conto contemporaneo português, não será dificil (ou não será impossivel, pelo menos) estabelecer paralelos entre a atualidade literaria no conto ou no romance. E não precisaremos de explicações habeis (sem entrar na controversia sobre o começo do conto e o fim da novela ou do romance) para salientar que nos caminhos do conto se adivinham também os do romance. Muita coisa une todos os generos (do conto ao romance, da poesia ao ensaio) se se trata de uma só literatura, ainda que admitindo pontos altos e baixos em qualquer deles.

Sem discutir, por agora, os aspectos positivos do novo romance português (mas negando-lhe, no conjunto, a filiação obediente ao chamado "nouveau roman" e a outras modas literarias), não será abuso que se diga que é ainda o conto que mais expressivamente ilustra a prosa de ficção portuguêsa do nosso tempo. E esta idéia robustece-se porque não pomos de lado a autenticidade de um dos mais puros filões da literatura portuguêsa de ontem, visto que o presente não é senão o reflexo desse bom cerne.

E nem sequer negamos ou diminuimos a validade das obras de Aquilino Ribeiro, Ferreira de Castro ou José Rodrigues Miguéis como romancistas. Não, somente as justificamos e tomamos como base do nosso raciocinio. E' que todos ou quase todos os romancistas portuguesês contemporaneos passaram pelo conto, antes ou depois dos romances. Se vieram a firmar-se no setor romanesco, a experiencia do conto foi, se não decisiva, importante, pelo menos para o encontro de uma expressão ou de uma escrita.

Mas, antes de prosseguir, procuremos a matriz.

✲

Não há discussão sobre a origem do conto em Portugal: o seu primeiro cultor (dando ao conto a definição lata e geralmente aceita) foi Gonçalves Fernandes Trancoso, que publicou há perto de quatro séculos (em 1575) os "Contos e Historias de Proveito e Exemplo". Historias também as contou o Pe. Manuel Bernardes (1644-1700), conforme elucidam a "Nova Floresta" e as "Meditações sobre os principais Misterios da Virgem". Nem a poetisa Sóror Maria do Céu (1658-1753) desdenhou o genero, nas "Aves ilustradas em avisos para as Religiosas servirem os oficios dos seus mosteiros".

O genero literario perdeu o conceito apologetico no século XIX, graças a Alexandre Herculano (1810-1877), que lhe deu a dimensão historica, notadamente nas "Lendas e Narrativas", Eça de Queiroz (1845-1900), que transformou o conto "A Civilização" no romance "A Cidade e as Serras", foi interessado cultor do genero, deixando, além de um volume de "Contos", numerosas curtas historias nas "Prosas Bárbaras" e em outros dos seus livros. Camilo Castelo Branco (1825-1890), invariavelmente apresentado como "novelista", também assinou os contos de "Noites de Insônia" e até o critico Ramalho Ortigão (1836-1915) lhe seguiu o exemplo, com "Historias côr-de-rosa". Julio Diniz (1839-1871), que iniciou a carreira literaria como poeta e romancista, divulgando os seus primeiros trabalhos em jornais, publicou igualmente um volume de contos, "Serões da Provincia".

Outros autores menos famosos, mas participantes todos do mesmo processo de evolução literaria, praticaram com mais ou menos persistencia o genero do conto, desde Alvaro do Carvalhal, Florêncio Terra, os condes de Sabugosa, do Ficalho e de Arnoso, Rodrigo Paganino (que Júlio Diniz considerou seu guia), Francisco Teixeira de Queirós (Bento Moreno), Pedro Ivo, Barros Lôbo (Beldemônio), Alberto Braga, Julio César Machado e Abel Botelho. Todavia, entre os contistas do século XIX, é fundamental destacar a presença de Fialho de Almeida (1857-1911) e a de Trindade Coelho (1831-1900), [illegible] mios na arte de contar [illegible] historia.

POEMA

Ser menos eu
Sair dos outros para poder sair de mim
Partir
Estar bem longe
Daqueles que me amam e daqueles que
[me detestam
Pois estão-me detestando muito ùltimamente
E amando cada vez menos

Partir de uma vez
Inteira
Completamente
Começar tudo outra vez
Meu desespero ainda constrói

Demolir a casa oscilante
Queimar tudo
E começar os alicerces bem longe

Começar
Se é possível começar
Partir
Se é possível partir

Abandonar as roupas usadas
Que já têm a forma do meu corpo
Esquecer o meu caminho
Que me leva sempre para o mesmo lugar
Abandonar meus livros
Que me encerraram em suas idéias

Abandonar
Se é possível abandonar
Partir
Se é possível partir

Deixar de odiar
Eu mesma através dos outros
Estar só um dia apenas
Para depois
Poder estar sempre

Estar presente
Pois me ausento cada vez mais
Estar presente
Para poder sentir um dia
Uma presença

Estar presente
Se é possível estar presente
Partir
Se é possível partir

Procurar amar
Amar muito, intensamente
Amar simplesmente
Procurar deixar-se amar

Amar
Se é possível amar
Partir
Se é possível partir

SONIA MARMO DE AMORIM

Domenico Calabrone, 20.11.1965

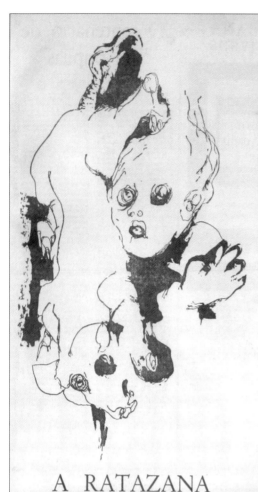

A RATAZANA

Conto de DELMIRO GONÇALVES

Ilustração de GUILHERME DE FARIA

Paralisado na cama, o menino passava o tempo inteiro mexendo a cabeça de um lado para outro, espantando as moscas. De dia eram as moscas em enxames que invadiam o barracão. De noite eram os ratos e ratazanas que corriam sob a cama lá, mesmo fora sem controle. Contra estes nada podia, mas raramente eles se aventuravam a subir no catre onde o garoto jazia deitado. Quando chegavam até lá, porém, o berro que dava fazia despertar a mãe estremunhada. Com uma praça que não se podia saber se era contra os ratos ou contra o rapazinho, afugentava o bicho e voltava a dormir.

Morreram aquele barraco, que ela mesma construíra auxiliada por alguns conhecidos, há coisa de uns dois anos. Ficava à beira de um imenso depósito de lixo que aumentava cada vez mais à medida que o tempo passava. Era um grande terreno situado nos limites da cidade e não se podia dizer que tivesse se transformado numa favela. Sendo local de acesso difícil, não gastara com o tempo muitas outras construções igual àquela. Havia umas vinte, no tanto, espalhadas de longe em longe. A mais próxima ficava a uns 100 metros. A que a mãe do garoto erguera estava mais afastada que as outras, aglomeradas num pequeno núcleo ainda livre do lixo.

De dia, enquanto a mãe saía para o trabalho — lavar roupa, fazer pequenos biscates, vender papel que apanhava do monturo — o pequeno ficava olhando da cama o exíguo panorama mostrado pela porta aberta. E via lixo, sempre lixo, para o que quer que sua vista se dirigisse. Aliás, para ele a árvore e o lixo eram a mesma coisa. Ele pouco vivera no meio dos detritos. Estava acostumado.

Aos doze anos, ficara largado na cama, e aos poucos foi ficando paralisado. A princípio a mãe não ligara muito. Isso parecia ser uma censura ao menino por estar inutilizado.

E, afinal, ele não dava muito trabalho. Não se queixava, não pedia nada, pouco perguntava.

Uma vez ou outra um garoto da vizinhança passava e ficava algum tempo brincando dentro do barraco.

Mas amigo fixo, chegado, não tinha. Os outros logo se cansavam daquela companhia jogada nos trapos sujos, sem movimento. E que falava pouco.

Ademais, também eles tinham o que fazer. Escarafunchar no lixo para encontrar coisas de algum valor que pudessem vender; latas, pedaços de ferro, papel, e ás vezes algum resto de comida ainda aproveitável.

Não havia muito tempo para os divertimentos. E logo que os moleques cresciam um pouco, quando chegavam na idade dêle, era atirada das meninas que andavam, quando havia folga. Com ele não havia tempo para desperdiçar. E os menores não entendiam bem aquela inércia, aquele rapazinho sempre deitado, que quase não falava, que não sabia brincar de nada.

A solidão do pequeno era entrecortada pelas moscas, de dia, e pelos ratos e a presença da mãe, à noite. E nem sempre. De vez em quando vinha a história da amiga doente e sobreviviam somente os ratos como companhia.

Naquela noite, de novo, ficou só com eles.

Mas não sentia medo, estava acostumado com aquela presença pouco ruidosa. Às vezes mesmo ficava seguindo com o ouvido os corredinhos que davam na laje, pela roída dos dentes roendo a madeira.

De repente sentiu que algo subiu por suas pernas. Era um rato; uma ratazana, pensou, pelo peso do bicho sobre o corpo. Soltou um grito inútil. Ninguém o ouviria.

O bicho subiu mais. Sentiu o focinho quente no seu umbigo proeminente de menino pobre, fruto de um parto mal cuidado.

Um uivo de dor soou pelo terreno, espalhou-se pelo terreno, mas não chegou até os ouvidos de ninguém.

E começou o staque. O rato se encarniçava no ventrezinho inchado, que se comprimia e dilatava a princípio como se quisesse expulsar o bicho que saltava daqui para ali debaixo do lençol encardido. E o menino berrando, mas de feio, com a boca retorcida pela dor. Ao mesmo tempo, notou a mancha de sangue no lençol.

Assustada, desnorteada, o corpinho e nem teve forças para gritar. Recuou com a sua nesga de boca, o olhar parado.

— Um dia a gente pode morrer aqui sem que isso se saiba tão longe. Não serve para chamar alguém; tudo tão longe.

Mas no ave um ama coisa que a preocupasse: apenas um pensa- sa, pensou. Mas como a doença não cedesse, conseguiu um médico para ver o que era. Chegou com aquela indiferença profissional característica: examinou rapidamente o garoto e disse umas palavras que ela nem mesmo entendeu bem. Polio... qualquer coisa. E acrescentou:

— Isso não tem cura.

A mãe ficou olhando o garoto longo tempo, assim meio espantada. Depois balançou a cabeça desanimada e pensou: Para sempre... O que fazer com o menino? Logo agora que estava na idade de ir trabalhar, de ajudar nas despesas. E rogou uma praga, baixinho. Não era contra ele, nem contra ele, contra ninguém. Era um desabafo vago, de desânimo.

O pai, nem se lembrava bem quem era. Conhecera-o num baile de suburbio e dera naquilo. Andaram juntos uns dois meses, uma ou outra vez, e quando ele havia tempo para a gravidez desapareceu.

Então se arrumou sozinha. Não tinha jeito nem graça para atrair os homens. O melhor mesmo era abandonar a favela e se arrumar sozinha. Trabalhou como doméstica, mas não deu certo. Não se adaptava ao serviço. E logo que o menino nasceu num canto qualquer da cidade, armou o seu barraco e foi vivendo.

Uma vez ou outra arranjava alguém com quem viver um pouco. Mas não durava. O outro logo enjoava e de novo ela continuava sozinha.

A princípio, nos primeiros anos, o garoto ainda perguntava onde estava o pai.

— Foi embora. Um dia volta, respondia vagamente.

Depois, o menino esqueceu, como ele. Também o filho não tinha muita curiosidade. Quando ainda andava, deixava-se ficar pelos cantos, cuidando do terreno, sempre metendo com o lixo, que era o seu mundo.

Não falava quase, nem choramingava.

Um triste, dizia a mãe. Um triste para atrapalhar a vida. Não era dôido, mas não havia nele quase capacidade de pensar.

Também, com aquela vida. Mas ela nem pensava nisso. Se arrastando como podia. Trabalhava, e com o que ganhava mal e mal comiam os dois.

Ultimamente tinha arranjado um novo amigo. Ele morava num dos barracos próximos e, de vez em quando, a mãe dizia ao menino que ia passar a noite na casa de uma conhecida que estava doente, para se encontrar com o homem.

No mais era tudo o mesmo; o menino inerte, o catre, maltratilho, e ela indo e vindo entre o barraco e o trabalho.

Às vezes, quando ia deitar olhava a criança e pensava:

continuando a marcha, encarregam-se das povoações do interior, von Schkoppe prosseguindo com outra coluna pelo litoral, auxiliado pela esquadra de Lichthardt; "Os habitantes de Camaragibe e Santo Antônio mandaram ao dia 17 de março emissários com plenos poderes para apresentar a sua obediência..." (pag. 535).

Em seguida à rendição do Arraial de Bom Jesus e do Forte do Pontal de Nazaré, em 5 de junho e 2 de julho, casse em poder dos holandeses as povoações e paragens de Santa Ana, Guararapes, Santo Antônio do Cabo, Ipojuca, Serinhaém, Vila Formosa, Una, no sul de Pernambuco. A 19 de julho, na sua marcha de retirada, Matias de Albuquerque assaltou e retomou Porto Calvo, ponto de passagem obrigatório para o Sul. Aí ele se demora o tempo necessário para processar e sentenciar Domingos Fernandes Calabar pela força, seguindo imediatamente para Alagoas, visto ser o inimigo em maior número, "quando já em disso todos os portos daquela costa, vigiada por cinquenta navios, e [tendo] afastados a sua causa a maior parte dos moradores"(3). Diaz depois a povoação é novamente ocupada por Artichau..., até S. Gonçalo, também chamado Peripoeira... depois chegaram no dia 16... e fizeram all uma fortaleza no caminho do Sul para impedir à invasão do inimigo por aí" (6). A propósito dos "moradores que ficaram", afirma Duarte de Albuquerque: "só dois nos acompanharam... Pela ação de uns quererem retirarse estes moradores da Porto Calvo se agravou a suspeita que dêles havia" (7).

É preciso dar o desconto devido aos desabafos e acusações do donatário, manifestadas no momento em que via esvair-se tôda esperança de resistência e de recuperação de Pernambuco. Que havia má vontade de habitantes para com os chefes luso-espanhóis, parece indiscutível em face das queixas da quais faziam, por opressões sofridas, em cartas para o reino, algumas das quais chegam a ser apreendidas pelos holandeses. Mas parece também não haver dúvida de que a maior parte dos moradores das povoações

das zonas rurais caíram em poder do inimigo se retirara para o Sul, seguindo para Alagoas, Sergipe, Bahia, segundo o testemunho de Manuel Calado, João Lopes Santiago, dos próprios holandeses pela voz de De Laet, e de outros. Assim, enquanto o donatário diz que aos dois se acompanharam, referindo-se naturalmente a pessoas de qualidade, a grandes proprietários, De Laet afiança que retirando-se Matias de Albuquerque da povoação de Porto Calvo, "seguiu também com êle a maior parte dos habitantes" (8). E o próprio Duarte de Albuquerque, desdizendo tôdas as suas tiradas sôbre a deslealdade dos moradores, afirma em várias passagens ter sido alentado o número dos que abandonaram suas casas, fazendas e engenhos. Pelos seus cálculos, retiraram-se "mais de três mil moradores e (mais) de quatro mil índios..." (9).

Dêsses retirantes, "alguns passaram logo à Bahia de Todos os Santos", enquanto a maioria, sofrendo tôda sorte de privações, permanece em Alagoas, na expectativa de ser breve poder regressar a seus lares, pois havia a notícia de uma esquadra de socorro que deveria partir de Lisboa em março (pag. 217). Na verdade, somente em novembro essa esquadra depõe no porto de Jaraguá as tropas de D. Luís de Rojas y Borja (pag. 219), no momento em que os holandeses começam a executar o plano de "desprovar completamente 10 léguas e campo entre Perupueira e Porto Calvo, exterminar as roças onde era cultivada a mandioca e faziam a farinha, incendiar os canaviais e desaobrir completamente os engenhos e outras casas, a fazer retirar toda a gente que quisesse ficar sob o nosso domínio, com os seus animais, bens e tudo que possuíssse para o sertão ou ao rio do Porto Calvo..." (10).

Com a violência desta medida acreditaram os flamengos que o inimigo, "colocado fora de Alagoas e das terras junto ao Rio S. Francisco, não obteria mais géneros alimentícios e ou falta de víveres tinha de sucumbir e não receberia correspondência por mais pequena que fôsse, e não poderia fazer maquinações secretas com os habitantes, e finalmente ficaríamos sabendo bem se nossos desígnios confiar e quais eram os nossos amigos ou inimigos" — como resume De Laet (pag. 548). Era natural que dêste rigor usado pelos flamengos se resentissem os moradores que se haviam submetido e que, em conseqüência, uma parte dêles se decidisse a passar para o outro lado. É o que a quiseram fazer tiveram os seus passos facilitados pela nova retomada de Porto Calvo, em 1638, pelas forças de Rojas y Borja. Com a derrota dêste na Mata Redonda, nesse ano, e com a expulsão dos holandeses do Bagnuolo da Porto Calvo no principio de 1637, os retirantes partem à procura de abrigo na Bahia. E depois de assumir o comandante João Maurício o governo do Brasil Holandês, em janeiro de 1637, a população submetida não pode ter aumentado senão por uns poucos que se haviam refugiado na retirada e por outros poucos dos esparsos habitantes de Sergipe.

Desta resenha dos fatos principais da campanha militar de 1635-36, verifica-se que não havia possibilidade prática para a adesão maciça dos antigos habitantes depois da posse do Nassau, com insistem em afirmar os autores em geral. A adesão ou submissão que se registrou ocorreu no curso dos dois anos citados, antes da chegada do conde. Depois da posse dêsse governador, fora preciso; que os antigos moradores, refugiados na Bahia, no Espírito Santo ou no Rio de Janeiro, lhe declinassem cessas capitanias para ingressar nas terras conquistadas; mas da ocorrência de um movimento como êsse não há um único testemunho, um único indício.

(1) De Laet, "História no Anais", II, 819-9.
(2) Duarte Albuquerque Coelho, "Memórias Diárias", 176.
(3) Tratado de Pacto do Paraíba, 2 dezembro de 1634, em R. I., 217.
(4) Idem, ibidem, 219.
(5) D. Albuquerque, 213.
(6) De Laet, II, 345.
(7) D. Albuquerque, 213.
(8) De Laet, II, 345.
(9) D. Albuquerque, 205.
(10) De Laet, II, 345.

O Recife antes de Nassau

MARIO NEME

I

Tal como sucede com todos os períodos da História do Brasil, também o denominado da época holandesa está desfigurado por deformações que se transmitem de geração a geração, por inconsciência, ou preguiça mental, pela força da inércia.

Para só nos atermos a questões de fato — que estão na base das concepções, das explicações, do pensamento institucionalizado — o que prevalece para a inteligência nacional é a idéia de que foi o conde João Maurício de Nassau quem trouxe para Pernambuco o espírito da civilização, a tônica do progresso, o impulso de desenvolvimento material e cultural impassível ante qualidades extrínsecas de prestigio, de autoridade, de renome literário a que assim impassível refluxa num movimento que foi o próprio tom dos ensaios, estudos e obras de divulgação sôbre o Brasil Holandês — uma pasta única, à uma espécie de suma das noções adquiridas e assimiladas, das noções correntes acerca desse período da nossa história. Teremos então que foi o conde de Nassau, ou o príncipe como é mais conhecido, quem levou à iniciativa das medidas urbanísticas para enobrecimento das cidades, dos melhoramentos públicos e da construção de pontes urbanas, da diversificação da produção agrícola, da instrução aos índios e aos negros, da proibição de castigos corporais aos escravos, da liberdade de religião a católicos e judeus, da liberdade de comércio, da vinda de colonos flamengos, da entrega dos engenhos a súditos holandeses para segurança do Estado, enfim, que tudo a ele se ficou devendo.

Trata-se evidentemente de uma distorção dos fatos, que cumpre corrigir. E uma revisão dos dados relativos a esse aspecto deve indagar primeiramente das condições gerais vigentes no Brasil Holandês "antes" da chegada de Nassau. É o que tentaremos fazer nesta série de artigos. A primeira coisa a dizer sôbre este problema é que os autores que mais se demoraram na análise do Brasil Holandês — Netscher, Watjen e Boxer — denotam a tendência a obscurecer o significado das conquistas feitas por Artichofsky e von Schkoppe, em 1634-35, para em seguida realçarem a vitória de Nassau em Porto Calvo, em 1637, e atribuir a esta vitória todo o mérito pelo desafogo da situação e do consequente restauro das atividades produtoras e de comercio na colônia.

Decisiva, no entanto, para o fim, foi a conquista em fins de 1634 da capitania da Paraíba e, em seguida, de Itamaracá e da região pernambucana limítrofe de Goiana, zona canavieira por excelência, assim como da várzea do Capibaribe e das paragens que se sucedem no rumo do Sul, cabo de Santo Agostinho, Ipojuca, Muribeca, Serinhaém, Rio Formoso e outras, das quais o inimigo é expelido em decorrência da queda do Arraial do Bom Jesus e do Forte de Nazaré, em junho e julho de 1635.

Já nos primeiros dias de janeiro deste ano de 1635, os moradores remanescentes da Paraíba apresentam-se aos conquistadores do forte de Cabedelo e da vila capital para se sujeitarem ao seu domínio, mediante certas cláusulas da diretiva e devem o pagamento de uma contribuição a título de resgate; e neste já seguidos quase ao mesmo tempo pelos da capitania do Rio Grande (1). Segundo Duarte de Albuquerque, a propria sustentação da Paraíba pelas forças leais tornara-se impraticável em vista da pouca disposição dos moradores em favorecê-los, "da qual suas demonstrações davam clarissimas provas" (2). Mas é de reconhecer que a esses infelizes moradores não se oferecia possibilidade de escolha, logo que, rendido o forte de Cabedelo (ou, como ali ocorrer em outros lugares, expedida para o lado a tropa de defesa), se mesmo tempo em que se viam desamparados, à mercê dos conquistadores, eram intimamente por estes a se apresentarem dentro de tantos dias para jurarem vassalagem, sob pena, não só de terem os seus bens confiscados, mas ainda de serem tratados como inimigos, sujeitando-se portanto a imediato fuzilamento assim que lhes caíssem nas mãos.

Agem em harmonia desde que assumiram os seus postos, Artichofsky e von Schkoppe conquistam apoderar-se, passo a passo, mas rapidamente, da Paraíba, de Itamaracá e finalmente de toda a região agrícola de Pernambuco. Na medida em que eles se vão assenhoreando de reduto militares, portos, povoações e bairros rurais, os habitantes que por falta de vontade ou de oportunidade não se retiram com as forças em refúgio para Alagoas passam a aceitar a soberania do governo holandês, na conformidade do estatuto padrão estabelecido na capitulação dos paraibanos e rio-grandenses. No dia 12 de janeiro as conquistadores, vindos da Paraíba, chegam a Goiana e aí os moradores lhes vêm ao encontro, submetendo-se (4). A 28, na Zona da Mata, as tropas de defesa são dispersadas "o po... véio em bandos pedir salvo-conduto, e foram intimados a dar aos sabores, cada um com forme as suas posses, certa quantidade de farinha de rio [sic] e animais" (pag. 521).

No seguinte mês de fevereiro, a freguesia do Martueca, "os habitantes do campo — informam Duarte de Albuquerque — paseram para os nossos, contribuindo com animais, farinha de mandioca e outros gêneros" (pag. 522); e o mesmo sucede em Mussurepe e São Lourenço, onde Artichofsky fixa ocupado até 3 de março "com dar salvo-condutos aos habitantes, impondo-lhes a contribuição de víveres..." (pag. 525). Da 8 a 12 dêsse mês de março de 1635, apresentam-se os moradores do distrito de Porto Calvo (pag. 530), de cuja povoação o conde do Bagnuolo acabara de se retirar para As-

MEMÓRIA

Fossemos carpir memória e era tudo novo.
O tempo que passa é o tempo que fica,
é o tempo que vai e as horas são nossas,
e tudo o que somos é o gesto distante

tecendo a lembrança do que não somos.
Claras águas, aí em vós me vejo e já não sou
Eis que me vou e não me fico e me reparto
em vosso curso e só partindo permaneço.

Rios, rios da terra, em vosso rosto me contemplo
e sei que se assim não me pertenço e, contemplando
o vosso curso, no contido entendimento

vejo claramente que estar é ser ausente,
fora, alheio, nas pedras, no limo, no fundo jazigo
do rio — passado que torna, dói e não é.

CARLOS FELIPE MOISÉS

SOLOMBRA

PÉRICLES EUGENIO DA SILVA RAMOS

Longo tem sido o caminho percorrido por Cecília Meireles, desde o primitivo "Espectros" (1919) até este "Solombra" (1963), de tão formosa e cuidada apresentação gráfica. Em "Espectros", a mocinha estudiosa e competente, que mal havia deixado os bancos da Escola Normal, compraz-se, de alma romântica, a ver produzido o sanatorean flores, como a o passaro ainda fôsse aquele Bul perna evocada por Byron, que Cecília Julia estava penetrada de um misticismo esotérico no qual tinha já visões, ao passo que Cecília Meireles não recorre àquele Outro-Mundo do Simbolismo: ela é espírito, mas espírito que se recolhe e medita, e meditando cria novos mundos, superiores ao terra-a-terra, ao tumulto feroz das cidades, à "suposta vida" que é "amarga morte"...

Se a Beleza sonhada é maior
(que a vivente,
dizei-me: não queireis ou não
(sabeis ser sonho?

O espirito que se dobra sobre si mesmo, em pura ascese, é uma flor (natural? artificial?) dentro de redoma, tão parada e imutável que não se deixa de morta, ou se é viva e acostumada às condições da morte. Nesse tornam pura memória:

Entre mil dores palpitava a
(flor antiga,
quando o tempo anunciava
(um suspiro de morte.
Cada seta de sombra era um
(sinal de morte.

Lento orvalho embebeu de
(manso labirinto em que a
(abelha sussurra,
e aroma de veludo em seus
(bosques perdido.

Quero roubar à morte esses
(restos de néctar,
esses corais da aurora, esses
(véus de safira,
e antes que em mim também
(se acabe o céu das palpe-
                     (bras.

Roubo à seta que vi passar
(sobre os meus cilios,
— agora que e ar dourado nu
(espaço atravessado,
e antes que em mim também
(se acabe o céu das palpe-
                      (bras.

E por dias sem fim, há im-
(prevista memória
que o sonho lavra em pedras
(negras e rebeldes,
estranhas cenas brilham,
(vistas e timidas.

Este ar o oçaso a que servo
(fraa minhas lagrimas?
Esta era a doce escravidão
(da minha vida?
Isto era toda a tua gloria —
(êste resíduo?

E à morte roubo minha alma,
(apenas!

E também fica certo neste amor poema, autobiografia de uma alma que espera conversar apenas com o vento, que tinha apenas um destino — apesar dos anos, apesar dos acasos, da confusão e da complexidade do que gira

Sobre um passo de luz outro
(passo de sombra.
Era belo não vir; ter chegado
     (é acontecido.

sem título que incorpori à sua obra, recolhendo-se ao "Comércio de Campinas" de 7 de setembro de 1920 (2). Mas Francisca Julia estava penetrada de um misticismo esotérico no qual tinha já visões, ao passo que Cecília Meireles não recorre àquele Outro-Mundo do Simbolismo; ela é espírito, mas espírito que se recolhe e medita, e meditando cria novos mundos, superiores ao terra-a-terra, ao tumulto feroz das cidades, à "suposta vida" que é "amarga morte"...

"Viagem" revela uma Poetisa na plena posse de sua capacidade lírica e técnica, uma voz grave e eremítica, de pura loesa e recolhimento, a espalhar cinzas sobre o mundo — tema fruto de um espírito que se dobrava sôbre si mesmo, sofrido e profundo — persistiria com a mesma diretriz contemplativa nos dois notáveis livros subseqüentes, "Vaga Música" (1942) e "Mar Absoluto" (1945), até prosseguir interesses pela interpretação de coisas e espetáculos em "Retrato Natural" (1949). Depois de "Amor em Leonoreta" (1952) e dos "Doze Noturnos da Holanda" e "O Aeronauta" (1952), que resultam de experiências de viagem e vôo, Cecília encetaria a diretriz de poetização de fatos históricos, com o "Romanceiro da Inconfidência" (1953), sua obra capital nesse sentido, prenuncio de artesania que assume encarnar com lucides e "pathos" a consciência nativista de um imaginário rapsodo do século passado, em cujos versos de poesia narram posteriormente os dados a lume pela Poetisa, alguns deles raridades bibliográficas, ali acair agora este "Solombra".

O estranho título, à primeira vista, poderia afigurar-se uma fusão de sol e sombra, mas na verdade não passa do vocábulo peninsular arcaizado, provindo de "sol umbra", com o sentido único de sombra. De acordo com o título, a poesia de "Solombra" deveria vir cheia de sombras, e de fato não se mostram os versos batidos de sol; mas em "Mar Absoluto" a Poetisa se reconhecia amor à arte antes de existir e de existirem as coisas ("Contemplação"), em verso sim, pois amor parece que residi o sentido da sua existência como pessoa. E o próprio sentido de título de "Falar contigo. Andar..." (pag. 17):

Humildade de amar só por
(amar. Sem prêmio
que não sejer o de dar cada

breve, talvez; límpido, às
(vezes; sempre leito.

Ir dando a vida até morrer.

E também as linhas de "O que amamos..." (pag. 31), nas quais o amor assume realidade em si mesmo:

Como as ervas do chão, como
(as ondas do mar,
os acasos se vão cumprindo
          (ie vão ceasando).
Mas, sem acaso, o amor lim-
(pido e exato jaz.

Não necessita nada o que em
(ti é vivente,
(si tudo ordena:
cuja tristeza unicamente po-
(de o equivoco do tempo [...]

"Solombra" está sob o signo da solidão — que o pensamento de si é o mesmo e inevitavelmente solitário — e sob o signo de uma tentativa, a de fugir a passagens transitorias, para firmar-se nas do espírito, mais permanentes porque imateriais. Assim, a Poetisa aspira a "no mar da vida ser coral de pensamento". Claro é que, acreditando no pensamento e no espírito, sendo tão entranhadamente antimatéria, a Poetisa crê na sobrevivência, apesar de momentos de vacilação ou perplexidade. É o que deixa claro neste poema (pag. 47):

Hoje, um céu de cristal pro-
(liga a flor imovel.
Não se sabe se morta e pa-
(rada em beleza,
ou viva e acostumada ás con-
(dições da morte.

Mas o vento que passa é um
(passante longínquo:
à flor antiga não perturba o
(texto roto
sem esperanças nem temores
     (nem certezas.

Pálido mundo só de memória.

Em soneto de teor vagamente emparelhavel com esse poema, já Shakespeare cantara a tua flor perde a forma, mas não passa em sua substância, quando se converte em perfume aprisionado entre paredes de cristal. A própria Poetisa, em versos de "Viagem", referira-se já a primaveras que ressuscitavam ao serem abertos um frasco de perfume. Certas notas de "Solombra", realmente, derivam de constantes de pensamento nesta ou naquela parte da extensa obra da Poetisa — as mesmas que em "Mar Absoluto" a Poetisa se reconhecia amor à arte antes de existir e de existirem as coisas ("Contemplação"), em verso sim, pois amor parece que residi o sentido da sua existência como pessoa.

Nada foi projetado e tudo
                 (aconteceu.
Move-me em solidão, presa
(sendo e além,
com perpas por abrir e a
          (memoria acordada.
A acordada memória! esta
(plenia crescente
com mil imagens pela seiva
          (tresvalates,
na noite vegetal que é
(a mesma onde humana.

Vejo-me longe e perto, eu
(meus mitos nos soldes,
em tantas viagens, tantos
(truamos prisioneiros,
a construir o instante em
(que diria teu nome!

Que labirintos bebem meu
                (rosto?

A Poetisa não só crê na sobrevivência, como a espera; é o que penso poder exigir dos versos, apesar da multíplexidade, de sentido que prova "Solombra": de fato, o espírito pode abandonar suas prisões corpóreas em plena vida, quando se encontra em chances, a não lembrança ou no sonho, tornando-se um pressuposto mas espelho do modo de ser que vida se sujeita a posição de habitar o tempo, não o espaço, e se exime por vezes do corpo:

Falo de ti com se em mor-
(te apaixonado
Falasse ainda em seu amor,
(sobre a fronteira
onde as arosas darão da
          (desmontam (pag. 29)

Eu — fantasma, que de-
(ixo os literais humanos
                 (pag. 25)

... minha alma, tão
       (desconhecida,
vai ficando sem mim, livre
(dos detidos,
como um vento que os pes
(hão fabricam (pag. 21), etc.

Na verdade, a esperança é um rumo certo:

Sem nada ver, algo por mo-
(dos de esperanças
vento sem trepasa vou.
Insinhando encontros certos,
água calda, pensa-me em
                (cristal segura.

E, se é rumo certo, faculta a antevisão:

Alta é a alucinação da
          (provada Beleza.
Pura e ardente, esta angus-
(tia. E perfeita, a agonia.
Eu, que a contemplo, vejo
(um fim que não tem fim.

Dir-se-á que a poesia de Cecília Meireles, neste volume, se confina em torno de martírios. A suposição, contudo, não procede: o suor frio das angustias que sobem em si pai ve-lo-ão na alta e quente face do uma "Serena Desesperação"; à ostentar êsse nome de barra e estrela. A poesia de "Solombra" não se põe sempre no tempo menor, mas a vertentes do coração; surge um monólogo generosamente oferecida sem circunstantes, com aquele esplendor é dourado que tão aluma e ilumina o conhecimento das alturas:

(1) Livros de Portugal, Rio de Janeiro, 1963. Impreso em Oficinas Gráficas do Pongett.
(2) Francisca Julia, "Poetias", 52a. ed. Paula. Comissão Estadual de

Guilherme de Faria, 16.05.1964

CANUDOS

IGNACIO DA SILVA TELLES
Ilustrações de ALDEMIR MARTINS

Sugestão para um roteiro de filme

A história desenrola-se no sertão da Bahia, em 1897.

I
— Paisagens da região, ingas e descampados. Ao serras e tabuleiros. Os da seca ainda não se sente. Há um pouco de um verde na galharia rala dos arbustos.
Nenhum indício de animal ou homem. Nenhum pássaro no ar.
— Ouve-se ao longe o toque um "berrante". E' momento. Sempre a mesma notinha e prolongada. Vem indo, inundando o mundo de melancolia.
— Aparece a banda, o vaqueiro e por dois meninos. Passa um tropel, levantando uma nuvem de poeira. Vozes de meninos gritando: "Ela, Ex, boi!". Desaparecem na galharia. O som das vozes extingue-se à distância, deixando apenas o toque do berrante, que vai morrendo aos poucos.
— Cena de uma fazenda. Sala de um "limpo" no centro de barro, coberto de folha de piaçaba. Forta de esteira. De um lado, um cercado de paus entrançado, servindo de curral. Um regato pouco profundo...
— O fazendeiro, sentado no mocho, conserta um arreio. Move ao longe o toque do berrante. Endireita-se e, depois da escuta mais atenta, levanta-se e retira os paus que entrelavam o curral.
— De noite, sentados à porta, o fazendeiro conversa ansiosamente com Antônio Conselheiro, e lhe anuncia que vai vender o que tem para ir para Canudos.
— Un rapaz está a vaqueiro está no seu rancho, no meio do caminho.
— Em casa rancho a que deve lice de Antônio bruxo. "Ele morrerá tragediado ... diz os doentes. na enfermaria ... dorme no chão numa rede e jejua ... Já foi ao sangrado no ar quando faz a dormição ... chora lá na fé da orgia ..."
— Todos e a Cidade Santa. Ele é o caminho de chiar o homem da "terra grande" assignados porque o Conselheiro é mais forte do que ele. Mandaram três vezes milhares de soldados, e três vezes foi derrotados. Porque o Conselheiro é inexpiável.
— O vaqueiro fica impressionado com tudo que lhe contam. ao destino o seu gado, e leva para o seu rancho, no que perdido do ermo.
— Ah, coronica a sua familia. Sua mulher, uma filha moça dos meninos que o ajudam a tocar o gado, que vai levar para Canudos. Resignação do seu entusiasmo. A mulher chora. "Canudos é de Deus... seus olhos, porta aberta, contemplam tudo enorme, lá fora, que parece —
Vender as coisas e deixá-lo apertado, leva tempo. Quando partem finalmente todos montados a beira, arreamo para a longa via a seca já se fez sentir, e caminho, acolhe-os toda a via deprimida nas aspectos sua figa colorias da cena. O rancho está abandonado. O regato secou. A culta toma cascante ressequida, requisições esperam pela-o. Passam por outros lugares conhecidos da viagem e vezes, mas é um outro mundo. Ultimos trechos, a seca alegura as paisagens.
— Ao se entanto, um bando de sua entonação, vão tropegamente caminhando em silêncio...

II
— Ambiente luxuoso no Rio de Janeiro. Há grande exaltação por causa da revolta dos monarquistas, que armaram um exército inteiro no meio do sertão baiano, a fim de derrubar a república. As tropas do exército já três vezes haviam sido destroçadas, e a última que ia contra estava sendo sitiada. Era uma vergonha para o país. "Enviaremos todos os reforços necessários. É preciso salvar a República!"
— Jornais dando a notícia da remessa de mais tropas.

III
1 — Segue uma coluna militar por meio da caatinga, em demanda de Canudos. Leva consigo um comboio de abastecimentos da boiada, tocada por vaqueiros da região, e uma tropa de burros carguleiros. Os soldados caminham em silêncio. Só se ouvem seus passos e o ruído dos carroções e dos cavalos. Dominando todas as cenas dessa coluna em marcha, o ruído do berrante e os gritos distanciados dos vaqueiros conduzindo a boiada.
2 — De súbito, o pipocar de tiros partindo de vários pontos escondidos na caatinga, ferindo alguns soldados. A tropa inteira se atravessa. Os soldados disparam suas armas contra os lugares mais suspeitos. No meio do tumulto geral, há o toque de clarins, tentando dar ordens de combate. A infantaria investe, de baioneta calada, contra o inimigo invisível.
3 — A boiada, assustada, astoura, arrancando tudo à sua frente. A tropa de burros esparramada por todos os lados. A cavalaria, ao lado dos vaqueiros, sai ao encalce da boiada.
4 — Os da infantaria, que investiram contra o inimigo, retornam rasgados, machucados e com peças perdidas da farda.
5 — Um oficial, vendo fugir alguns carguleiros, atira-se a cavalo ao seu alcance, acompanhado de um soldado também montado. Eles se emaranham no meio da galharia retorcida dos arbustos e perdem de vista os burros, que apenas indicam sua posição pelo sincero que levam ao pescoço. Depois de grande esforço e muito tempo, os animais fugidos são finalmente alcançados, mas as bruacas estão caídas, as canjahas penas e rompidas as tiras de couro. Desaleixadamente, os dois militares procuram por tudo em seus lugares, e quando por fim se dispõem a voltar, percebem que estão perdidos. Continuam caminhando, no entanto, sem saber ao certo para onde ir, tocando na sua frente, com grande embaraço, os burros carguleiros.
6 — De súbito, surge ao seu lado o vaqueiro das primeiras cenas, que lhes implora, pelo amor de Deus, salvar a sua família. São estão conduzidos ao lugar onde se encontram escondidos no solo, em torno de uma caderneta de terra apenas sobrecaída, os membros quase mortos da sua família. O oficial oferece a todos agua e alimentos, e, como a tarde já vai adiantada, ficam todos ali mesmo a fim de passar a noite.
7 — O sertanejo e a filha, reconfortados, falam do Conselheiro. O oficial, curioso, indaga ... pouco depois o oficial continua indagando, mas agora já cheio de pasmo.
8 — No dia seguinte, como a direção de seus caminhos é praticamente a mesma, resolvem seguir juntos, o vaqueiro ajudando a conduzir os carguleiros, e os militares alimentando os sertanejos.
9 — Dias caminhando juntos. Surgem novos grupos de sertanejos em demanda de Canudos. Em todos, a mesma absoluta certeza de estarem à busca de caminho do Céu. Através das conversas, o oficial vai descobrindo, com espanto, o outro lado daquela guerra em que ele se encontra envolvido.
10 — Numa parada para descanso no meio do dia, o oficial, exausto, num desabafo, exclama: "mas como é feio este sertão!" A moça ao ouvi-lo, aponta o chão uma minúscula florzinha e lh'a entrega, dizendo:
— "é preciso ter olhos para ver". Ele a toma de suas mãos.

IV
1 — Por seu lado, a coluna de reforços também segue seu caminho, levando, grandemente desfalcada, o comboio de abastecimentos. Passa pelos destroços de um dos regimentos anteriores. Restos de munições de fardas e arreios esparramados por todos os lados e dependurados na galharia dos arbustos. Há corpos ressequidos, dependurados também nas árvores. A coluna continua num silêncio pesado.
2 — Passa por uma leva de feridos voltando de Canudos. Alguns poucos a cavalo, outros em redes, outros ainda em liteiras carroças. A maioria a pé. São centenas, em pequenos grupos. Imploram por água e comida. Logo depois, em choque, nas abandonadas, a coluna passa por feridos largados à míngua, sem forças para continuar. Em tudo, o mesmo aspecto de absoluta desolação.

V
1 — Última noite em que os dois militares têm de pousar com os sertanejos. Já às ouro, na distância, o troar do canhão. O oficial sabe, agora, que o sertanejo não é o inimigo da Nação. Pelo contrário, é a própria Nação que se defende ir lá invadido. Durante os culos passados juntos, ensinaram-lhe alguns segredos daquela natureza agreste: em que tronco procurar o mel das pequenas vespas, que raízes podem ser mastigadas, em cuja casca de arbustos oferece a seiva que abranda a sede. E, aos poucos, para seus olhos atontados, a natureza bárbara da caatinga se havia transfigurado, e ele começou a compreender face escondida daquele mundo. Ao mesmo tempo, está perturbado pela fé daqueles homens à sua volta. Há no um mistério que o faz sentir como se pela primeira vez abrisse os olhos para as coisas do mundo. Ele comenta com o soldado: "nós, nas roda do literal, não conhecemos o brasileiro, nem o sertão de sua vida."
2 — De madrugada, os militares se despedem dos amigos. Estes os deixam partir com pena do seu sorte.
3 — Os sertanejos ainda caminham o dia inteiro, e pela tarde, do alto de uma colina, avistam Canudos, e caem de joelhos.
4 — Ao longe, o sino da igreja toca badaladas lentas e compassadas, tange a Ave-Maria, por infinita envolve o mundo.
5 — Súbito, o troar do canhão quebra o silêncio. No entanto, sem alterar o ritmo, continua a chamar para a reza.
6 — Os dois militares, por seu lado, chegam também ao alto de uma colina, onde se encontra parte da artilharia, e de onde se avista Canudos pela luta opostas. Mais de cinco mil casebres de barro, construídos desordenadamente, numa enorme confusão. Uma só rua, estreita e imunda, vem dar, no primeiro plano, à única praça, entre duas igrejas. Ambas pareceram uma cidade abandonada. O único indício de vida, naquele momento, é o sino da Igreja maior, tangendo a Ave-Maria.

VI
1 — Ambiente de acampamento de artilharia. Soldados de aspecto cansado. Devido à ardência do clima, substituíram o quepi militar pelo largo chapéu de couro usado na região. Conversa mole e irreverente. O oficial começa a compreender de maneira pungente o absurdo do sino tangendo a Ave-Maria. Logo depois, para espanto geral, os sertanejos, saltando dos ruínas, investem contra as tropas num ataque violentíssimo, e várias vezes renovado.
3 — De repente, numa fossa cavada ao pé da igreja e rodeada de cadáveres, tanto de sertanejos como de soldados, vinte homens ainda resistem. Não conseguem ficar de pé, tal sua fraqueza. Alguns são meninos. Carga de dinamite sobre esse último reduto, depois de qual ainda alguns tiros alvejam os soldados que tentam aproximar-se. Mas são poucos, e, diante da intensa fuzilaria dos atacantes, cessam por completo. Dentro da fossa estão todos mortos.

IX
1 — O oficial havia se erguido do leito, e, com sofreguidão, se arrastava ao campo de luta, onde assistira à última cena da guerra. No meio das ruínas ele se confunde com a soldadesca que está a queimar e enterrar os cadáveres.
2 — O general comandante aproxima-se de ultima trincheira conquistada, e descobre, entre os corpos estendidos, o dos da igreja. Um silêncio absoluto pesa sobre o campo inteiro. Apenas se ouve a batida das enxadas, abrindo valas e o crepitar de pequenas fogueiras. Ajudado por soldados o general erque-se ainda e tange a Ave-Maria. Por toda a parte, os soldados interrompem seu trabalho e, volvendo-se para a igreja em meio ao toque do sino, descobrem-se e ficam a segurar seus largos chapéus de couro.
3 — Do outro lado da baixada, o oficial havia galgado uma elevação, de onde se descortinava, além, a paisagem sem fim da caatinga. Como já tivessem caído as primeiras chuvas, ela aparece agora toda verdejante. Milhões de brotos, como num milagre, rebentam na aspereza da galharia retorcida, e sobre o chão, uma alfombra verde já quase encobre a palidez da terra. O oficial queda extasiado diante do panorama imprevisto, e, quase sem querer, sua mão tira do bolso o que resta de uma minúscula florzinha.

VII
1 — De madrugada, os vinte canhões, colocados nas elevações em torno de Canudos, começam a atirar sem interrupção durante horas seguidas. Dos casebres atingidos, saem seus habitantes, homens, mulheres e crianças, procurando precipitadamente refúgio em outra casa.
2 — Toque do clarim. Cessa o canhoneio. Começa o ataque. Das colinas envolventes descem a infantaria em passo de carga. No mesmo instante irrompe a fuzilaria partindo dos sertanejos.' A' medida que os soldados descem, vão muitos caindo alvejados. Sobre seus corpos pulam os que vêm atrás, continuando na carreira sobre o inimigo. Alguns casebres da orla da cidade são tomados, mas é enorme o número de baixas no meio das batalhões atacantes. Em certos pontos, a investida pára, chega mesmo a retroceder, e se atira novamente para a frente. As vantagens conseguidas não compensam as perdas.
3 — Depois de horas de luta, o Estado-Maior manda parar o ataque. Os feridos são conduzidos, às centenas, para o hospital do sangue. Entre eles se encontra o oficial chegado na véspera.
O hospital do sangue é constituído de cerca de quinze tendas.

VIII
1 — Um mês depois: o hospital é agora constituído de algumas dezenas de tendas. Em redor dela, muitos feridos, sem mais lugar dentro das barracas, jazem pelo solo, ao relento. De quando em quando, alguns carentes restam alguns mas casas intactas na orla da igreja maior em ruínas. O cerco fechou. Quase toda a cidade se encontra em mãos dos soldados.
2 — Por causa das primeiras chuvas que já estão caindo, o Estado-Maior, com medo de uma epidemia no meio da tropa, resolve explodir o que resta de Canudos com uma carga de dinamite.
3 — Nessa mesma tarde, a explosão, seguida de um silêncio de morte, enquanto lentamente, da fumaça negra que sobe do ares, caem as cinzas. Não há alegria entre os vencedores. Emudecidos, assistem ao espetáculo. De súbito do meio dos estulhos, a batida compassada do sino tangendo a Ave-Maria. Logo depois, para espanto geral, os sertanejos, saltando das ruínas, investem contra as tropas num ataque violentíssimo, e várias vezes renovado.
4 — Dias depois, numa fossa cavada ao pé da igreja e rodeada de cadáveres, tanto de sertanejos como de soldados, vinte homens ainda resistem. Não conseguem ficar de pé, tal sua fraqueza. Alguns são meninos. Carga de dinamite sobre esse último reduto, depois do qual ainda alguns tiros alvejam os soldados que tentam aproximar-se. Mas são poucos, e, diante da intensa fuzilaria dos atacantes, cessam por completo. Dentro da fossa estão todos mortos.

Estudos Euclidianos

NILO SCALZO

Em carta dirigida a José Veríssimo, Euclides da Cunha, depois de agradecer o juízo crítico sobre "Os Sertões" publicado pelo autor da "História da Literatura Brasileira" no "Correio", faz a seguinte observação: "Num ponto apenas voltolo — o que se refere ao emprego de têrmos técnicos. Aí, a meu ver a crítica não foi justa. Sagrados pela ciência e sendo de algum modo, permitam-me a expressão, os aristocratas da linguagem, é que a tendência mais elevada do pensamento humano. Um grande do sabio e um notavel escritor, igualmente notável como químico e como prosador, Berthelot, definiu, fazem poucos anos, o fenômeno, no memorável discurso com que entrou na Academia Francesa. — Segundo se vê de suas definições rigorosíssimas, o escritor do futuro será forçosamente um poligrafo; e qualquer trabalho literário se distinguirá dos existimados pelos científicos, apenas, por uma síntese mais delicada, excluída apenas a aridez característica das análises — Se não me impedisse esta minha vida perturbada de "commis-voyageur" da engenharia de hoje mesmo seguirei para S. Luiz do Paraitinga em viagem urgente!) abordarei esta questão pela imprensa. Mais competente, porém, para o faze-lo, é o Sr., que, ademais, tem grande responsabilidade pelo nosso movimento literário. Porque não a agita? Eu estou convencido que a verdadeira impressão artística exige, fundamentalmente, a noção científica do caso que a desperta. — e, nesse caso, a comédia intervenção de uma tecnografia própria se impõe obrigatoriamente. — é justo desde que se não exagere no peito de dar um aspecto de compêndio ao livro que se escreve, mesmo porque em tal caso a feição sintética desaparece e com ela a obra de arte. — Desejo muito conhecer o seu pensamento acerca desta questão; e comprometo-me desde já a defender, na medida das minhas forças, a tese acima esboçada". (1).

Esta longa citação serve para mostrar como o próprio Euclides, independentemente de argumentos das minúcias, encarava o problema da luta pela expressão. É sabido que o autor de "Os Sertões" procurava sempre a palavra mais adequada para dar-lhe uma proporção inteiramente nova. E' a visão do artista, à sua intuição vazada em um estilo capaz de conferir grandeza ao acontecimento, originariamente anotado nas páginas de uma caderneta. O conflito entre o sociedade litorânea e a sociedade rural assumia nos olhos do autor as proporções de uma luta épica, na medida em que a tecnografia brasileira. No que diz respeito ao estilo, há vários estudos que procuram a expressão verbal do autor de "A' margem da História", em quais, na sua maioria, se limitam a verificar o emprego de determinadas expressões, o gosto pelo uso do têrmo raro, deixando de lado, porém, a explicativa".

"Os Sertões" são uma obra literária, a qual, embora se prenda à realidade dos fatos, transubstancia esses mesmos fatos, dando-lhes uma proporção inteiramente nova. E' a visão do artista, à sua intuição vazada em um estilo capaz de conferir grandeza ao acontecimento, originariamente anotado nas páginas de uma caderneta. O conflito entre a sociedade litorânea e a sociedade rural assumia nos olhos do autor as proporções de uma luta épica, na medida em que a tecnografia brasileira. No que diz respeito ao estilo, há vários estudos que procuram a expressão verbal do autor de "A' margem da História", em quais, na sua maioria, se limitam a verificar o emprego de determinadas expressões, o gosto pelo uso do têrmo raro, deixando de lado, porém, a explicativa".

O que se observa, porém, nos estudos sobre o estilo de Euclides da Cunha — especialmente nos mais antigos — é que são mais grandiloquentes do que o próprio livro criticado, como se se estendesse a influência do autor sobre os críticos.

Entre os trabalhos mais recentes sobre o estilo euclidiano (não conhecemos o de Herbert Parentes Fortes "Estilismo de Euclides da Cunha, e Estilizador de nossa História", Rio, 1952) assumem especial importância o de Wilson Martins (2) e o de Eugenio Go...

Euclides da Cunha aos 25 anos, fardado de Tenente do Exercito

mes (3), este último publicado no ano passado. Esses trabalhos já seguem as normas de modernas crítica, refletindo o desenvolvimento dos estudos estilísticos entre nós. Não se trata da estilística como forma da estatística, mas da observação de fatos para chegar à interpretação da obra como forma de manifestação literária.

O primeiro é um estudo compreensivo, em que o ensaísta depois de assinalar os aspectos mais importantes da expressão euclidiana, chega à conclusão de que "a crítica brasileira, no que se refere ao estilo de Euclides da Cunha, tem andado desorientada, ao procurar explicá-lo exclusivamente como uma tradução do espírito da terra". E ajunta: "Antes de traduzir o espírito da terra, Euclides da Cunha traduziu em seu estilo, como não podia deixar de ser, a sua própria alma atormentada e vazia, e que, por outro lado, procura adaptar-se como sua busca permanente de um amor".

Os ensaios de Eugenio Gomes, como todos aqueles escritos para "Prata da Casa", são ricos de sugestões e abrem novos caminhos para o estudo dos métodos do trabalho intelectual de Euclides da Cunha. Valendo-se de uma manuscrito que figurava entre os manuscritos que se encontravam na exposição que a Biblioteca Nacional comemorou o cinquentenário de "Os Sertões", Eugenio Gomes algumas observações sobre o método de trabalho do historiador da campanha de Canudos, as quais contribuem para demonstrar que os fatos verídicos dominada pela observação de chegar a uma forma de expressão inteiramente pessoal, e o que é mais importante e preocupado em usar palavras, cuja força expressiva pudesse dar uma imagem exata daquilo que ele via e sentia.

O manuscrito utilizado pelo ensaísta no estudo intitulado "Vocabulário de Euclides da Cunha" contém uma lista de cinquenta palavras e expressões, as quais se segue um trecho de "Os Sertões". Contém ainda uma relação de vinte frases que estão incluídas no livro. Essas palavras e expressões — todas elas registradas no Dicionário de Caldas Aulete — são empregadas nas mais determinadas passagens de "Os Sertões". Isso confirma a afirmação de Coelho Neto segundo a qual Euclides era "senhor de um vocabulário portentoso e novo, adquirido, não por influência do insistente conselho de Gautier: Lisez les dictionnaires".

No segundo ensaio "A' margem de Os Sertões", o autor de "Espelho contra espelho" estuda a descrição de um episódio, em que os jagunços tomam de assalto peça de artilharia. Serve-se então do caderno de apontamentos de Euclides pertencente ao Instituto Histórico e Geográfico do Brasil e de um códice de fragmentos inéditos da forma originária de "Os Sertões". O resultado observado é que a tendência de síntese, para que traduz em emoção o episódio descrito inicialmente em Euclides com os dos desaparecem a feição sintética desaparece com ela a obra de arte.

---

(1) Francisco Venancio Filho "Euclides da Cunha e seus amigos" — ed. Editora Nacional — São Paulo, 1938, pág. 62.
(2) "Euclides da Cunha" in Arehemide São Paulo, 1134, novembro de 1952, nº 459-476.
(3) Eugenio Gomes — "Vocabulário de Euclides da Cunha" e "A' Margem de Os Sertões" in "Prata da Casa", R. N. L. — Rio de Janeiro, 1953, pág. 377 e 317.

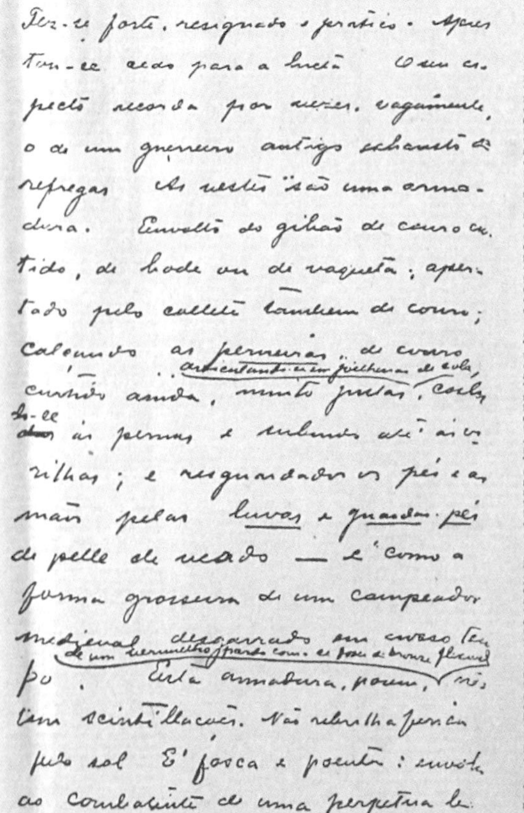

"Fac-símile" de uma página do manuscrito de "Os Sertões"

Aldemir Martins, 26.09.1959

Dois romancistas depõem

ELISTON ALTMANN

A publicação de "Os Servos da Morte" em 1946, em plena vigência do ciclo regionalista da literatura brasileira, assinala o aparecimento de um romancista mais empenhado em dar à sua obra de uma dimensão pròpriamente literária do que fazer reportagens sôbre a realidade circunjacente, e, por isso, inapelavelmente fora do plano da invenção. Esse escritor é Adonias Filho, e sua obra novelística — constituída até agora de "Memórias de Lázaro" (1952), "Corpo Vivo" (1962) e "O Forte" (1965), além do citado "Os Servos da Morte" — representa valioso legado para a renovação formal do gênero.

Em seus livros, AF revela admirável ânsia de execução mediante um planejamento, uma esquematização que o induz a romper em parte com a tradicional formulação linear da novela. Na verdade, o prosador baiano, ao mesmo tempo que trabalha a palavra, tentando restituir-lhe o sentido e o valor alienados pelos anos de literatice generalizada, se esforça por transfigurar aquela linearidade, embora sem abandonar a ação episódica.

No que se refere ao estilo de Adonias Filho, diz Octavio de Faria, em artigo no Suplemento Dominical do "Jornal do Comércio", que se pode "traçar um quadro geral que irá do estilo quase desordenado de "Os Servos da Morte" — nitidamente dionisíaco no seu tumultuoso cascatear — até o estilo lírico de "O Forte" — predominantemente apolíneo na retilinidade de seu ritmo ternário —, passando pelo estilo frequentemente "problemático" de "Memórias de Lázaro", de todos, sem dúvida, o que menos nos satisfaz".

Adonias Filho, por sua vez, fazendo a exegese da "Tragédia Burguesa" (Suplemento Dominical do "Jornal do Comércio", 31/10/1965), afirma que "o romance, com Octavio de Faria, articula os problemas sociais do tempo com os grandes e eternos problemas do homem. Escrevendo como um participante — para manter na ficção um debate intelectual que se desdobra em densidade — adotou o ciclo novelístico convertido em uma das realizações mais poderosas da literatura brasileira. Nesse ciclo, a "Tragédia Burguesa", operando da espontaneidade episódica, é o julgamento que sobressai. O processo da burguesia, em espaço brasileiro, se ergue em projeção universal precisamente porque é a criatura humana que se encontra como um ser da condição. Tomando-a na vida e no mundo, vendo-a em sua sociedade e na família, configurando-a sobretudo dentro de si mesma, o processo se verticaliza em exame interior penetrante".

Efetivamente, Octavio de Faria faz romance social — e não panfletário — à medida que registra ou analisa o comportamento de uma classe ou de indivíduos protótipos dessa classe. Pela leitura dos volumes já editados, não é difícil constatar a filiação filosófica e literária do autor da "Tragédia Burguesa": OF descende de Nietzsche, Pascal e Bergson, no plano do pensamento, e de determinada corrente da novelística anglo-americana, não obstante o caráter cíclico de sua obra, conforme a tradição francesa de um Balzac ou de um Marcel Proust.

Adonias Filho e Octavio de Faria são os entrevistados de hoje de "Literatura e Arte em Questão". Cada um responde a 8 perguntas, 5 das quais foram feitas a ambos.

EA — Que função o sr. atribui à literatura?

AF — A literatura, como qualquer arte, é um resultado da presença do homem no mundo. O problema da condição, entre a origem e a morte, forma essa procura que, a meu ver, põe o conteúdo sôbre o artesanato. O papel da literatura, em consequencia, e como provam tôdas as legítimas experiências — do teatro grego à novelística moderna — é um sentido existencial. O escritor, romancista ou poeta, também um dramaturgo, e quando sua vocação é criadora, não tem como fugir de si mesmo, começando, dêsse modo, a chegar ao homem. Não há literatura autêntica, e assim penso, sem essa abordagem que fixa os sofrimentos e as paixões, revolvendo o universo interior, tentando refletir e esclarecer a vida. Essa união com o ser, mantendo-se em estado de exame, não explica apenas a duração do teatro como gênero capaz de auscultar todos os nossos problemas. Explica sobretudo a extraordinária potência do romance.

É o gênero mais favorável ao conhecimento precisamente porque, jogando com a ação episódica, montando uma representação da vida, permite a própria recriação do homem. Os caminhos, nesse homem, são infinitos. Todos os problemas da vida nele se integram. E talvez não seja por outro motivo que se fêz matriz de gêneros resultados de matéria ficcional — como o teatro e o cinema — ao tempo em que impõe a literatura como força de consultação. Enquanto houver problemas de vida carecidos de soluções, como diria Teilhard de Chardin, a literatura não perderá o seu papel.

OF — Sou dos que ainda sentem bem viva a fé na literatura. Há a má e há a péssima, há a dos vendidos e a dos "políticos", há a dos levianos e a dos "fumistes", há a convencional e a dos acadêmicos, há ainda outras que não interessam, mas sobra sempre alguma coisa que não deve ser desprezada e pode ser a razão de viver e de morrer de muitos seres humanos. Incluo-me entre êles. Como escritor, acredito que a literatura seja a minha "casa", qualquer coisa de quase sagrada, impossível de ser renegada. A ela não fugirei — e não a trairei pelo prazer de fazer sôbre e contra ela frases bonitas, "inteligentes" e... insinceras.

EA — O que significa para o sr. o ato de escrever?

AF — O ato de escrever, e escrever literariamente, sendo o mais publico de todos os atos, é dentre eles o mais íntimo. Não é difícil saber o que nos leva ao trabalho, o mesmo trabalho, uma vida inteira. Há certamente a necessidade interior, espécie de chamado, que nos obriga como um destino. Mas, se é desse modo, a vocação implica em compromisso posterior quando o livro se desliga para a carreira própria. Temos certeza, então, que — como escritores — dependemos da receptividade. E, se o encontro é possível, entre nós e a receptividade, já podemos concluir que subsiste a responsabilidade social no ato de escrever. O grande resultado se localiza nesse encontro, em verdade uma comunhão entre homens, quando descobrimos nos outros e para êles o que está submerso em nós mesmos.

E' daí que vem, como já tentei provar no pequeno ensaio "Bloqueio Cultural" e em meu discurso de posse na Academia Brasileira de Letras, a relação entre o publico e o escritor como uma determinação da liberdade. O ato de escrever se completa quando atinge a receptividade sem qualquer interferência.

OF — Escrever, para mim, é testemunhar, é corresponder à obrigação contraída para com Deus quando me "reconheci" escritor. E' "ser". "Ser", no sentido mais amplo da palavra. E' "ser" como um indivíduo que se reconhece solidário com o seu mundo — para o qual testemunha — e com o seu Deus — diante de quem testemunha. E' ato ontológico, é "serviço divino" — que não se escolhe, nem se pode rejeitar. Naturalmente, a qualidade do que se escreve, o brilho que se alcança, é questão secundária e, forçosamente, relativa.

EA — O sr. utilizou a literatura como esperava fazê-lo? Está satisfeito ou decepcionado com os resultados de seu trabalho literário?

AF — Está claro que não tenho remorsos como escritor. Entregue a mim mesmo, frente ao "meu problema literário" ainda um adolescente, chego aos cinquenta anos sem desejar alterar o que foi feito. O objetivo, eu o confesso, era atingir a novelística e trabalhar o romance. A atividade crítica, na verdade a única aprendizagem possível, permitiu que configurasse o meu romance através da experiência alheia. Em tudo isso, porém, não houve um planejamento. A consciência da aplicação da literatura, e se houve, surgiu com a maturidade e a partir de "Memórias de Lázaro". Houve como que uma concentração em tôrno do meu ideal de romance, a matéria ficcional exigindo outra carpintaria que não a tradicional, uma percepção inteira dirigindo a construção e o processo. E você me pergunta pelos resultados. Respondo dizendo, e no momento em que preparo um novo romance — ainda [...]

traduções e as exegeses, que me deixam tranquilo sôbre o espaço em que situam os meus romances. Essa tranquilidade, com apoio naturalmente na receptividade, decorre da minha vigilancia crítica sôbre meus próprios romances.

OF — Na medida do possível. Cada um faz o que pode, não? Mas, quando se encara o ato de escrever como uma função, um "serviço divino" (e, também, social), essas questões perdem muito de sua importancia. Na vida, espera-se muito — consegue-se pouco. Mas, a certeza de ter tentado o possível, de não ter fugido ao "chamado" nem às provações da caminhada, compensa de muito fracasso relativo ou "apontado" pelos outros. Morrerei satisfeito comigo mesmo, pois, dos "resultados" de meu "trabalho literário", nada sei em definitivo e, quanto ao meu "esfôrço", creio que posso dizer que não fui dos mais preguiçosos.

EA — Como o sr. situa a sua obra no plano da literatura brasileira?

AF — Preferiria silenciar sôbre esta pergunta, sua resposta exigindo posição excessivamente pessoal, a colocação devendo ser rigorosamente crítica. Mas, se a literatura brasileira — sobretudo a ficção — é uma constante em minha atividade crítica, quero declarar que romance algum, meu e dos outros romancistas, seria realizado sem a escora de todo o seu passado. As constantes literárias se fundem com a linguagem e a matéria ficcional, no fundo mesmo do complexo cultural brasileiro, para marcar o nosso romance. A origem, sabemos, é oral durante três séculos — do século XVI ao XIX — e se processa através dos autos e dos contos populares. A partir da eclosão na primeira metade do século XIX aquelas constantes e os movimentos temáticos, nascidos da oralidade, se distendem e se ampliam para nos atingir como membros do mesmo corpo. No plano da literatura e, mais exatamente, da ficção brasileira, a minha obra de romancista nela se integra, obrigando-me a ser um dentre os intérpretes do mundo brasileiro. As constantes literárias, a matéria ficcional e a linguagem justificam a integração.

OF — Em primeiro lugar, minha "obra" (no caso, os romances que constituem "Tragédia Burguesa") ainda não está terminada. (Faltam 5, dos 15 volumes atualmente programados). Como julgá-la? Em segundo lugar, não me julgo pessoa indicada para "situá-la". Sou, tenho de ser, "suspeito". Por que, então, tomar a palavra, falar, arriscar de cair na valorização exagerada ou na falsa modéstia? Se alguém deve responder à questão, gostaria que fôssem outros a fazê-lo. Não eu...

EA — O sr. acha que, no romance, existe uma relação íntima entre fundo e forma?

AF — Acredito que a forma — no sentido da inflexão estética da expressão — possa valorizar o romance se houver a medida que não comprometa o fundo. A ficção, e já o disse mais de uma vez, não existe para servir à língua. É a língua que serve à ficção na base dos grandes problemas da vida, do homem, do mundo e do tempo. A relação "entre fundo e forma", em consequência, é secundária quando o romance é o gênero literário. A imposição maior, e já que o romance deve ser uma obra de arte, é a da arquitetura como armação plástica que sustenta o conteudo. O tempo e o espaço, que tanto preocupam o "nouveau roman", aí se situam em tôdas as consequencias. É a tecnica, que responde pela estrutura, que ergue o romance em seus componentes definitivos como a atmosfera e a ação episódica. Essa técnica, que alguém como François Mauriac assegura seja uma para cada romance, é que permite a correlação entre o romance e os outros gêneros artísticos, como a pintura e a musica, sobretudo o cinema. O romance é parte da "arte moderna". Esta, aliás, uma das causas de sua sobrevivência já que não pode isolar-se do "estilo do tempo". A contribuição de Joyce, menos linguística e mais arquitetônica, foi o primeiro exemplo do que chamei a "revolução na estrutura".

EA — Que acha o sr. do romance brasileiro atual?

OF — Esplêndido. Temos tantos grandes nomes que não poderia citá-los todos aqui. Nunca tivemos tantos. O que não impede que muitos falem em "crise do romance" e não poucos queiram "inovar", naturalizar o "nouveau roman" para "abrir caminhos". Tudo isso me parece artificial, falso. Problemas que não são nossos — êsses que preocupam países "velhos" como a França, a Inglaterra, a Itália, etc.

EA — Qual é sua opinião sôbre Marcel Proust, Joyce, Kafka, Faulkner, Alain Robbe-Grillet? Algum dêles terá exercido influência em sua obra?

AF — Houve a revolução na estrutura, revolução vitoriosa, hoje participando do ciclo clássico da "arte moderna". Joyce rompeu o preconceito da construção linear, no romance, herança dos séculos XVIII e XIX, atento à revolucionária experiência poética que se encontrava com a violenta reformulação no circulo plástico. O romance não tinha como alienar-se e, provando-o, Joyce alterou [...]

ma da "arte moderna". David Daiches, um dos seus críticos, compreendeu isso muito bem. É a "montage", o esfôrço para caracterizar o moderno através da estrutura, que levará Edmund Wilson a aproximá-lo de Marcel Proust. Atrás, como matriz que não deve ser esquecida, Henry James. E, com a nova estrutura aberta, permitindo o surto novelístico moderno, seria inevitável que surgissem romancistas como Faulkner e Robbe-Grillet. Estamos todos na mesma órbita. Quanto à influência, porém, será sempre difícil afirmar onde começa e quando termina. Preferiria dizer que em todos êles, incluindo Kafka e Jacob Wassermann, há uma espécie de afinidade que me obriga a vê-los como mestres do romance moderno.

EA — Qual é sua opinião sôbre Balzac, Stendhal, Flaubert, Marcel Proust, Joyce, Kafka, Faulkner? Algum dêles terá exercido influência em sua obra?

OF — Todos extraordinários, admiráveis. A escolha dos nomes é, realmente, de grande conhecedor. Mas, que dizer sôbre êsses mestres, senão na extensão de páginas e páginas, quem sabe, de volumes? Entre êles, minha "preferência" vai a Balzac, Proust, Faulkner. Influência em minha obra? Quem me dera!... Talvez, Balzac, a meu ver o maior "mestre de romance" de todos os tempos. Tão longe, porém, do meu chãozinho de aprendiz-romancista! Em todo caso, mais do que outros, sobretudo do que Joyce ou Kafka...

EA — Que perspectivas o sr. vislumbra para a literatura e, particularmente, para o romance?

OF — Tenho mêdo, apenas, dos "modismos", das influências estrangeiras, da mania de importar "revoluções literárias". Do "fenomenologismo" no romance, do "nouveau roman" com a sua praga do "objeto-Deus". Só acredito num romance: o do indivíduo, o do homem. Essa historia de "romance do objeto", com exclusão do sujeito, do homem, dos [...]

ou aquêle, num ou noutro caso, pode conseguir alguma coisa. (Veja-se um Robbe-Grillet, um Butor...). O "pan-objetismo" sistemático, obsessivo? Pura loucura, quase uma brincadeira de mau gôsto.

EA — Interessa-lhe a glória literária?

AF — Fôsse possível e responderia com uma pergunta: onde está a vitoria da glória literária? Talvez na satisfação de verificar que, como romancistas, estabelecemos contatos e conhecimentos entre os povos ao tempo em que colocamos a criatura face a si mesma como condição e destino. A glória literária, neste sentido, me interessa muito. E' a presença da receptividade, a colaborar conosco, entrando por nossos livros para aceitar nosso país e nosso povo. Essa satisfação eu a tenho ainda agora quando meus romances, em várias linguas, começam a circular na Alemanha, na Espanha, nos Estados Unidos e em Portugal.

OF — Para caçoar um pouco, direi que, apenas, póstuma. Se vier, aceito — lá do fundo do meu tumulo, nada oporei, juro. Em vida, graças a Deus, é ameaça absurda, é perigo que não corro. Se corresse, nem sei o que faria. Mudaria de terra, provavelmente. Ou de nome, se me deixassem. Tremo até de pensar no que seriam os aborrecimentos, o "enchimento"... Mas, não insistirei na tecla, com receio de que me lembrem: "Estão verdes! ...

EA — Por que o sr. aceitou ingressar na Academia Brasileira de Letras?

AF — A Academia Brasileira de Letras é uma consequência, e consequência válida, da geração e dos amigos. Os bons companheiros, como Jorge Amado e Josué Montelo, Afrânio Coutinho e Cassiano Ricardo, Peregrino Junior e Augusto Meyer, determinam o que aceitamos. Lá estavam os grandes amigos mais velhos, como Gilberto Amado e Manuel Bandeira, e a eleição pôde demonstrar que a Academia [...]

Crueldade

O famoso teatrólogo Martin Esslin, do qual é bem conhecida a obra sôbre o "teatro do absurdo", ao fazer a resenha de "Drama in the Sixties: Form and Interpretation", do crítico inglês Laurence Kitchin, apresenta interessantes apontamentos sôbre o hoje tão discutido "teatro da crueldade".

Refutando Kitchin com seus próprios têrmos, diz Esslin: "O livro é iniciado por um ensaio sôbre o assim chamado "teatro da crueldade", citando a seguir alguns trechos, escolhidos no moderno teatro britânico, que pertenceriam à estética: um sacerdote colocado na roda de torturas (em "The Devils", de Whiting), um trabalhador morto com ancinho (em "Afore the night comes", de Rudkin), um nobre ancião cujos olhos são removidos com [...] (a produção de "Lear", de Peter Brook). Prossegue Esslin: "Mr. Kitchin evoca depois Antonin Artaud, o encenador e crítico francês, que cunhou o termo "théâtre de la cruauté" (...) O que parece ter esquecido é que Artaud (sendo um romântico e [...] no ritualismo suntuoso do palco, profundamente influenciado pela dança balinesa e a estilização japonesa), não tem nada a ver com [...]

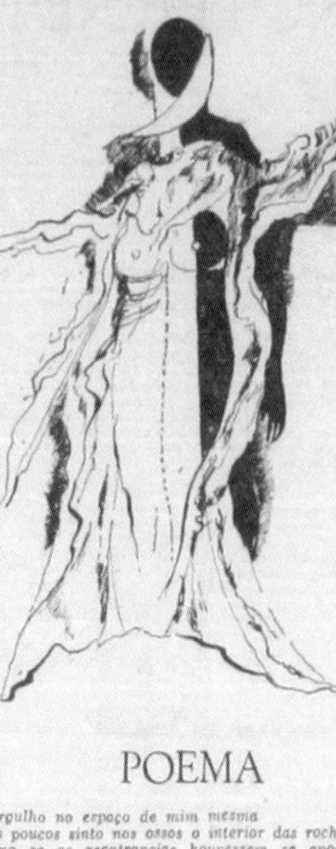

POEMA

Mergulho no espaço de mim mesma
aos poucos sinto nos ossos o interior das rochas
como se as reentrancias houvessem se apoderado
[de mim.
Meus pés são pequenos
as mãos tateantes,
mas as vozes e os cantos são meus
sons de tão longe.

Ah! as alegrias da infancia me percorrendo as veias,
[as vertebras
as alegrias do mar, o brilho dos planctos, os cardumes
o verde de minha memoria alimentando o sangue
o gosto do sol na boca,
esta musica de passaros e arvores
a lua dançando estilos num lago
e os igarapés pequenos ante a velocidade do rio.
Os prados e os cavalos boiando nos olhos de minha
[memoria,
os vermelhos dos vitrais de uma capela,
o canto-chão e a madre superiora,
as meninas esvoaçando o altar mor,
a divindade implorada
e uma vontade enorme de espaços,
de verdes,
de desprendimento total,
de igualdade.

Nada de emancipações sôbre emancipados,
nada de esforços ou forças diante os metais pesados,
[os projeteis,
mas vontade de agua limpa de rios
de agua de rios e de pororocas na chegada do oceano
depois aguas, rios e mares sem nenhum repouso.
A umidade da gruta e o frescor da caverna sem muro
depois canticos de paz, madrigais,
buscando musgos, heras, arvores.

A musica no espaço, no cosmos,
o alaude, o orgão.

O pensamento se detendo em tudo como se fôsse
[possivel
o bule de estanho — o fogão de lenha.
O fogo ateado com o sabugo dos milharais
e os trigais alimentando a fome.

Submergida nas entranhas do ser
indago de mim mesma.
O que seria de minha morte sem os poderes da
infancia?

Sem as lembranças?
Sou quase ave agora
no limite do meu vôo.

MARILDA PEDROSO

Ilustração de GISELDA LEIRNER

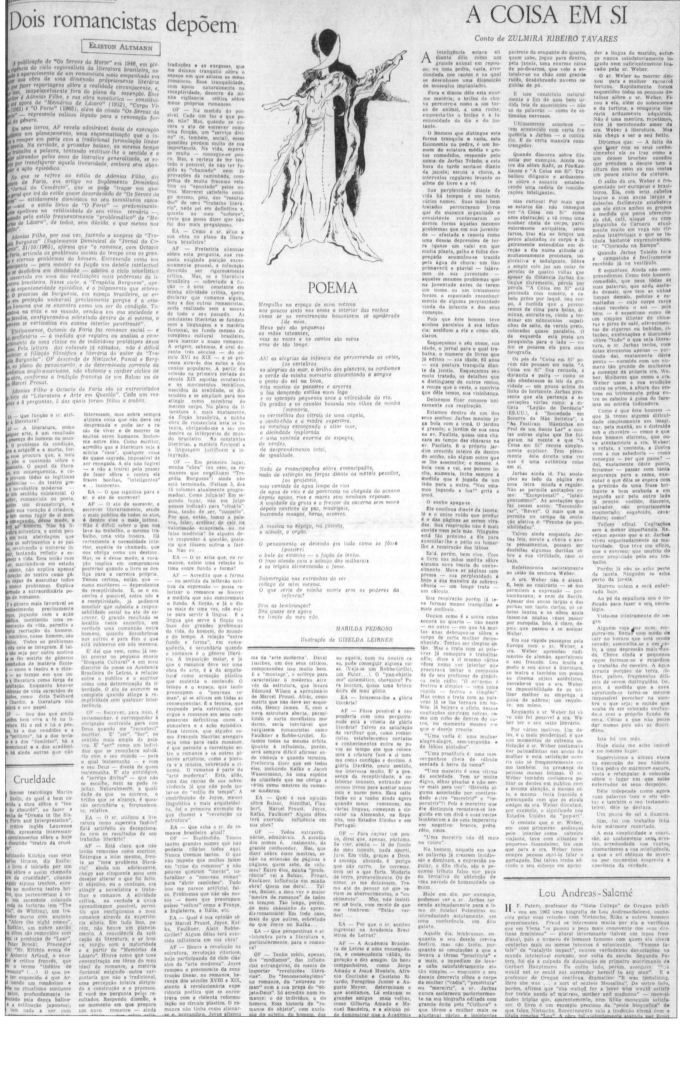

A COISA EM SI

Conto de ZULMIRA RIBEIRO TAVARES

A inteligência estava ali diante dêle como um grande animal em repouso; ou uma pedra, vasta, arredondada nos cantos e na qual se desenhasse uma disposição de musculos implantados.

Fora e diante dêle esta enorme matéria; o brilho da chuva percorre-a como a um torso de animal, a uma rocha; empresta-lhe o brilho e a luminosidade do dia e do instante.

O homem que distingue esta forma tranquila e vasta, esta fisionomia na pedra, é um homem de estatura média e gestos comedidos, responde pelo nome de Jarbas Toledo, a esta hora da tarde senta-se diante da janela; escuta a chuva, a intervalos regulares levanta os olhos do livro e a vê.

Sua perplexidade diante da vida há tempos é um nome, vários nomes. Suas mãos bem tratadas percorreram livros que de maneira organizada e consistente contornaram ou deram forma àqueles mesmos problemas que em sua juventude — afastada e remota como uma dessas depressões de terra (quase um valo) em que muita planta, galho e folha despregada acumulou-se trazida pela água da chuva: um lixo primaveril e pluvial — falávamos de sua juventude — aqueles mesmos problemas que na juventude antes de terem um nome ou um tratamento foram o espantado reconhecimento de alguma perplexidade vinda da infancia e dos seus começos.

Pois que êste homem teve sonhos paralelos à sua infancia; assíduos a ela e como ela, claros.

Esqueçamos o sêu nome, sua idade, o jornal para o qual trabalha, o numero de livros que já editou — sua idade, 62 anos — sua postura tranquila diante da janela. Esqueçamos seu rosto tratado, os detalhes que o distinguem de outros rostos, a roupa que o veste, o convívio que dêle temos, sua vizinhança.

Deixemos ficar conosco unicamente sua respiração.

Estamos dentro de um dos seus sonhos: Jarbas menino joga bola com a irmã. O jardim é grande; o jardim de sua casa na av. Paulista, quase uma chácara ao tempo das chácaras na av. Paulista. É o próprio jardim crescido inteiro de dentro do sonho, não algum outro que se lhe assemelhe; o mesmo. A bola vem e vai, aos poucos incha, aumenta, incha sempre à medida que é jogada de um lado para o outro. "Nos estamos jogando a lua!" grita a irmã.

O sonho apaga-se.

Êle continua diante da janela; lê e o unico ruído que produz é o das páginas ao serem viradas. Sua respiração não é mais ouvida nem pela mãe. Ninguém está tão próximo a êle para auscultar-lhe o peito ou tomar-lhe a respiração dos lábios

Está, porém, bem vivo. Com o livro nas mãos medita sôbre alguma nova teoria do conhecimento. Move as páginas sem pressa — sua perplexidade é hoje a sua maneira de sobrevivência — um longo trato — um cálculo.

Sua respiração porém já teve formas menos tranquilas e mais audíveis.

Ouçam como é a unica coisa sonora no quarto — não neste — no outro — em que há muitos anos debruçou-se sôbre o corpo de certa mulher desconhecida. Tentou ser simples então. Mas o trato com as palavras já começara a trabalhar nêle; disse a si mesmo várias vêzes numa voz interior que procurava imitar o compasso da de seu professor de ginástica pelo rádio: "O orgasmo é festivo e simples — uma coisa rápida — festiva e simples". Mas como o trato com as palavras já se lhe tornara um hábito, já beirava o ofício, dessas cogitações surgiram outras, como um cubo de dentro do outro, no momento mesmo em que o desejo crescia:

"Uma vadia é: uma mulher alegre-alegre, sem-vergonha e de lábios pintados".

"Uma prostituta é: uma sem-vergonhice cheia de cálculo sentada à beira da cama"

"Uma meretriz é uma vitima da sociedade. Tem ar muito digno, olhos pisados e não serve mais para uso". (Haveria alguma associação por contiguidade entre "meretriz" e "imperatriz"?) Pois a meretriz que êle distinguia recostava-se languida em um divã e suas vestes lembravam a de uma imperatriz em negativo: branco, prêto, rôto, cinza.

"Uma meretriz não dá mais no couro".

No homem, naquele em que as palavras já crescem insidiosas e dominam, a expressão popular, o dito chulo, são o pequeno tributo falso que paga na tentativa de obtenção de uma parcela de humanidade comum.

Hoje em dia, por exemplo, podemos ver o sr. Jarbas torcendo animadamente para o time de futebol Palmeiras ou introduzindo astutamente, em uma conferência, um dito gaiato.

Aquêle dia, lembramos, enquanto o seu desejo crescia festivo, mas não tanto, porquanto as conotações a que o levava o têrmo "prostituta" e o mais, o impediam de levar a cabo satisfatòriamente ato tão simples — enquanto o seu desejo descrevia sôbre o corpo da mulher ("vadia", "prostituta" ou "meretriz", o sr. Jarbas nunca esclareceu posteriormente na sua biografia editada com grande êxito pela "Cultura" o que têrmo a mulher mais se ajustava) vários e insistentes [...]

paciente da ocupante do quarto, quem sabe, jogou para dentro, pela janela, uma enorme caixa de pó-de-arroz, que veio a estatelar-se no chão com grande ruído, desdobrando nuvens seguidas de pó.

E isso constituiu naturalmente o fim de uma bem urdida teia de associações — não só de palavras — como de estímulos nervosos.

Ultimamente acontece — tem acontecido com certa frequência a Jarbas — o contrário. E de certa maneira constrangedor.

Quando discorre sôbre filosofia por exemplo. Ainda outro dia sôbre Kant, os Pós-Kantianos e "A Coisa em Si". Trabalhou diligente e arduamente sôbre o assunto estabelecendo uma cadeia de considerações inteligentes.

Mas curioso! Por mais que se esforce êle não consegue ver "A Coisa em Si" como uma abstração; a vê como uma mulher cheia de corpo, particularmente antipática, seios fartos, traz ela os braços um pouco afastados do corpo e ligeiramente estendidos em direção a êle numa atitude simultaneamente protetora, implorativa e indulgente. Sôbre o amplo colo jaz um colar de pérolas de quatro voltas que apesar da distancia Jarbas distingue claramente, pérola por pérola. "A Coisa em Si" está penteada com esmêro, o cabelo prêso por laquê. Seu corpo, à medida que o percorremos de cima para baixo, diminue, estreita-se, vindo a terminar em minusculos sapatinhos de salto, de verniz preto, colocados quase paralelos. O da esquerda está posto um pouquinho para o lado — como se posasse ela para uma fotografia.

Os pés da "Coisa em Si" porém não pousam em nada. "A Coisa em Si" fica recuada, à distancia e paira — como se não obedecesse às leis da gravidade — um pouco acima da linha do horizonte. Jarbas pressente que ela pertença a associações várias como: a extinta "Legião de Decência" (EE.UU.), à "Sociedade em Socorro da Mãe Solteira", à "As Festivais Mãezinhas em Prol de um Santo Lar" e muitas outras siglas que lhe fulguram na mente e que "A Coisa em Si" recusa simplesmente explicar. Tem plenamente êste direito uma vez que é uma autêntica coisa em si.

Jarbas ainda lê. Faz anotações ao lado da página em uma letra miuda e regular. Não se permite anotações como: "Excepcional!", "Inteligentíssimo!". As anotações que faz rezam assim: "Reconsiderar", "Rever". O mais que se permite no campo da anotação afetiva é: "Prenhe de possibilidades".

Talvez ainda enquanto Jarbas leia, escute a chuva e anote pensamentos, possam ser desfeitas algumas duvidas sôbre a sua virilidade, caso as haja.

Referimo-nos naturalmente ao salão da senhora Weber.

A sra. Weber não é alemã. É, bem ao contrário — se nos permitem a expressão — pernambucana; e nem de Recife. Apesar das ancas largas e das pernas um tanto curtas, os cabelos louros e os olhos azuis fazem-na muitas vêzes passar por européia. Isto, é claro, depois que passou a se assinar Weber.

Em sua rápida passagem pela Europa com o sr. Weber, a sra. Weber aprendeu rudimentos de alemão, aperfeiçoou o seu francês. Leu muito e posto o seu amor à literatura, ao teatro e também um pouco ao cinema sejam autênticos, percebe-se que a sra. Weber na impossibilidade de os utilizar melhor os emprega à guisa de adôrno; um requinte; um mimo.

Enquanto o sr. Weber foi vivo não foi possível à sra. Weber ter o seu salão literário.

Por vários motivos. Um deles, e o mais ponderável, é que nos momentos de extrema satisfação o sr. Weber costumava dar palmadinhas nas ancas da mulher e esta satisfação ocorria não só frequentemente como também na presença de pessoas menos íntimas. O sr. Weber também costumava palitar os dentes em publico com a mesma atenção, o mesmo zêlo, a mesma testa franzida e preocupada com que os atuais amigos da sra. Weber discutem, por exemplo, o significado nos Estados Unidos da "pop-art".

O contato que o sr. Weber, em suas primeiras andanças pelo interior como caixeiro viajante, teve com sitiantes e pequenos fazendeiros, fez com que para a sra. Weber fosse sempre penoso ouvi-lo falar o português. Daí talvez tenha advindo o seu esfôrço em aprender a lingua do marido; esfôrço nunca satisfatoriamente logrado nem suficientemente louvado pelo sr. Weber.

O sr. Weber ao morrer deixou para a mulher razoavel fortuna. Rapidamente foram esquecidos todos os penosos detalhes sôbre o sr. Weber. Ficou a ela, além do sobrenome e da fortuna, a conquista literária arduamente adquirida. Não é uma mentira, repetimos, êste já mencionado amor da sra. Weber à literatura. Mas não chega a ser o seu feitio.

Diríamos que: — À falta do que fazer com os seus conhecimentos ela os traz como a um dêsses broches ousados que prendem o decote bem à altura dos seios ou nas costas um pouco abaixo da cintura.

O salão da sra. Weber é frequentado por europeus e brasileiros. Ela, com seus cabelos louros e suas ancas largas e dolentes facilmente estabelece um elo entre ambos os grupos à medida que passa oferecendo chá, café, uísque ou uma pinguinha de Caruaru atualmente muito em voga nos circulos intelectuais e que se intitula bastante expressivamente: "Chorando na Rampa".

Quando Jarbas Toledo toca a campainha é festivamente recebido já no vestíbulo.

É espantoso. Ainda não compreendemos. Como êste homem comedido, que pesa tôdas as suas palavras, que anda asseado demais, que tem as unhas limpas demais, polidas e esmaltadas — cujo corpo raras vêzes recebeu o sol — pois bem — é espantoso como de um simples tilintar de chícaras e pires de café, oferecimentos de cigarros ou bebidas, citações, explanações e discussão sôbre "tudo" o que seja literatura, o sr. Jarbas tenha, com êstes elementos apenas — partindo daí, exatamente dêste ponto — cormido com um numero tão grande de mulheres a começar da própria sra. Weber. Mulheres que como a sra. Weber usam a sua erudição entre os seios, à altura dos ombros ou tristemente prêsa entre os cabelos à guisa de farolete ou estrêla indicadora.

Como é que êste homem — que já temos alguma dificuldade simplesmente em imaginar, pela manhã, nu e distraído sob o chuveiro — como é que êste homem discreto, que ouve atentamente a sra. Weber: a refuta, a contesta, a ilustra com a sua sabedoria — como consegue — por que passe? — daí, exatamente dêste ponto, frisamos — passar com tanta segurança para a cama, executar o que dêle se espera com a precisão de uma frase brilhante e bem acabada e em seguida sair pelo outro lado já pronto: vestido, discreto, palrador, não pròpriamente enamorado; esquecido, cavalheiro; como?

Tolices afinal. Cogitações sem a menor importancia. Revejam apenas que o sr. Jarbas viveu organizadamente na maturidade. Que teve um ofício, que o exerceu; que usufriu do meio propiciado pelo seu trabalho.

Porém já não se acha perto da janela. Ninguém se acha perto da janela.

Morreu ontem e será enterrado hoje.

Ao pé da sepultura sou o indicado para fazer o seu necrológio.

Visto-me inteiramente de negro.

Alguém roça por mim; empurra-me. Recuo com mêdo de cair no buraco que está sendo cavado; assemelha-se a um valo; a uma depressão mais funda. Chove ainda e pequenos regos formam-se e retardam o trabalho do coveiro. A água arrasta porções de terra, fôlhas, galhos, fragmentos difíceis de serem distinguidos. Depois, à medida que a cova aprofunda-se torna-se mesmo impossível perceber na sombra o que seja; o caixão que acaba de ser colocado confundo-o com o próprio fundo da cova. Coisas a que não posso dar nomes pois não as discrimino.

Isto há um mês.

Hoje ainda me acho imóvel e no mesmo lugar.

Supervisiono a última etapa na execução do seu túmulo. Uma pedra de mármore escuro, vasta e retangular é colocada sôbre o lugar em que estão enterrados os seus despojos.

Dêle independe como agora suas palavras (sou o seu editor e também o seu testamenteiro), dêle se destaca.

Um pouco de sol a ilumina.

Sim, foi um trabalho feliz êste mármore recortado.

A esta simplicidade e concisão, ao acabamento sem arestas, arredondado nos cantos, chamaríamos a sua inteligência, a que o sol oblíquo de inverno por momentos empresta a aparência da verdade.

Lou Andreas-Salomé

H. F. Peters, professor do "State College" de Oregon publicou em 1962 uma biografia de Lou Andreas-Salomé, conhecida pelas suas relações com Nietzsche, Rilke e outros homens preeminentes. Freud se interessou muito por ela e verificou que em Viena "se passou a peça mais comovente dos seus destinos femininos" — plural interessante (talvez um lapso freudiano), pois o numero de homens famosos com quem ela tivera contactos mais ou menos intensos é estonteante. "Femme fatale" de "catalytic impact", causou verdadeiras devastações no mundo intelectual europeu, por volta do seculo. Segundo Peters, foi ela a culpada da dissolução do primeiro matrimonio de Gerhart Hauptmann. De outro lado, porém, assegura: "She would not or could not surrender herself to any man". E o professor de Oregon continua, dramatico: "It was tantalizing. Here she was ... a sort of sexless Messalina". De outro lado, porém, afirma que "she waited for a lover who would satisfy her treble needs of mistress, mother and madonna" — necessidades triplas que, aparentemente, nem Rilke conseguiu satisfazer. O livro é um exemplo precioso da "peste biografica" de que falou Nietzsche. Recentemente saiu a tradução alemã com o título conciso "Lou". A obra foi violentamente atacada por Ernst [...]

Giselda Leirner, 23.10.1965

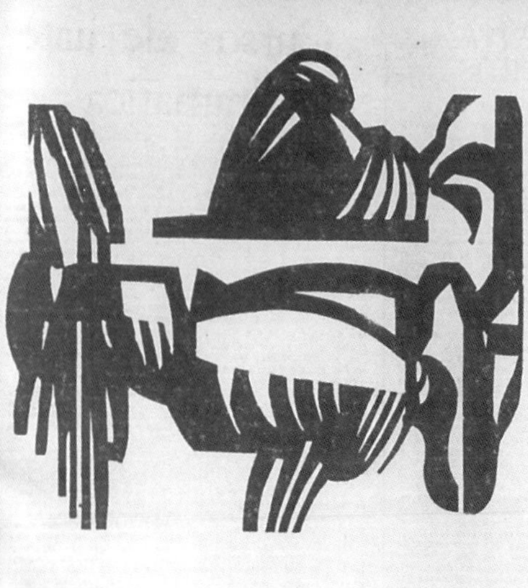

FABULAÇÃO N.º 3
(Recordações de Amelinda)

Conto de LUCY TEIXEIRA

Ilustrações de FERNANDO LEMOS

Amelinda comia carne de dragão e algumas nuvens. Ao redor do seu rosto o tempo fervia e ela se queimava como um foguista pegando nas brasas, até que seu corpo ficava todo vermelho e ela se encostava nas pessoas, iluminando o escuro atrás do olho, até doer. Estavam dizendo um dia que debaixo do pescoço dela havia um diamante estalando luz. Mas isso não sei não. Sei só da nuvem e do dragão porque é preciso acreditar nas pessoas senão não se pode mais mentir. Ela não se parecia muito conosco, embora houvesse um traço que a unia loucamente a cada um de nós, em geral e em particular: qual era? Era que ela gostava mesmo muito mais de — uma só coisa — o que todos os vivos gostam mesmo muito mais. Só uma vez ela disse ao ouvido de Cravino isso aí. E Cravino perguntou em segundo lugar o que vinha. Amelinda ficou muito encabulada mas falou que não dava tempo de ter segundo lugar. Ah fazendo esforço, se tivesse seria de começar uma coisa — como a manhã — mas não terminar. Cravino respondeu que isso ela podia bem fazer. Amelinda riu aumentando a boca e disse que não tinha mais espaço. Depois, o corpo dela pra lá e pra cá não deixava. Cravino se danou. Filha do cão, rosnou ele, enquanto os caninos lá na sua boca cintilavam, umedecidos de saliva. Ela estava na hora de ter pena dos homens (porque das mulheres e das crianças sempre teve) e olhou o ar pedindo desculpas, querendo tirar as palavras até já bem grudadas no ouvido dele. Assim era o jeito dela de improvisar uma festa em casa da condessa. Os mais intimos telefonavam sem nenhum pudor, não querendo conter nenhuma angustia: tem aquela senhora que quando bebe afina o nariz? A condessa respondia: tem sim. E eles chegavam todos lá, como um bando de falsos menininhos. Pois daí um com pouco a exuviabilidade era geral e aparecia, sob a pergola, fantasmagoricamente iluminada, o grupo dos miriquinás, os macacos noturnos. E mais o rinoceronte juvenil, sempre com uma lagrima no canto do olho, três porcos-espinhos, os noivos bailarinos miriopodes e a coisa mais docil deste mundo! o tamanduá cochilador que deixava lentamente a sua exuvia tombar no tapete e começava a provocar Amelinda, dis cre ta men te. Sempre sobre teorias bachianas. A condessa passava e repassava, tichimchim baixo baixo nos seus suspensorios elasticos que as damas elegantes marcham bem fora da guerra. A recordavel Amelinda com todos os diabos a serviço da vida deslizando entre as ondas do seu sangue vermelho como a recente aurora que os galos beliscavam por cima das nuvens nos entremeios do canto. A condessa parou diante dela com o prato de sanduiches enquanto o cochilador ouvia surpreendido o que chamava de impropérios exemplares; aliás eles podiam ser sustentados e o eram com muita bravura, (porque verdadeiramente, dizia ela, era impossivel suportar as teses de André Pirro ou de Albert Schweitzer). O mesmo Tamanduá insistia: "Bach é o pai, o pai da musica abstrata". E ela retorquia, tirando o sanduiche da mão da condessa para oferecer ao T.: — "Eu vos remeto ao lexico do barroco alemão, ao lexico, entendeu bem?". Meu coração, essas são reminiscencias culturais — quando o que nos interessa é o seu meio de vida. Ela dava lições de português de lar em lar e a sua voz ia sempre diminuindo como a tarde, se fechando como a tarde. Quando ficava completamente escuro pelas ruas o vento e ela passavam se afagando até em casa onde tudo tudo era tão tão miudo dentro das casas — em cima da terra — que os cães muitas vezes ficavam lambendo o chão, envergonhados? Havia sempre pobreza no queixo dos parentes regulando o açucar na xicara quando Amelinda segurou o açucareiro e jogou no rosto do tio, e foi tomar banho que estava suja, disse ela. Cravino me contou que lhe deu um anel de prata, que lhe deu em assobiamento ua musica que ele mesmo inventara e que no mais... — no mais ele me disse só roçando nas palavras não lhe quis conhecer o corpo nem mesmo quando foi no dia da autopsia. Assim mesmo falou Cravino:

> "A condessa estava lá, toda branca e o rosto parado e raso bem perto da cama. Então eu perguntei como tinha sido. Foi o automovel do Bento Lago. A vida estava toda mesmo muito depressa, O Bento Lago tinha pressa de chegar e a outra tinha também muita pressa. Inclusive, todos que estavam indo e vindo também moviam velozmente os joelhos sobre a calçada e na hora ela tropeçou no joelho e daí você sabe o resto."

Muitas muitas coisas poderiam ser contadas mas Cravino me disse que contar segredo desfaz o laço e ele não ia mexer no jeito da voz dela por debaixo do silencio dele. Algumas vezes, a condessa o convidava e ficavam os dois debaixo da pergola, sem falar. Cravino olhava as formigas que beliscavam as folhas verdes e fervilhavam de cochichos, bem mais formigas do que ele, em Cravino sendo. Quando sucedia aparecer, por acaso, o Tamanduá cochilador, ele se perguntava, solitariamente, contemplando a sua exuvia onde se via mancha da braza de Amelinda: "Bach é o pai, o pai da musica abstrata?"

Não soube de mais ninguém que comesse carne de dragão. De mais ninguém que comesse alguma nuvem. Outro dia foi Cravino que me falou que o céu dera pra ficar ultimamente muito baixo. "Vai sufocar, insistiu ele comigo, vai sufocar". Tivemos certo receio, eu e ele olhando na avenida a tarde baixa e meio torta para o lado esquerdo. Essa foi a penultima vez que encontrei Cravino. Da ultima, não o vi direito, para falar a verdade, não o vi mesmo, só pressenti o jeito dele ardendo atrás de uma nuvem opalina.

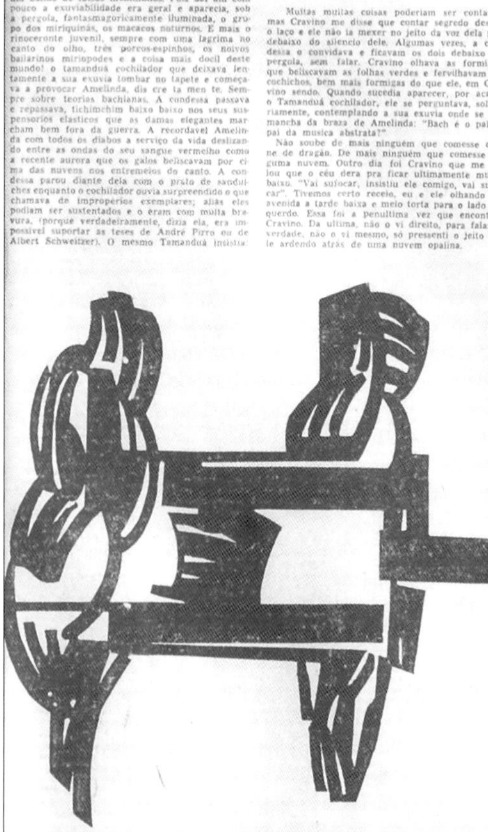

FIM DO ROMANCE?

TEMISTOCLES LINHARES

Apesar de se dizer comumente que hoje não há quem não se julgue romancista, não tenha um romance na cabeça, e os romancistas em potencia sejam mesmo em muito maior numero que os teologos virtuais existentes na Idade Média, não deixa de ser bom e saudavel que surjam os pessimistas empenhados em profetizar o fim do genero, para tachá-los de usurpador por vocação, uma vez que não titubeia ele em se apossar de meios estranhos ou inerentes a movimentos essencialmente poeticos, e coisas parecidas.

Lembro-me a proposito do inteligente requisitorio feito há uns quatro anos atrás contra o romance por E.-M. Cioran, que não só se insurgia contra a sua amplitude, a sua importancia assumida em nossas preocupações, como também contra a sua impureza, a sua adaptabilidade, que lhe possibilitava viver de fraude e de pilhagem, como vendido a todas as causas.

O fato é que para o referido autor o romance se transformara numa especie de "trottoir" da literatura, com o desprezo de todo pudor, de todo cuidado de decencia. Psicologo "doublé" de porteiro, o romancista de hoje, cuja arte é feita de auscultações e mexericos, não hesita em mudar os silencios em algazarra, tornando superflua e irritante toda pesquisa em direção das minucias psicologicas. Não seria possivel complicar mais um carater, nem as situações em que este se acha implicado.

Só há uma coisa pior do que o aborrecimento: é o medo do aborrecimento que sempre se experimenta com a leitura de um romance novo. O genero está mesmo em agonia. Dilapidando a sua substancia, ele não tem mais objeto. O personagem não existe, a intriga também. Não é sem significação sejam romances de nosso tempo, capazes de apresentar algum interesse, precisamente os que nada têm a contar, pois nada acontece neles. O proprio autor parece gozar a sua ausencia. Deliciosamente ilegiveis, sem cauda nem cabeça, poderiam ficar na primeira frase tanto quanto conter milhares de paginas. Uma pergunta acode logo: é possivel repetir indefinidamente a mesma experiencia? Escrever um romance sem assunto é admissivel, mas para que escrever dez ou vinte?

Para Cioran, o romance que sai do tempo abandona a sua dimensão especifica, renuncia à sua função: gesto heroico ridiculo de refazer. Tem-se o direito de extenuar as proprias obsessões, de usá-las, de explorá-las e repeneirá-las sem piedade?

Obstinando-se em durar, o romance, a seu ver, está com os dias contados, já que lhe apraz contentar-se com uma carreira de cadaver. Segundo ele, o mal do romance tem sido o de ser adotado por muita gente, que não teme contrariar a natureza. Assim, nele são introduzidas tecnicas que o negam, exigencias que o ultrapassam e concorrem para a sua ruina e a de nossa epoca, de que ele é ao mesmo tempo a imagem, a quintessencia e a caricatura. Hoje, por exemplo, Descartes não deixaria de ser romancista. Pascal também. E se é verdade que um genero atinge a universalidade quando seduz até espiritos não dotados para o seu enriquecimento, não há como não reconhecer também que estes contribuem poderosamente para lhe minar os alicerces, diversificando-o, pervertendo-o, sobrecarregando-o, envolvendo-o de problemas heterogeneos e avessos à sua razão de ser, até lhe fazer ruir a arquitetura.

O autor do **Précis de Décomposition** atribui grande culpa aos filosofos, achando que quando não se cuida do futuro do romance não há como impedir que eles invadam os seus dominios. Na realidade, sempre que se insinuam na vida das letras, eles não fazem mais que explorar-lhe a desordem ou precipitar-lhe a falencia. Não sei a quem pretende aludir, se a Sartre, a Camus ou a alguém que tenha tentado o romance metafisico, parecendo-lhe de todo ridiculo e fora da moda invocar as essencias e mais ridiculo e fora da moda o individuo, você e eu, nadas de que o romance extrai a sua substancia.

Como quer que seja, porém, o romance continua resistindo a todos esses ataques e uma de suas maiores resistencias, sem duvida, está na necessidade de ficção que acossa o homem para fazê-lo triunfar da evidencia ou do ridiculo.

Cambaleante às vezes, fazendo presumir o seu fim proximo, ei-lo que ressurge apoiado em novos dados, num mundo mais solido, mais imediato, como está acontecendo agora na França, quando o vemos abandonar esse universo das "significações" psicologicas, sociais e funcionais, a crer no que acentuava há pouco Alain Robbe-Grillet, cujas idéias sobre o futuro do genero não deixam de ser sedutoras. O novo realismo de que ele, afinal, se fez o teorico, o teorico brilhante indubitavelmente, não alcançou a sua correspondencia na pratica, é certo. **Jalousie** não chegou a convencer. De efabulação reduzida, espaço e tempo nele são produtos de pura contiguidade: a do olhar. Nada existe fora do alcance da vista do narrador que também se empenha em se ocultar em proveito exclusivo dessa faculdade de ver os objetos, de vê-los mais do que aos homens. A critica já disse que um colarinho vale nele mais do que um pescoço e o proprio trio que age no romance, formado pelo narrador, a sua mulher A... e Frank, o amigo, senão o amante desta, se torna decifravel através da disposição dos objetos que lhes concernem, muito mais do que dos personagens em si mesmos. A colocação de duas poltronas em relação a uma terceira tem mais importancia do que a atitude das pessoas nelas sentadas...

Mas agora estou diante de Michel Butor, autor de **La Modification**, cuja leitura acabo de fazer. Pertencendo ao mesmo grupo de Blanchot, de Sarraute, de Claude Simon, de Robbe-Grillet mesmo, talvez seja possivel acusá-lo da mesma tendencia de dar relevo à faculdade de ver.

Com efeito, o olhar e a pena do personagem registram tudo quanto é possivel ver numa viagem de trem de Paris a Roma, desde as sementes e migalhas que estremecem na placa de calefação a seus pés até os cinzeiros, as portas corrediças, os porta-bagagens, as valises, a lampada escondida que acende e se apaga, segundo a luz exterior e a frequencia dos tuneis etc.

A despeito disso, que romance curioso! A sua propria construção como é estranha! Trata-se de um só personagem e não se pode falar em monologo porque o narrador fala à segunda pessoa, usando do pronome vós, quando, de ordinario, o que acontece em tais casos é o tratamento na primeira ou na terceira pessoa. Em **La Modification** a maneira bizarra de apostrofar o herói é esta: "Pusestes o pé esquerdo sobre o entalho de cobre e com vosso ombro direito tentais em vão puxar um pouco mais a janela corrediça... Vossos olhos estão mal abertos, como velados por leve fumo, vossas palpebras sensiveis e mal lubrificadas, vossas temporas crispadas na pele tensa e como enrijada em rugas delgadas, vossos cabelos, que rareiam e embranquecem, insensivelmente para os outros mas não para vós, para Henriqueta ou Cecilia, nem mesmo para os filhos daqui por diante, estão um pouco arrepiados; e todo o vosso corpo no interior de vossas roupas que o incomodam, o comprimem e lhe pesam, está como banhado, em seu despertar imperfeito, de uma agua agitada e gasosa cheia de animalculos em suspensão".

Há uma mistura assim de monologo interior com descrição, a que não fica alheio o leitor, pois este também tem a sensação de estar fazendo a viagem Paris-Roma, ainda que no plano da lembrança ou do sonho, tantas vezes quantas fez o herói, em quem ela ocupa lugar de importancia enorme, decisiva mesmo para o seu destino.

Depois de ter feito varias vezes essa viagem, ele agora a fazia para anunciar à sua amante romana, Cecilia, que lhe encontrara uma colocação em Paris, onde poderiam viver juntos, já que era sua intenção deixar a mulher, Henriqueta. Mas quando o trem entra na estação Termini em Roma, ele já sabe que não dirá nada a Cecilia, que não deixará Henriqueta. Como antes e não melhor do que antes, a vida continuará, sem mudar, com Cecilia em Roma, Henriqueta em Paris e ele nesse trem, aparentemente em movimento e cuja verdade consiste simplesmente em manter uma distancia imovel de que se sente incapaz de abolir.

Nessas condições, o que se modificou foi apenas a ilusão inspiradora de sua decisão inicial, a ilusão de um acordo entre os seus desejos e a realidade, de uma felicidade mais ou menos "objetiva" e reconhecida. Foi realmente o que ele ganhou com essa viagem, a unica coisa que ficou sabendo. Acreditava que o seu sentimento por Cecilia era feito do desejo de viver com ela. Esse desejo é que era uma veleidade e o enganava. Assim, ao contrario do que pensava e queria, foi que ele pôde sair de sua má-fé, como dizem os existencialistas. A modificação se opera nesse ponto somente.

Mas o romance não se limita a tais aspectos, pondo em equação também as relações entre o homem e um lugar privilegiado: a grande cidade. Era o caso do herói em Paris e o de Cecilia em Roma. O amor do herói por Cecilia podia ser visto sob esse prisma, o do volume real que o mito de Roma significava para si.

Admiravelmente bem escrito, de leitura verdadeiramente fascinante, Michel Butor inventou alguma coisa de novo, embora se possa dizer que ele leu Joyce, os classicos ou os surrealistas.

A quermesse flamenga continua

LIDIA BESOUCHET

Devido à proxima Exposição Universal e Internacional, está Bruxelas transformada, pela publicidade, numa especie de capital do mundo. Desconheço a extensão da feira a ser inaugurada, mas não posso deixar de pensar o que seria uma verdadeira feira flamenga, uma quermesse monumental se os belgas adotassem o estilo indicado pelo velho Brueghel! Num relance penso nos variados tipos humanos tão ousados em suas feições (criados alguns pela inventiva de Bosch — flamengo de quatro costados), utilizados em escala maior por Brueghel e seus continuadores, estirados num friso imenso, monumental assim como somente Goya ousaria realizar! Porque como poderemos esquecer esta alegria feroz quase diabolica que prevalece nos quadros dos pintores belgas, mesmo os de inspiração mistica? O nosso bem amado James Ensor não expôs naquele fantastico Jesus entrando em procissão quase carnavalesca a mascara de uma especie de "clown"?

Quando vi pela primeira vez a "L'entrée du Christ à Bruxelles", detive-me antes de tudo na data: 1888! Assim, enquanto nós, brasileiros, emancipavamos nossos escravos, os belgas erigiam aquele monumental quadro que simboliza a mais potente explosão da satira, do grotesco, do dramatico, do plasticamente impossivel depois de Goya? Na inventiva dos brancos, na curiosa analogia das mascaras, na disposição singular e bela dos estandartes, na riqueza dos vermelhos, Ensor colocava, mais uma vez, a Belgica, no topo da evolução pictorica universal.

Desde os primitivos, cada grande epoca da historia da pintura encontra a Belgica em primeiro plano: em 1432, em Gand, os irmãos Jean e Hubert van Eyck dominaram o panorama do seculo com o "Agneau mistique". Ainda não terminado o seculo, van der Weyden (pintor de Bruxelas chamado pelos franceses de Roger de la Pasture); Thierry Bouts; Memling — o doce Memling da "Vierge a la pomme" e do "Marriage mistique". Van der Goes penitenciando-se de sua loucura mistica nas pateticas cenas da morte da Virgem, revelam o esplendor e a expansão da arte de pintar atingida pelos flamengos. Depois, mais tarde, os romanticos chamados "italianizantes" enchem o seculo XVI dominando, entre todos, Bosch e Brueghel. A penetração dos artistas flamengos ganha a França, a Italia e a Alemanha. Antuerpia, como já sucedera a Veneza, torna-se o centro de um movimento artistico de invulgar penetração: lá aportam pintores, gravadores, desenhistas, arquitetos, cinzeladores, ourives, escultores. Vemos reunidos, trabalhando simultaneamente — Quentin Metsijs que abandonara Louvaina, Patinir (o Patenier dos franceses, o mesmo dos azuis translucidos das montanhas da Dalmacia unicamente encontravel no Brueghel da "Queda do Icaro" — quadro misterioso e unico no mundo), Pourbus, que abandonara Bruges, o holandês Antonio Moro, Gerard David, cheio de ingenuidade, Martin de Vos também holandês, e artistas tão completos quanto Lambert Lombart, pintor, poeta, arquiteto... Havia então registrados em Antuerpia cerca de 300 pintores e gravadores, o que dá bem a idéia do surto exuberante da arte flamenga daquela epoca. E Antonio Moro, que atinge com o retrato do Prince de Orange, dito o Taciturno, o apice de sua carreira. Pintor oficial da côrte de Philippe II, ele cria uma verdadeira galeria de tipos humanos, homens misteriosos, sombrios, povoados de negros temores. A galeria do Moro nada se assemelha à de Bosch, que parece representar em cada rosto inumeras pessoas, tomando aqui um nariz, ali uma testa, uns olhos (mesmo os de animais). Ele pinta sombriamente o que vê: os homens e as mulheres retratados por ele possuem suficiente drama interior para que se necessite buscar tragedia lá fora. Basta-lhe captar a verdade. E assim Princesas, Reis, Papas, a Imperatriz Maria, Philippe II, a Rainha da Inglaterra, toda a variedade de seres dominadores, sadicos, profeticos desenhadores de vidas, senhores absolutos do pequeno mundo saido da Idade Média e entrado em plena gloria na Renascença encontram no Moro seu pintor.

E quando surge Rubens (inegavel precursor de Renoir), parece que ele vem predestinado a resumir toda a arte e todo o engenho da pintura flamenga. A palheta talvez mais ricamente universal de todos os tempos, enche e colore o seculo XVII. Rubens, havendo começado a vida em Mantua sob a proteção dos italianos Gonzaga, não tarda a passar para a tutela do duque de Toscana, Ferdinando I de Medicis. Realizando viagens faustosas, enviado diplomatico de reis e de principes, pintor oficial de varias côrtes, protegido de Papas, encheu de gloria com sua pintura seu país e seu povo. Vivendo numa epoca de conflitos religiosos e politicos, soube sobreviver e realizar-se plenamente. Sob o encantamento dos artistas da Renascença, Rubens realiza obras monumentais com a colaboração de seus alunos e com a ajuda de uma "equipe" especializada. Tudo, entretanto, que sai do seu atelier tem a marca do artista, o toque final, a genialidade de um pintor completo. Rodeado, ele proprio, de quadros de outros pintores (sua coleção particular era feita quase que exclusivamente de Ticianos, Tintorettos e Veroneses) Rubens admira livremente os italianos mas se prepara para medir suas forças com eles e na cidade de Antuerpia fixa definitivamente residencia, honrando e glorificando com sua presença a tradição dos artistas flamengos.

E quando julgamos que o caudaloso rio da pintura flamenga se esgota com o desaparecimento de Rubens, depois de Jordaens e de Van Dick, atingimos os seculos mais proximos ao nosso com toda uma pleiade de pintores que vão do satirico Ensor ao sombrio Permeck, do imaginativo Oposomer ao surrealista Magritte, do finissimo Tytgat ao obsedante Delvaux... Vão os belgas, ano a ano, seculo por seculo, afinando seus desenhos, apurando suas côres, elevando seus tipos humanos, recriando imagens, fantasiando paisagens, descobrindo novos acordes, fazendo enfim que a imensa galeria de seus tipos e de suas quermesses não desapareça.

A gloria de um povo dotado especificamente para a pintura, como o belga, parece querer se resumir em côres luminosas na proxima Exposição. Que imensidão humana, que extensa galeria de sêres e côres, que exemplo de humor, de plasticidade e de senso organizatorio não se necessita para uma quermesse, uma feira como esta? Mas tudo isso é apanagio dos flamengos, embora a distancia dos seculos tenha amortecido, um pouco, a surda mascarada dos cortejos profanos mesclados aos cortejos religiosos tais como vi, varias vezes, nas menores explosões populares e civicas da Belgica que habitei muitos anos.

OS BENS

De que vale a letra
ainda que escrita
com tinta rôxa ou preta?

E que vale a palavra
que o rosto curvado
inutilmente lavra?

E o alto pensamento,
o belo, o nobre e exato
vale quanto o vento?

E o ouro escondido
(nem ouro, cobre apenas)
ser-nos-á devolvido?

Mais o corpo pintado
a sangue e lassidão
e um dia evaporado?

O que sei que retém
a vida, o sôpro quente,
para outro doce além,

O que nunca se acaba
é certo beijo limpo
em íntima madrugada,

certo pranto sem mágoa
de criança sonhando
o seio de leite e água,

certo ombro aquecendo
uns olhos, certo presente
de nada, oferecendo

tudo, rosa e eterno,
amor, amor e amor
que vence escuro e inferno

e é todos os bens seus
— que dois na carne única
vivem, puros, em Deus.

LAIS CORRÊA DE ARAUJO

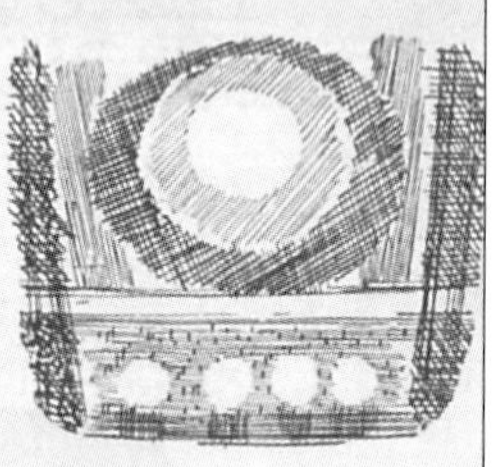

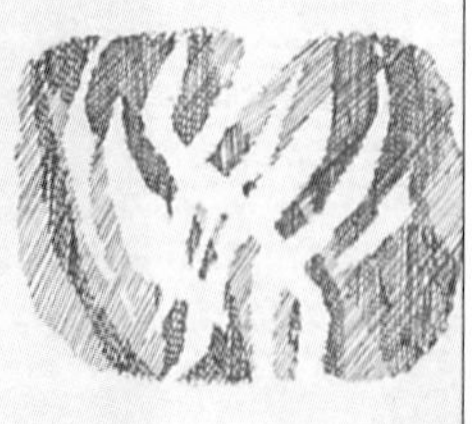

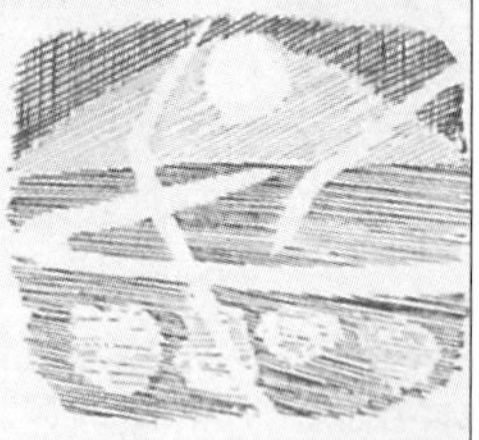

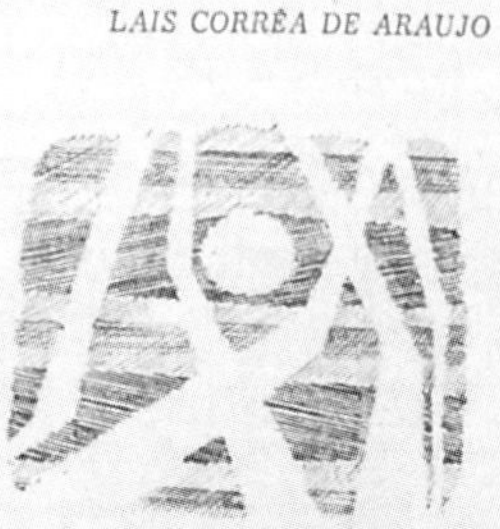

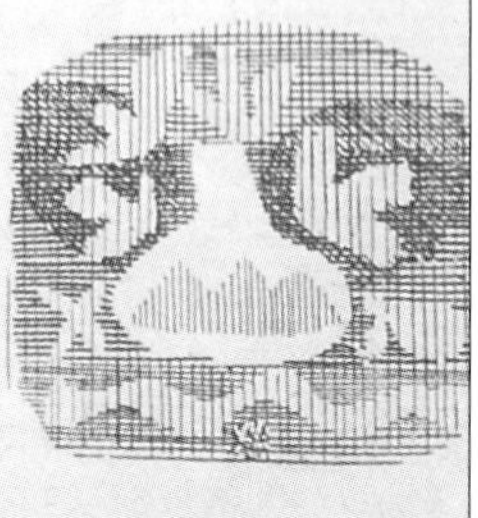

Ilustrações de LIVIO ABRAMO

Lívio Abramo, 12.04.1958

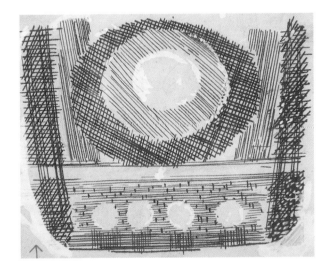

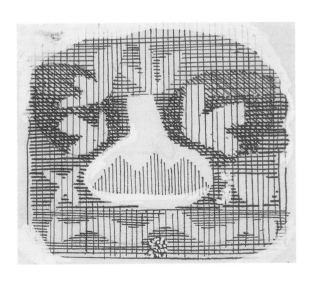

suplemento literário

Mário Faustino, o ultimo "verse maker"-2

AUGUSTO DE CAMPOS

Nas páginas que Mário Faustino publicou sôbre Jorge de Lima, encontraremos muita coisa que se poderia aplicar a sua própria poesia, em particular no que respeita ao projetado poema longo, de que nos fala Benedito Nunes, e do qual só subsistem fragmentos. Para Faustino, a "Invenção de Orfeu" não era um poema épico: "Um poema épico é por definição objetivo. Há o épico dramático. Épico lírico, subjetivo, só mesmo o falso-épico. (...) A "Invenção" é subjetiva demais. (...) Quando se diz épica a "Invenção", está-se confundindo quantidade com qualidade. Mas os poemas órficos, não-épicos, são igualmente vastos, em qualquer sentido. Eis, assim, nossa posição: a "Invenção de Orfeu" tem a medida do epos, mas não é épica: é órfica".

Entre os "Cantares" de Pound (o poema longo objetivo, épico) e a "Invenção de Orfeu" (o poema longo subjetivo, órfico), a razão e a "catarsis", pendia o projeto de estrutura poético ideado por Faustino. Mas outras características do poema de Jorge de Lima que respondiam, talvez, a uma afinidade eletiva profunda ou a uma necessidade interior do jovem poeta, fizeram que êle propendesse para o ultimo modêlo. Certos tópicos de sua revisão de Jorge de Lima são, nesse sentido, bastante significativos: "Invenção de Orfeu: a fenomenologia a caminho da ontologia". "A percepção criadora do futuro: magia e profecia". "A metáfora cria a lingua. A metáfora organiza, orficamente, o mundo".

Ligado à melhor tradição da poesia por todo um projeto de didática atuante ("manter viva a poesia do passado"), vinculado ao mundo lírico-subjetivo por razões efetivas, talvez pessoais, Faustino ainda era o vate, o bardo moderno ávido de magia e profecia, esconjurando com metáforas os descaminhos do amor, da frustração e da morte. Num ponto estava certo, ou, pelo menos, tudo deu certo. Pois o poeta-vate apostou na sua destruição e acertou, conferindo o vaticínio dos seus poemas com a morte brusca e bruta em plena mocidade.

Realmente, chega a ser impressionante a coincidência da temática da morte jovem na poesia de Faustino com os acidentes e circunstancias do seu próprio e trágico fim. Já os títulos principais de seu unico livro publicado parecem premonitórios: "O Homem e Sua Hora", "Disjecta Membra". E os versos, numerosos, de que dou aqui alguns exemplos: "Não morri de mala sorte / Morri de amor pela Morte" ("Romance"), "E cai da caravana um corpo alado" ("Mito"). "Ao beco de agonia onde me espreita / A morte espacial que me ilumina... / Assassinar-nos num mês assassino". ("Sinto que o mês presente me assassina..."). "E' morto, em tumba nova, o meu sonho de vida" ("Haceldama"). "A própria morte hoje defloro" ("Viagem"). "Hecatombado pela vaga" ("Ressuscitado pelo embate da ressaca"). "Se a morte chama ao longe: "Mário" ("Não quero amar"), "Eu caio sem sentido / ora, morro. / O monte, o verde gaio," ("Moriturus Salutat"). "mãos torcidas / vertentes retorcidas / dorso mole privado de coluna / um mal sem gravidade / sem gravidade / caído contra o peito / ou morto" ("Marginal Poema 19"). "Lida. caixão e sorte, / vida, paixão e morte." (...) "Gaivota, vais e voltas, / gaivota, vais — e não voltas". ("Fragmentos").

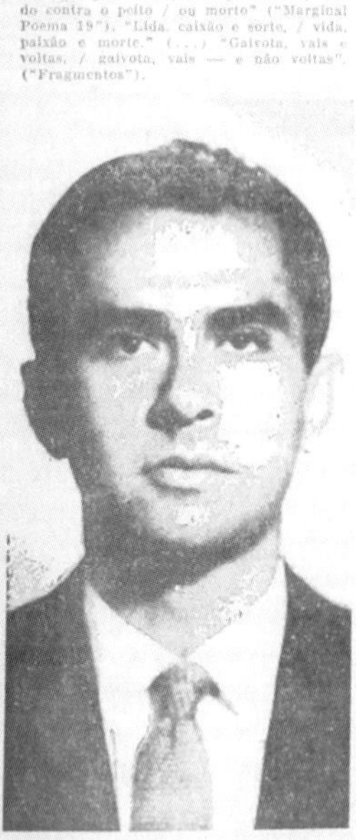

Mário Faustino

Tudo isso contribui, como um "feed back" vital, para retificar ou confirmar a poesia de Faustino, extraindo-a de um contexto puramente literário e artificial para conferir-lhe uma carga semantica especifica, para dotá-la de um inarredável "pathos" existencial que a reforça e justifica. Com o seu corpo anonimizado e irreconhecível — sua "vida, paixão e morte" — Mário Faustino identificou, tornou reconhecível a especificidade de sua mensagem poética no isomorfismo vida-obra que sempre perseguiu.

Quanto à linguagem poética propriamente dita, a poesia de Faustino pode ser dividida em três fases: a da integração da tradição no moderno — "O Homem e Sua Hora" ("espécie de relatório de meia-dúzia de anos de aprendizado poético", segundo o proprio M.F.) e mais os esparsos e inéditos na I parte do livro; a moderna — poesia posterior ao advento da poesia concreta (a II Parte dos Esparsos e Inéditos, que se compõe de apenas 5 poemas.

Se a primeira fase é a mais prêsa ao passado, do qual Faustino se recusava a abrir mão, revela, no entanto, um artesão competente e hábil no manejo do verso, com vários "hits" antológicos: "Vida Tôda Linguagem", "Mito", "Sinto que o Mês Presente me Assassina", "Inferno, Eterno Inverno", "O Homem e Sua Hora". Tratava-se, desde o início, de um poeta que sabia que "a verdadeira poesia é feita com palavras vivas, com palavras coisas, e não apenas, e muito menos, com conceitos, impressões, confissões". Seu verso — verso, mesmo — fanomelogopaico, segundo os preceitos poundianos, tem um raro "cantabile" e uma sonoridade às vezes agressivamente eficaz nas assonancias e nos cortes justos: "Animus-anima, / anima-corpus, / mea / culpa supersepulta e suplicante". ("Solilóquio"). "Os cães do sono calam / E cai da caravana um corpo alado / E o verbo ruge em plena / Madrugada cruel de um albatroz / Zombado pelo sol." ("Mito"). "Beleza de teus verbos de granizos: / Carátula celeste, onde o fugaz / Estio de teu riso — paraiso?" ("Inferno, Eterno Inverno"). "Ressuscitado pelo embate da ressaca, / ..., onde um cadáver pôsto em maca, / Hecatombado pela vaga, acusa o céu / ... O triunfo pertence ao tropel que no ar / Nublado esmaga o sol, troféu tripudiado" (2).

Na segunda fase — a mais experimental e a mais realizada — Mário Faustino, já em contacto com a problemática da poesia concreta (principalmente a da chamada fase organica, de que há muitos exemplos em Noigandres 2 (1955) e Noigandres 3 (1956) — iria libertar-se ao máximo dos liames tradicionais. Penetram em sua poesia a disposição espacial, a fragmentação e a livre combinação de vocábulos, as associações fonêmicas e paronomásticas; a metáfora explode diretamente, sem conexões sintáticas, de substantivo a substantivo; o decassílabo (que ainda subsiste, patente ou latente) começa a se dispersar. O "Soneto", típico da dilaceração faustiniana entre a tradição e o nôvo, é talvez uma tentativa-limite de salvar a primeira: um soneto rigorosamente decassilábico, habilmente disfarçado por uma espacialização funcional, que inclui "um pequeno ideograma à maneira concretista", com o alinhamento das palavras amor-amora-morte-ramo pela coluna da letra "r". Aliás, a ordenação em coluna, a "estrutura radial" ou de "sistema axial", como a denomina Benedito Nunes, exemplificando com a sequência "sexo-plexo-peixe-sexo-eixo-nexo-deixa-queixo", no "Marginal Poema 19" ou, ainda, com as palavras em maiusculas, sublinhadas pela expressão "eixo celeste vertebral coluna" em "Ariazul", constitui um dos recursos postos em prática na série de poemas concretos publicados em Noigandres 3, intitulando-se a secção de Décio Pignatari, precisamente, "Vértebra".

A liberação proporcionada pelas técnicas da poesia concreta, utilizadas por Faustino de maneira não ortodoxa e parcimoniosa, ensejou-lhe alguns dos seus melhores resultados poéticos; permitiu-lhe ainda sair do impasse tradição x moderno, passado x presente, mas o jogou, insensivelmente, em outro, crucial, presente x futuro. Faustino ficou, como lhe diziamos, entalado no "nó mallarmaico" do Lance de Dados. Daí, era partir para uma nova realidade poética, radicalizar-se, ou voltar atrás... ou continuar entalado. Como disse Eliot: "After such knowledge, wath forgiveness?"

Para complicar o dilema, sobreveio a Faustino a obsessão do poema longo, que, penso eu, contrariava o feitio congênito do poeta, subjetivo, metafórico, bárdico. A poesia de Faustino não possuia, normalmente, a objetividade necessária para uma estruturação mais ampla, como a que pretendia. Raramente, nela, o poeta se afasta da dicção "superpoética", do "sermo nobilis", da abstração metafórica, para permitir a incorporação de uma linguagem direta, conversacional, implicitamente exigida pelo seu projeto. Um desses raros exemplos é o poema "Apêlo de Teresópolis", onde, de um contexto hermético e cerrado, emerge um unico sintagma em nível coloquial: "Não há bombas limpas". A técnica da palavra-puxa-palavra (exs.: "foi-se na espuma — foice de escuma", "espadarte em crista de vaga — estandarte de Cristo, a vaga" etc.), a meu ver impropriamente identificada com a montagem eisensteniana, invocada pelos poetas concretos, "via" Hugh Kenner, para suporte da estrutura ideogramica, por si só não poderia oferecer uma base definida como agente de estruturação do poema, mesmo porque faltava a êste um sólido "disegno interno" como o tinha, por exemplo, Joyce, na aparente confusão associativa do seu "Finnegans Wake". Por outro lado, as possibilidades de uso dos padrões ritmicos tradicionais — o verso, como unidade ritmico-formal — já estavam mais do que exauridas. E disso, a própria divulgação que Faustino efetuava, como crítico e tradutor, da poesia "feita", se encarregaria de ajudar a demonstrar, dia após dia.

A poesia fragmentária dos ultimos tempos de Mário Faustino reflete, tanto quanto posso supor, êsse impasse. Não cabe um pronunciamento definitivo sôbre algo que não chegou a existir: o seu sonhado poema longo. Deixemos que o poeta durma acalentado o sonho do improvável entre as constelações da probabilidade. Mas o próprio desenvolvimento ulterior da poesia e a estranha solução de continuidade que sofreu a produção poética de Faustino, depois da fase atuante de 56-58, parecem acusar o impasse e a irresolução.

Mário Faustino, o ultimo "verse maker" de minha geração, morreu sem desatar o seu nó mallarmaico, sem conseguir "ressuscitar a arte morta da Poesia" (no velho sentido). Mas sua honesta e competente batalha poética, de fronte erguida e peito aberto, merece ser vista e meditada. E é de esperar também que em breve sejam coligidas as suas traduções, as críticas e comentários que escreveu, com verve inigualável, garra e lucidez, "vigor e rigor", e que constituem o aspecto mais vivo, mais agressivo e atual de sua rica e generosa personalidade, ainda tão desconhecida.

1) Seria desejável que este conjunto de poemas obedecesse a ordem estritamente cronológica. Neste caso "Ariazul", o ultimo poema, publicado no SDJB em 29-5-57, deveria figurar em segundo lugar, entre "22-10-56" e "Soneto" (25-8-57). Outro reparo a fazer: a forma de impressão destes poemas, que deveria, sempre que possivel, mantê-los dentro de uma só página, para preservar a disposição espacial, como se fez na revista "Invenção" n.o 3. Peças como o "Soneto", fragmentadas em dois blocos, resultam evidentemente perturbadas com a submissão à pa-

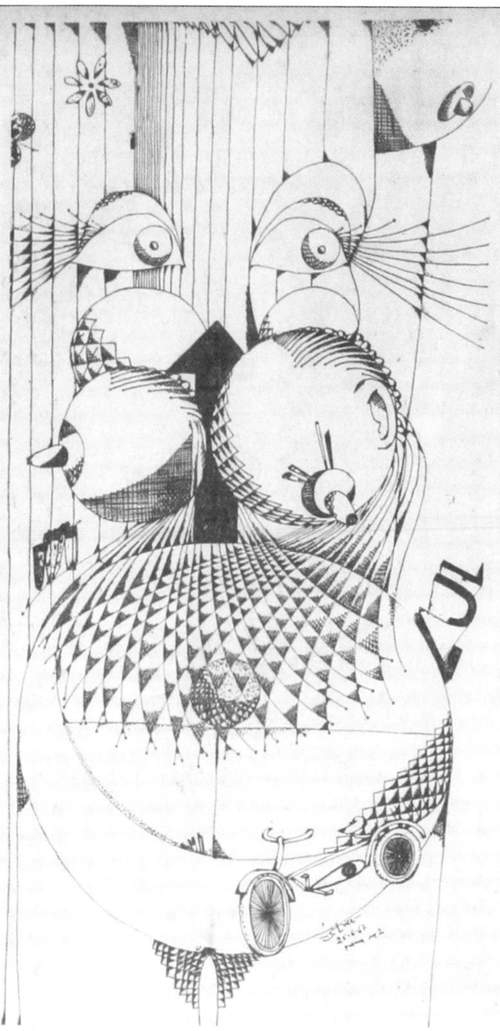

Silver: DESENHO

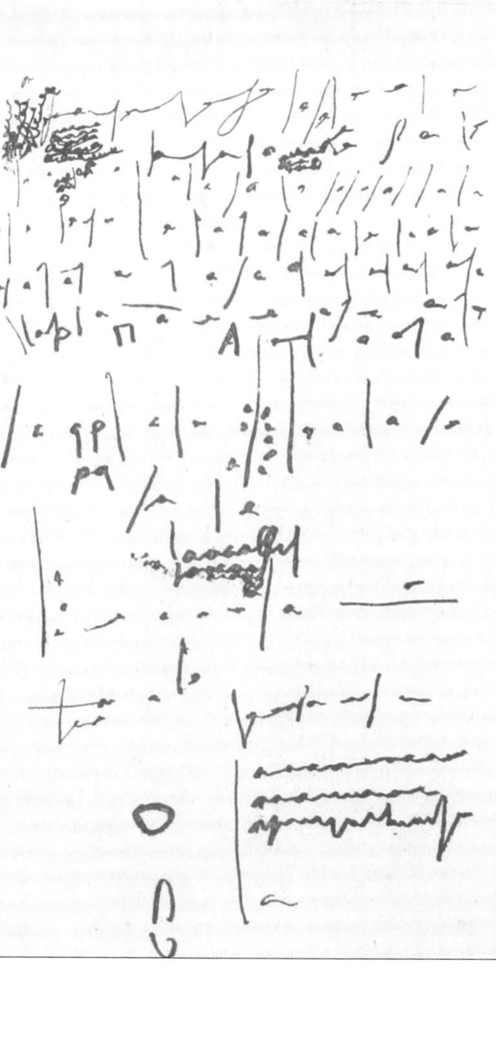

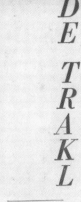

UM POEMA DE TRAKL

MODESTO CARONE

São poucos os poemas de Georg Trakl que se resguardam numa atmosfera descarregada. "Im Frühling" é uma destas exceções. Aqui o choque e a extrema mobilidade de côres e gestos cedem lugar a uma serenidade conseqüente. Resultado, talvez, desta circunstância excepcional, o acesso ao poema é imediato: dêle não se poderia afirmar, como porventura Rilke, generalizando sôbre a poesia de Trakl, que a "vivência do poeta desliza em reflexos de espelho", interditando o espaço em que se move, da mesma maneira que o espaço de um espelho permanece inevitàvelmente vedado a quem tenta penetrá-lo. E a "infinita doçura" de Rilke costumava experimentar no contacto com os poemas "fechados" continua vigente na textura aberta de

IM FRÜHLING

Leise sank von dunklen Schritten der Schnee,
Im Schatten des Baumes
Heben die rosigen Lider Liebende.

Immer folgt den dunklen Rufen der Schiffer
Stern und Nacht;
Und die Ruder schlagen leise im Takt.

Balde an verfallener Mauer blühen
Die Veilchen,
Ergrunt so stille die Schlafe des Einsamen.

O poema risca, em três compassos balizados pelos pontos finais, uma trajetória única que, no conjunto, remanipula a clássica metáfora do triunfo da vida na afirmação cíclica da primavera. O processo é válido tanto para a natureza como para os homens: o poema atesta-o no verso final, tornando verdes (côr de vida vegetativa e crescimento) as têmporas do solitário.

Olhando mais de perto o primeiro compasso ("Leise sank von dunklen Schritten der Schnee,/ Im Schatten des Baums/ Heben die rosigen Lider Liebende"), atenta-se para a circunstância de que o verso inicial decreta a queda do inverno, cujo representante, a neve, se desliga dos "escuros passos". A imagem, porém, é equívoca, suscitando a possibilidade de pelo menos mais uma interpretação, orientada, entretanto, para a constatação do mesmo fato: a neve cede caminho ao avanço dos "passos escuros" de uma nova fôrça. Por que os passos são "escuros" (ou "obscuros")? Pode-se pretender, com alguma justiça, que a primavera atende, ainda tímida ou subterrâneamente, aos primeiros comandos de sua tarefa de rejuvenescimento, o que comunica aos seus passos uma consistência "escura", "obscura", ainda não plenamente afirmada ou consciente, dispensando-se, pois, ao adjetivo, conotação positiva, dado o contexto em que opera. No jôgo palavra-puxa-palavra, provàvelmente, descolou-se, de "escuro", a "sombra" do segundo verso. Diz-se, nêle, expressamente, "à sombra da árvore" e talvez seja legítimo lembrar, neste lance, o alistamento de árvore entre os símbolos aplicados à "vida". Os anéis da "Bildreihe" se atam e progridem na invocação do amor, logo à tona do terceiro e último verso dêste primeiro compasso do poema; os amantes (como a primavera é seu elemento de [illegible]cia, a vida) acordam, erguem as pálpebras côr-de-rosa. A esta altura, é oportuno recordar que, em Trakl, a côr assume elevado poder de transfiguração, ascendendo à categoria de elemento criador de metáfora ("metaphernbildendes Element"), conforme verificação de Ludwig Dietz. Aqui o adjetivo de côr se desvia da impressão ótica, desencadeando, através de suas próprias fôrças — que em Trakl geralmente superam as do substantivo — a "Stimmung" visual. É claro que o adjetivo de côr permanece necessàriamente ancorado a um fenômeno de natureza ótica, mas seu nexo com a realidade fica, neste caso, "obscurecido" ("verdunkelt" ou "verundeutlicht", segundo L. Dietz). O procedimento é o mesmo de sempre: ao poeta não interessa a apresentação da realidade empírica, mas a presentificação da realidade que êle — e só êle — vê e deseja que outros vejam. Ao se libertar do elemento que está adjetivando ("Merkmaltrager"), o adjetivo de côr ultrapassa o substantivo, sugando-o na passagem. Quanto mais recua a coisa adjetivada, mais autônomo se torna o adjetivo e, no lugar da relação-de-coisa ("Dnig-Bezug"), afirma-se a relação-do-eu ("Ich-Bezug"), de vez que o poeta imprime ao adjetivo sua "Stimmung" e o diapasão do poema. Portanto: pálpebras róseas e, nelas — carnação delicada — a côr da aurora, a coloração do que é tenro como pálpebra porque nasce ou está renascendo; róseo e tenro como a primavera no seu primeiro momento — essa "Frühfrühling" nascida do gêlo; róseo, côr ativa impregnada de distância, irmanada à fôrça vital do vermelho e do azul no aceso do dia; a distância que a habita concede-lhe lugar no domínio da fantasia, da integridade do sonho, onde os amantes tradicionalmente transitam, como êstes que despertam à sombra de uma árvore. O ritmo e a sequência dos versos e imagens evoluem lisa, tranquilamente: um acordar gradativo e seguro da natureza, dos amantes e da consciência, levitados ainda na transição do sono e do inverno para a vigília e a primavera já entrevista e incorporada.

A certeza de um desembarque feliz no plano dessa nova realidade se manifesta no segundo compasso do poema ("Immer folgt den dunklen Rufen der Schiffer/ Stern und Nacht; / Und die Ruder schlangen leise im Takt"). A imagem é noturna e iluminada. Aos brados escuros dos marinheiros sucedem sempre estrêla e noite. A noite está despida do seu poder de pavor e anulação porque se estrela e se ilumina; e a segurança dos que ainda se movem no escuro (como a primavera que está chegando) se concentra no advérbio "sempre" e no ritmo certo dos remos que vibram silenciosamente — movimento que garante ou pelo menos faz prever a chegada próxima ao pôsto visado, ao pôrto de destino.

Tal interpretação recebe confirmação no terceiro e último compasso do poema ("Balde an verfallener Mauer blühen/ Die Veilchen,/ Ergrünt so stille die Schlafe des Einsamen"). Aqui a íntima certeza do "retôrno à vida", da vitória da primavera, se consuma nitidamente na indicação de que "em breve" não só florescerão as violetas junto ao muro ruído como também reverdescerá a fonte do solitário. "Muro" é um símbolo eminentemente negativo na imagética de Trakl, um dos seus vários "Leitmotive", criados à fôrça de uso reiterado em circunstâncias sempre semelhantes. O emprêgo frequente de determinadas palavras em contextos determinados acaba por transformá-las não apenas em "Leitmotive" do poeta como também as alimenta progressivamente de um nôvo estôfo, conferindo-lhes forma que [illegible]te as novas modalidades de relação em que se inserem [illegible]dentes dos contextos em que foram "chocadas" — assumem uma aura transfiguradora, que contamina irremediàvelmente as novas modalidades de relação em que se inserem (3). O vocábulo "Mauer" passou, na poemática de Trakl, por êsse processo de deformação, recebendo forte carga de tensão negativa. O substantivo vem invariàvelmente acompanhado de qualificativos como "verfallen", "kahl", "voll Aussatz" e outros. No poema, entretanto, embora também adjetivado por "verfallen", permanece neutralizado pela germinal irradiação das flôres, à qual, por fôrça do contraste, confere decisivo poder de afirmação: o que corrobora a tese de que o poema marca o triunfo final da primavera e da vida sôbre tudo o que as nega. Não se encorpa, aqui, a visão pessimista que empasta a primeira parte de "Waste Land", onde abril é subitamente apresentado como "o mês mais cruel", porque faz renascer a natureza mesmo quando os valôres humanos estão embotados ou condenados a uma irresistível degeneração. A primavera, em Trakl, reverdesce não só a terra como as têmporas do homem (o só), que com ela

Mira Schendel, 19.08.1967

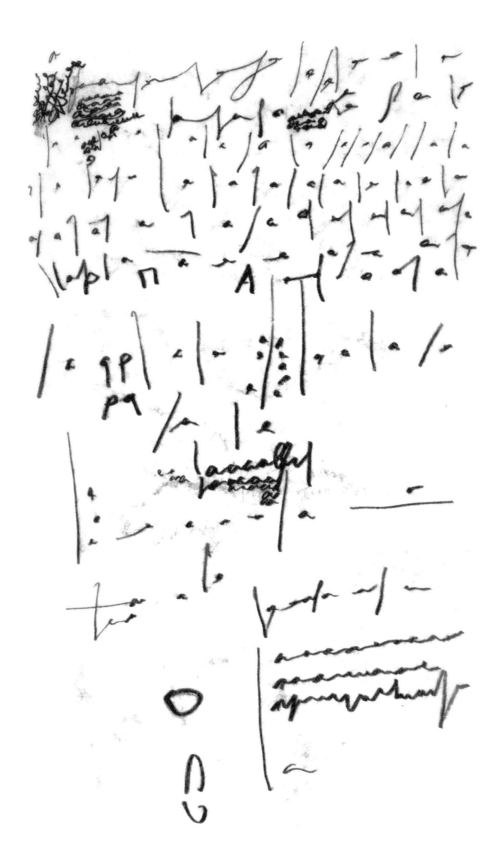

NA ESQUINA

Conto de BRÁULIO PEDROSO

Fechado diante do copo de uísque, vendo e pouco entendendo, sem palavras para as outras, dirigindo-se ao garçon por gestos. Sou o irritado pedido paraquecer de duas velhas que por não tomarem fôlego, não sei se sofrem ou se simplesmente dizem banalidades; o intrigado pela loira que não creia francesa por mostrar-se curiosa no olhar; o humilhado pela gorda de saia branca e pernas grossas que não respondo aos meus olhares, ainda que deverá se por ser gorda e feia; o desfeito pelo hábito de trazer cachorros em coleirinhas; o contente pelo casal que passa no carro vermelho superesporte; o constrangido pelo velho poderoso de cabeleira ruiva pintada, jogando lentamente o pi permitir, sob o olhar vazio do seu chefe; o preocupado pelo café esfriando do velhote que não desgruda os olhos do jornal; tenho tredos aos meus lado e a ninguém. Gente que passa depressa, distraída e preocupada, gente que não sou capaz de distinguir e não ser no turbilhão das vestimentas exóticas. Em minha cidade, pelos horários, pelas roupas, sei quem vai ao trabalho, quem a dapenível e quem é forasteiro. Dístingo prostitutas, comerciárias, operárias, casadas, solteiras, circunspectas, leviana. Aqui, fora um ou outro exagero, só distingo felas de bonitas. Alheio à fama da esquina, classificando rostos, bustos, quadris, pernas, faço estatística com o objetivo imbecil de afirmar: em Paris o número de mulheres bonitas é surpreendente. Ou não é. Sou o calado à minha comunicação à pedra de gêlo que morre com o dedo. Não tenho encontro marcado mas estou atento às bochas que batem na Igreja de Saint Germain des Prés. De tempos em tempos, olho para o apartamento de Sartre, inteiramente fechado e com sinais de "plastique". Ele está em Moscou, nenhuma luz acendera. Consta até que já não more mais ali. Contudo, aguardo sua figura a qualquer momento na janela. Pelos tabiezinhos, noto que chegueu ao sexto uisque. E noto também que rarelam as pessoas, que sumiram os turistas e que sobram alguns rapazes. Com decepção, verifico que a gorda de saia branca se retirou e, com vergonha, reconheço acabadas as esperanças neste lugar. Uma consciência de aventura e mais do que uma consciência, uma vontade me põe a estalar os dedos para o garçom. Quando dou por mim, constato que estou em Paris, Frustrado, outros, pela qualidade do mundo vivido. Cruzo pelo restaurante onde comi uma dezena de vezes e vejo o garçoneto escurecendo à calçada. Pela manhã, arrumava as toalhas de papel nas mesas; no almoço, no jantar, assiste à eficiência de servir a mim, a todos, rapidamente. A mancha de suor na axila é a marca e preocupa-me saber se terá um momento para passar o lenço no rosto e entregar os lábios a um homem. Não é feia, nem triste, nem conformada. Trabalha com a convicção do trabalho. Detinho-me e da esquina observo o modo vivid com que entrega o escuvivo. Não há ninguém dentro do restaurante. Cabera a ele fechá-la. E não vejo ninguém esperando-a. Até quando assim será, até que dor, até que cruel envilhecimento a denunciar a vida perdida ao serviço de efêmeros fregueses? Compreendo meu compromisso, este que me leva ao hotel: as aventuras terão de surgir ao acaso, são me esforçarei por nada, tenho distância e dobres suficientes para viver à disponibilidade. Vim a Paris sem nenhuma obrigação, nem a do homem. Não é feia, nem triste, nem museus, igrejas, monumentos e cabarés. Antes de partir, proclamei o abeiro à cultura. Afirmei com ênfase que ia a Paris para sentar num café, beber vinho e comer queijo, Isto para os outros. Para mim gozaza a liberdade de me endividar por três anos só para atravessar o Atlântico e não ser tão preto. O prometido europeu. Há trea dias estou em Paris, há treze dias me coloco nos cafés, sem programa algum. Há trea dias me aborreço profundamente.

Tragédia no espaço

Quando Fermium,
Poeira de Deus atomizada,
Rompeu o bloco de granito
Do laboratório, envolveu
Vesper, que silenciosa
E galante fazia o seu
Cósmico "trottoir".
Na sua agonia, Vesper
Foi encolhendo,
Encolhendo,
Até caber
Na palma da minha mão.
— Soprei-a no ar
Para semente de mundos futuros,
Muito menos cruéis.

Moleques brasileiros

Vejo três moleques brasileiros
Três moleques aureolados
Fazendo travessuras no céu:

Portinari, com a meninada
De Brodovski, jogando futebol,
Com a seleção celestial.

Mário de Andrade, arlequinal,
Fazendo folia com os anjinhos
Mulatos do Aleijadinho.

Villa Lobos empinando papagaio
Diante da coortes
Dos anjos musicantes.

Os gênios brasileiros são puros como crianças.

Soneto não-conceitual

Por muito que a vida leve e traga
Sem despregar da cruz as minhas mãos
Erro dia e noite sem saber como
A ventania constrói desesperanças.

Não desejo que a vida se ilumine
Qual revoltas ondas do Pacífico
Conquanto se esmere o verso puro
Na porfia dos mitos redimidos.

Se tanto desespera a côr oculta
Melhor fôra não transigir jamais
Com o pó que levantam as legiões.

Nem por sombra carpir o sofrimento
De quem sempre se levanta a desoras
Com o peito sangrando seu remorso.

ANTONIO RANGEL BANDEIRA
Ilustração de ARI DE MORAIS

A demissão dos jovens

O. C. LOUZADA FILHO

Não é exatamente que tenhamos nossas línguas cortadas e que permaneçamos mudos. A verdade é que nossa linguagem se definiu desde o início como permanentemente em xeque.

Ao mesmo tempo, é impossível não se tentar uma sua reflexão sôbre a situação de quem, primeiramente em consequência de uma posição e em segundo lugar como um projeto, tenha ligada a si a responsabilidade de pensar e a escolha da responsabilidade de escrever. Pela posição inegavelmente privilegiada de nós universitários, estudantes ou graduados ou pela escolha não-excludente de falar, não é possível omitir o fato que essa reflexão se tem feito e si mesma, como condição implícita a esta situação e expressa por outros, que há algum tempo se identificavam com uma situação idêntica a que, hoje, procuram compreender uma situação presente que caberia a nós mesmos interpretar.

A verdade é que essa situação, enfeixada na síntese de começar-se a escrever, desencadeia, necessariamente, um refletir. É um agir, perfeitamente relacionado a êle e que já foram outras vezes perfeitamente caracterizados, quando o mesmo problema se colocava.

Em 1922, por exemplo, havia uma tarefa que se colocava com clareza: tratava-se de uma necessária desalienação da cultura. A verdade é que a Semana de Arte Moderna, com além das contradições e saliente que trazia em si mesma, teve a caracterização definida da concretização de uma tarefa que se definiu, sobretudo, por uma possibilidade de ver claro através da adaptação da linguagem à realidade então presente. Pouco importa o que a Semana era mesma posta ou não ser realizada. Ela tornar-se-ia válida pelo simples aspecto do signo que possuía. As próprias divisões que foram implícitas decorriam desta atualização da linguagem e permitiram a perfeita diferenciação entre a tomada de consciência dessa realidade e a tentativa de opor-se a ela definida por aqueles que, posteriormente, tríam classicizar-se.

Quanto aos outros, as contradições que poderiam definir-se entre êles já se fundavam sobre uma nova compreensão. E, por exemplo, seria impossível Mário de Andrade e "Macunaíma", imediatamente, e praticamente tudo o que se possa inserir mediatamente numa linha de realização sincrona com o tempo, sem a reflexão e a tomada da consciência que a Semana, enquanto sintoma ou signo, possa ter indicado.

Mário Chamie chega, mesmo, a afirmar que "o modernismo esgotou até o presente momento qualquer possibilidade de um movimento no Brasil. Revolução literária, no mais alto sentido, ela ainda não correu seu ciclo". (1) Isso não impede, no entanto, que em épocas posteriores a êle tenha sido posta em discussão a situação e os instrumentos que se ofereciam aos que estão se colocaram como necessários possuidores do projeto da atividade intelectual, como novos. A reflexão sôbre a situação e a verdadeiramente implícita a condição de novos, e nessa condição propriamente que que se coloca com maior agudeza, correspondendo a caracterização do momento dos novos de um determinado período a uma secção entre um determinado momento histórico e a concentração de um determinado número de possuidores do projeto (e de quase somente dele, com a necessária carência de conhecimento em um adiantado estado de realização) de participação cultural criadora. As épocas de crise e revolução, posteriores à Semana, é essencial foi sempre a tomada de consciência dessa situação, e a maior ou menor compreensão, tarefa, reunião ou definição de rumos opostos, a reflexão é necessariamente uma etapa que se coloca quando o ponto de intersecção se manifesta.

Inegavelmente, a geração de 45 já não representa mais, independentemente da possibilidade de tê-lo ou não feito, um projeto. E, por certo, nenhum outro lhe sucedeu. Não interessa, no entanto, definir uma vanguarda ou que já seria uma consequência, discutível, de uma reflexão ou fundar um movimento. Muito mais, ou muito menos que isso, cabe perguntar qual a situação que se oferece àqueles que iniciam mais ou menos contemporaneamente a formulação do projeto? Ou quais as formulações que já foram feitas, se já o foram? Sobretudo, encontrarmos na condição de executores da tal reflexão, enquanto possivelmente colocados na intersecção entre uma situação e uma geração? Sintetizando: haverá condições para se falar em novos, enquanto a expressão puder indicar a concentração de iniciantes, independentemente de qualquer tarefa já se tiver pensada e, mais, formulada?

Responderíamos que sim, uma vez que a reunião e a homogeneidade não fôssem fatores essenciais. A verdade é que, de um lado, de 45 até hoje a situação histórica não permite a mesma. Se qualquer sintese fôsse aventada, não nos poderíamos qualificar como pósguerra e, por certo, as características propriamente nacionais encontram-se mudadas. Ao mesmo tempo, nestes decenios a própria manufatura da linguagem, com autores, em xeque, tão ou mais do que permanente formar-se a partir daqueles com 45 ainda não poderiam formular o projeto, nem sequer conscientes, talvez alguns, da própria existência da possibilidade de escrever. Possibilidade, mais, lembrando a existência destes estranhes, ou novos, ou jovens, que começam a fazer-se presentes no processo de escrever. Sobretudo, pela repetição da própria expressão "novos" e da repetição. B descarterizada, das variações e gradações e sinônimos da palavra já repetida a variada "né nauseam" por inventores a pioneiros da novidade. Mais que isso, pela simples lembrança de algumas tentativas de formulação de uma problemática da tomada de consciência de uma situação que se pudesse caracterizar como correlativamente particular, embora a frustração comum a todos eles.

De início, frustradas pela sua simples formulação, como alguns que tentaram a irrupção de uma nova Semana, que, para além dessa característica, voltar-se-ia inconscientemente para qualquer possibilidade de uma tarefa à fundação de uma vanguarda e partir de uma revisão, plantando-se no ultrapassamento do passado sua significação. Frustradas, outras, pela propria formulação interna de suas problemática. Neste último caso, coloca-se uma tentativa por certo importante: o compreender. A consciência de uma crise da linguagem representou, de início, a lucidez necessária à sua formulação. Mas não foi o suficiente. Enquanto o movimento procedia pela simples tomada de contacto com problemas particularmente contemporaneos (rétas de presssure-se a consumo numa fase nova da historial, ele decretava sua falência mesma a partir de sua caracterização como movimento, como vanguarda. Também, um vol-ta radical ao passado se escondia na tentativa de sua negação, a partir da própria formulação interna do grupo. Uma tomada de consciência de autores para autores, com a certeza e a urgencia de terminar tantas propostas atuais correspondentes. Posições, disso, pelo menos. Na verdade, operações esquematizadoras, desculpando-nos por uma preocupação de que, mesmo, a verdade do que é executado a longo prazo.

Na verdade, tal processo apelativo que poderia, mesmo, em hoje o que encontra prejudicado, na parte, na medida em que se tem visto sêr associado pela participação paralela do consumidor. A verdade é que o processo de reflexão e de formulação em amplitude, no qual a renovação é um dos processos de produção, consumo e tomada de contato da situação possível ser executada a longo prazo.

Entre o solipsismo propulsivo que poderia, mesmo, imediatamente, desembocar no nada pelas palavras dos paraílos, tais pudos nos chega no, na realidade cotidiana, nos chegam os "outros", que de início apesas não de se superfície "do "eu" e só depois, pouco, nos vão desvendando sua realidade mais íntima. Jairo e Tibiti abruptamente aparecem diante do autor, caminhando lentamente.

tarefa, como reunião ou definição de rumos opostos, a reflexão é necessariamente uma etapa que se coloca quando o ponto de intersecção se manifesta. Contemporaneamente ao período de maior virulência do concretismo e num plano por certo inferior a ele quanto à formulação de projetos e, mesmo, quanto à amadurecimento e à cristalização da cultura, uma experiência quase particular realizou-se. Fundava-se, em 1958, uma revista ("Exphral") da qual apenas dois números vieram à luz. Nem seria possível mais que isso. A própria heterogeneidade de grupo que as constituia e, logo após, se diluía em torno dela, não lhe permitiram mais. E se pretendia para nauseam do impacto que pudesse produzir eram, talvez, carentes para falta-se existente mesmo nesses dois números. Limitávamos, nos que nos conhecíamos através dela, a um mero contacto com uma situação ou com outros, quando alguns conscientes do grupo se encontravam mais à frente numa busca individual ou na formulação particular de uma situação. No entanto, se "Exphra" nem mesmo chegou a existir como formulação de um projeto, revelando-se numa simples tomada de projetos parciais (por exemplo, o do concretismo), sua existência terá pelo menos a passagem destes seus anos, desde seu início e fim quase simultâneos.

E a verdade é que tudo o que podemos constatar é que permanecemos, enquanto pressão a manufatura da linguagem, como autores, em xeque, tão ou mais do que permanentes formar-se a partir daqueles com 45 ainda não poderiam formular o projeto, nem sequer conscientes, talvez alguns, da própria existência da possibilidade de escrever. Possibilidade, mais, lembrando a existência destes estranhes, ou novos, ou jovens, que começam a fazer-se presentes no processo de escrever. Sobretudo, pela repetição da própria expressão "novos" e da repetição. B descarterizada, das variações e gradações e sinônimos da palavra já repetida a variada "né nauseam" por inventores a pioneiros da novidade. Mais que isso, pela simples lembrança de algumas tentativas de formulação de uma problemática da tomada de consciência de uma situação que se pudesse caracterizar como correlativamente particular, embora a frustração comum a todos eles.

O problema "da editora", "do leitor" ou da formulação pessoal ou da formação de jovem que está-aqui. Não nos interessa, por exemplo, a análise aprofundada de cada um, sobretudo enquanto julga ricarrágaões, como visão-de-foros, num desmembramento de fases que nos levaria à indústria do papel, ao analfabetismo e, muitas vezes, à psicanálise, respectivamente, escamoteando e problema por sua extrapolação. De uma situação e de um problema particularmente de quem escreve (de quem começa a fazê-lo), nos quais deve nascer o projeto adequado, iriamos partir da uma situação para a compreensão de quem escreve. E, se não é a partir da reflexão sobre a situação até a formulação do projeto e a forma de compreendê-la, definindo uma adequação, que parte, o mais fácil seria a simples eliminação do problema pela inadequação inicial do sujeito à situação, pela total superficialidade do autor.

Além do mais, o problema da reflexão, do projeto, da adequação e, mesmo, do agir, nos aparecem hoje como o que não foi feito. Deixando-se em suspenso, pois não seria um problema a ser equacionado individualmente, quanto mais sua limites impostos a este artigo, limitemo-nos a ver alguns aspectos particulares da relação contemporanea dos jovens à situação.

A dissociação das fases do problema em como, para quem e para que parecem-nos de terminar tantas propostas atuais correspondentes. Posições, disso, pelo menos. Na verdade, operações esquematizadoras, desculpando-nos por uma preocupação de que, mesmo, a verdade do que é executado a longo prazo.

Na verdade, tal processo apelativo que poderia, mesmo, imediatamente, desembocar no nada pelas palavras dos paraílos, tais pudos nos chega no, na realidade cotidiana, nos chegam os "outros", que de início apesas não de se superfície "do "eu" e só depois, pouco, nos vão desvendando sua realidade mais íntima. Jairo e Tibiti abruptamente aparecem diante do autor, caminhando lentamente.

editoras verdadeiramente se abrem, ao menos parcialmente, como via a percepção imediata de uma tarefa ingléria para o jovem: muitos de nós se perdem em grande parte na sua tarefa meramente "áptatá", mas aem impacto e percurso em profundidade. Não que se desenvolva uma problematização isolada para os sêr publicado. Mas que se se publica quase somente o que se inscreve na inadequação, a nós pessoas seja apreendido hoje, o que encontra um público imediato e que aja sobre pouco importando esse ação que muitas vezes se traduz em mera expressão do deleite ou dos choques da verdade inoferviosa. É a dificuldade de meio dificulta qualquer tentativa de um processo de reflexão e formulação em amplitude, no qual a renovação é um dos processos de produção, consumo e tomada de contato da situação possível ser executada a longo prazo.

Entre o solipsismo propulsivo que poderia, mesmo, imediatamente, desembocar no nada pelas palavras dos paraílos, tais pudos nos chega no, na realidade cotidiana, nos chegam os "outros", que de início apesas não de se superfície "do "eu" e só depois, pouco, nos vão desvendando sua realidade mais íntima. Jairo e Tibiti abruptamente aparecem diante do autor, caminhando lentamente.

"O FORTE" E SEU ESPAÇO MÁGICO

NELLY NOVAES COELHO

"O grande portão aberto. O Jairo e transpõe. Tibiti, a seu lado, e o que diz atinge o pátio antes dos proprios pés. A terra escura, o peso do Forte não a esmaga, sustenta as três árvores. Andam, os passos curtos, o sol crescendo, a escadaria de pedra esperando." (p.1)

E assim, magicamente, vamos penetrando no Forte, com Jairo e Tibiti e misteriosamente pedaços da vida vão saindo atrás de nossas mãos. Damasa, Olegário, Michel, o piano, a voz... tudo vai emergindo não se sabe de onde... mas nos penetra e nos domina. Quem são eles? Que ligação têm com o Forte? E a mágica história vai se desenvolvendo, numa explosão de liberdade, como se há muito estivesse contida à nossa espera. E vai crescendo dentro de nós o velho Forte baiano, instalado no alto de um morro, por onde durante três séculos passou toda uma humanidade, pendurada de sombras, fantasmas e memórias. Deitam-se em nós... é como um já nos podemos se apossando dela. A palavra cria o Ser. Eis a arte de Adonias Filho, o "mago do romance", na precisa definição de Otávio de Faria.

Valendo-se de uma técnica surgenerie, que muito se aproxima dos processos cinematográficos, com seus "travellings", "plongées", "close-ups", superposições, instantaneos, coordenadas, Adonias ergue a pormenor-rola a trama de "O Forte" como a, na maior parte do relato, a sua terra sofrida, areias, casas, ladeiras, terreiros, brutedos, navios, mar, mistérios, beleza...

Nessa apaixonante história, que Adonias Filho vem de nos contar, reencontramos aquela atmosfera de sortilégio que é marca inconfundível de seus romances, voltamos à imersar naquele espaço mágico que pode denisamente suas personas, dando-lhes uma profundidade e espessura que além daquele contorno visível, configurado pelo relato.

"Pujante, a fôrça que se desprende do espaço captado por Adonias Filho. Na verdade, as coisas, o ambiente que se acontamava não seus romances não é um simples espaço projetivo e indiferente aos homens, um espaço que vale apenas por seus contornos estéticos ou por sua função de cenário... Longe disso, nós sentimos que o espaço é sofrido, é vívido, já ultrapassou sua dimensão telúrica e cresceu em seu valor animico. É uma força estranha que está a limitar do Ser e assiste com um poder hera àcerca dos gestos. Para essa espaço não no correr outra definição, além de mágico.

Em "O Forte", é principalmente a velha fortaleza de pedra que acambarca toda a ação espacial. Nela arraigam Olegário, Jairo, Tibiti..., e principalmente por causa dela, apresentam todos eles uma profundidade que no espaço temporal se movem (início, meados do séc. XX e Bahia). Seus gestos e palavras estão prenhes de escos biblicos, parece-nos que brotam de criaturas que conhecerem a origem do mundo e que experimentam a fôrça pelas primeiros vez. Inegavelmente, essa sensação de começo, puro, de angústia e defrontação virginadate, arraigada embora na violência das almas o no solo bárbaro, é das mais fortes que os romances de Adonias provocam em nosso espírito.

Aliás, deste último livro, desaparece a espantosa a poética violência a que o Autor já nos tiara acostumado. A verdade é que na raiz de seu problema nuclear, está ainda um ato de demissão. Pelo engajamento e total, pela decisao do rato de escrever, justifica-se. Mas os que testam em escrever, suficientemente lucidos para evitar o solipsismo, ou ao menos procurar fazê-lo, talvez se demitam ao não procurar a reflexão e, posteriormente, a formulação do projeto com se apagou a situação que se engendra como a sua atividade inerente. Escrevemos, muitos, sentos tudo nos chega na realidade cotidiana, nos chegam os "outros", que apenas não de superfície "do "eu" e só depois, pouco, nos vão desvendando sua realidade mais íntima. Jairo e Tibiti abruptamente aparecem diante do autor, caminhando lentamente.

"...o ar se envolve, aquele ar carregado de pó, dorso dos espaços vazios (...) Damasia, sem pressa, a porta larga. (...) O sol possuía o corpo de Tibiti. (...) Labareda nos olhos, Jairo se encolhera. Tibiti está vendo. Levanta-se a imagem. (...) Jairo se espreitou. Esperava a voz. E, a aí surgir, como que desco-nhecesse, percorrer as galerias, os sótãos, o pátio, o corredor. Espacejasse, pairas, volve. A voz vai criar um mundo. Nada sabemos destas criaturas, mal conseguimos apreender, racionalmente, as palavras através das quais elas chegam até nós. As imagens atingem a níveis ser profundos antes de tocar-nos o pensamento lógico.

— Quem é o senhor?

Foi quando, o como nascendo de Forte, o Forte surgiu. Às torres vales às vistas como avô e neto. (...)

— Me chamo Olegário. — E aqui cumprindo a pesquisa que conheci o Forte. (...) Sangue e dor, na voz, como em um parto. Grandalhão, os olhos encarnados, a voz em ferro" (pag. 16)

E os fatos vão subindo à tona, mesclados, ao acaso, obedecendo a um tempo-memória, levados de um espaço mágico, impedidos por uma linguagem que parece conter a própria fôrça da vida. As palavras estão ressoando em nosso íntimo e as imagens que elas criam se tornam nossas. Deitam-se em nós... é como um já nos podemos se apossando dela. A palavra cria o Ser. Eis a arte de Adonias Filho, o "mago do romance", na precisa definição de Otávio de Faria.

Valendo-se de uma técnica surgenerie, que muito se aproxima dos processos cinematográficos, com seus "travellings", "plongées", "close-ups", superposições, instantaneos, coordenadas, Adonias ergue a pormenor-rola a trama de "O Forte" como a, na maior parte do relato, a sua terra sofrida, areias, casas, ladeiras, terreiros, brutedos, navios, mar, mistérios, beleza...

Nessa apaixonante história, que Adonias Filho vem de nos contar, reencontramos aquela atmosfera de sortilégio que é marca inconfundível de seus romances, voltamos à imersar naquele espaço mágico que pode denisamente suas personas, dando-lhes uma profundidade e espessura que além daquele contorno visível, configurado pelo relato.

mulher. João Caio "imagem nos olhos" olha a serra. "João Caio sabe que ali o homem e a mulher encontrarão o ninho" (p. 1). A narrativa prossegue em retrospecto, dividida em quatro partes, desde a tragica mencênica da Cajango até levar-nos de novo ao da mesma serra do inicio, com João Caio e os Jagunços e a antevisão do mundo que começa para Cajango.

"A serra ressurge, aninha-se de manhã, um homem e uma mulher, às mãos nas mãos, passos e chão unido. As rochas cedem sob os pés. Descobrindo as cavernas, caminha-se do forte, encontrando o ninho" (p. 138).

E o romance pára, enquanto prossegue para nós a certeza de que a vida continua infinitamente. Certeza provocada por aquela estrutura que estabelece, insofismavelmente, o ritmo circular, infinito, da vida conexo, sem princípio, nem fim. Digna é passagem que a técnica narrativa em tôrça pormenorizada é que ultrapassaria na normais fronteiras de um artigo).

Em "O Forte" a mesma estrutura circular se repete e provoca a mesma sensação. Porém, aqui, o Romancista abre uma visão do futuro, amplia aquela presença de que visto se fal sentido. A cena inicial, com João Caio e Tibiti pelo primeiro mão, reencontraremos no fim do romance (no grande portão aberto), Jairo se transpõe, Tibiti ao seu lado", volta a repetir-se no fim da quarta parte, depois de um longo e sinuoso retrospecto, quando todos os mistérios nos são revelados.

"Subiam juntos, Tibiti e ela, os portões surgiam. Ela começo buscar coragem, aggravando-se ao braço do homem, e cheio de das frutas. Transpassarem o portão, o pátio, a escadaria, o corredor. ( ) e sol penetrou para possuir o corpo de Tibiti" (p. 104).

Se o romance houvesse terminado, os leitores ficado apenas com a antevisão que nos oferece "Corpo Vivo". Continuando, numa terceira parte, tivemos a amplificação da ação nuclear: as fôrças ocultas no espaço, nas coisas, que traiam o nosso destino. Restabelecidas as relações com as fôrças animicas, o homem rompe à solidão excruciadora do "eu" e atinge e seu ser abissal, a grande da sua condição humana e a consciência de que ela é um decisivo na misteriosa e inversa correntes do ciclo vital cósmico.

Com Jairo e Tibiti, o Forte simboliza essa força animica. Uma vez cumprida sua missão, podia ser destruído.

"E tudo se fizera — Tibiti nascendo, Olegário matando, o Forte existindo — para aquele encontro, ele e ela, o amor para que a Bahia. A paz ter criados, virá como o bosque, a agua certeza" (p. 109).

Assim, pois, ultrapassado os limites daquela estrutura circular, Adonias Filho atinge, com toda a plenitude, a total significação daquele encontro definitivo. Jairo e Tibiti são o Homem ... está não é mais a criação de um mundo, que cria um mundo, o nosso. E o Espirito de Deus movia-se sôbre as águas e Deus disse: Exista a luz. E a luz existiu".

Emergindo do espaço mágico, que se evoca do Forte, Olegario fala.

"Olegário agora, os braços abertos, a Bahia ouve. Ele e o negro, a noite sabem, podem então ver: o Forte é isto. (...) — Eu estou dizendo". Ele diz a a vida se fortifique, não surpresa, ela o saber sêr de um fantasma do Forte, é quase a voz de Olegario" (p. 10).

O relato avança. Aos poucos Jairo e Tibiti emergem do caos, o mistério da vida. Conta poesia insólita e violenta é pura do primitivo, do original, o mundo começa com eles... A alegria se alcança.

É uma confissão. Não ha ispanto, nem surpresa, ela se sabe ser de um fantasma do Forte, é quase a voz de Olegario.

— Eu tenho o menino. (...)
Outros serão irmãos. (...) Eu tenho e irmão de todos (p. 130).

Jairo e Tibiti têm a Amor que gera a vida. — E Amor aninha-se na escuridão, superando todos os obstáculos.

Ai está, em tosca síntese, o eixo do romance que Adonias Filho acaba de pôr em nossa mão: suas palavras, sua riqueza, erigem a fim no próprio individuo, encarregado da cruz pesada de nossa insolidariedade com os homens, Cajango e Malva nos dão à antevisão de um mundo que começa, mas "unhes e pedras que vão penetrar outros". E nessa atmosfera, sem pressa, à luz do dia, o reencontro nos leva a não Gênesis: "No princípio Deus criou o céu e a Terra. A terra, porém, estava informe e vazia, e as trevas cobriam a face do abismo, e o Espírito de Deus movia-se sobre as águas e Deus disse: Exista a luz. E a luz existiu".

Emergindo do espaço mágico, que se evoca do Forte, Olegario fala.

Em "Corpo Vivo" temos uma estrutura narrativa circular perfeita, tal é, a primeira esta belo como vão desvendando-se o amor, a morte, e a antevisão do novo que nasce (Alberto e ao irmão menor). Em "O Forte", Adonias dá um passo à frente. Sua circularidade apresenta um sentido, quer no sentido do retorno pleno do Gênesis da novos mundos. Sugerir os cosmos. Aí está o senso poder e a sugestão mágica deste romance que se prende ao dia.

(1) Adonias Filho, "O Forte" Civilização Brasileira, RJ, 1965.
(2) Erich Auerbach, "Mimesis"

Ari de Moraes Possato, 26.06.1965

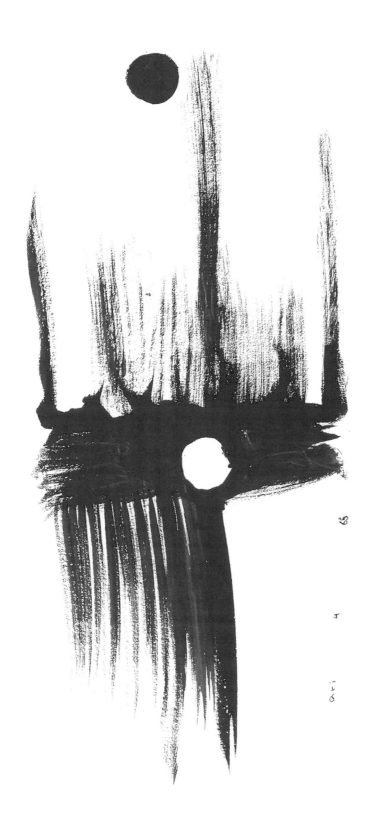

Hans Handenschild, 11.04.1964

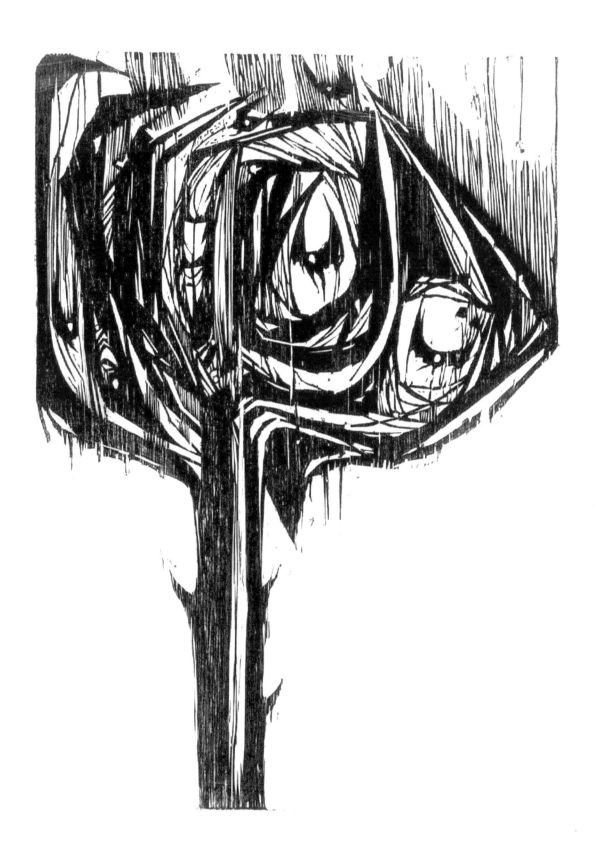

Yutaka Toyota, 13.03.1965

Suplemento Literário

ANO PRIMEIRO / NUMERO 3 — SÃO PAULO / 20 DE OUTUBRO DE 1956

Arcades e romanticos

Sergio Buarque de Holanda

Entre os nossos árcades e a sensibilidade lírica do século XIX os historiadores não procurado assinalar, inexactamente, um claro vínculo de parentesco. José Veríssimo, por exemplo, vira, era de Cláudio Manuel da Costa, era em Basílio da Gama, precursores e mais do que precursores do romantismo. Outro, e com maior frequência vão buscar aquela sensibilidade nas liras do terno Dirceu. Ronald de Carvalho já a descobrira em Silva Alvarenga. E para Afrânio Peixoto, o primeiro romântico do Brasil fôra sem dúvida alguma, o nosso José Bonifácio, na Arcádia Americo Elisio.

Haveria alguma justificativa para tais associações? No caso de um Silva Alvarenga, por exemplo, aquele "romantismo", se alguns o descobrem na transcrição de Glaura, assumirá já caráter consciente naquele passo da Epístola a Termindo, onde se reclama obediência às leis simples da natureza e como desfavoravelmente quem "estuda o que diz" a quem "de mágua e dor, geme, suspira e cala".

Para mover-me o pranto com-
(vem que vós choreis),

exclama, com efeito, o poeta.

Não sei se já se notou, porém, que quase toda essa epistola é um reflexo bastante nítido, e nos passagens, precisamente, uma tradução ipsis litteris de Boileau, codificador da arte clássica francesa, tão vizinho do racionalismo cartesiano e, por conseguinte, tão quanto se poderia esperar de mais estranho à sensibilidade romântica. Isso, todavia, não impedira o francês de escrever este verso.

Pour me tirer des pleurs, Il
faut que vous pleuriez,

que o brasileiro irá traduzir fielmente mais de um século depois. E verdade que o racionalismo cartesiano, quando repele a autoridade e a tradição e convida os homens a buscarem dentro de si mesmos o critério preferencialmente exclusivo de acerto real, assim como os caminhos para o abandono da superstição e do erro, pode-se dizer que deu acesso à tendência contraria. Aquela interiorização propugnada visa, claramente, a acordar as faculdades intelectuais, mas não poderia ser também a porta do irracional e da emotividade.

Não sás invencíveis, em realidade, certos contrastes que o século XVIII, dependente, por muitos aspectos, do cartesianismo nos apresenta desde cedo e, já no primeiro reinado, a era da razão é ao mesmo tempo, e já antes de Rousseau, a era das almas sensíveis? Nas págins dos árcades, que as verteram muitas vezes, a lírico pensar que extrasse, em parte, uma simples e antiga convenção poética. Mas que tal convenção crassa fundas raízes entre eles, e já agora é chasse despida dos paradoxos, rudezas, hipérboles ou "crises" que quase invariavelmente o acavam entre os seisentistas. E isto por si só é caracteristico. Não obstante a frivolidade do mundo rococó, o despojamento fúnebre, com ou sem, os sujeitava ao ideal da veracidade e simplicidade que o arcadismo se propunham desde os seus inícios. Um teor falso como, em geral, nem tão falso como, em geral,

nos dos seus antecessores, sempre amigos de converter os olhos em fontes, mares ou rios caudalosos.

Tudo isso se verifica igualmente e, talvez, sobretudo, entre os árcades brasileiros, continuadores, ao menos nesse ponto, da tradição lírica lusitana. Claudio Manuel da Costa, que se confessa "uma alma terna, um peito sem dureza" já revelará apenas na presença do contraste entre idealidade do quadro pastoril e a minuta exata, não rara grosseira. Essa característica pertence, de fato, à convenção e até à afetação bucólica, desde o século XVII e prolongar-se-no seguinte. E é em tal aspecto que se fundam aparentemente os que insistem no romantismo ou préromantismo da inspiração do cantor de Nise. Que dizer então de Gonzaga? Um crítico eminente e dos mais notáveis conhecedores da chamada Escola Mineira, o Sr. Rodrigues Lapa não hesitou em discernir, por exemplo, uma "peculiar sonoridade romántica" em versos como aquele onde não afeta sem limites que pretende votar a sua formosa Marília.

Eu movo uma corageno maior
(Ique o mundo),

— o poeta acha, afinal um remédio seguro contra a perfida malícia dos homens e a spatia insonlevel dos deuses.

Todavia esse comparar-se no puro sentimento, ou aquela aspiração a um tipo de vida pacato e burguês, "anti-heroico", que era, segundo ainda alude o professor Lapa, a de Voltaire e a dos autores ingleses da época — mas já nos não também, literalmente, a do velho Horácio, um dos nomes do nosso Dirceu? — ou seguer o naturalismo de seus quadros poéticos, ainda se acham longe, creio eu, de nos mostrar em Gonzaga ou em qualquer dos seus companheiros, algum pressentimento ou, muito menos, um "começo de realização" de certos ideais ou ultrapassariam sua época.

Pode-se falar no possível "romantismo" ou no "pré-romantismo", da "modernidade" relativa dos nossos árcades, enquanto com isso se reconhece a importância dos inventaveis novos entre cada época e a sucedem. Mas se um tal reconhecimento serve para libertar-nos do velho hábito que consiste em fragmentar-se a história da humanidade em períodos racionalmente distintos e antagónicos, em proveito de certa mais viva da continuidade, também não irá a um extremo tal que venham a esbater-se os traços distintivos das diferentes épocas e dissipar-se contrastes que se escondem sob afinidades muitas vezes ilusórias.

Que o arcadismo, em particular, oferece com as tendências que a ele se seguiram certos laços que seriam errados negar é caso pacífico. Mas uma atenção maior levanos, na maioria dos casos, a distinguir o que há mais de diferente do que de comum. E certo, por exemplo, que a repulsa a qualquer autoridade exterior e à tradição, em face das verdades que cada homem pode encontrar dentro de si, com o socorro de sua luz natural, acha-se à base do romantismo e a imprecipitações, como impreigiam o clima espiritual donde nasceria a poética dos árcades, que fora o grande idea setencentista. No entanto, nada mais diverso do que o papel atribuido num e noutro caso a esse processo subjetivista.

Para o racionalismo, tal como se manifesta já no pórtico do primeiro dos grandes tratos cartesianos, ele visa essencialmente a não fazer descobrir uma verdade de universal através de nossa alma racional, isto é, da razão una e idêntica em todos.

Pois é justamente essa noção, presente já nas teorias do Direito Natural, da identidade fundamental da natureza humana em todos os tempos, que o romantismo dirigirá suas baterias, mesmo quando não prossiga conscientemente um tal propósito. A presunção dessa identidade trata de pôr o senso do particular, do individual que, em alguns casos, chegará a transformar-se na única explicação e razão de ser da obra de arte.

Ora, no mundo dos árcades, o que chama constantemente a atenção é bem o oposto desses tendências individualizaras que o romantismo irá cultivar. E isso parece verdadeiro mesmo num caso como o de Tomás Antônio Gonzaga. Nos retratos que ele nos oferece de sua Marília é fácil observar-se, por exemplo, como o típico e ideal prevalecem em todas as circunstâncias sobre o individual. E é por isso que assumem casos importantes nele os elementos contingentes e sensíveis que servirão para compor sua silhueta mortal. Esta não se confunde necessariamente com a imagem formada pelo poeta, não entram elementos herdados da convenção ou tradição lírica e que bem pode variar segundo as circunstâncias. Se numa lira, é exatamente a primeira da primeira parte, os cabelos da amada são "uns fios de ouro", na seguinte já "de todo tão são, têm a côr da negra morte", tudo conforme a momentaneum capricho do cantor, que ou se-gue fielmente os padrões petrarquistas, uma fina docilidade, determinada pela passagem de Anacreonte, é que os traços exteriores da Marília real não precisam corresponder aos da sua idealização poética.

Se por outro lado, nas descrições feitas pelo mesmo Dirceu vamos deparar inadvertidamente com o zelo pelo detalhe concreto, zelo que não recusa nem diante

do prosaico, é ilusório pensar que nesse empenho aparentemente realista ele tivesse ultrapassado as convenções estéticas tradicionais. A verdade é que uma das características do idílio rústico que sua poesia espelha ainda mais do que a de Claudio Manuel da Costa, está justamente na presença do contraste entre idealidade do quadro pastoril e a minuta exata, não rara grosseira. Essa característica pertence, de fato, à convenção e até à afetação bucólica, desde o século XVII, e prolongar-se-á no seguinte. Sejá como for o que ainda pretendem os árcades, antes de tudo, é a manifestação de valores universais, imortevos, cada uma é em tudo incomparável aquele senso comum cartesiano, à razão "idêntica naturalmente em todos os homens". De sorte que a espontaneidade reclamada por um Silva Alvarenga, por exemplo, quando a coloca acima do estudo e do esforço, só não teria para ele, como não tém para os árcades a missão que esses mesmas palavras irão ter depois entre os românticos. E não seria menos no ao menos uma ideia moderna na época. Pois o proprio racionalismo, que não seria conhecido, em geral, senão através de seus reflexos literarios, viria apenas fortalecer, nesse ponto, convicções que, leitores assiduos de Horácio e de Cícero, eles bem poderiam deduzir, por exemplo, do célebre poeta nascitur ex orbitur intacta. A crítica ao abuso das regras e à retórica escolar no De Oratore.

Seja como for o que ainda pretendem os árcades, antes de tudo, é a manifestação de valores universais, não a revelação de verdades particulares, únicas, inefáveis, que levassem a distinguir cada artista, não apenas de seus confrades mas também do comum dos mortais. A superioridade que estimavam ver admitida e aceita geralmente, não é a que pudesse resultar, porventura, de atributos que alem de sua alma singular, teria permitido exprimir mais adequadamente a beleza eterna.

Mesmo quando esses autores tratam de buscar a inspiração dentro de si mesmos, só o fazem, em realidade, para se acharem plenamente convictos de que semente das normas estéticas ideais,

universais, imorredouras, cada uma é traz impresso na propria fisiolonimia aquele senso comum cartesiano, à razão "idêntica naturalmente em todos os homens". De sorte que a espontaneidade reclamada por um Silva Alvarenga, por exemplo, quando a coloca acima do estudo e do esforço, só não tem para ele, como não tem para os árcades a missão que esses mesmos palavras irão ter depois entre os românticos. E não seria menos uma idéia moderna na época. Pois o próprio racionalismo, que não seria conhecido, em geral, senão através dos seus reflexos literários, viria apenas fortalecer, nesse ponto, convicções que, leitores assíduos de Horácio e de Cícero, eles bem poderiam deduzir, por exemplo, do célebre poeta nascitur ex orbitur intacta. A crítica ao abuso das regras e à retórica escolar no De Oratore.

Simbolismo ou modernismo?

Adolfo Casais Monteiro

Já em artigo anterior tive ocasião de referir a opinião discordante do professor Soares Amora, relativamente ao "ponto final" do simbolismo em Portugal, ponto final que ele coloca em 1926. Nesse artigo abordei apenas alguns aspectos do problema, sem entrar seguer no amago da questão, o que pretendo tentar agora.

Embora seja esta, segundo Acosta, o primeiro ponto que se há a integrar, em relação ao Modernismo português, é o seu momento essencial — e o seu próprio início — no movimento simbolista, não é porém a primeira vez que entre Simbolismo e Modernismo se estabelecem confusões, derivadas substancialmente de designação adotada para o primeiro destes movimentos possuir um sentido independente dele, e muito anterior mesmo à sua existência. E não só um, mas mesmo vários sentidos, que por diversas maneiras se introduzem nos juízos sobre o movimento literário do século XIX ao qual coube o nome de Simbolismo. E por isso mesmo teria sido muito melhor que lhe tivesse ficado na história literária a designação de Decadentismo, que também teve, e muitas vezes usada na por daqueles.

Para poupar espaço, remeto o leitor para o "Dictionary of World Literature" onde poderá encontrar o assunto excelente mente tratado sob todos os pontos de vista que interessam à literatura. Essa simples leitura seria suficiente para mostrar, entre outras coisas, que, ao contrário do Romantismo ou do Modernismo, o Simbolismo é, afinal, uma teoria derivada da obra de grandes poetas... que não fizeram parte dela; isto é: Baudelaire, Mallarmé, Verlaine, Laforgue, Rimbaud, não "fizeram" o movimento simbolista, ele foi obra de poetas de segunda e terceira ordem. Isto significa que aprovei pensamos na poesia simbolista a identificamos com aqueles poetas que a fizeram reconhecida, embora tenham sido inteiramente passivos na sua constituição. Qualquer desses poetas se caracterizou essencialmente pelo alheamento de uma "ação", mesmo da uma "ação" de ordem exclusivamente literária. Não poderiam pensar em movimentos, porque toda a sua ação já define como alheamento de realidade. Quando só de um "movimento", o fato de ele ser considerado. Por mais que quaisquer condições existentes nas significam que se se possa definir como alheamento da realidade; pelo contrário, é a tentativa para a reintroduzir na literatura a verdadeira realidade, tentativa que se torna possível porque há uma consciência de participação na vida dos homens capaz de os fazer crer na eficiência da ação.

A dispersão que como programa simbolista torna-o pobre qualquer que seja a medida adotada; isto aliás, se explicam equivocos como no caso da burguesa portuguesa, anterior ao Simbolismo à primeira geração modernista, e de não distinguir as várias correntes e os vários planos. Acaba por resultar infantil, quando na trata de um Fernando Pessoa, por exemplo, dizer a seu respeito (coisa que Amora faz implicitamente logo que o integre no Simbolismo), que "habilita as verdades metafisicas, as verdades morais e sentimentais, em resumo, as verdades de alma", seria o mesmo que de "Fernando Pessoa não é Fernando Pessoa!". As palavras de Soares Amora que transcrevi-tão, com efeito, a caracterização desse Espiritualismo que ele pretende dar-nos como a fundamental conteúdo duas épocas simbolista, que isto é de 1890 a 1926. Confusão fatal na qual fica o crítico que pretende encarar a cultura portuguesa da atualidade como única visão do desenvolvimento e levando-a meter no mesmo saco os caracteres bem diversos de duas linhas opostas que caracterizam essa cultura, vai ao ponto de apresentar a "Seara Nova" e a Revolução da mesma reação contra a república. Mas este problema já nos levaria para longe do Simbolismo e do Modernismo — ou talvez não? Ele ao que parece responder noutro artigo.

LETRAS ANGLO-AMERICANAS

O tranquilo americano e o inglês inquieto

Willy Lewin

Lançado em fins de 1955, o último romance de Graham Greene, The Quiet American (Heinemann, Londres), já deixou, naturalmente, de constituir uma novidade literária. Mas, não se apagaram os ecos da questão política que parece ter provocado.

O book reviewing dos semanários de grande tiragem, nos Estados Unidos, não escondeu sua irritação diante das ironias desferidas contra o personagem Alden Pyle, simbolo do mundo americano de ser, homem e condutor-se, visando a conservar o mundo de acordo com os seus próprios estilos.

De outra parte — por motivos óbvios — a obra de Greene (um "reacionário" católico) mereceu a surpreendente homenagem de ser publicada em folhetim pela Gazeta Literária de Moscou.

Os franceses tiveram saudades da desarmada candura do jovem americano Pyle que, em missão comercial na Indochina, pretende a importação de "plásticos" (que também servem para a confeção de explosivos) e às ambições políticas de um certo general The), em cena da instauração romântica por isso mesmo que sincera) de uma Terceira Força, a um só tempo contra o comunismo e o colonialismo.

O até agora "sombrio" e "mórbido" escritor católico inglês dá-nos, com The Quiet American, um livro a destacar em toda a sua obra de ficção. A destacar pelas suas virtudes literárias e também por conterem, de certo modo, o que vinha assinalando à própria posição de Greene como romancista. E', antes de tudo, a mais arrojada, a mais sadia de suas histórias. Sem embargo de perseguir drama, e até mesmo tragédia, situa-se num clima que poderíamos classificar como de mordacidade patética. E' que se um livro de humor, se bem que pungente.

Graham Greene se lança a uma nova fase ou a uma nova experiência: a de abandonar o romance católico, deixando de exigir, pela primeira vez, (segundo certas vozes da crítica britânica) um teólogo para examinar com atenção (e às vezes com severidade) as minúcias da narrativa.

No ensaio que Jacques Madaule escreveu, em 1949, sobre o autor em foco (Graham Greene, Les Éditions du Temps Présent), disse o crítico francês que "como todos os romancistas dignos desse nome, ele procura nos dar, por vias indiretas, uma certa ideia da condição humana. Pary Greene essa ideia é católica".

Ora, em The Quiet American existe e predomina, sem dúvida, a condição humana. Mas, quanto à ideia do catolicismo, esta se limita a algumas referências acidentais, como por exemplo a esposa do jornalista inglês Fowler, a qual, sendo católica, por isso mesmo resistia em conceder o divórcio desejado pelo marido. A uma pergunta do americano acerca do se católicos são "seriam uma força contra o co-

munismo" na Indochina, responde o inglês que o Bispo católico obtinha dos comunistas o bambu para a Casa da Missão — acrescentando, com ironia, que a questão política que parece ter provocado.

Posto tanto à margem o antipathos religioso — o teológico — que restará, no romance, do Greene a que nos habituaramos? Possivelmente, restará mais do que poderia supor a primeira vista. Resta, em primeiro lugar, a profunda e emocionante simpatia humana, de modo particular aquela que, no autor de The Power and the Glory, sempre penderá para os erros, os pecadores, os outsiders e outlaws.

Greene nunca foi um escritor moralista (no sentido obfuscante do termo), exemplar ou apologético. Os seus personagens católicos — ainda no dizer de Madaule — são como as outras. O catolicismo e um livro contra o qual eles não podem, e no qual se acomodam como podem, geralmente antes mal do que bem. E a palavra-chave é casamento.

Mais uma vez, em The Quiet American, como o Pinkie de Brighton Rock, o Scobie de The Heart of the Matter, e o "Whisky Father" de The Power and the Glory — se bem que em mais baixo religiosa — o inglês Fowler tem, por seus americanos de Cristo, como o seu realismo e com a simpatia do egoísmo, e o que é simpatico em contraste com a licença, o fair play, a sinceridade, a candura, o quase angelismo — todas as excelentes qualidades, enfim, do "tranquilo" americano. "Jamais conheci um homem que tivesse melhores motivos para o mal que outros" — é asim que Fowler explica o seu rival Pyle, rival em todos os sentidos, inclusive para que eles quais arreubatar, que aviso do confiado prévio, segundo as regras do "jogo limpo", a jovem amante indigena, Phuong.

Mas, é tempo de voltar, mas ao caso político no caso de se pretender contornar o romance de Greene. Caso este, a nosso ver, não existe, pelo menos como intenção primordial. Não tendo feito, antes, apologética religiosa, o escritor também não parece ter desejado, agora, se engajar em posições políticas. Não se há um do comentário esse The Quiet American, esse tema pertence é muito menos no plano político que "como todos os românticas dignos desse nome procura nos dar, por vias indiretas, uma certa ideia da condição humana." Porque se trata em substância do conflito entre dois modos de ser, entre duas espirito, de natureza totalmente diversa, entre o americano Pyle com a certa furiosismo sempre capaz de contaminar as sociedades antigas, solidamente constituídas. Tanto um como outro aspecto compreendido o absurdo desse ferismo porque "a velha sociedade está caindo a pedaços, e, no seu vangloriarmos de certas verdades tradicionais, nas máis fatores do que tenter a consolidação impossível de um mundo que passa, que na realidade já passou".

Se isto é exato, The Quiet American contradiz Madaule. Ou então somos nós que estaremos equivocados quanto ao todo para o qual nos parece, agora, pender a simpatia de Greene: a justificação, o apego de nós às coisas aqui, e vocês lhe deram dinheiro, lhe deram o Oriente, e Ihe disseram: "Vai, conquista o Oriente para a Democracia!" Exatamente isto: um rapaz decente e bem intencionado que seguia, como a dogmas infalíveis, as opiniões de um compatriota York Harding em livros "proféticos" e "profundos" sobre, por exemplo, "O Avanço da China Vermelha" ou "O Papel do Ocidente". O Oriente precisa de uma Terceira Força, sentenciará York Harding, tanto e meu dever colaborar na sua implantação — tal é o raciocínio de Pyle que também possuía, entre os seus livros sérios ("termo que naturalmente exclua os novellas, os poetas e os dramaturgos"...) uma "Fisiologia do Casamento". Donde a observação amarga de Fowler, antecipando a perda da amante: "Talvez ele estivesse estudando o sexo como havia estudado o Oriente — no papel. E a palavra-chave é casamento.

Ora, Fowler é o apaixonado, o ciumento que se reconhece mais fraco ("Eu não tinha juventude, integridade, futuro"), e como tal não sabe de fato jogo limpo.

"Acreditei em você, The mas", disse-lhe, magoado, o americano. "Não acreditei em ninguém, quando há americanos. O nosso é mais triste, pelo mundo no meio, e a isto é duplicidade europeia, nos caísla fazer com ela." A qualquer preço?" E' claro". "Mas isto nasa é amor?" "Talvez não seja a sua maneira de amar, Pyle".

Frequentemente, Fowler surpreenda uma expressão de pensa e desapontamento no olhar ou nos labios de Pyle "quando a realidade nos se adaptava às ideias românticas dele que ele acalentava".

Por fim, o inglês já não se dá no mais contar a irritação diante de tanta candura: "Ela devia ter ficado em casa. Visto num álbum de fotografias inteligentes, a cavalo em um rancho, nadando banho de mar em Long Island, fotografada com seus colegas num apartamento de vigésimo terceiro andar. Ele pertencia ao americano e o elevador expresso, ao "ice-cream", ao "dry martini", ao sanduíche de galinha... uma bem moça americana do drogado, assinante do Clube do Livro do Mês".

Ainda uma vez, recorremos ao ensaio de Jacques Madaule. Diz ele que o antimovinismo de Graham Greene, como o de François Mauriac, resulta de seu natural humano contra um certo farisaismo sempre capaz de contaminar as sociedades antigas, solidamente constituídas. Tanto um como outro tem compreendido o absurdo desse ferismo porque "a velha sociedade está caindo a pedaços, e os nos vangloriarmos de certas verdades tradicionais, nas máis fazemos do que tentar a consolidação impossível de um mundo que passa, que na realidade já passou".

"Os Estados Unidos não somente malogram na produção de uma aristocracia autêntica, como não conseguiram criar uma "intelligentzia" indígena. Os chamados intelectuais deste pais não são mais do que cuspadores de briolóes estrangeiras — não necessariamente ingleses".

"O fato de que eu não postarei semédio para toda a toda a nossa doença é uma razão para que eu aceite o a seu remédio; é uma razão para me fazer acreditar que o vosso remédio é falso?"

Sentenças como estas são numerosas na coletânea de pensamentos de H. L. Mencken poshumamente publicados em volume pela editora Knopf de Nova York, sob o título "Minority Report". Trata-se de certo testamento literário menekenesque, podendo receber o espírito que caracteriza o autor de "Prejudices" durante os anos "vinte": misto de cinismo, intolerância, inconformismo, pessimismo-otimista, anti-democratismo, antiangélicnew, etc. — tudo, porém, em essência, muito americano.

Estudando aspectos atuais dos Estados Unidos, C. Wright Mills examina, no livro "The Power Elite" (Oxford University Press), celebridades de todo o gênero: milionários, almirantes, generais, políticos e "corporations executives", perguntando-se nisso admitido parece mesmo o nome de elite.

Cerca de 30 poemas (a maior parte inéditos) de alguém que se entende, — Frederick Shove, foram agora reunidos postumamente pela editora Universidade de Cambridge Press, sob o titulo "Selected Poems".

Palavras como moderno ou antigo — diz num E. Maitland num breve prefácio — são pouco apropriados à composição desses poetas para quem o tempo nada conhece se não é "noso" ou "seu".

Rhys Davies, Alun Lewis, Gwyn Thomas, Aled Vaughan, Coradoc Evans e outros escritores modernos do País de Gales integram a antologia "Welsh Short Stories", organizada e prefaciada por Gwyn Jones.

"O amor é importante, em geral platônico, isto é, na medida em que ele essa é imaginado" — declara o poeta inglês Kathleen Raines no prefacio de seus poemas "Collected Poems". Concluindo: "Tudo quanto no amor pessoal e afetivo imagtino deve ser posto à margem".

SUMÁRIO

Sergio Buarque de Holanda:
ARCADES E ROMANTICOS

Willy Lewin:
O TRANQUILO AMERICANO E O INGLES INQUIETO

Adolfo Casais Monteiro:
SIMBOLISMO OU MODERNISMO

Candido Portinari:
LAGO TIBERIADE (Desenho)
PAG. 1

RESENHA BIBLIOGRAFICA
Ledo Ivo:
A TOUTINEGRA DO MOINHO
Wilson Martins:
A REVISÃO CONSTITUCIONAL
PAG. 2

Ruth Guimarães:
A PRESENÇA (Conto)
Eugenio Gomes:
HAMLET E A TECNICA DO SILENCIO
Emílio Moura:
SOLILOQUIO DE AVO (Poesia)
PAG. 3

Antonio Candido:
CHATEAUBRIAND E MONTE ALVERNE
Edgard Cavalheiro:
A SEMANA E OS LIVROS
Wilson Chagas:
UM NOVELISTA DE ULTRAMUNDOS
Egon Schaden:
O ESTUDO CIENTIFICO DA ACULTURAÇÃO
PAG. 4

Sabato Magaldi:
AMEAÇA AO TEATRO BRASILEIRO
P. E. Sales Gomes:
O CAMINHO DE FELLINI
Alberto Soares de Almeida:
150 ANOS DE MUSICA NO BRASIL
PAG. 5

Lourival Gomes Machado:
CADA CÃO COM SEU OSSO
Rugero Jacobbi:
MOZART E O DRAMA MUSICAL
Lúcio Xavier:
REVISTA DAS REVISTAS
PAG. 6

LAGO TIBERIADE — Desenho de CANDIDO PORTINARI

Capa do *Suplemento Literário* de 20 de outubro de 1956: ilustração de Portinari

Suplemento Literário

ANO PRIMEIRO / NUMERO 11 — SÃO PAULO / 22 DE DEZEMBRO DE 1956

Prufrock e outras observações

PAULO MENDES CAMPOS

"Prufrock and Other Observations", tido por um crítico de pouca simpatia — F. R. Leavis — como "uma importante marco na história da poesia inglesa", editado em 1917, contém uma dúzia de poemas. Abre o volume "The Love Song of J. Alfred Prufrock". Já publicado em 1915 na revista norte-americana "Poetry", Ezra Pound foi o primeiro a reconhecer a sua novidade e o seu valor literário.

O título do poema é uma anotação irônica: não se trata de uma canção, pois poetica que é feita para todos, mas de um monólogo dramático in toda a poesia de Eliot é essencialmente dramático, que lembra os solilóquios shakespeareanos. Prufrock não pode cantar uma canção de amor porque a sua capacidade de análise destrói nele a eclosão do sentimento; assim como o segredo que o faz a Hamlet pronto e o conhecimento de si mesmo e a inanidade da vida corta o caminho da exaltação amorosa a Prufrock. Embora uma segunda realidade exista, uma vida da emoção o tema sensual, Prufrock não acredita em si mesmo e se condena ao inferno da vazia e pretensiosa sociedade burguesa. Ele drama está em Baudelaire:

"— Certes, je sortirai, quant à moi, satisfait
D'un monde où l'action n'est pas la soeur du rêve".

Já os românticos antecipam o tom exato da lucidez que se opõe ao amor. Parece-me de fato, de qualquer forma, as interpretações desse poema que dão grande relevância à inibição amorosa de Prufrock.

"The Love Song" é um poema de forte e consciente oposição ao romantismo vitoriano. Nenhuma dúvida do poema pode ser chamado de romântico, Frank Wilson, um poeta caso escandalizar-me até certo ponto com algum motivo, chega a falar no byronismo do Eliot dessa fase. Além de uso diferente da linguagem poética, o que distingue le basta em saber para a diferença seja acentuada: a poesia de T. S. Eliot da poesia romântica é a primária que ele dá da apreensão intelectual. Em sua poesia, as próprias emoções são vistas de um ângulo intelectual; melhor dito, contrastando intelecto e sentimento, o poeta faz que a ideia se comunique à emoção, emprestando a esta um contorno intelectual. Nesse sentido, T. S. Eliot permanece ainda um poeta aristotélico.

O verso empregado no poema, efeito dos outros dessa mesma época, é assimétrico e irregularmente rimado. A rima serve livremente ao poeta para dar provimento às suas acentuações silábicas e à variedade. Eliot foi dos primeiros a utilizar-se do chamado "verso livre" com a absoluta consciência de que não se liberta dos constrangimentos dos métodos tradicionais mas que abria um campo maior, e mais ainda, a necessidade de uma disciplina rítmica. Para ele, desde 1917, a diferença entre verso trabalhado e vers libre não existe, havendo simplesmente verso bom, verso ruim e o caos.

Nenhum poeta de meu conhecimento, a seu tempo, isto é, quando o assunto provocava confusões e discussões, pressupõe-se mais esclarecidamente sobre o verso livre do que ele. Assim como nenhum poeta moderno demonstrou maior intimidade com todas as minúcias de seu métier. Nessa particularidade, Paul Valéry, comparado ao poeta inglês, é pinto; mesmo quando a percuciente análise de Valéry incide mais sôbre o conhecimento filosófico da criação, da técnica e do valor da poesia.

Não obstante Eliot colocar a imaginação e realidade em termos intelectuais, "A Canção de Amor" é de extraordinária força poética, apresentável a uma primeira leitura, e ainda apreciável aos bons leitores não aparelhados para destrinçar todos os esses motivos intelectuais de poema. A frase descarnada e límpida de Eliot, ainda quando exprime emoções ou ideias complexas, já existe nesses primeiros versos. Sua sonoridade no original é estupenda, e melhor se manifesta quando ouvimos a própria autor lendo o poema ("T. S. Eliot Reading" — Cardmon TC 1045, New York).
C. M. Bowra, a propósito dos versos "I should have been a pair of ragged claws / Scuttling across the floors of silent seas", cita uma opinião profissional de Tennyson sôbre um verso de Milton: "É magnífico porque a chelo de vogais, todas elas diferentes". Tennyson utiliza de orelha e dá tudo o poema, de toda a obra eliotiana, sem dúvida.

Há poetas que se deixam levar pela própria habilidade rítmica; Eliot faz tarefa mais difícil, não prescindindo de rima fina sonoridade e, ao mesmo tempo, permanecendo o contrôrio de um poeta que se deixe levar.

Todo o desenvolvimento do poema é voluntário, todos os seus efeitos são deliberados. A distinção, por exemplo, do "fog" como um gato.

"A neblina amarela que esfrega as juntas nas caixilhos da vidraça,
A fumaça amarela que esfrega o seu focinho nos caixilhos da vidraça,
Enfiou sua lingua até as esquinas do entardecer.

Podemos seguir o gosto de V. O. Matthiessen quando afirma que este é o melhor poema de **Prufrock and Other Observations** e um dos melhores de toda a obra de T. S. Eliot (a edição por mim consultada é **The Achievement of T. S. Eliot** de 1947). Gosto particularmente também de "Mr. Apollinax", "Gerontion", "The Waste Land", "Animula", "Marina" e da poesia menor do "Landscapes".

A canção de amor de Mr. Prufrock é também uma canção de morte. Não pelos motivos de Leopardi e dos românticos. O romantismo de Eliot tem raízes intelectuais. Lazaro, São João Batista, Hamlet, a "dying fall" são elementos que configuram a morte do espírito em um mundo fútil, anestesiado. Eliot, como D. H. Lawrence, sentiu a falta de vitalidade, a falta de verdadeiro deste ser assim poderoso dizer do estertil, do agitado, mas apático, mundo burguês. Lawrence não poderia apreciar a solução que Eliot encontrou para escapar a uma sociedade corrompida sem grandeza.

T. S. Eliot (estamos nos referindo à sua obra) não ama a vida — está é a verdade. Lawrence é amou demais e desejou que o homem se salvasse através de uma ressurreição do corpo. Através do espírito e através do corpo, as duas experiências chegaram afinal a um resultado muito parecido, exótico, a uma supressão do mundo e das homens. Grande é a reverberação romana da vivência do romancista e do poeta; não creio, no entanto, que possamos aceitá-las dentro de um critério de valor pragmático. O mundo precisa do espírito e precisa do corpo; isoladamente, as intuições de corpo e do espírito levam ao niilismo.
Confesso não ter muita simpatia pelos escritores que não tomam partido. Criticar com objetivos puramente literários é também um pudor. Por dar, nestes comentários, que pretendo tão expositivos quanto possível, não fujo ao gosto e ao dever de manifestar-me, sobretudo quando o assunto é grave, quando merece um exame mais profundo.

Não sou filósofo e nem cabem aqui exames profundos. Tenho, como todo mundo, opiniões, e as transmito ao leitor quando o so me parecer oportuno ou necessário. Escrevemos não apenas para compreender e ajudar a compreender mas para dar as nossas opiniões. Prefiro a levidade de uma opinião apressada ao pedantismo de uma crítica au-dessus de la mêlée.

Através do espiritualismo ou do materialismo podese começar o mesmo erro: suprimir o mundo e os homens. Como através do espiritualismo ou da materialismo podese chegar ao entendimento do esforço cultural dos intelectuais de uma sociedade que já principia a diagnosticar os motivos de seu desaparecimento e as razões que devem orientar a sua evolução. Esse esforço cultural tem um rumo: considerar o mundo e os homens, achar a **unidade humana** entre os princípios intelectuais e geográficos do globo terrestre. Encontrar o outro, compreendê-lo, pensar o mundo, em termos tão perfeitos e objetivos quanto possível, de maneira que os homens possam viver este, é o imperativo da cultura de nossa época. E a nossa conquista. As soluções individuais à angustia, por isso mesmo, ainda quando encontradas por inteligências excepcionais, são de um valor que não passa da reverberação emocional de que falavamos.

A crítica literária de T. S. Eliot é magnífica, e é fácil acreditar que permanecerá no futuro como a mais importante e característica revisão de um momento da literatura de língua inglesa. A sua poesia e pensador reservou as suas ideias mais definitivas e completas, em última análise, para sua posição filosófica: **Four Quartets**. Creio justamente que sejam grandes realizações da poesia moderna.

Desde o seu primeiro poema, de seu primeiro livro, a aversão de Eliot pela realidade é uma das evidências de seu espírito. Desde esse primeiro poema, êle emprega os elementos mais importantes e belos da realidade como símbolos ou imagens de uma realidade espiritual. O mar, por exemplo.

Desde "The Love Song of J. Alfred Prufrock" evidencia-se seu desgôsto não só pela vida elevada burguesa de Boston ou Londres ("In the room the women come and go/ Talking of Michelangelo"), como também, em visões mais desagradáveis, desnuda-se o seu desgôsto pela vida dos homens humildes ("Lonely men in shirt sleeves"). Essa incompreensão da vida comum, por mais sórdida que seja esta, é mim é o tão antipática quanto a pretensão das gráficas burguesas a conversar sôbre o mundo renascentista.

Em um poema escrito em francês, "Lune de Miel", essa técnica de Eliot, de antepor o grandioso ao sórdido, chega a crueldade. O poema é de alta vibração verbal, mas os que fatalmente o pensam, comentaristas e estudiosos da crítica exaustiva, a atenção que o **Suplemento** semanal do grande órgão londrino dedicou aos aspectos essenciais do fato literário não o

LETRAS ANGLO-AMERICANAS

Experiência e tradição

WILLY LEWIN

Mostram-se muito interessados os ingleses em saber, de um lado, qual a forma, e de outro qual a mensagem que devam ter a poesia e o romance. Num sentido geral, que devem ter o Entretenimento.

A tal respeito é, sem dúvida, importante a contribuição do recente número especial de outono (44 páginas) que **The Times Literary Supplement** dedicou às fronteiras da literatura. Mais precisamente, conforme se dizem em grandes letras na página de frente do referido número, ao estudo dos problemas enfrentados pelos escritores modernos que buscam definir as fronteiras da literatura, como tais aplicadas à ficção, à poesia, à crítica etc.

O **Suplemento Literário** do Times de Londres possui naturalidade bastante para se aventurar a essas pesquisas, para fixar tendências e, mais do que isso, para opinar sôbre elas. Não se trata de um hebdomadário "movimentado", no quadro do padrões habituais do gênero. Não publica reportagens e despreza o anedotário da chamada "vida literária". Não ao gosto francês e, por extensão, latino. É um jornal exclusivamente de bom entreterimento, tecendo notar que o seu próprio principal (onde o princípio do anonimato é mantido com rarissimas exceções) nunca ou quase nunca se refere a simples comentários, aos verdadeiros ensaios de crítica exaustiva. A atenção que o **Suplemento** semanal do grande órgão londrino dedicou aos aspectos essenciais do fato literário não o

torna, entretanto, uma folha sofisticada visando ao público highbrow.

Quanto ao número especial de que estamos tratando, na impossibilidade de analisar-se detidamente tôdo o compacto e variado conteúdo, procuremos fixar-lhe a posição básica. Essa posição, sem dúvida, é predominantemente estética, tal como a exprime o editorial de apresentação, cujo título é, por si mesmo, sugestivo: "A Literatura como Arte".

Evocando os estudos do padre Brémond, na França, e de Mr. George Moore, na própria Inglaterra, no sentido de tratar por limites ou os possibilidades de uma literatura "pura", o editorial é que aos referimos assume atitude moderada: "Mesmo que rejeitemos a hipótese de uma literatura pura, há de haver alguma aproximação a essa pureza em qualquer obra escrita que, propriamente se destine a perdurar". E mais adiante, em defesa do estilo, da composição em termos artísticos: "Há por tôda parte a sentimento generalizado de que dedicar importância excessiva a questões de estilo é um sinal de decadência. A verdade, ao contrário, é que o estilo é o problema de encontrar a linguagem apropriada a um tema, e assim, nunca é demais a importância que se dê à sua fundamental pesquisa".

Desse modo, só haverá decadência quando se estabelece, não a primazia do estilo, e sim a consolidação de um falso estilo. Por exemplo: hoje em dia, certas técnicas de redação jornalística, excelentes e funcionais na respectiva esfera, estão se introduzindo no campo das belas letras, e propõem-se freqüentemente, em nome da necessidade de um novo estilo, muito vivo, sintético e movimentado, uma evidente deturpação do que deva ser, mesmo sem qualquer rigidez de normas conservadoras, o autentico estilo literário. E certo que bem aproveitadas e transformadas, essas influências jornalísticas poderão dar (como é o caso de Hemingway) um bom estilo literário.

Feita a sua declaração de princípios em prol dos direitos estilísticos, estéticos ou artesanais da literatura, o T.S.S. busca indicar o que se está verificando na Inglaterra quanto à direção dos ventos, particularmente na poesia e no romance. Ao que lhe parece, o fenômeno ou a tendência agora dominante consiste num certo abandono do "experimentalismo" em favor do "tradicionalismo".

Por tradicionalismo não se deve entender, na hipótese, o que T. S. Eliot defende no seu conhecido ensaio Tradition and Individual Talent. Para o poeta de The Waste Land, o sentido de tradição é muito amplo e quase sempre pouco visível. Não se trata de uma tímida aderência ou de uma dócil repetição de fórmulas. Não herdamos uma tradição, lembra-nos Eliot. Obtemo-la com esfôrço e trabalho. Por consequinte, o tradicionalismo eliotiano é ativo, implica invenção. E, em ultima análise (e porradoximente) experimentalista, como o é a própria poesia de quem o preconiza.

Enquanto isso, o tradicionalismo em que a jovem poesia inglesa estaria se apoiando é, talvez, mais de repetição. Abandonam-se as experiências de forma e de ritmo, ajusta-se qualquer excesso de obscuridade, ou melhor, se combate a obscuridade em si mesma. Insiste-se, enfim, em considerar o poema como uma estrutura lógica, devendo, em consequência, o leitor ser feita também tão logicamente quanto possível.

Nessa revalorização da linguagem corrente ou direta, há um fato interessante a observar. Os poetas ingleses que a estão impondo moderam, no seu tradicionalismo-experimentalista de T. S. Eliot, pois êste escreveu de uma feita que o poeta tem dois deveres aparentemente contraditórios em face da comunicação que utiliza: quando a linguagem da poesia parece desfinhar, cumpre infundir-lhe sangue novo, e extrair, no caso, da linguagem comum. Todavia, esse common speech também se exaure, e geralmente em prazo mais curto. O dever do poeta é então, segundo Eliot, o de restaurar a dignidade tradicional da linguagem.

O que os poetas inglêses dos Fifties estão tentando, ao que tudo indica, é uma revalorização da linguagem lírica em têrmos eloquentes e discursivos. Mas, em última análise, êsse "discurso" poético tem que constituir a própria negação existencial da linguagem da poesia, "Eu canto o meu enigma (e não o meu silogismo) no mais hermético, no mais misérrimo e sublimar. Eliot não contou, a poesia sempre deve explorar, e a poesia sempre deve conter alguma experi-

[continues in right column]

cia. E não basta com Eliot ou uns Ezra, com "velhos" ultrapassar para que as faltas fundas, mais essenciais, possam deixar de exibir-se a grande público.

Quanto ao romance, êste também está reagir a linha tradicional. Mas os problemas de uma maneira singular, cla, o romance tem como limite, uma carga de tendências mais redondo, história, comego, fim — e isso a desperto registram-se com mais valor que nestes últimos tempos in tamente "experimentalistas" uma Virginia Woolf e, tudo, de um James Joyce.

E não será esta, porventura, a propria tradição unível romance, que na sua atual é um parente velho à moderno? Sem dúvida, mas por isso mesmo já meça a duvidar da autoridade como obra literária de tanto estético de casas pensais na linha tradicional que vem seguida algumas suas experimentadas desde o século XIX.

Tendo se consolidado a dicção da "história", o tríge, do plot, a ficção "impuras" por assim necessárias, caracteristicas — sem que Eliot quiz desenvolver a figurão como fenômeno em si como autor nada "menor", então, matéria de que se podem haver agora quadros elétricos nos por nos na pintura e ce bastia mesmo, não se podendo, tanto, compor um vel novo. Desta desde ordem contrário, desde desde a conceição, não foi rondamente que Pauli admitia seu tão importante criar uma frase como "A marquesa pediu a chá, gem e saiu", o que significa confundo pelo autor Tiro de sua espontanieste de escrever em rom nem isso mesmo que ele um artista.

A realidade, porém, ultrapassamos essa tradição. E é dessa tradição e é o processo do romance em todo o mundo, incluía Inglaterra onde já os não que as causas profundas de decadência da ficção. The Changing N, o título expressivo de en que de R. A. Scott-James é uma número recente do Sun Con efeito, não existisse dos apenas ou essencialmente um "história", um romance da qualquer que espécie da science-fiction serian romanesca.

Há, presumivelmente do superficial ao entusi Elizabeth Jennings, Gudo, Holloway a K querem que romance em persitas no book-reviewers que Dentro da pr terra já se percebe desde que cada vez mais a mente não é próprio, uma história "realista" "psicológica", que, após conturbações "existê tais", não pode este mente a sua capacidade de comunicar-se, de ser ir

Aliás, o que é ser prévio a de um autor como leitor comum? Auster dia vis, Kafka foi, no consento vis, um excritor hore destinado a elites. De 1945, passaram a ser lido "homens do ruer" e livros de bolso, O alen cidadãos destruídas recebem toneladas, no atinge Kafka, e sua própria desde rabilitação. Identifica uma maiores indagando como homem, como autor, de O Processo. Por se guinte, também o re precisa de "experimentar" soluciona o impasse é se debate, busando afitual como gênero literário no

Quanto ao suposto britânico a Kafka bem na nalista, não terá sido t mente uma Nathalie Se (L'Ere du Soupçon), a ter exemplos concretos (escassos) para a sua vencedora, cientosa renunciada do vendo inglês do Henry Green, Joyce Compton-Burnett.

Verifi cou-se recentement que o próprio público ir glês terno tido um como mudança de hábito, no se diz, como se fôsse Estados Unido preocupações tem di se distribuído e consultado com reservas aos em pela grande volta da interesse popular, na Inglaterra, por coisas melhorantas, com a maior para mente em prazo muito longo, O dever de poeta e esta do de restaurar a dignidade tradicional da linguagem.

"A Way of Looking" é de uma colectânea de Elizabeth Jennings. Dentro, London, al gumas as considerações de ordem experimental citadas aqui são feitas no "A Prefatory Essay" do mas fatos também tradicionalment como "A Way of Looking at Poetry", de Elizabeth Drew. Cambridge University Press.

[*] V. artigo "Ouvir Estrelas", in "O Estado de S. Paulo", Suplemento Literário n. 5, de 30/11/1956.

Outras fontes de Bilac

EUGENIO GOMES

A principal obsessão imaginística de Olavo Bilac prendia-se às estrelas, de que usou e abusou, como é conhecido. A titulo de amostra, Eloi Pontes transcreveu, em sua obra sobre o poeta, cêrca de cinquenta excertos do volume "Poesias", onde o todavia intervém tema sobre tudo natural, por vezes com as mesmas imagens e comparações. Por isso, Bilac motivava-se irritado com a popularidade que lhe valeu o "Ouvir Estrelas", desbobrado aliás em outro sonêto não menos

---

SUMARIO

Paulo Mendes Campos:
PRUFROCK E OUTRAS OBSERVAÇÕES

Willy Lewin:
EXPERIENCIA E TRADIÇÃO

Eugenio Gomes:
OUTRAS FONTES DE BILAC

Aldo Bonadei:
GRAVURA
PAG. 1

RESENHA BIBLIOGRAFICA

Octavio Tarquinio de Souza:
DEZ ANOS DE PROSCRIÇÃO

Wilson Martins:
O FENOMENO URBANO DO BRASIL
PAG. 2

Helena Silveira:
O POLO NORTE (Conto)

Tentáculos Literarios:
PREMIOS LITERARIOS

Vinícius de Moraes:
POEMA DOS OLHOS DA AMADA (Poesia)

Leão Ivo:
AEROPORTO DE BABILONIA
PAG. 3

Antonio Soares Amora:
A "FILOSOPOEIA" E SEUS TEMAS DE INTERESSE

Edgard Cavalheiro:
A SEMANA E OS LIVROS

Wilson Chagas:
OS POETAS DO "QUIXOTE"

Adolfo Casais Monteiro:
IRENE LISBOA
PAG. 4

Sabato Magaldi:
ALGUNS ANFITRIOES

F. E. Saiet Gomes:
OBJETIVIDADE E METAMORFOSE

Alberto Soares de Almeida:
OPERA: TEXTO E ATOR
PAG. 5

Lorival Gomes Machado:
AINDA NÃO E' AMANHA

Sergio Milliet:
A PROPOSITO DA EXPOSIÇÃO CONCRETISTA

Lívio Xavier:
REVISTA DAS REVISTAS
PAG. 6

---

famoso, o das "Virgens Mortas", cujas fontes de inspiração se interpenetram com as daquele, quase geralmente. Por isso mesmo, é analise de um deve seguir-se necessariamente a de outro. (1). Há, porém, uma linha intermediária, nesse jogo de ideias, que é indispensável levar em conta, na que se refere à influencia portuguesa. As sugestões em tôrno à metáfora da estrela aforam, em Portugal, de seus mais antigos cantares, mas fosse certamente Antero de Quental quem deu ao tema a graça por assim dizer coloquial ou de intimismo lírico que viria a influir sobre Bilac. Essa metáfora resplandece em alguns de seus melhores versos, porém, de maneira particularmente expressiva no soneto "Sonho" e "Sonhei"! nem sempre o outro se visa...!, cuja relação com o soneto XII de Da "Via-Lactea" é flagrante. Aliás, na sua forma primitiva, publicada na "Gazeta de Sapucaia", em 26 de março de 1885, o soneto de Bilac tinha o titulo "Sonhando" e, o que é ainda mais significativo, abria justamente com a mesma palavra inicial do de Quental: "Sonhei!", "Sonhei que me esperavas, etc".
Outro índice positivo da impregnação quentaliana é a circunstancia de tratarem as estrelas de tôrma áquela que empolgava o pensamento do Poeta. O conceito de pureza virginal está implicito na identificação desse parentesco, tradicionalmente ligado à ideia da metempsícose, pela qual as virgens puras, quando morriam eram us deas estrelas e, assim, se transformavam em estrelas. Frisee se porém, que o caso (XIII, embora a ideia do sentimento de perpetuidade fantástica nessa altura pelo poeta, quando a personalidade feminina, a quem se dirigam sete um dos sonetos desta parte do "Poesias", a grande ausente da Amália de Oliveira, que a vigilância ou o preconceito familiar convertera em algo inalcançável, como as estrelas.

Basta ler o sonêto seguinte, o número XIV, para se notar que Bilac muda bruscamente de tom, questionando de "o gume fino de perversos dentes"...
Sinal de que a eleita de seu coração se lhe tornara inacessível, finalmente. E preciso ter em vista, que, não obstante a divergência sensual dessa parte do "Poesias", o sonêto da "Via-Lactea" celebram e exaltam a pureza e a castidade feminina.

Não há dúvida de que a ideia do "Ouvir Estrelas" e, por sua tensão, o das "Virgens Mortas", já estava implícita no soneto de Antero de Quental, mas a imitação de Bilac pertence a um processo complexo em que se fundem diferentes matizes de impregnação. Não é por isso improvável que o poeta brasileiro, antes de elaborar o soneto "Virgens Mortas", tivesse lido o de Arsene Houssaye "Ce que disent les étoiles", incluído no livro "Poésies", publicado em 1887. O poeta francês viu também nas estrelas "almas amorosas, vertendo o céu noturno um chôro silencioso". As virgens mortas de Houssaye não se mostram resignadas a uma metempsicose celeste é prantelam do alto, conciliando as suas irmãs da terra a lhes acompanhar o exemplo, subindo a Deus, pelo martírio; enquanto no soneto de Bilac as estrelas vêm tudo, mas algidamente, numa beatitude impassível, "com o olhar gelado das que viveram só", das que morreram puras."

Evidentemente, o poeta brasileiro colocou-se mais próximo do tópos clássico, na mesma direção seguida em "Ouvir Estrelas", de modo que se Houssaye influiu sobre o seu pensamento foi antes no sentido de reavivar-lhe a imagem mitica que está latente no subconsciente coletivo da humanidade.

Quem examina os prodromos da ideia central da metáfora da estrela logo observa que lhe é inerente a antiga crença de imanente no morto se podem transformar em estrelas. Por toda essa crença ingenua a toponimia clássica, os nomes femininos, com que se elaborava a constelação maravilhosa, cuja soflogia subsistiu eternamente, desafiando os rigores da verdade cientifica.

Encontra-se aliás no poema "Lover", de "sir" William Davenant, que viveu no século XVII, o melhor especime do que uma alegria correspondente a extinta estava a exigir um flagrante da vida do tumulto que não fosse representado pelo espetáculo da corrupção vulgar. Quem comparar esse sermão fúnebre que Vieira costumava pregar as quartas-feiras de Cinza, verá que cautela teve o grande Jesuita para não melhorar a suscetibilidade da côrte, falando-lhe de com tanto tato, sutileza e até doçura, sobre a morte.

Naturalmente, o processo para melhor transformar em estrela pela formula vieirana não era tão rápido e providencial como o de Bilac, que, em comum dizer automaticamente, de acordo com a crença antiga, segundo a qual a alma iria transformar-se numa estrela: "Que cuidais que e a sepultura, senão uma oficina de estrelas? Ainda a nossa matureza produz maiores quilates da formosura em baixo, que em cima da terra, As flores, formosura breve, criam-se na superfície, as pedras preciosas, formosura permanente, no centro. Julgae agora é enganada gentileza se foi injuriosa a Raquel a sepultura, ou se nos deve escolher Maria a mulher forte. Enterrou-se flor, para se congelar diamante: desfez-se em cinzas, para se formar em Estrela". A metáfora foi colhida na Velho Testamento, onde a extrato o pregador para lhe dar uma alegria correspondente as conveniências do momento, em que a compostura aristocrática da extinta estava a exigir um flagrante da vida do tumulto que não fosse representado pelo espetáculo da corrupção vulgar. Quem comparar esse sermão fúnebre que Vieira costumava pregar as quartas-feiras de Cinza, verá que cautela teve o grande Jesuita para não melhorar a suscetibilidade da côrte, falando-lhe de com tanto tato, sutileza e até doçura, sobre a morte.

celeste, a alma daquelas que se purificavam na terra a serviço de Deus. Ainda nesse caso, porém, o mito religioso bifurca-se em varias direções, algumas com que poderosa influencia sôbre a poesia romantica, a exemplo da que trazia o cunho medieval da celebre contrafação dos cantos solaciegos e representada pela ideia de que a alma dos ancestrais pairava a habitar entre as brumas e os astros, para além dos céus, numa das regiões. As invocações à Estrela Vésper eram de um coração nostalgico, que se voltava para ela como para uma inefavel protetor a de um povo de sombras.

Nesse direção entrosavam-se as crenças indígenas, no Brasil, que inspiraram a Macedo Soares o poema "Almas errantes", em oito estrofes, transcrito no "Curso de Literatura Brasileira", de Melo Morais Filho, em sua edição de 1881. O saudoso poeta Vieira da Cunha, a quem devo Vieira e sua indicação, julgava estar ali a fonte principal do sonêto "Virgens Mortas", o que é provável. Esse poema constitui uma das tentativas mais felizes empreendidas por nossos romanticos para uma recriação da lenda macabras, cuja latência teorizou Norberto de Sousa a consciência aos seus mitos barbaros, que não figuraram com exito. O poema de Macedo Soares, as estrofes a seguir apresentam sensível analogia com a inspiração bilaquiana:

Por essas horas caladas
Das tuas sagradas,
Quantas almas errantes
Que almejam frutos de amor;
E à sombra dos romanismos
Revoltam pelas caminhas
Candidas almas de ánjinhos
Que vagam de flor em flor...

Ela que aperta a estrela d'alva...

E das finadas donzelas
As almas tornam-se estrelas,
Trocando na canção singela
Pelo véu de acqueles fulgor;
E vãs na melodia
Se sentem d'a harmonia
Das etereas lúcidas
Que as palmas do coeder.

Há uma desemelhança entre as duas composições: no sonêto de Bilac, as virgens mortas, transformadas em estrelas, não se mexem a terra; enquanto que as "Almas errantes", pode que seus olhares estejam atentos a céu, não se cansam de passearem a embalso.

ALDO BONADEI — GRAVURA

Capa do *Suplemento Literário* de 22 de dezembro de 1956: ilustração de Bonadei

Suplemento Literário

ANO TERCEIRO / NUMERO 114
SÃO PAULO / 3 DE JANEIRO DE 1959

Util inda brincando

PAULO RÓNAI

Esse dístico do velho chafariz do Passeio Público, aproveitado com tanta graça num conto de Artur Azevedo, é uma ótima epígrafe para o novo livro de Aurélio Buarque de Hollanda Ferreira, *Enriqueça o seu Vocabulário* [1] O título envolve malícia que nos convida a um passatempo inócuo; na realidade ele designa um objetivo de grande importância de todo programa educacional.

Todo professor, por menos dado que seja à observação, há de ter notado a extrema pobreza vocabular das suas crianças, uma das prováveis causas do rendimento escasso do ensino entre nós. Os ecos de um artigo que a este respeito publiquei há anos [2] mostraram-me que muitos dos exdiscentes estavam tão apreensivos com o fenomeno quanto eu. Dontando de um vocabulário bem reduzido, a "geração sem palavras" estaremos murindo-a de armas e utensílios indispensáveis à sua futura atuação intelectual. Daí a satisfação com que venho assinalar o aparecimento de uma obra destinada a facilitar sensivelmente a realização dessa tarefa.

Não se diz nenhuma novidade ao afirmar que as palavras, ao mesmo tempo que veiculam o pensamento, lhe condicionam a formação. Há século e meio, Herder já o proclamava e que um povo não podia ter uma idéia sem que para ela possuísse uma palavra. Num momento em que a hermonia milenar do verbo escrito e falado se vê, pela vez primeira, seriamente ameaçada pelo prestígio crescente da imagem visual, o culto consciente da expressão vocabular ganha nova e premente atualidade.

Esse culto, aliás, impõe-se principalmente à população dos que se exprimem em determinados idiomas, entre êles o português. O vocabulário abstrato coloca um indivíduo de língua neolatina ou inglesa em presença de dificuldades que um russo, um alemão ou um húngaro desconhecem. Com efeito, nos idiomas destes...

Salvo engano foi nos países anglo-saxônicos, especialmente nos Estados Unidos, que mais cedo se sentiu a necessidade de obras que, isentas de bolor e efeito soporífico, facilitassem a aquisição rápida de boas doses de vocabulário. Não se contam os livrinhos espanhóis e práticos que oferecem ao leitor insular um aumento rápido e indolor de vocabulário dentro de poucos meses, ou mesmo semanas. Os autores dos mestres em encontrar slogans sugestivos, capazes de espicaçar a curiosidade.

"O seu chefe tem um vocabulário maior do que você. E eis a precisamente uma das razões por que é o seu chefe", proclamam Funk & Lewis [3]. O segundo destes autores, noutro opúsculo, recorre à estatística para impressionar-nos: "Se você é um adulto médio, não ativo de mais que cinquenta palavras por ano, e o seu léxico é apenas uma vez e meia o de uma criança de dez anos." [4] Outro filólogo cita Kipling, em cujo entender "as palavras são a droga mais poderosa usada pela humanidade", enquanto o editor do seu livrinho aproveita a contracapa para prometer ao consulente tornar os livros na sua síntese profissional. Mas aqui ainda afinar ou sua vida sentimental [5].

Ao lado de tais obras, de tiragens elevadíssimas, várias revistas dedicam seções incessantes ao assunto. A mais conhecida de todas é o mantida no *Reader's Digest*, baseada num pituita sistema de *testes*. Tal edição inglesa a mantida em sob-erdo-se depois de adicões não inglesas de popularidade desta revista na língua portuguesa a secção está confiada desde o início a mestre Aurélio. **Na right time**, no *the right place*, visto que em muitos pontos aqui em grande parte em melhorar as relações entre homens e palavras e em restituir à sua dignidade primitiva. Mantendo embora as características essenciais da seção, a nossa filólogo foi aos poucos aperfeiçoando-a e imprimindo-lhe...

feição pessoal. Esta se nos revela nitidamente no volume que, reunindo material espalhado numa centena de números da seleções. Nascido sob o signo inequívoco do best-seller, o livro — primeira obra do gênero em português — presta-se igualmente à diversão amena e à consulta mais séria, a maratonas intelectuais e a questões de salão; interessante, vivo, sem pedantismo oferece numa forma sensível os resultados de uma erudição sólida e extensa.

A ideia básica do sistema do *Digest* consiste em aproveitar a preguiça "difícil", confundida e frequentemente confundida, a desafiar o leitor não a decifrar o significado, mas a escolha de entre quatro seções sugeridas, das quais três pertencem a homógrafos, homônimos, paronimos ou outros vocábulos que qualquer associação poderia aproximar do termo focalizado. Os 1.600 verbetes que contém tais palavras nos tal são difíceis a soluções propostas para escolha formam a primeira parte do livro.

[...continues with more newspaper text in multiple columns...]

CRISE DE UMA GERAÇÃO

RUGGERO JACOBBI

Ao alcançar um certo grau de sua existência, o homem ouve o apelo da morte. O homem mergulhado nas coisas, empenhado em viver, esquecido de outros valores que não aqueles que por ele mesmo herdou dos domínios da vida, ouve uma vez, sinal de trevas, a mensagem do desconhecido, e não a sabe decifrar, e não quer acreditar nela. Mas, queira ou não queira, a partir deste momento, ele está preso na engrenagem. Já caiu nas mãos pacientes, calmas e polidas da morte, a quem nada custa esperar um pouco, e contra quem de nada valem revoltas, desejos ou temporárias ilusões, porquanto o tempo já mostrou seus vencimentos. A partir do momento em que a voz não se fez ouvir, a Parca já começou a enrolar sua meada, a puxar o fio sutil e tenaz. Há dois caminhos para acompanhar-lhe a determinação: ambos, porém, são caminhos de obediência. Ou continuamos vivendo sem perceber o que se passa, mergulhado para um além. Para quem chegou ao primeiro grado, não há saída para a rua. Deveria, antes, voltar-se sobre si mesmo, a fito nossa salvação possível.

Este é o tema de "Sette Piani", o conto mais famoso, em todo o mundo, de Dino Buzzati, conhecido também no Brasil, através da adaptação teatral ("Um Caso Clínico") aqui encenada pelo Piccolo Teatro de Milão. Inútil dizer que a beleza do conto está na ausência completa de todos os elementos teóricos contidos em nossa tentativa de explicação. O conto é, apenas, narração de fatos: a história de uma grande industrial que entra, confiante e exuberante, numa clínica, para se curar de coisa leve e obstrusiva. Nesta descida dos sete andares aparentemente sem importância, e que nunca mais consegue subir, sendo constantemente iludido pelos médicos, os quais o fazem descer, de andar em andar, sempre garantindo-lhe que "ele pertence ao sétimo", e que só muda de lugar provisoriamente, por motivos futeis e materiais. Evidentemente, é mesma política é adotada pela direção do fantasmático hospital com relação a todos os hóspedes dos sete andares: é a grande burla, a risonha conspiração da morte. Mas a propria palavra "morte" nunca é pronunciada: o conto é seco e quase sereno, desenvolve-se numa atmosfera de objetividade, a linguagem está próxima das grandes sínteses do classicismo. Como em Kafka, a alegoria vale menos do que os fatos são simples, lógicos e diretos. Apenas... Apenas, em Kafka, quando do poder do escritor de aludir a um secreto mecanismo do mundo, a prosa obscura do destino adquire dimensões transcendentais: introduz, não ao amargo bom senso do inevitável, mas à necessidade de se determinar o lugar do homem, a função do indivíduo e a vontade, dentro deste determinismo implacável. Buzzati deixa-nos resignados. Kafka provoca em nós a lúcidez de uma revolta. Sabindo-se do "Castelo" ou da "Metamorfose", temos o sentimento do absurdo, porém queremos saber, mais do que nunca, o "por que" da íngua conspiração, ou se por acaso ela não é injusta, mas sim injustiça, nascida de nossas mais ocultas e ferozes responsabilidades. Este moralismo está presente em Buzzati, todavia na forma menos radical: atrás da alegoria de Buzzati está o conformismo católico e burguês de algumas italianos, atrás das fantasias exatas de Kafka está a mística germânica, uma vocação metafísica que tem raízes nas visões e apocalipses de Jakob Boehme.

Apesar disso, Buzzati é um grande escritor, e seus "Sessanta Racconti" (Mondadori, Milão, 1958) não fazem senão confirmar esta constatação já generalizada. Neste volume, que acaba de receber o Premio Strega (e não se trata de um premio qualquer), Buzzati reúne o melhor da sua produção, desde os contos de "I Sette Messaggeri" (1940) até o de "Paura alla Scala" (1949) e vários inéditos. E sempre a mesma imaginação viva, exponente, surgida de uma singular alucinação interior, que utiliza os objetos diários para fins mágicos, nos casos melhores, ou puramente alegóricos, nos exemplos mais mecânicos e discutíveis. E o estilo se depurou, com o tempo: chegou a uma perfeição seca e polida, onde entretanto já se começa a sentir uma espécie de hábitude. Em todo parte reina a presença da morte: do "outro", de uma vida oculta atrás da nossa, e que só a poesia seria capaz, zendo-de decifrar: de instantaneidade descoberta, para que depois volte a pesar sobre nós com todo o seu mistério.

É um jogo mortal, às vezes sinistro, às vezes patético. Entretanto, algumas vezes, começamos a sentir que se trata de um jogo. A vida reclama outro empenho, pensamos; e a literatura pode surgir, mesmo do estado de espírito, para uma temática maior.

Esta atmosfera metafísica, o alto prestígio da forma literária, a suspeita de uma ineficácia final, que acabamos de manifestar, fazem-nos então um escritor absolutamente isolado como Buzzati, e que, jovem, participou de algum movimento literário, próximo das razões, da atmosfera, dos méritos e das culpas históricas do hermetismo italiano. Com efeito, a fascinação exercida pela afirmação literária, pela conquista de expressão pessoal, coincidem com o tempo em que as revistas dos "novos" difundiam, em formas culturais mais complexas, os motivos e a "linguagem" do hermetismo. Que foi, também, um exercício refinado sobre a palavra (mais refinado) do período anterior, da "poesia pura" e da prosa d'arte".

Um dos líderes do hermetismo, Piero Bigongiari, está de volta como poeta, no livro mais recente em que ele se manifesta até mesmo, em raros momentos, uma vontade de renovação: "Le Mura di Pistoia" (ed. Mondadori, Milão, 1958). Ali temos diversas oportunidades, aqui, de falarmos acerca da posição de Bigongiari, cujo sensualismo neoclássico e decepamento...

confude com o irracionalismo frenético do surrealismo, numa eles que opera, agora, uma dadeiva síntese, mas isso, numa elegante mistura formal, graças a uma educação escritor singular bom gosto literário: escritor florentino; aquele que bem quanto que sempre deve o crítico mais seguro: exímio — dentro dos limites da sua ideologia — entre os de sua geração hermetica.

Bigongiari, poeta, nunca levou muito à sério pelos próprios companheiros de disciplina literária. Quando o seu primeiro livro da série, "La Figlia di Babilonia" (1942), foi lançado, Alfonso Gato — o maior dos hermeticos estigmatizou estetismo, o decorativismo arbitrário verbal do novo poeta, longa, minuciosa que hermetica. E talvez o fato de Bigongiari ter levado às mais consequências as premissas de seu representativo, e mesmo, em alguns momentos de "stop", como todos, diante de tal resulta descobriram de repente estavam com os pés sobre abismo.

Todavia, a lírica de Bigongiari contém um núcleo enorme e o dramático de individual de uma veemência, vontade de romper a qualquer vez frenesi interior, que lhe pertencem, o luxo verbal de extraordinária educação estetizante, e abstrações, cujo tempo tempo em cima apotam um apareça realmente e sugestiva. Poeta de grande abundância e recursos, na versão tranquilizadora do mundo sensível pende quase sempre a um gosto justa da poesia de um silencio súbito consistência pendurada a sutros dos sentidos no presentimento do nada, da morte em uma profunda da alma.

Mas, este, le ouida é o hermetismo" de poder lírico Eugenio Montale, com mais buntaria fecundação do elemento camal e mais mágico que elemento. E, um poeta sem presente em estruturas da cor mas de Bigongiari, tinha escrito quase totalmente tesonal, todavia Ungaretti, que permanece ao tom.

"Rogo" (1952) era um lise. Evidente era em elo de obra de liberta-se em esquemas métricos, do luxo retoma: e mais evidente é mesmo por um lirismo sófico, meditativo, para mortificação do impulso seria, para uma transfiguração quase religiosa. O caminho para contrastar, resultou direto, mais deliberatista em mais humano. "Le Mura di Pistoia" equilíbrio este tendência fixa duma adeira e sensibilidade: apesar dos limites da pos estética, que ele cova demana facilidade uma poesia metafísica em todos e sua que sempre quer aludir uma vida oculta dos mu pela mera violência da p pela qual este reinos, tornar oposta cano mais deliberadamente pressiono consentido pelas naturezas contraditória, problemas falsos insolúveis, com todos os tons de elaborada e rica linguagem. Há momentos em que alutação rilkiana — o dois da montañosa — os dois da "Rogo" — conseguem nem se cumire, fundir-se desesperadamente estranheza das imagens fazem nascer, não mais dos estereótipos da palavra, sim da inquieta e vital difícil do conteúdo axiológico.

Escuta sobre a neve a a [recair das flores de um...

às ruas que estão aqui não podem levar para nem para mais longe, nem ra mais perto do que existe: [o flor de amendoim...

Vês, esta já não é uma árvore humana já te o alguma coisa sobre a mu... [desta primavera O mar borbulha ainda n... [vidos das andorin... [marítima...

Que bicam, sobre a Arn a nímbosas, o chefo estranho, o pólem mu... [do continue...

Poeta amadurecido, p e uma respeitável fideli à sua origem literária, v salvas que desperta — que Buzzati levou na cena, ciramente, a uma "forma tir", a história literária uma geração tem m...

Balzac, o correio e a Providencia

MÁRIO DA SILVA BRITO

São quase que diárias as referências depreciativas aos nossos desamparados pelo Correio nacional. A toda hora no jornal, nas secções especializadas, veiculam queixas e reclamações salientando e relaxamento e a ineficácia deste setor de comunicações. Até os professores, alto de suas cátedras, estabelecem paralelos entre os serviços postais do Brasil e de outras nações, para concluirem que os nossos, além de pioros, são os mais caros. Lembrou-me de um deles que dizia serem os Correios um serviço deficitário de qualquer parte do mundo, menos no Brasil. Segundo o meu estimado lente, e daquí nã claro.

A propósito de Correios conta-se uma anedota que envolve o Barão do Rio Branco como personagem central. Afirma-se que, estando o ilustre diplomata na Suíça, lá foi acediadado por uma série infindável de convites, homenagens, saraus, festas mundanas, reuniões extra-oficiais e brindes de gala. A uma dessas manifestações formais de convivialidade, a grande brasileiro não compareceu. Estava cansado, quando a requerer e falar mais de um dos para ram em que deveria estar presente a sua recepção. Jogou dura-

[SUMARIO column follows with list of authors and articles, mostly illegible]

CLÓVIS GRACIANO   DESENHO

Capa do *Suplemento Literário* de 3 de janeiro de 1959: ilustração de Clóvis Graciano

ACERVO DE OBRAS DO *SL* NO MAM-SP

ABRAMO, LÍVIO

ASSUNÇÃO, ACÁCIO

BALLONI, ARMANDO

BARRIVIERA, LINO BIANCHI

BANDEIRA, ANTONIO

BAUERFELDT, AMÉLIA

BONOMI, MARIA

CALABRONE, DOMENICO

CARVALHO, FLÁVIO DE

CHAVES, ANÉSIA PACHECO

CRUZ, CARMELO

DI CAVALCANTI, EMILIANO

DUKE LEE, WESLEY

ESMERALDO, SÉRVULO

FARIA, GUILHERME DE

GERCHMAN, RUBENS

GRASSMANN, MARCELLO

HANSEN BAHIA

HANS HAUDENSCHILD

HORTA, ARNALDO PEDROSO D'

HORTA, LUIS D'

IGLESIAS, EDUARDO

JAGUAR

KATZ, RENINA

LEIRNER, GISELDA

LEMOS, FERNANDO

LIZÁRRAGA, ANTONIO

MARTINS, ALDEMIR

MENEZES, LÚCIO

NAZAR, TEREZA

NERY, WEGA

ODRIOZOLA, FERNANDO

PENTEADO, DARCY

PLATTNER, KARL

PORTO, RAUL

POSSATO, ARI DE MORAES

RODRIGUES, AUGUSTO

ROSENMAYER, RITA

SCHENDEL, MIRA

SHIRO, FLAVIO

SILVA, JOSÉ CLAUDIO DA

STRAUS, AGI

SUZUKI, JOÃO

TOSCANO, ODILÉA SETTI

TOYOTA, YUTAKA

WEBER, HILDE

ZANOTTO, LUIGI

BIBLIOGRAFIA

I. Fontes

a) Suplemento Literário de **O Estado de S. Paulo**

b) **O Estado de S. Paulo**

c) Projeto do Suplemento Literário e Artístico d'O Estado de S. Paulo

d) Revista **Clima**

e) Entrevistas

CANDIDO, Antonio. Entrevista concedida à autora em 12.04.2001

BIANCHI, Italo. Entrevista concedida à autora em 25.03.2002.

SCALZO, Nilo. Entrevista concedida à autora em 12.03.2001.

II. Livros e teses

ABREU, Alzira Alves de (Org.). **A imprensa em transição**. Rio deJaneiro: Fundação Getúlio Vargas, 1996.

ABRAMO,Cláudio. **A regra do jogo**. São Paulo: Companhia das Letras, 1988.

AGUIAR, Flávio (Org.). **Antonio Candido, pensamento e militância**. São Paulo: Humanitas/Editora Fundação Perseu Abramo, 1999.

ALBERT, P. & Terrou, F. **História da Imprensa**. São Paulo: Martins Fontes, 1990.

AMOROSO LIMA, Alceu. **O jornalismo como gênero literário**. São Paulo: ComArte, Edusp, 1990.

ARENDT, Hannah. **Entre o passado e o futuro**. São Paulo: Editora Perspectiva, 1997.

BALZAC, Honoré de. **Os jornalistas**. São Paulo: Ediouro, 1999.

BARBOSA, Nelson Luís. **As letras francesas no Suplemento Literário de O Estado de S. Paulo**: Dois momentos, duas leituras. 2001, 216 f. Dissertação (Mestrado em Letras) – Faculdade de Filosofia, Letras e Ciências Humanas, Universidade de São Paulo, São Paulo, 2001.

BERMAN, Marshall.**Tudo que é sólido desmancha no ar**: A aventura da modernidade. São Paulo: Companhia das Letras, 1998.

BOSI, Alfredo. **História concisa da literatura brasileira**. São Paulo: Cultrix, 1989.

BOSI, Ecléa. **Memória e sociedade**. São Paulo: Companhia das Letras, 1999.p.43-92.

CAPELATO, Maria Helena & Prado, Maria Ligia. **O bravo matutino**. São Paulo: Alfa-Omega, 1980.

COHN, Gabriel. **Comunicação e indústria cultural**. São Paulo: Companhia Editora Nacional, 1975.

DINES, Alberto. **O papel do jornal**. São Paulo: Summus Editorial, 1986.

DIZARD JR., Wilson. **A nova mídia**: a comunicação de massa na era da informação. Rio de Janeiro: Jorge Zahar Editor, 1998.

DUARTE, Paulo. **História da imprensa em São Paulo**. São Paulo: Escola de Comunicações e Artes, 1972.

GALVÃO, Walnice Nogueira. As falas, os silêncios. Literatura e imediações:1964-1988. In: SOSNOWSKI, S; SCHWARTZ, J. **Brasil: o trânsito da memória**. São Paulo: Edusp, 1994. p.185-195.

GARCIA, Maria Nascimento. **Uma leitura crítica de teatro de Décio de Almeida Prado no jornal O Estado de S. Paulo (1947 a 1959)**. 1998, 213 f. Dissertação (Mestrado em Jornalismo) Escola de Comunicações e Artes, Universidade de São Paulo, São Paulo, 1998.

GOLDENSTEIN, Gisela. **Do jornalismo político à indústria cultural**. São Paulo: Summus Editorial, 1987.

HELLER, Agnes. **O cotidiano e a história**. Rio de Janeiro: Paz e Terra, 1989.

HOBSBAWM, Eric. **Era dos extremos:** o breve século 20 (1914-1991). São Paulo: Companhia das Letras, 1995. p.178-197.

KUCISNKY, Bernardo. **O fim da ditadura militar**. São Paulo: Contexto, 2001.

LAGE, Nilson. Comentários à dissertação "**O Estado de S. Paulo (1942-1972), uma contribuição à história das técnicas jornalísticas**", de Liriam Sponholz, 1999.

MAMOU, YVES. **A culpa é da imprensa**: ensaio sobre a fabricação da informação. São Paulo: Marco Zero, 1992.

MARCONDES FILHO, Ciro. **A saga dos cães perdidos.** São Paulo: Hacker Editores, 2001.

MARTINS, Luis. **Suplemento Literário**. São Paulo: Conselho Estadual de Cultura, 1972.

MELLO E SOUZA, Antonio Candido. **Vários escritos**. São Paulo: Livraria Duas Cidades, 1995.

_____. **Literatura e Sociedade**. São Paulo: Companhia Editora Nacional, 1967.

_____. **A educação pela noite & outros ensaios**. 2ª ed.. São Paulo: Ática,1989.

MEYER, Marlise; Dias, Vera Santos. Página virada, descartada do meu folhetim. In: AVERBUCK, Ligia (Org.). **Literatura em tempo de cultura de massa.** Rio de Janeiro: Nobel, 1984.

MESQUITA FILHO, Julio de. **Política e cultura**. São Paulo: Martins, 1969.

MOTA, Carlos Guilherme. **Ideologia da cultura brasileira**. São Paulo: Ática, 1977.

PONTES, Heloisa. **Destinos mistos:** o grupo Clima no sistema cultural paulista (1940-1968), 1996, 368 f. (Doutorado em Sociologia) Faculdade de Filosofia , Letras e Ciências Humanas, Universidade de São Paulo, São Paulo, 1996.

RIBEIRO, José Hamilton. **Jornalistas: 1937 a 1997**. São Paulo: Imprensa Oficial do Estado S.A, Imesp, 1998.

RAMONET, Ignácio. **A tirania da comunicação**. Petrópolis: Vozes, 1998.

RIZZINI, Carlos. **O livro, o jornal e a tipografia no Brasil (1500-1822)**. São Paulo:, Imprensa Oficial do Estado S.A., Imesp, 1988.

SILVA, Wilsa Carla Freire da. **Cultura em pauta:** um estudo sobre o jornalismo cultural, 1997, 163 f. Dissertação (Mestrado em jornalismo). Escola de Comunicações e Artes, Universidade de São Paulo, São Paulo, 1998.

SODRÉ, Nelson Werneck. **História da imprensa no Brasil**. Rio de Janeiro: Mauad, 1998.

SOMBART, Werner. O homem econômico moderno. In: BERTELLI, Antonio Roberto. **Estrutura de classes e estratificação social**. Rio de Janeiro: Zahar Editores, 1966. p.311-330.

SOSNOWSKI, S.; SCHWARTZ, J. (Org.). **Brasil: o trânsito da memória**. São Paulo: Edusp, 1994.

SÜSSEKIND, Flora. **Papéis colados**. Rio de Janeiro: Editora UFRJ, 1993.

WAINER, Samuel. **Minha razão de viver**: Memórias de um repórter. Rio de Janeiro: Record, 1987.

WEINHARDT, Marilene. **O Suplemento Literário d' O Estado de S. Paulo, 1956-1967**: Subsídios para a história da crítica literária do Brasil. Brasília: Minc, Instituto Nacional do Livro, 1987, 2 vol.

III. Artigos, reportagens e entrevistas em revistas e jornais

A UTOPIA cultural da imprensa. **Folha de S. Paulo**, São Paulo, 25.07.1987.

AMÂNCIO, Moacir. Não há vida intelectual sem esforço e disciplina. **O Estado de S. Paulo**, Caderno 2, São Paulo, 12.08.2000.

ANTELLO, Raúl. As revistas literárias brasileiras. **Boletim de Pesquisas Nelic**, Universidade Federal de Santa Catarina, Florianópolis, set. 1997.

BERNARDET, Jean Claude. Jornalismo cultural: De Bordieu a Cid Moreira. **Opinião**, 18.02.1977, p. 21.

BRITO, Ronaldo. Jornalismo cultural: entre os spots e as academias. **Opinião**, 14.01. 1977, pp. 20-21.

CASTELLO, José. Jornalista se considera o último herdeiro de um padrão que se perdeu no Brasil. **O Estado de S. Paulo**, Caderno 2, São Paulo.

CANDIDO, Antonio. A aprendizagem do crítico. **Folha de S. Paulo**, Caderno Mais!, São Paulo, 17.02.2002, p. 13.

EM TORNO de Júlio de Mesquita Filho. **O Estado de S. Paulo**, Caderno 2, São Paulo, 27.02.2000, pp.D5-D15.

FRANKEN, Tjerk & Guedes, Ricardo. A criação da USP segundo Paulo Duarte. **Ciência Hoje**, SBPC, Rio de Janeiro, vol.3, n.13, pp. 40-44, jul./ago/1984.

GALVÃO, Walnice Nogueira. Musas sob assédio. **Folha de S. Paulo**, Caderno Mais!, São Paulo, 17.03.2002, pp. 5-11.

GONÇALVES FILHO, Antonio. Suplemento Literário abriu as portas da percepção. **O Estado de S. Paulo**. Caderno 2, São Paulo, 05.02.2000.

HAAG, Carlos. Os 80 anos de Antonio Candido, o pensador do Brasil. **O Estado de S. Paulo**, São Paulo, 22.08.1998.

LEITE, Paulo Moreira. O melhor já passou. **Veja**, São Paulo, 11.06.1997, entrevista de Décio de Almeida Prado. pp.9-13

_____ Um mestre no palco do século. **Gazeta Mercantil**, São Paulo, 18.fev. 2000, depoimento de Décio de Almeida Prado, Fim de Semana, pp.6-7.

LIMA, Mariangela Alves de. Críticos teatrais perdem a generosidade. **O Estado de S. Paulo**, Caderno 2, São Paulo, 03.12.2000, p.D15.

MARTINS, Dirceu Pio. O Suplemento Literário revisitado. **O Estado de S. Paulo**, São Paulo, 12.09.1982.

NESPOLI, Beth. Teatro perde Décio de Almeida Prado. **O Estado de S. Paulo**, Caderno 2, São Paulo, 05.02.2000.

PONTES, José Alfredo Vidigal. Contra o obscurantismo cultural, "Clima". **O Estado de S. Paulo**, Caderno 2, São Paulo, 03.12.2000.

PRADO, Décio de Almeida. O Clima de uma época. **Teoria & Debate.** Fundação Perseu Abramo. São Paulo. n.39, 1998. pp.50-59.

PRADO JR, Bento. O novo estilo do pensamento, 7/3/1999. Disponível em http: //www1.folha.uol.com.br/fol/brasil500/dc_2_8

VANGUARDA da arte no jornalismo. **Jornal da Tarde**, São Paulo, 08.09.1993.

VELOSO, Caetano. O jornalismo em debate. **O Globo**, Rio de Janeiro, 18.01.2001.

VOLTA do Suplemento Literário, **Unidade**, São Paulo, p.15, jul.1976.

CRÉDITOS DA ICONOGRAFIA

Orelha ELIZABETH LORENZOTTI
Foto Regina Onizuka

P 9 ANTONIO CANDIDO
Foto Marilise Oliveira

P 11 CAPA DO *SUPLEMENTO LITERÁRIO* Nº 1
Reprodução Agência Estado

P 12 CAPAS DAS VÁRIAS FASES DO *SUPLEMENTO LITERÁRIO*
Reprodução Agência Estado

P 15 REVISTA *CLIMA*
Reprodução Acervo Cinemateca Brasileira

DÉCIO DE ALMEIDA PRADO, PAULO AFONSO M. SAMPAIO,
X. COARACY E PAULO EMILIO SALLES GOMES, DÉCADA DE 1930
Foto Acervo Cinemateca Brasileira

P 16 DÉCIO DE ALMEIDA PRADO, PAULO EMILIO SALLES GOMES, GUSTAVO NONNENBERG,
LOURIVAL GOMES MACHADO, JOSÉ PORTINARI E, AO CENTRO, ANTONIO CANDIDO
Foto Acervo Cinemateca Brasileira

P 18 GRUPO DA REVISTA *CLIMA*, 1944
Arquivo Décio de Almeida Prado | Acervo Instituto Moreira Salles

P 21 DÉCIO DE ALMEIDA PRADO NA FACULDADE DE FILOSOFIA CIÊNCIAS E LETRAS
Arquivo Décio de Almeida Prado | Acervo Instituto Moreira Salles

P 22 ALMOÇO OFERECIDO A ANTONIO CANDIDO, 10 DEZEMBRO DE 1957
Foto Agência Estado

P 24 REDAÇÃO DE *O ESTADO DE S. PAULO* NOS ANOS 1950
Foto Agência Estado

P 29 JORNAL *A PROVÍNCIA DE SÃO PAULO*
Reprodução Agência Estado

P 30 INAUGURAÇÃO DA UNIVERSIDADE DE SÃO PAULO, 25 DE JANEIRO DE 1934
Foto Agência Estado

P 33 JULIO DE MESQUITA FILHO
Foto Agência Estado

P 34 REDAÇÃO DE *O ESTADO DE S. PAULO*, DÉCADA DE 1950, EM PÉ RUY MESQUITA
Foto Agência Estado

P 36 JULIO DE MESQUITA NETO E CLÁUDIO ABRAMO
Foto Agência Estado

P 38 CAPA DO *SUPLEMENTO LITERÁRIO*, ANO 1, Nº 1, 6 DE OUTUBRO DE 1956
Reprodução Agência Estado

P 39 ANTONIO CANDIDO
Foto Agência Estado

P 39 DÉCIO DE ALMEIDA PRADO
Foto Agência Estado

P 41 DÉCIO DE ALMEIDA PRADO, PAULO EMILIO SALLES GOMES, CARLOS LACERDA, LOURIVAL GOMES MACHADO, CLÓVIS GRACIANO E ANTONIO CANDIDO, 1944
Foto Acervo Cinemateca Brasileira

P 42 PAULO EMILIO SALLES GOMES
Foto Acervo Cinemateca Brasileira

P 43 LUÍS MARTINS
Foto Agência Estado

P 45 WILSON MARTINS, ALFREDO MESQUITA, ANITA MARTINS E DÉCIO DE ALMEIDA PRADO
Arquivo Décio de Almeida Prado | Acervo Instituto Moreira Salles

P 46 JULIO DE MESQUITA FILHO E OS FILHOS RUY MESQUITA, LUIZ CARLOS E JULIO DE MESQUITA NETO
Foto Agência Estado

P 51 PÁGINA DO *SUPLEMENTO LITERÁRIO*, 20 DE SETEMBRO DE 1958
Reprodução Agência Estado

P 54 MADRUGADA NA REDAÇÃO DE *O ESTADO DE S. PAULO*
Foto Agência Estado

P 55 *SUPLEMENTO LITERÁRIO* COM ILUSTRAÇÕES DE TARSILA DO AMARAL E ANITA MALFATI
Reprodução Agência Estado

P 56 PALESTRA DE JEAN-PAUL SARTRE, ARARAQUARA, 1960
Foto Agência Estado

P 58 SÁBATO MAGALDI, CLÓVIS GARCIA E DÉCIO DE ALMEIDA PRADO
Arquivo Décio de Almeida Prado | Acervo Instituto Moreira Salles

P 60 NILO SCALZO
Foto Agência Estado

P 61 *SUPLEMENTO LITERÁRIO*, ANO 1, Nº 508, 17 DE DEZEMBRO DE 1966
Reprodução Agência Estado

P 65 *SUPLEMENTO CULTURAL*, Nº 1, 17 DE OUTUBRO DE 1976
Reprodução Agência Estado

P 67 *SUPLEMENTO CULTURA*, 15 DE JUNHO DE 1980
Reprodução Agência Estado

P 71 *CADERNO 2*, LANÇADO EM 6 DE ABRIL DE 1986
Reprodução Agência Estado

P 72 DÉCIO DE ALMEIDA PRADO
Foto Acervo Cinemateca Brasileira

P 74 DÉCIO DE ALMEIDA PRADO E PAULO EMILIO SALLES GOMES, 1934
Arquivo Décio de Almeida Prado | Acervo Instituto Moreira Salles

PAULO EMILIO SALLES GOMES E DÉCIO DE ALMEIDA PRADO
Foto Acervo Cinemateca Brasileira

P 79 ANTONIO CANDIDO
Foto Marilise Oliveira

P 83   ITALO BIANCHI
Foto Geyson Magno

P 84   *SUPLEMENTO LITERÁRIO*, 5 DE SETEMBRO DE 1959
Reprodução Agência Estado

P 85   *SUPLEMENTO LITERÁRIO*, 19 DE DEZEMBRO DE 1959
Reprodução Agência Estado

P 86   *SUPLEMENTO LITERÁRIO*, PÁGINA 3, 21 DE MARÇO DE 1959
Reprodução Agência Estado

P 87   *SUPLEMENTO LITERÁRIO*, PÁGINA 5, 14 DE FEVEREIRO DE 1959
Reprodução Agência Estado

P 88   NILO SCALZO
Foto Agência Estado

P 93   NILO SCALZO E CLÁUDIO ABRAMO
Foto Agência Estado

PP 94/120   PROJETO DO *SUPLEMENTO LITERÁRIO* DE ANTONIO CANDIDO
Reprodução Agência Estado

P 121   CAPA DO *SUPLEMENTO LITERÁRIO*, Nº 1, 6 DE OUTUBRO DE 1956
Reprodução Agência Estado

P 122   PÁGINA 2, DO *SUPLEMENTO LITERÁRIO*, Nº 1, 6 DE OUTUBRO DE 1956
Reprodução Agência Estado

P 123   PÁGINA 3, DO *SUPLEMENTO LITERÁRIO*, Nº 1, 6 DE OUTUBRO DE 1956
Reprodução Agência Estado

P 124   PÁGINA 4, DO *SUPLEMENTO LITERÁRIO*, Nº 1, 6 DE OUTUBRO DE 1956
Reprodução Agência Estado

P 125   PÁGINA 5, DO *SUPLEMENTO LITERÁRIO*, Nº 1, 6 DE OUTUBRO DE 1956
Reprodução Agência Estado

P 126   PÁGINA 6, DO *SUPLEMENTO LITERÁRIO*, Nº 1, 6 DE OUTUBRO DE 1956
Reprodução Agência Estado

P 127   CAPA DE *GRANDE SERTÃO: VEREDAS*
Acervo Biblioteca José e Guita Mindlin, São Paulo

P 129   GIULIETTA MASINA
Foto Agência Estado

P 131   CHARLES CHAPLIN - CARLITOS
Foto Agência Estado

P 133   NELSON RODRIGUES
Foto Agência Estado

P 134   ODUVALDO VIANA FILHO
Foto Agência Estado

P 136   JOSÉ CELSO MARTINEZ CORRÊA
Foto Agência Estado

P 136 FLORESTAN FERNANDES
Foto Agência Estado

P 137 ROGÉRIO SGANZERLA
Foto Agência Estado

P 138 JEAN-PAUL SARTRE E SIMONE DE BEAUVOIR
Foto Agência Estado

P 141 SÉRGIO BUARQUE DE HOLANDA
Foto Agência Estado

P 143 JOÃO GILBERTO
Foto Agência Estado

P 144 PÁGINA DO *SUPLEMENTO LITERÁRIO* COM ILUSTRAÇÃO DE GISELDA LEIRNER,
30 DE JULHO DE 1966
Reprodução Agência Estado

P 147 LOURIVAL GOMES MACHADO
Foto Agência Estado

P 148 PAULO EMILIO SALLES GOMES E ANTONIO CANDIDO
Foto Acervo Cinemateca Brasileira

FERNANDO LEMOS
Foto Pedro Aguilar

P 149 ODILÉA SETTI TOSCANO
Foto Juan Guerra

P 150 RITA ROSENMAYER
Foto Arquivo pessoal

P 151 CAPA DO *SUPLEMENTO LITERÁRIO*, 2 DE FEVEREIRO DE 1957
Reprodução Agência Estado

P 154 *SUPLEMENTO LITERÁRIO*, 30 DE ABRIL DE 1966
Reprodução Agência Estado

P 155 ILUSTRAÇÃO DE ODILÉA SETTI TOSCANO
Foto Rômulo Fialdini | Coleção Museu de Arte Moderna de São Paulo

P 156 *SUPLEMENTO LITERÁRIO*, 16 DE SETEMBRO DE 1961
Reprodução Agência Estado

P 157 ILUSTRAÇÃO DE RITA ROSENMAYER
Foto Rômulo Fialdini | Coleção Museu de Arte Moderna de São Paulo

P 158 *SUPLEMENTO LITERÁRIO*, 29 DE DEZEMBRO DE 1956
Reprodução Agência Estado

P 159 ILUSTRAÇÃO DE HILDE WEBER
Foto Rômulo Fialdini | Coleção Museu de Arte Moderna de São Paulo

P 160 *SUPLEMENTO LITERÁRIO*, 1º DE DEZEMBRO DE 1956
Reprodução Agência Estado

P 161 ILUSTRAÇÃO DE FERNANDO LEMOS
Foto Rômulo Fialdini | Coleção Museu de Arte Moderna de São Paulo

P 162   *SUPLEMENTO LITERÁRIO*, 23 DE MARÇO DE 1957
Reprodução Agência Estado

P 163   ILUSTRAÇÃO DE MARCELO GRASSMANN
Foto Rômulo Fialdini | Coleção Museu de Arte Moderna de São Paulo

P 164   *SUPLEMENTO LITERÁRIO*, 23 DE JUNHO DE 1962
Reprodução Agência Estado

P 165   ILUSTRAÇÃO DE ANTONIO LIZÁRRAGA
Foto Rômulo Fialdini | Coleção Museu de Arte Moderna de São Paulo

P 166   *SUPLEMENTO LITERÁRIO*, 29 DE DEZEMBRO DE 1962
Reprodução Agência Estado

P 167   ILUSTRAÇÃO DE RENINA KATZ
Foto Rômulo Fialdini | Coleção Museu de Arte Moderna de São Paulo

P 168   *SUPLEMENTO LITERÁRIO*, 7 DE SETEMBRO DE 1963
Reprodução Agência Estado

P 169   ILUSTRAÇÃO DE WESLEY DUKE LEE
Foto Rômulo Fialdini | Coleção Museu de Arte Moderna de São Paulo

P 170   *SUPLEMENTO LITERÁRIO*, 11 DE ABRIL DE 1959
Reprodução Agência Estado

P 171   ILUSTRAÇÃO DE ARNALDO PEDROSO D'HORTA
Foto Rômulo Fialdini | Coleção Museu de Arte Moderna de São Paulo

P 172   *SUPLEMENTO LITERÁRIO*, 13 DE NOVEMBRO DE 1965
Reprodução Agência Estado

P 173   ILUSTRAÇÃO DE EDUARDO IGLÉSIAS
Foto Rômulo Fialdini | Coleção Museu de Arte Moderna de São Paulo

P 174   *SUPLEMENTO LITERÁRIO*, 18 DE JUNHO DE 1966
Reprodução Agência Estado

P 175   ILUSTRAÇÃO DE ANÉSIA PACHECO CHAVES
Foto Rômulo Fialdini | Coleção Museu de Arte Moderna de São Paulo

P 176   *SUPLEMENTO LITERÁRIO*, 22 DE MARÇO DE 1958
Reprodução Agência Estado

P 177   ILUSTRAÇÃO DE HANSEN BAHIA
Foto Rômulo Fialdini | Coleção Museu de Arte Moderna de São Paulo

P 178   *SUPLEMENTO LITERÁRIO*, 20 DE NOVEMBRO DE 1965
Reprodução Agência Estado

P 179   ILUSTRAÇÃO DE DOMENICO CALABRONE
Foto Rômulo Fialdini | Coleção Museu de Arte Moderna de São Paulo

P 180   *SUPLEMENTO LITERÁRIO*, 16 DE MAIO DE 1964
Reprodução Agência Estado

P 181   ILUSTRAÇÃO DE GUILHERME DE FARIA
Foto Rômulo Fialdini | Coleção Museu de Arte Moderna de São Paulo

P 182   *SUPLEMENTO LITERÁRIO*, 26 DE SETEMBRO DE 1959
Reprodução Agência Estado

P 183   ILUSTRAÇÃO DE ALDEMIR MARTINS
Foto Rômulo Fialdini | Coleção Museu de Arte Moderna de São Paulo

P 184   *SUPLEMENTO LITERÁRIO*, 23 DE OUTUBRO DE 1965
Reprodução Agência Estado

P 185   ILUSTRAÇÃO DE GISELDA LEIRNER
Foto Rômulo Fialdini | Coleção Museu de Arte Moderna de São Paulo

P 186   *SUPLEMENTO LITERÁRIO*, 12 DE ABRIL DE 1958
Reprodução Agência Estado

P 187   ILUSTRAÇÃO DE LÍVIO ABRAMO
Foto Rômulo Fialdini | Coleção Museu de Arte Moderna de São Paulo

P 188   *SUPLEMENTO LITERÁRIO*, 19 DE AGOSTO DE 1967
Reprodução Agência Estado

P 189   ILUSTRAÇÃO DE MIRA SCHENDEL
Foto Rômulo Fialdini | Coleção Museu de Arte Moderna de São Paulo

P 190   *SUPLEMENTO LITERÁRIO*, 26 DE JUNHO DE 1965
Reprodução Agência Estado

P 191   ILUSTRAÇÃO DE ARI DE MORAES POSSATO
Foto Rômulo Fialdini | Coleção Museu de Arte Moderna de São Paulo

P 192   ILUSTRAÇÃO DE HANS HANDENSCHILD
Foto Rômulo Fialdini | Coleção Museu de Arte Moderna de São Paulo

P 193   ILUSTRAÇÃO DE YUTAKA TOYOTA
Foto Rômulo Fialdini | Coleção Museu de Arte Moderna de São Paulo

P 194   *SUPLEMENTO LITERÁRIO*, 20 DE OUTUBRO DE 1956
Reprodução Agência Estado

P 195   *SUPLEMENTO LITERÁRIO*, 22 DE DEZEMBRO DE 1956
Reprodução Agência Estado

P 196   *SUPLEMENTO LITERÁRIO*, 3 DE JANEIRO DE 1959
Reprodução Agência Estado

SUPLEMENTO LITERÁRIO **QUE FALTA ELE FAZ !**
1956 - 1974
DO ARTÍSTICO AO JORNALÍSTICO
VIDA E MORTE DE UM CADERNO CULTURAL

Elizabeth Lorenzotti

COORDENAÇÃO EDITORIAL	Cecília Scharlach
ASSISTÊNCIA EDITORIAL	Andressa Veronesi
	Bia Lopes
PROJETO GRÁFICO | DIAGRAMAÇÃO	Argeu Godoy - Dmag Comunicação
CAPA	Tide Hellmeister
REVISÃO	Amancio do Vale
	Bia Lopes
TRATAMENTO DE IMAGENS	Leonidio Gomes
	Tiago Cheregati

FORMATO	22 x 30 cm
TIPOLOGIA	GaramondThree | Franklin Gothic
PAPEL | CAPA	Duodesign 330 g/m^2
MIOLO	Couché fosco 150 g/m^2
PÁGINAS	208
TIRAGEM	2000

ctp, impressão e acabamento

imprensaoficial

Rua da Mooca, 1921 São Paulo SP
Fones: 6099-9800 - 0800 0123401
www.imprensaoficial.com.br